《红十字运动研究》2020 年卷

红十字运动研究中心
上海嘉定区红十字会
陕西延安市红十字会
江苏盐都区红十字会
编

池子华　王正春　宋双印　陈海高　主编

合肥工業大學出版社

《红十字文化丛书》编辑委员会

卷首语

有人说，世界上有三大国际性组织，即联合国、奥委会和红十字会。对联合国、奥委会，可谓妇孺皆知，而对红十字会，知其详者，恐怕百无一二成。这与研究状况的滞后不无关系。有鉴于此，我们编辑出版《红十字运动研究》（年卷），为有志于研究红十字运动的海内外学者、业余爱好者以及各级红会组织、红十字志愿者提供一个相互沟通、交流的平台，并希望通过这一载体推动中国乃至国际红十字运动研究的深入，为弘扬人道主义、构建和谐社会尽绵薄之力。

《红十字运动研究》（年卷）的栏目主要包括：

理论园地：重在探索红十字运动发展规律、红十字会如何参与社会保障事业以及红十字事业自身发展等重大理论问题。

历史研究：力求再现不同时期中国红十字运动和国际红十字运动的历史场景，各国红十字运动的历史及其比较研究，为红十字事业的可持续发展提供有益借鉴。

百家争鸣：不同观点、不同学术流派相互切磋，百花齐放，百家争鸣，有助于学术研究的繁荣。

工作交流：各级红十字组织交流工作经验，使研究工作与现实需要真正对接起来。红十字运动与红十字运动研究相互促进，相得益彰。

观察思考：介绍国际及各国红十字运动的最新动态，以广见闻。

图书评论：展示红十字运动研究的最新成果，使读者能够及时了解学术研究动态。对“过期”书刊，也将择要介绍。

文献资料：选登具有重要参考价值的文献资料、各级红十字会的珍藏史料，为研究提供便利条件，以期资源“共享”。

杂文随笔：与红十字运动有关的杂文、随笔。

他山之石：有关研究红十字运动的专题论文，论域相近或对红十字运动研究有所启发的论文。

竭诚欢迎海内外专家学者、各级红会组织、红十字志愿者踊跃赐稿，我们会根据投稿情况，随时增设新栏目。

池子华

总　序

150 年前，高举人道主义旗帜，旨在促进人类持久和平的红十字运动在欧洲兴起并迅速走向世界。100 多年来，红十字会为世界和平与发展做出的巨大贡献有目共睹，因而日益受到世界各国、各地区的欢迎，已发展成为与联合国、奥委会并称的世界三大国际组织之一。究其原因，乃其所奉行的七项基本原则——也是红十字文化的内核——涵盖了世界上各种不同文化的共同点，能为文化和制度不同的国家所接受，故而具有强大的生命力。

100 年前，红十字运动东渐登陆中国。在其中国化的发展过程中，红十字会不断吸取中国传统文化的精髓，茁壮成长，逐步形成了“人道、博爱、奉献”的文化内涵，并成为中华文化的瑰宝之一。

百余年来，红十字运动在波澜壮阔的实践中积累了丰富的经验，也留下了许多教训。经验与教训需要上升为理论，也只有理论才能更好地指导红十字事业持续、健康发展。学界、业界对此都进行了持续的关注。

2005 年 12 月 7 日，苏州大学社会学院与苏州市红十字会携手合作，成立全国首家红十字运动研究中心，旨在通过学界和业界的联合，推动和加强红十字运动的理论研究，探究红十字运动中国化的过程与特色，凝练红十字文化价值，探求红十字运动在构建国家软实力和促进中华民族伟大复兴中的地位与作用。同年 12 月 9 日，中国红十字会总会也提出，“确定一批研究课题，组织专家学者开展对国际红十字运动及中国红十字运动的深入研究”①。由此，学界、业界共同开展了对红十字运动

① 中国红十字会总会：《关于加强和改进宣传工作的意见》，红总字〔2005〕19 号。

的学术研究与理论探讨。

多年来，红十字运动研究中心除通过专业网站（http：//www.hszyj.net）发布和交流学界、业界动态外，已出版研究成果数十部；帮助一些地方红十字会建立与高校的合作，搭建平台，共同开展研究；举办了首届红十字运动与慈善文化国际学术研讨会；培养了一批专门研究红十字运动的生力军；积累了大量的学术资料。中心主要研究人员还借助在各地讲学的机会，传播重视红十字运动研究的理念。正是在红十字运动研究中心的引领之下，红十字运动研究在中华大地上呈现出生机勃勃的发展态势，并取得了丰硕的成果，“新红学”① 呼之欲出。仅以2011年为例，各地以纪念辛亥革命100周年为契机，纷纷整理、编辑出版了地方红会百年史；有的红会还与高校合作组建相关研究中心；等等②。这些方式有力地推动了红十字运动研究向更深更广的方向发展。

当今世界正处于大发展大变革大调整时期，多极化、经济全球化深入发展，科学技术日新月异，各种思想文化交流交融交锋更加频繁，文化在综合国力竞争中的地位和作用更加凸显。2011年10月18日，党的十七届六中全会通过的《中共中央关于深化文化体制改革　推动社会主义文化大发展大繁荣若干重大问题的决定》，提出要推动社会主义文化大发展大繁荣。11月7日，教育部发布了《高等学校哲学社会科学繁荣计划（2011—2020年）》，强调要大力提升高等学校人才培养、科学研究、社会服务、文化传承创新的能力和水平。12月7日，全国人大常委会副委员长、中国红十字会会长华建敏在中国红十字会九届三次理事会上提出，“要深化理论研究，充分挖掘红十字文化内涵，推进红十字文化中国化，广泛传播人道理念，在全社会推动形成良好的道德风尚”③。红十字“文化工程”已然成为红十字会总体建设目标之一④。进一步加

---

① 在2009年4月于苏州大学召开的“红十字运动与慈善文化”国际学术研讨会上，红十字运动研究中心主任、江苏红十字运动研究基地负责人、苏州大学教授池子华指出，经过100多年波澜壮阔的实践发展和学术界呕心沥血的开拓性研究，在人文社科领域构建一门“新红学”——红十字学，条件已经具备，时机已经成熟。见池子华：《创建“红十字学”刍议》，《中国红十字报》2009年4月17日。

② 池子华、郝如一：《2011年红十字理论研究之回顾》，《中国红十字报》2012年1月3日。

③ 《中国红十字会九届三次理事会召开》，《中国红十字报》2011年12月9日。

④ 池子华：《“文化工程”应成为红十字会总体建设目标之一》，《中国红十字报》2009年12月11日。

强与拓展红十字运动理论研究，尤其是对红十字文化中国化的研究，已成为历史与现实的呼唤。

有鉴于此，红十字运动研究中心继续发挥高等学校与业界合作的优势，汇聚研究队伍，科学选题，出版一套“红十字文化丛书”，弘扬有利于国家富强、民族振兴、人民幸福、社会和谐的思想和精神，凸显红十字文化在中国文化园地中的地位，使红十字文化在神州大地上更加枝繁叶茂，促进中国红十字事业可持续发展，推动红十字文化的国际交流。

“红十字文化丛书”的出版，得到了中国红十字基金会、江苏省红十字会、苏州大学社会学院、上海市嘉定区红十字会、浙江省嘉兴市红十字会、江苏省盐城市盐都区红十字会等单位的鼎力支持，也得到红十字国际委员会东亚代表处及中国红十字会总会的关心和指导，在此谨致衷心感谢。

池子华

2012 年 6 月于苏州大学

目　录

【理论园地】

【嘉定区红十字会专栏】

【盐都区红十字会专栏】

【常州市红十字会专栏】

【合肥市红十字会专栏】

【临沂市红十字会专栏】

【观察思考】

【调研报告】

【历史研究】

【学术评论】

【珍稀史料】

【杂文随笔】

理论园地

红十字文教基地建设的新探索

池子华

中国红十字会第十一次全国会员代表大会的报告以及《中国红十字事业发展规划（2020—2024）》都强调了宣传传播的“阵地建设”，要求整合资源，以“形成红十字大宣传格局”。这其中，红十字文化传播教育基地（以下简称“文教基地”）的建设，既能使其成为新时代红十字文化传播的主要阵地，也是贯彻落实《中国红十字会总会改革方案》的重要抓手。文教基地如何建设，值得探索。

自下而上的新路径

“十三五”期间，自上而下，总会层面上建成和即将建成上海、贵州图云关、陕西延安、辽宁营口以及江苏常州文教基地。这样的建设路径起到了示范作用，值得肯定，理应继续拓展。比如山西忻州五台县松岩口村，有白求恩在龙王庙基础上改建的战地救护医院——“白求恩模范病室”。虽然1940年该医院被日军焚毁，但1974年已恢复原貌（附设纪念白求恩陈列室），1982年被国务院公布为全国重点文物保护单位，1997年被中宣部列为爱国主义教育基地，2005年被山西省委命名为山西省爱国主义教育基地。如此重要的“红色”资源，值得我们去开发、建设。

文教基地多多益善，只有这样才能更好地发挥文化传播和教育的“双核功能”。建设路径的自上而下只是一个方面，“十四五”期间，应重点转向自下而上，鼓励、推动地方红十字会打造具有特色的文教基地，形成品牌，而后申报全国红十字会系统文教基地。从目前情况看，虽然有几个省级红十字会跃跃欲试，但还没有实质性进展。换句话说，尚没有省、市级文教基地，而这恰恰是我们努力的方向。事实上，每个省都有可以开发利用的文教资源，关键在于用心发现，倾情打造。对此，我曾在《润物细无声——红十字文化传播教育基地建设漫谈》（《中国红十字报》2017 年 12 月 29 日）、《“双基地”：红十字文化事业“双面绣”》（《中国红十字报》2019 年 1 月 8 日）等文章中，做过阐述。自下而上的新路径，为我们拓宽了视野，相信在总会的激励下，在地方各级红十字会的努力下，文教基地建设必将“红”遍全国，而以此为载体，红十字文化一定可以走进千家万户，彰显教育功能。

展示场馆的新内涵

展示场馆，包括博物馆、纪念馆、体验馆等，都是传播红十字文化的重要载体和平台，一些场馆或具有打造“基地”的条件。从目前情况看，红十字会展示场馆大致可以分为两种类型：

一是综合性场馆，如设于总会及海南博鳌的中国红十字会历史展馆，综合展示了中国红十字运动的发展演变历程。“十三五”期间总会创设的文教基地，也具有综合性特点。

二是区域性场馆。有些省级红会，如安徽、山西、吉林等省红会，结合庆祝新中国成立 70 周年或建会百年大庆，举办了红十字事业成就展，但展览时间不长。而有些有条件的红会，如重庆市红十字会、湖北省红十字会等，挤出办公场地，开办展室，用有限的空间呈现人道事业的恢宏与博大。

当然，展示场馆的类型也可以按行政区划分为全国性、省级、地市级、区县级几种类型。不管如何分类，但都有一个共同特点，即从目前建设情况看，就是规模偏小，基本上属于“迷你型”。除了综合性场馆之外，区域性场馆不仅量少，而且大多不具备对外开放条件。实际上无论一些省级红会，还是地市级红会，办公条件已今非昔比，有不少富余空间可以利用，完全可以建设文教基地，对社会公众开放；即便条件一般，也可以设立展室，丰富其内涵，虽然暂不具备设立基地的条件，但功能别无二致，毕竟红十字会是爱心人士出入之地，营造文化氛围也很重要。值得注意的是，生命体验馆、救护培训基地等，近年来如雨后春笋般地出现，令人鼓舞，但其如何跟红十字文化传播有机结合，还有提升空间。应该强调的是，综合性场馆也好，区域性场馆也罢，无一例外都应该走“内涵式发展”之路，内容丰富多彩，才能吸引人、感染人、教育人，这就需要我们在融入红十字元素方面，花心思，下功夫。

街巷文化的新载体

作为历史最悠久的人道救助组织，中国红十字会有着丰富的历史遗存，尽管随着社会的变迁，许多历史遗迹现已经不复存在了。令人惊喜的是，有些红十字街巷延续了下来，如陕西西安红十字会巷（又名“红会巷”），湖北武汉红十字巷，重庆渝中区红十字正街、江北区红会街，甘肃白银红会路，河南漯河红十字会街等，虽然为数不多，但见证了红十字运动的历史发展，极其难得。这其中最著名的是西安红十字会巷。这条小巷位于西安城中心，东西向，东接尚德路，西连炭市街，北临西一路，全长424 米。这里曾是陕西红十字运动的中心，自1911 年辛亥革命起就是救死扶伤的舞台。1912 年，秦军都督张凤翙划拨秦王府东南官地 327. 5 亩作为中国红十字会西京分会（西安市红十字会的前身）会所及建设医院用地，“红会巷”由此得名。鉴于西安红十字运动深厚的文化底蕴，2017 年4 月 19 日，我在西安做“中国红十字运动的历史回顾与当代发展”专题讲座时，特别提出珍惜古城西安红会历史遗迹，打造中国红十字文化“第一街”，使之成为红十字文化传播教育基地，以弘扬红十字精神。令人欣慰的是，这一动议得到当地呼应，2019 年6 月11日，政协委员李书琴的提案《关于打造红十字会巷的建议》得到回复（索引号 610102100P7020190014），西安市政府表示，将以延续城市记忆作背景，以特定的消费人群为导向，以丰富的业态为支撑，将红会巷打造成既有历史文化特色，又具现代时尚风采的商业街区，使其成为集餐饮、商业、娱乐、文化为一体的商业时尚休闲街区，成为浓缩城市人文精神和历史风采、引领时尚的“城市会客厅”。这一改造计划，值得期待，其中最主要的就是要融入红十字元素，处处洋溢红十字文化的氛围，使之真正成为红十字文化“第一街”。其他地方如何利用红十字街巷的历史遗存，打造文教基地，同样值得探索。而随着城市的发展，也希望有更多新的红十字街巷，以新的姿态展现在世人面前。

红会医院的新功能

医院是治病救人的场所，当年红十字会之所以能够在医疗救助领域发挥举足轻重的作用，就在于有红十字会自己的医院、诊所做依托。虽然现在很多医院总体上不再归属于红十字会，但有着割不断的“血肉联系”。许多曾经的红十字会医院，现在依然是冠名医院，依然是红十字会的团体会员单位，而其悠久的历史也已积淀为厚重的红十字文化，历久弥香，如西安红十字会医院、武汉市红十字会医院、重庆市红十字会医院、南京市红十字医院等，这其中华山医院（原中国红十字会总医院）最具有典型性。1909年，沈敦和等用救助东北日俄战灾余款，在上海徐家汇购地10余亩，动工兴建中国红十字会总会总医院，次年春医院落成。医院“冷热水管、解剖房（病理室）、割症房（手术室）、蒸洗器械房（消毒室）、爱克司电光房、配药房（制剂室）、储药房、发药房、化学房（化验室）、汽锅房（锅炉房）、浴室、病房、议事厅（会议室）、殡殓所（太平间），无一不备”，设备之“精美，为沪之冠”。历经百年沧桑，当年的红会总医院被原封不动地保留下来，成为展示华山医院风雨历程的院史馆。认真梳理盘点一下，各地与红十字会存在历史渊源的老红会医院一定不少，由此看来，依托红十字医院，打造地方红十字文教基地，赋予其文化传播教育的新功能，是完全可能的。

文化旅游的新资源

红十字文化旅游资源相当丰富，如何与文教基地建设有机结合起来，非常值得尝试。有些文教基地本身就是旅游景区，贵阳图云关就是如此。这里不仅是中国红十字会救护总队部所在地、全国抗战救护的枢纽和指挥中心，更是风景优美的去处。图云关地处贵阳城东5公里的黔桂公路上，是贵州通往广西、湖南的咽喉要道，有“黔南首关”的盛誉。关上片片松柏，排排刺槐，葱郁茂密，为“天然氧吧”，山坡旷野，繁花似锦，绿草如茵。如今的图云关，已成为著名的森林公园，“贵阳八景”之一。作为中国红十字会救护总队部旧址，这里成为总会首批文教基地，也是建设中的全国爱国主义教育基地。这种得天独厚的条件，理应重点建设，使之成为“红十字文化公园”，另一种“红色旅游”的目的地。

其实，红十字旅游资源的开发，完全可以与文旅部门合作，做好线路的规划，如上海，不仅有上海红十字文化展示馆、中国红十字会总医院旧址，而且有罗店四烈士纪念碑，淞沪抗战纪念馆中也有红十字人的身影，如此等等，把这些文教基地建设起来，并进行合理的“串联”，形成旅游线路，是可行的。除此之外，目前全国有5A级景区259个，在中国红十字基金会的不断努力下，不久的将来即可以实现红十字救护站在5A级景区的全覆盖。在“螺蛳壳里做道场”，红十字救护站同样可以发挥文教基地的功能。

总之，文教基地建设是一项系统工程，是提升红十字“软实力”的重要途径，未来5年中，经过群策群力，相信一定会取得可观的建设成就。

（作者系红十字国际学院红十字运动研究中心主任，苏州大学社会学院教授、博士生导师。本文为2018—2019名城名校融合发展战略项目阶段性成果）

立足“四个着眼” 实现“四个突破”

张春中

当前，《中国红十字会总会改革方案》（以下简称《改革方案》）已由国办印发，各省级红十字会的改革方案也在酝酿出台中。如何以这次深化改革为契机，进一步激发红十字事业发展活力，释放新一轮发展动能，是各级红十字会面临的重大命题和现实考量。笔者以为，深化红十字会改革，既要从大处着眼，更要从细处入手，特别要着眼于固本强基、服务大局、扩大影响、公开透明，在理顺管理体制机制、提高人道动员能力、精准融入中心工作、加快推进公开透明等方面实现新突破。

一、着眼于固本强基，在理顺管理体制机制上实现新突破

理顺红十字会管理体制是一个“老生常谈”的话题。虽然喊了这么多年，但理顺体制工作进展不大，特别是县级红十字会理顺管理体制工作推进困难，甚至遭遇“瓶颈”。截至目前，全国县级红十字会管理体制理顺率仅为67.3%，“基层无腿、底下无人”成为红十字会最大的“体制性尴尬”。

在工作机制方面，红十字会同样面临“百年老店、初创阶段”的尴尬。一方面，干部选拔任用机制有待完善，红十字会系统干部特别是主要领导干部多来源于卫健部门，渠道过于单一；另一方面，干部交流不畅，出口不多，“能进不能出”的问题突出，有的地方形成了干部交流“死胡同”。此外，相对于其他群团组织，红十字会许多工作机制都需要进一步健全和完善。

一要继续矢志不移地推进理顺管理体制工作。一方面，以这次红十字会系统的改革为契机，依法推进县级红十字会理顺管理体制工作，使县级红十字会从卫健部门中脱离出来，依法独立自主地开展工作；另一

方面，要充分发挥红十字会密切联系群众的优势，在乡镇、街道、社区、学校、企事业单位积极发展红十字基层组织。鉴于基层人员较少、事务较多的实际情况，乡镇、街道、社区可以以“红十字工作站”的名义开展工作，高校和较大的企事业单位可以设立“红十字会”。通过加强基层组织建设，做到有热心红十字事业的带头人、有稳定的会员和志愿者队伍、有规范的管理制度、有稳固的服务平台、有红十字特色活动，就能更广泛地联系和服务基层群众。在推进理顺体制工作中，既要发挥各级红十字会主要负责人的主观能动性，更要发挥各级名誉会长、会长的重要作用。为加快理顺步伐，总会还可以通过加强督查、邀请全国人大开展执法检查进行推动，以收事半功倍之效。

二要加强红十字会工作机制建设。参照工青妇等其他群团组织和同级党政部门的运行模式，健全完善红十字会工作运行机制，使之向标准化、规范化方向发展。譬如，《改革方案》中提到的“挂职干部”，要纳入当地组织部门的“挂职工作”中，由组织部门统筹考虑实施，不能搞成红会系统内部的“挂职交流”。要健全红十字会干部交流渠道，首先要拓宽“入口”，除卫健部门外，要更多地从其他党政部门特别是从“在一线工作过、有丰富社会工作经验”的党政领导中选拔干部担任红十字会的领导职务。譬如，可以选拔开拓干事能力较强的“副县长或常务副县长”担任市级红十字会常务副会长；选拔同级部门副职领导或优秀正处级领导干部到省级红十字会担任常务副会长、副会长，等等。其次要打通“出口”，积极推动红十字会系统干部“走出去”，到其他部门、人民团体、群团组织、企事业单位和社会组织中任职，与其他部门干部一样加大交流力度，以激发干部活力。

二、着眼于服务大局，在精准融入中心工作上实现新突破

习近平总书记指出：“我国红十字事业是中国特色社会主义事业的重要组成部分，中国红十字会是党和政府在人道领域联系群众的桥梁和纽带。”作为党和政府人道工作领域的助手，红十字会必须坚持党的领导，必须在“围绕中心”中找定位、在“服务大局”中谋发展。这既是法律的要求，也是改革的要求。

一要助力“一带一路”和脱贫攻坚。围绕党委政府支持、广大群众关心的民生等问题，巧打“融合牌”，弹好“协奏曲”，把红十字工作与

红十字元素渗透和体现到“一带一路”“脱贫帮扶”等国计民生的方方面面，发挥其在资源动员、国际交流、志愿服务、人道传播等领域的作用和优势，优化人道服务供给，增进社会公众福祉，扩大与“一带一路”周边国家红十字会的交流与合作，展示红十字会在“一带一路”建设和脱贫攻坚中的积极作为。

二要助力乡村振兴。习近平总书记在党的十九大报告中提出“乡村振兴”战略，在参加十三届全国人大一次会议代表团审议时，他还就实施乡村振兴战略做了深刻阐述，要求着力推动产业振兴、人才振兴、文化振兴、生态振兴、组织振兴。在推动“五个振兴”方面，红十字会都有作为的空间。譬如，在产业振兴方面，红十字会可以通过脱贫帮扶、众筹扶贫大赛、“魔豆妈妈”创业扶贫等方式切入，带动和促进产业振兴；在人才振兴方面，可以依托中国红十字基金会开展的“万名乡村医生培训”项目，开展乡村医生培训。山东省红十字会建立的“乡村医生培训基地”，目前已对省派“第一书记”帮扶村1000余名乡村医生进行了培训，有效地提高了乡村医生在“第一现场”的应急处置能力，取得了良好的社会效益。

三要善于借助平台。由于工作职能的原因，红十字人几乎每天都在做善事、好事、实事，都在与各种好人打交道。如何把这些“好人好事”包装好、推广好，对红十字人来说既是课题，也是难题。显然，仅仅通过自身的宣传平台远远不够，还要善于利用各级党委政府“道德模范”“杰出青年”“感动中国”等社会关注度、知名度高的评选平台，积极推介展现红十字精神的先进事迹、模范人物，以实现宣传工作由“体内”向“体外”的循环，使“红十字故事”“红十字人物”能跻身各类主流媒体，走进千家万户并逐步深入人心。

三、着眼于扩大影响，在提高人道动员能力上实现新突破

新修订的《红十字会法》赋予红十字会9项法定职责，社会公众对红十字会也充满期待。红十字会人员较少，单纯靠自己的专兼职干部推动红十字工作，势必捉襟见肘、顾此失彼。因此，提高人道动员能力，吸引社会各界爱心人士加入人道事业中来，借势、借力、借脑推动红十字工作，既是可持续发展的必然要求，也是红十字人的必然选择。

一要加强红十字志愿服务工作。首先，要充分利用信息化技术和平

台，规范做好红十字志愿者登记注册、服务记录、表彰激励等工作，提高志愿者招募、培训、管理、激励的规范化水平，特别要加大对优秀红十字志愿者、志愿服务队伍、志愿服务项目、志愿服务社区等先进典型的表彰力度，使他们有更多的获得感、幸福感、成就感。其次，要加强红十字志愿服务的能力建设，按专业领域制定服务标准，提升专业化水平，打造一支素质过硬、服务规范、形象良好、群众满意的志愿者队伍。第三，要将红十字志愿服务工作纳入国家和当地文明办的志愿服务体系之中，使红十字志愿者成为国家和社会志愿服务体系中的重要组成部分，与工青妇和其他部门的志愿者一道，为社会进步和人道事业发展做贡献。第四，大力在青少年中发展志愿者，中国红十字会总会要联合教育部门恢复开展“全国红十字模范校”评选工作，并以此为抓手，鼓励引导青少年参与红十字运动，为红十字事业发展培育种子、积蓄力量、开启未来。

二要推动理事常“理事”。红十字会理事会成员来自方方面面，充分发挥理事作用，才能促进红十字事业的兴旺发展。在发挥理事作用方面，各级红十字会做得还不够，理事不“理事”或不经常“理事”的现象还普遍存在。因此，要依据《红十字会法》和《中国红十字会章程》，进一步完善理事会制度。首先，各级红十字会要做好对理事的服务工作，结合每位理事的特点，制订能够充分发挥理事作用的工作计划，主动了解理事关心的问题，组织好理事的相关调研活动，为理事参与红十字会工作提供便利条件。其次，要扩大决策民主，保障与红十字会改革发展相关的重大事项，在决策前能够充分听取理事意见，尊重理事会决议，使理事当好红十字形象的“代言人”、红十字精神的“传播者”、红十字事业的“参与者”。第三，要建立理事评价机制，通过健全完善理事工作制度敦促“理事真理事、理事办实事”，尽快达到每位理事“真理事”、常务理事“常理事”的目的。

三要调动会员的积极性。会员是红十字会群众性特征的重要体现，是红十字事业发展的重要依靠力量。这些年，我们关注志愿者，但对会员关注度不够，没有很好地将这两个群体统一起来认识。而且，在会员发展、管理、统计、使用等方面也做得不够，会员服务跟不上，会费收缴不经常，有的地方甚至根本不缴会费。因此，会员管理问题要借这次改革契机认真研究解决办法。首先，要尽快修改《中国红十字会会员管理办法》，进一步把会员的权利和义务界定清楚，使会员的选举权、被选举权能够得到充分保证，给群众一个愿意加入红十字会、成为会员的理由。其次，要充分利用信息化技术管理会员，通过研发、下载手机App等方式，实现会员线上线下管理的有机结合。再次，要畅通会员自愿进出渠道，既随时可以加入，也随时可以退出；既要积极发展热衷于红十字事业的新会员，也要及时清理长期不履行义务，甚至忘记会员身份的“僵尸会员”。第四，要规范会费收缴，建立健全下级红十字会向上级红十字会缴会费制度，强化会员职责意识；要坚持分门别类、区别对待的原则，对学校红十字会会员采取自愿缴纳会费原则，对自身经济条件较差的会员和其他交纳会费确有困难的会员，可以减免会费。

四、着眼于公开透明，在推进“网上红十字会”建设上实现新突破

公开透明是红十字会赖以生存的社会基础，是红十字事业持续发展的“生命线”。因此，加强网上红十字会建设，打造充满活力、影响广泛、触手可及的网上红十字会，加强与社会公众的互动交流，是改革的重要任务。

一要强化互联网思维。实事求是地讲，当前红十字会系统的互联网思维欠缺，对新媒体、新技术掌握和运用得还远远不够，有的甚至排斥互联网技术。譬如，网上已经对某一个社会热点炒作得沸沸扬扬了，部分红会人却还沉浸在现实世界中一无所知，这是非常可怕的。因此，强化互联网思维至关重要。要及时学习、掌握互联网、大数据、人工智能等信息技术，学会并善于通过网络媒介方式传播人道理念、开展人道工作，积极运用互联网打造公开透明的红十字会，把社会各界关注的红十字人道服务、资源动员、捐赠款物使用情况等信息及时发布到网上去，在互动平台及时回应社会关切，从而通过高效的信息公开、真诚的沟通互动，与网络空间中的公众建立连接、构筑信任。

二要加快推进信息化建设。信息化是现代管理的基础。打造信息集成、数据共享、平台统一、标准一致的信息化系统，在统一的信息平台及时向社会公布捐赠款物的收入和使用情况，是《红十字会法》的基本要求。关于信息化建设，国家有要求，总会有考虑，关键是如何尽快落地落实。要整合资源，下大气力解决“信息孤岛”和“家家投资建设、户户点火冒烟”的信息化建设发展现状，按照国务院政务信息整合共享的有关要求，整合全国红十字会系统信息资源，使各级红十字会都通过统一的信息平台发布捐赠信息，社会公众通过同一个平台查询捐赠款物

去向，让捐赠人真正享有持续知情权。譬如，山东省红十字会目前已经依托中国红十字会信息化系统，在全国率先实现了省、市、县三级红十字会信息公开的互联互通，在实现全省红十字会系统捐赠款物在统一平台公示的基础上，目前正在开发捐赠款物去向查询系统，不久将上线运行。在推进信息化建设这一问题上，中国红十字会总会要加强顶层设计，尽快突破“开户行不统一”这一“银行壁垒”，研究开发符合全国红会实际的财务数据导入系统，在全国范围内尽快推广、使用中国红十字会信息化系统。

此外，总会目前正在全国范围内开展的“人道传播项目”评选，为推进红十字工作线上线下相结合进行了有益探索，重庆市红十字会推出的“红心侠”和江西省红十字会打造的“江小红”，更为“网上红十字会”建设积累了宝贵经验。但要看到，“攥指成拳聚合力”才更有冲击力。总会要加强对人道传播项目的整合提升，避免出现品牌“满天飞”现象，对成熟的人道传播项目，通过打造、包装，使之成为全国红十字会系统的品牌，使其在更高层次、更大范围内为推进“网上红十字会”建设做贡献。

（作者系山东省红十字会办公室主任）

正确把握和处理“三个关系”有序推进红十字国际学院建设

张孚传

2019年6月30日，中国红十字会总会、苏州大学、中国红十字基金会在北京签署创办红十字国际学院合作协议。创办红十字国际学院，是我国红十字事业发展史上的重大事件，是中国红十字会总会贯彻落实国家“一带一路”倡议的重大举措，也是新时代中国红十字运动书写国际使命的重大篇章。

中国红十字会第十一次全国会员代表大会召开在即，筹建红十字国际学院，将写入中国红十字事业新的五年发展规划，广大红十字工作者对此翘首以盼。依笔者浅见，正确把握和处理好国际化与中国化、理论性与实践性、主办与联办等“三个关系”，有利于推进红十字国际学院建设的科学发展。

一、正确把握和处理好“国际化”与“中国化”的关系

一方面，红十字运动是一项国际性的运动，红十字国际学院既然冠以“国际”之名，理应提出新思路、制定新举措，真正体现“国际化”。因此，要主动服务国家“一带一路”倡议，通过举办红十字国际论坛、承接红十字运动国际和洲际研修班、开展国际红十字友好合作交流等，积极参与国际红十字运动事务，扩大中国的“朋友圈”“粉丝群”；要积极拓宽选人用人视野，面向全球招聘学院师资，建设国际一流学科，培养国际一流人才；要瞄准国际人道领域新动向，以纾解国际人道危机为己任，贯彻落实习近平主席在《共同构建人类命运共同体》主旨演讲中提出的“包括《日内瓦公约》确立的国际人道主义精神在内的一系列公认原则，应该成为构建人类命运共同体的基本遵循”的重要指导思想，推动国际人道法在全球范围内得到普遍尊重。

另一方面，中国红十字会已成为国际红十字运动的重要成员，红十字国际学院作为国家红会主办的院校，理应传播中国红十字好声音、传播中国文化，生动展现“中国化”。因此，要宣传中国红十字事业发展成就，既要宣传新中国成立之前红十字人救死扶伤、扶贫恤病的非凡成果和感人事迹，更要宣传新中国成立以来红十字运动的蓬勃生机和对国际人道主义运动的杰出贡献；要倡导中国的人道主义主张，既要传承“求和平、促发展，谋团结、搞合作，讲原则、重推广，重机制、见行动”的四点主张，更要弘扬“重申对七项基本原则的信念和承诺，采取坚实行动共同推动国际人道主义事业发展”的新主张；要传播中国文化，既要讲清中华传统文化与红十字运动文化的内在相通性，更要阐明中国文化、中国文明对世界文化、人类文明的独特贡献。

二、正确把握和处理好“理论性”与“实践性”的关系

纵观历史，红十字运动是一项以先进理念为引领的实践性运动。它起源于战地救护，发端于杜南在《索尔费里诺回忆录》中提出的两项极具远见卓识的建议，以国际人道法为法律保障，以七项基本原则为工作遵循。因此，一方面，红十字国际学院要强化理论研究，努力打造成红十字文化理论、人才培养、智库建设、国际传播的研究高地。要深入研究国际人道法和七项基本原则，提出新时代人道主张，为促进国际红十字运动发展贡献中国智慧；要深入研究国际人道领域新形势，剖析人道危机根源，为解决国际人道问题提出中国方案；要深入研究国际红十字运动的历史，把握规律，总结经验，为推进国际人道主义事业贡献中国力量；要深入研究中国红十字运动的历史，摆明事实，阐释道理，为促进各国红十字事业发展提供中国道路。

另一方面，红十字国际学院要坚持实践标准，努力建设成红十字会领导干部、专职工作者、会员、志愿者的育人基地。要吸收一批有红十字实践工作经验的人才，负责学院行政管理和日常教学工作，使学院发展更接地气；要依托全国各级红十字会建立一批特色教学实践基地，让学院的学员经常到基层一线参观学习，获得更直观的感受；要鼓励和组织学院的教师到各级红十字会挂职锻炼、开展调研，从红十字工作实践中汲取养分，更好地组织开展教学；要吸引红十字工作者、会员和志愿者到学院接受培训，发掘总结其从事红十字工作的实践经验，为学院教学提供范例。

三、正确把握和处理好“主办”与“联办”的关系

红十字国际学院由有着百年历史的中国红十字会联合有着百年传承的苏州大学共同创办，是办学模式和办学体制的创新。要充分发挥这种“主办+联办”的办学优势。一方面，要落实国家红会办学的主体责任。要明确红十字国际学院的办学方向，为红十字理论研究造就专业人才，为中国红十字事业培养管理人才，为国际红十字运动输送高级人才；要树立红十字国际学院的办学理念，坚持“面向世界，前瞻开放，崇尚实践，创新发展”；要优化红十字国际学院的办学模式，可以借鉴西湖大学基金会办学模式，进一步壮大人道教育基金规模，为保障学院发展打好坚实的基础；要制定红十字国际学院的办学规划，在招生规模、师资储备、学科建设、课程设置和院地协商、院会融合、校际合作、国际交流等方面，搞好顶层设计、做出长远安排。

另一方面，要充分发挥联合办学的特殊优势。依托苏州大学的学科优势和人才资源，开设红十字文化、国际人道法、应急救援、生命安全教育、现场救护、全球公共卫生等专业，使学院成为红十字领域专业人才培养教育机构，红十字会智库和红十字运动理论、国际人道法的研究中心与传播基地；依托苏州大学成熟的院校行政管理，高起点研究谋划红十字国际学院组织架构、运行机制、师资招聘、学员管理、安全保卫、后勤保障等行政事务，确保学院落地后高效运行；依托长三角地区红十字事业发展的平台，立足长三角、放眼全国、面向世界，研究分析红十字工作社会实践和成功经验，把红十字国际学院打造成红十字培训课程开发设计、体系构建、更新再造的权威机构，红十字事业项目策划、绩效评估、运营管理的咨询机构，红十字运动数据归集、案例分析、范式研究的专业机构。

（作者系浙江省红十字会人道传播与组织管理处处长）

红十字事业发展史上的一件盛事

——写在“红十字国际学院”诞生之际

池子华

2019 年 8 月 31 日，由红十字国际委员会、红十字会与红新月会国际联合会参与发起，中国红十字会、中国红十字基金会与苏州大学合作共建的红十字国际学院（以下简称国际学院）在苏州正式挂牌成立。毫无疑问，这是红十字运动史上的一件盛事，也是人道教育事业新的里程碑，值得庆贺！

时代的呼唤

中国红十字会自 1904 年建会以来，改革创新，砥砺前行，事业发展取得长足进步，在国内国际影响力与日俱增。诚如习近平总书记指出的那样，“中国红十字会是国内历史最悠久的人道组织，成立 110 多年以来不断发展”，“近年来，中国红十字会在重大灾害救援、保护生命健康、促进人类和平进步等方面发挥了重要作用”，“为党、为国家、为人民做了很多好事、善事。”这是对红十字会工作所给予的高度评价。但作为一个庞大的人道救助组织，红十字会没有一所人才培养基地，不免让人感到遗憾。

事实上，昔日的中国红十字会较为重视人才培养。早在 1908 年，中国红十字会就面向社会招考医学生，由总会出资，送入上海同济德医学堂学习。“委托代培”的同时，中国红十字会还积极筹建自己的人才培养基地。1910 年夏，中国红十字会医学堂建成招生，这是中国红十字运动史上第一所培养红十字人才的专门学校。1912 年 9 月，医学堂“提档升级”为中国红十字会高等医学堂，并与美国哈佛大学“联合办学”，开创了人才培养新模式。1922 年 6 月，“上海中国红十字会总医院护士学校”开学，聘请总会总医院护士长伍哲英为校长，培养护理人才。但自新中国成立以来，红十字会长期挂靠卫生部门，再没有自己专属的人才“摇篮”，这与中国红十字会理顺管理体制“自立”后的事业发展极不适应。振兴人道教育，可谓时代的呼唤。

从国际上看，众所周知，红十字会与联合国、奥委会并称三大国际组织。联合国有联合国大学，奥委会有多所奥林匹克学院，唯独拥有190多个成员的国际红十字运动，没有一所属于自己的高等学府。习近平总书记指出：“红十字组织是全世界影响范围最广、认同程度最高的国际组织。红十字是一种精神，更是一面旗帜，跨越国界、种族、信仰，引领着世界范围内的人道主义运动。”这两个“最”，分量之重，可以感知。因此，在中国率先创建“红十字国际学院”，不仅可以弥补缺憾，而且对“构建人类命运共同体”，提升中国的国际影响力，具有不可低估的意义。

跨界融合的新模式

中国红十字会是从事人道主义工作的社会救助团体，是党和政府在人道领域联系群众的桥梁和纽带。作为群团组织，红十字会有着纵横交织的网络系统，覆盖全国，从业人员规模可观。据最新统计，全国红十字会系统有1.3万余名专职工作人员，且每年有15%以上的更替率，另有1.4万余名兼职干部。他们需要不断“充电”以适应“学习型社会”对复合型人力资本的现实需要。正因为如此，业界、学界不断发出创建红十字学院的呼声。但在没有任何基础的情况下，由红十字会单独创建一所高等院校，并不现实。有鉴于此，中国红十字会“跨界”选择与高校合作达成创建目标，无疑是一种策略选择。

应该说，地方红会和有关高校，对创建红十字国际学院，充满热情，上海、安徽、河南、江苏以及一些企业家，积极争取，令人感动。但创建国际学院有一个前提，即要求有比较深厚的研究基础，否则就是“空中楼阁”，无法实现愿望。选择苏州大学正是总会综合多方面因素所做出的慎重决策。

苏州大学坐落于素有“人间天堂”之称的古城苏州，是国家“211工程”、“双一流”重点建设高校，“2011计划”首批认定高校，是江苏省属重点综合性大学，其前身为创建于1900年的东吴大学。一个多世纪以来，苏州大学始终秉承“养天地正气，法古今完人”的校训精神，坚守“学术至上，学以致用，培养模范公民”的办学理念，传承和弘扬

“自由开放，包容并蓄，追求卓越”的优良校风和“博学笃行，止于至善”的优良学风，努力培育兼具“自由之精神、卓越之能力、独立之人格、社会之责任”的创新人才。目前，苏州大学已发展成为一所拥有哲学、经济学、法学、教育学、文学、历史学、理学、工学、农学、医学、管理学、艺术学等12大学科门类的具有相当规模，基础较为雄厚，办学效益显著，在国内外具有较高知名度的综合性大学。同时，苏州大学是全国第一家红十字运动研究中心所在地，在总会的支持下，红十字运动研究中心自2005年成立以来取得了丰硕的研究成果，得到了总会领导集体及学界、业界的一致认可，具备了得天独厚的条件。

中国红十字会与苏州大学共建国际学院，开创了跨界融合新模式，即融合业界“实操经验丰富”和高校“学科研究和人才培养”各自优势，相互激荡，互利共赢，产生1+1>2的效应。这种与高校联合办学的跨界融合模式，符合人道教育事业的现实需要，对国际红十字运动的未来发展也具有借鉴价值和“示范”意义。

国际学院的功能

国际学院是一个综合体，具有多方面的功能。

一是人才培养。这是人道教育的本质要求。根据人道需求，培养专业人才，是国际学院的基本职能。国际学院站位高，起点高，人才培养自然走“高端路线”，每年面向全国招收一定数量的硕士生、博士生以及博士后。同时，开办“同等学力申请硕士学位研修班”，面向红十字会系统招生，为提升红十字会青年干部的学历层次创造条件。通过高端人才的培养，努力把学院打造成为红十字会系统的“黄埔军校”。

二是继续教育。它是对专业技术人员进行知识更新、补充、拓展和能力提高的一种高层次追加教育，是终身学习体系的重要组成部分，也是构建学习型社会的重要杠杆。对红十字人而言，只有不断“充电”，及时更新知识结构，完善自我，才能适应人道救助事业发展的要求。作为红十字会的“干部学院”，国际学院理应依据红十字事业“供给侧”的需求，分期分批开展干部培训，包括中期培训、短期培训以及在线学习等。除此之外，学院也将配合国家战略需要，开展国际培训业务，力求建立面向全球的人道主义教育网络。

三是科学研究。国际学院之所以能够建成，关键在于前期的研究基础。同样，要实现可持续发展，科学研究依然是重心所在，所谓“教学与科研”，正是一所高等院校安身立命之本。国际学院也不例外。它将以同时挂牌的“中国红十字运动研究院”以及国际学院下设的红十字运动研究中心、国际人道法研究中心、“一带一路”国际交流合作研究中心、南丁格尔护理研究中心、人道资源动员与传播研究中心、应急管理与备灾救灾研究中心等研究机构为支撑，凝聚科研力量，产出高质量的科研成果，使之成为红十字理论创新中心和智库平台，使理论研究成果转换为现实的“执行能力”，推动红十字会工作的开展。也期待通过创新性理论研究，贡献中国智慧，推动国际红十字运动的健康发展。

四是文化传播。国际学院不仅是一个科研单位、教学单位，同时也是文化传播基地。科研成果的转化、教学内容的输出以及势必建设的“网上红十字国际学院”，为红十字文化传播开启了多扇窗口，拓展了传播渠道，扩大了传播范围。同时，国际学院还将积极创造条件，创建几代红十字人“梦想”的中国红十字历史博物馆，珍藏历史，开创未来。博物馆除了满足教学需要外，免费对外开放，使之成为具有鲜明特色的红十字文化传播教育基地。

五是国际交流。红十字是一个“命运共同体”，193 个成员同构共存于红十字运动的大家庭之中，不能也不可能不相互交流。国际学院名称的本身就体现出它的国际性，国际交流自然而然成为其基本赋能。这就意味着国际学院不是封闭的，而是开放的，是一所“没有围墙”的学府。国际化办学原本就是一种国际交流，同时可以围绕“一带一路”倡议，将国际学院建成民心相通的桥梁和人道外交的重要管道，为构建人类命运共同体做出贡献。

新征程新起点

从性质上说，国际学院不是单纯的公立学校，当然更不是私立学校，而是一种“公办民助”性质的学校，即依托苏州大学“公办”，先行参照苏州大学二级学院进行管理，而办学经费主要取之于社会，体现“民助”旨趣。“公办民助”机制灵活，适应性强，是办学模式上的一种创新，符合现时代人道教育发展的客观规律。

创建国际学院，毫无疑问，是中国红十字会对国际红十字运动的一大贡献，对全球人道教育事业的发展具有积极的推动作用，也是中国红十字事业发展道路上的新起点。办好国际学院，自然成为学界、业界共同的期待。2018 年 5 月 6 日，陈竺会长在视察调研苏州大学的座谈会上指出："一方面用理想和未来的前景来吸引人，包括师资、学院资源；另一方面，要使学院将来培养的人才，切切实实能成为我们国家的红十字事业发展各个层面、各个领域的有用之才。也就是说要接地气，人才培养要和事业的需求、国家发展的需要相结合。"这是基本要求，也是国际学院生存与发展的根本遵循。

要做大做强人道教育事业，尽管面临的挑战很多，但使命使然，理应有所担当。祝愿国际学院不辱使命，奋发有为，成就辉煌。

（作者系红十字国际学院红十字运动研究中心主任，苏州大学社会学院教授、博士生导师。本文为2018—2019名城名校融合发展战略项目阶段性成果）

嘉定区红十字会专栏

彰显人道特色　完善服务体系

——嘉定区红十字志愿服务体系建设的实践与思考

瞿大我

志愿服务是国际红十字与红新月运动的七项基本原则之一，是《中华人民共和国红十字会法》赋予我国红十字会的重要职责和任务，是一项全球性的、高尚的社会公益事业，是人类文明、社会进步的标志，也是弘扬红十字精神、培育和践行社会主义核心价值观的有力抓手。多年来，嘉定区红十字会大力发展红十字志愿服务队伍，组织、引导并广泛开展人道传播和红十字特色服务，逐步建立起以社区红十字志愿服务为基础，以应急救护、弱势群体关怀、“三献”工作、文化传播等专业志愿服务为骨干的红十字志愿服务体系。

一、聚焦队伍专业化，深化服务内涵，促进核心业务发展

（一）抓师资建设，不断提高救护参训率

以应急救护培训和老年看护培训为抓手，重点做好救护师资和救护员队伍建设。依托区卫生系统的医护人员和教育系统的学校老师组成嘉定区红十字救护培训志愿服务队，作为区救护师资核心队伍，负责开展全区的各类救护培训、救护队演练、比赛辅导等工作。组织参加市红十字会救护培训及复训，以及美国心脏协会的 HEARTSAVER CPR AED 培训，成立教研组，开展教研培训和公开观摩等活动，不断提高师资授课水平，确保教学工作有序开展。2008 年以来，嘉定区共培训救护员 1.5 万余名，普及培训 17 万余人次，老年介护培训 3800 余人次，圆满完成了政府实事工程和预定的各项目标任务。

（二）抓骨干培养，不断优化“三献”管理

选取一批素质好、能力强、有奉献精神、有服务热情的社会爱心人士（以退休干部、教师为主）为志愿服务团队的骨干，嘉定区先后成立了区遗体（角膜）捐献登记者联谊会（又称“春蚕之家”联谊会）和区造血干细胞捐献者联谊会（又称“星星火炬”联谊会），为捐献志愿者搭建自我组织、自我学习、自我服务的新平台。例如，“春蚕之家”联谊会以区、镇两级志愿者队伍为基础，形成组织网络，建立分工明确的自主管理机制，经常性地组织开展骨干培训、区级层面大型活动、指导小组开展活动等管理工作；充分发挥骨干志愿者的引领、协调作用，自主规范做好遗体捐献登记、会员来访、咨询接待、联系慰问等日常事务工作，尤其是在遗体接收这个重点环节，发挥骨干作用，到现场实行“精准服务”，使全区的遗体（角膜）捐献登记率、实现率和群众的满意度不断提高。市红会多次总结推广“春蚕之家”的服务模式和工作经验，并于2016年，由嘉定区红会牵头，协助市红会成立了上海市遗体（角膜）捐献志愿者“五区联盟”，引领本市遗体（角膜）捐献事业健康发展。区红会的《为遗体捐献志愿者营造一个“家”》入选市红十字会优秀工作案例，“春蚕之家”联谊会获第二届上海市人道博爱奖。

发挥“星星火炬”联谊会引领作用，不断加大宣传力度，全区造血干细胞捐献志愿者“入库”数逐年提高，至2018年底，已累计入库5529名，成功捐献21例，其中有2例是二次捐献。

此外，嘉定区红会还充分发挥本区内各大医院重症监护室志愿者（协调员）的作用，主动向潜在的器官捐献者家属做好宣传、沟通、协调工作和捐献后的人道关怀、缅怀纪念工作，全区已成功实现人体器官捐献41例。

（三）抓助老服务，不断增强群众获得感

从2012年开始启动“为老服务爱心联盟”公益项目起，嘉定区已逐步建立了7个“红十字爱心助老服务基地”。依托基地，区红会坚持组织志愿者开展形式多样、内容丰富的敬老、爱老、助老志愿服务活动。如嘉定迎园医院成立了“爱心助老天使”志愿服务队，招募注册志愿者300多人，在院内开展“临终关怀”，陪伴老年病人游戏、聊天等服务，在患者及家属中建立了良好的口碑。

区红会还坚持与红十字冠名医疗机构联手，实施“携手同行”项

目，为居家腹膜透析患者提供送医上门、专家咨询服务，开展人道关爱等“肾友活动”。

为了推进“失智老人”项目的有效实施，区红会在全区 12 个街道（镇）建立了项目志愿服务队，成员由社区居民和干部、社区卫生服务中心医务工作者和在校大学生志愿者组成。志愿者除每月上门为失智老人配送护理用品外，还定期提供义诊，开展老年介护指导，提供精神慰藉、理发、清扫等服务，赢得了家属的信赖与好评。

二、资源整合社会化，拓宽传播渠道，促进形成大宣传格局

文化影响力是推动红十字事业发展的重要力量。嘉定区红十字会坚持围绕中心、服务大局、多方联动，依靠社会力量搭建平台、创新方式，构建大宣传格局，为红十字事业发展营造良好的舆论氛围。

（一）探索合作机制，组建特色团队

充分整合社会资源，区红会在全市率先建立了一系列红十字文化传播类志愿服务队。例如，2011 年 1 月，与嘉定镇街道作为共创项目，共同组建了区红十字文艺宣传志愿服务队，现有注册志愿者 90 多名，以歌唱、舞蹈等群众喜闻乐见的文艺表演形式传播红十字文化；2012 年下半年，在原演讲队的基础上，由各街道（镇）推荐的宣讲员组建区红十字宣讲团；2013 年 3 月，成立了嘉定红十字“红泥巴”戏曲队；2015 年，由全国“故事大王”黄震良牵头成立了嘉定红十字故事团；2015 年，在广播电视台和互联网企业招募了一批有传媒工作经验的志愿者，组建成立了区红十字文化传播志愿服务队，配合区红会策划开展各项宣传活动。此外，区红会还与嘉定影剧院、上海大学传媒学院、嘉定图书馆等合作，开展免费播放电影、创作红十字历史动画片、“周末红十字故事”导读活动等。以上团队和基地的建立，为创新红十字文化传播工作提供了保障。

（二）推动文艺创作和宣传“七进”，扩大传播覆盖面

区红会充分发挥红十字文化传播志愿者的作用，创设新的宣传平台，创作红十字题材的文艺作品。例如，编辑印发《春蚕之家》小报，后又改版为《嘉定红十字》报；组织开展大型主题宣传活动；创作了全

国首支遗体捐献志愿者之歌——《生命之歌》、上海首支红十字青少年之歌——《红十字精神伴我成长》、反映造血干细胞捐献者故事的电视专题片《生命的华彩》、微电影《大爱无疆》、故事《最后的遗产》等文艺作品；协助宣传部门，参与拍摄了反映遗体捐献者事迹的《大体老师》和《春蚕到死丝无尽》等公益微电影，并在全国评比中获奖；协助市红会汇编了征文集《大爱三十年》和全区征文集《爱的传递》《一瓣沁香》等，向社会传递博爱正能量。各文化传播志愿服务队坚持深入社区、企业、学校、机关、医院、军营、敬老院等开展巡回宣讲、演出，累计开展宣传活动千余场次，受众达10多万人次。

（三）发挥新媒体优势，开通宣传新平台

近年来，在区红十字文化传播志愿服务队的协作与支持下，区红会在电视、广播和官方微信中开设了“阳光朵朵”人道救助栏目，全程跟踪项目实施过程，宣传体现社会大众阳光般关爱的感人故事和受助对象面对困难积极向上的人生态度。区红会还对“嘉定红十字”门户网站进行全面改版，充分运用移动互联网新媒体手段创新宣传模式，“嘉定红十字”微信公众服务号实现了会员入会、志愿者网上注册、救护培训报名、网上捐献、微信捐款等功能，实现了便捷的信息公开和全过程监督，进一步拓宽了红十字宣传渠道，提升了红十字会的社会公信力。

三、推进管理制度化，健全长效机制，促进品牌效应提升

（一）理顺组织架构，分层自治管理

嘉定区目前已发展注册红十字志愿者4000余名，共有区属志愿服务队13支，镇（街道）志愿服务队12支。为了进一步规范红十字志愿服务活动的开展，加强对志愿服务工作的管理，构建与红十字事业发展相适应的红十字志愿服务体系，2017年12月，成立了由区文明办、团区委、民政局、卫计委、文广局、各镇（街道）红会、教育局红会和机关党工委红十字工作委员会等部门组成的嘉定区红十字志愿服务工作委员会，在工作委员会下设立志愿服务总队，在总队下设立分队。总队在工作委员会领导下开展工作，拟订年度工作计划，落实各项规章制度，制定工作、活动规范。分队在总队指导下实行自主管理，积极开展红十

字志愿服务工作，逐步形成联动、共享、开放、高效的运作机制，这样更有利于志愿者队伍建设的加强，有利于信息化作用的发挥以及服务项目引领和基地开放，从而提高了自治能力和管理水平。

（二）培树“领军人物”，引领品牌推广

红十字志愿服务团队只有充分发挥“领军人物”的引领和凝聚作用，才能在其团队中建立共同愿景，让组织的价值观在志愿行动中得到体现，将个人发展与组织发展整合在一起，如此才能高效率地完成红十字志愿服务的各项目标，保证红十字品牌形象与品牌效应的形成和提升。

嘉定区通过多年志愿服务实践的锻炼和考验，涌现出不少红十字志愿者先进典型。例如，全国学雷锋先进典型“最美志愿者”瞿大我，在退休后的10年间，全身心地投入志愿服务工作，坚持为群众排忧解难，他先后担任全国、上海市、嘉定区的10多个志愿服务团队的负责人，带头创新改革，为“三献”核心业务的发展，为红十字文化的传播发挥了示范引领作用，做了大量的实事、好事；全国社区志愿者之星、全国无偿献血奉献奖金奖获得者邹洪鸣，累计捐款几十万元，带领服务团队坚持开展助老、助医、文艺宣传志愿服务，深得群众称颂；区中心医院重症监护室主任、从事器官捐献协调工作的红十字志愿者胡善友，已成功帮助实现28例器官捐献，被评为上海市优秀志愿者；区救护培训志愿服务队队长陈建新，从2006年获得救护培训骨干师资资格后，坚持在社区、学校中开展救护培训，成效显著，多次被评为上海市优秀志愿者和区十佳志愿者；“春蚕之家”联谊会会长卢秀臻和嘉定镇街道组组长李瑛、真新街道组组长朱建萍、工业区组长金莹等遗体捐献志愿者骨干，为提高遗体捐献登记率、实现率和群众满意度，坚持热情宣传、热心服务，将“春蚕之家”打造成市品牌项目。

（三）完善保障机制，确保持续发展

红十字志愿服务项目往往都是专业性、社会性、系统性比较强的，随着志愿服务工作力度的逐渐加大，工作成本也在逐步增加。因此，建立健全经费保障机制迫在眉睫。嘉定区红十字会积极争取政府专项投入和各方捐赠，为志愿服务工作解决后顾之忧。例如，“春蚕之家”联谊会曾由上海嘉定曹王禅寺出资50万元，设立了“嘉定遗体捐献基金”，为联谊会提供活动经费；“困难重度失智老人关怀”项目，每年由嘉定

区光彩事业促进会承担志愿者上门服务经费；嘉定城发集团“城发助力”人道基金，也每年为志愿服务队提供活动经费。其他志愿服务项目的志愿者工作经费基本由政府财政投入。

四、对今后工作的几点思考

进入新时代，人民群众对人道服务的新需求不断增加，红十字会协助党和政府兜住民生底线、关爱生命健康的任务更加繁重，但目前在红十字志愿服务工作中还存在着许多不足和短板，如区域间发展不平衡、缺乏专业化的骨干志愿者、红十字志愿服务的政策扶持与激励机制有待进一步完善、红十字志愿服务信息管理系统还不够健全等。因此在新形势下，如何开拓创新，做深做实做细红十字志愿服务工作，需要在以下三方面继续努力。

（一）进一步强化红十字志愿服务工作委员会的功能，创设更宽广的发展空间

近年来，红十字志愿服务社会化发展趋势日益明显，红十字志愿者队伍日益壮大，服务行为扩展到民众生活的各个领域，且更加日常、更加平民、更加普遍。

红十字会作为国家公益事业与社会需求之间的补充，各级志愿服务组织在沟通社会舆论、解决社会问题、维护社会稳定等方面起着特殊作用。因此，为了进一步实现地区红十字志愿服务的多元化发展，需要进一步强化“红十字志愿服务工作委员会”的功能。新修订的《中国红十字会章程》第三十一条规定：“县级以上红十字会设立红十字志愿服务工作委员会，保持与其他部门志愿服务机构的联系，组织、指导红十字志愿者和志愿服务组织开展活动，维护红十字志愿者及其服务组织的合法权益，对红十字志愿服务工作进行考核、评估和表彰。”据此，应进一步发挥工作委员会的作用，力争将红十字志愿服务规划纳入本地区志愿服务工作的总体规划中，以指导、调节的方式，促进地区社会资源向红十字志愿服务组织转移，实现社会化转型和社会资源的整合，并实现分类和分层管理，主动挖掘和细化不同红十字志愿者的能力水平，划分更为清晰的职责。通过工作委员会的协调，真正扩大红十字志愿服务工作的覆盖面，促进红十字志愿服务均衡、持续发展。

（二）进一步弘扬红十字志愿服务文化，营造更和谐的发展环境

尽管近年来红十字志愿服务活动日趋丰富，并且产生了一些品牌项目和先进典型，但是宣传推广和力量整合的力度还不够大，其活力和社会影响力还比较有限。红十字志愿服务组织的生存、发展和壮大都与宣传、推广能力有很大关系，即使在志愿服务组织快速发展期，如果没有营造声势、塑造形象，也有可能因为受到忽视，或者资源缺乏而导致组织“夭折”。

红十字精神与中华民族优秀传统文化一脉相承，与社会主义核心价值观高度契合。所以，我们要把培育和践行社会主义核心价值观融入红十字志愿服务的各项活动中，进一步建立统筹规划、共同参与、协调推进的红十字志愿服务宣传工作机制，充分利用社区红十字服务中心（站）等多种阵地和途径，进行红十字志愿服务宣传教育；进一步加强对志愿服务典型的宣传，不断推出示范性强的项目案例和志愿者的感人事迹，通过典型的宣传，可以形象地诠释红十字志愿服务的深刻内涵和精神实质，潜移默化地影响人们的思想观念和价值判断；进一步发挥精神文化产品育人化人的重要功能，通过生动感人的文艺作品和丰富多彩的文化活动，来展现红十字志愿者的精神风貌；还要更充分地发挥大众传媒（尤其是新媒体）的作用，通过新闻报道、公益广告、言论评论等形式，弘扬红十字志愿服务文化，推动社会主义核心价值观和红十字精神转化为广大人民群众的情感认同与行为习惯，从而营造有利于红十字志愿服务发展的良好文化环境。

（三）进一步完善红十字志愿服务信息管理系统，获得更高效的发展成果

随着中青年红十字志愿者队伍的扩大和社会化服务项目的增加，传统的红十字志愿服务管理模式和方法，已跟不上信息时代的步伐和打造“网上红十字会”的目标要求。因此，要进一步完善红十字志愿服务信息管理系统，运用信息化工作手段，充分发挥官网、“两微一端”等网络平台作用，实现线上线下有效衔接、高效互动；要建立红十字志愿服务供需对接机制，努力实现志愿者、服务对象和服务项目的相互衔接，推动志愿者和志愿服务项目等信息公开发布，为志愿服务信息的供需对接提供网络支持；要建立统一的红十字志愿者注册登记制度，进行志愿者和志愿服务组织的网上实名注册，为每个注册志愿者和志愿服务组织

提供志愿服务电子管理档案，并按服务专业、服务地域等进行分类，从而建立红十字志愿服务人才库，实现志愿者和志愿服务组织信息共享、互联互通；要建立红十字志愿者服务记录制度，建立统一的红十字志愿服务记录平台，根据统一的内容、格式和记录方式对志愿者的服务名称、日期、地点、服务对象、服务内容、服务时间、质量评价、活动负责人、记录人等信息进行及时、完整、准确的记录，为评价和表彰、激励志愿服务提供依据。同时要努力实现服务记录的异地转移和接续，以最大限度地调动和保护广大红十字志愿者参与志愿服务的积极性，促进红十字志愿服务高效发展。

（作者单位：上海市嘉定区红十字志愿服务总队）

试论监事会监督过程中的“借力”

——以嘉定区红十字会监事会为例

王舒艺

2017 年 9 月 5 日，上海市嘉定区红十字会监事会依法成立。按照“依法设立、党管干部、专兼结合、内部监督”的原则，经区委批准成立的嘉定区红十字会监事会由 5 人组成，设监事长 1 名、专职监事 1 名、兼职监事 3 名。监事会下设办公室于区红十字会机关，由专职监事负责日常工作。

一、监事会要善于“借力”监督的原因

一是监事会监督内容较多，监事人员较少，精力不够。依据《中华人民共和国红十字会法》（以下简称《红十字会法》）而制定的《上海市嘉定区红十字会监事会工作规则（试行）》，规定了监事会需要监督的内容，即需要对理事会贯彻落实《红十字会法》等法律法规情况进行监督，对理事会执行会员代表大会决议的情况进行监督，对理事会财政资金、人道基金使用管理和项目实施情况进行监督，以及对其他需要监督的事项进行监督等。经过两年来的摸索，嘉定区红十字会逐渐积累经验，在监督中能运用多种方式开展工作，如参加会议、听取汇报、查阅资料、组织检查、通报监督情况等。但由于人员有限，5 名监事会成员中有 3 名为不驻会的兼职监事，平时的监事会事务若仅靠监事长和专职监事的力量，则无法实现全面、有效监督的目标。因此，“借力”这一监督方式在现实工作中就显得尤为重要。

二是监事会监事仅对某些方面比较专业，无法做到全面“专、精”。2017 年 9 月 5 日，嘉定区红十字会召开第五次会员代表大会，选举产生了由 5 名监事组成的区红十字会监事会。在完善人员配备的过程中，区红十字会按照权威性、专业性、代表性的三大要求，注重吸纳由在各方

面具有专长的同志组成监事会。比如首任监事长柏永明同志，曾先后在司法、纪检、审计等部门工作，担任过嘉定区纪委副书记、监察局局长、审计局局长、上海嘉定出口加工区发展有限公司监事会主席等职务，经验丰富，尤其在纪检、审计部门工作过的背景，对其担任红十字会监事会监事长一职十分有利。首先，这两个部门的工作人员会有更强的依法行政意识、廉政风险防范意识和监督意识；其次，纪检、审计等部门“牌子响亮”，特别是近年来在反腐方面做出的成绩，使其在社会公众中树立了较好的公信力，红十字会从这些部门“借人”，更能“取信于民”，达到“让领导放心、捐款人放心、大众放心”的目的。首届监事会组成人员中，除1名专职监事负责日常协调工作外，3名兼职监事各有来处，包括1名人大代表、1名具有财会专业背景的企业财务总监、1名有日常救助工作经验的民政局救助部门科长，他们均为热心红十字事业且具有良好公信力和相关专业背景的人员。在实际监督的过程中，各位兼职监事既能实施专业性的监督，又能借鉴各自本职工作中的相通内容，从而能够开拓红十字会监督的新思路。但是，仅仅由他们组成监事会还是不够的，兼职监事们虽然在各自行业内都是专家，然而，在实际从事监督的过程中，他们会遇到许许多多其他专业的问题，这时候就需要请教其他专业人员，需要“借力”来完成监督工作。

二、监事会监督过程中“借力”的经验与实效

嘉定区红十字会监事会自成立以来，依据《红十字会法》《中国红十字会章程》及《上海市嘉定区红十字会监事会工作规则（试行）》开展工作，重点针对人道救助基金及财政资金中用于人道救助项目的相关经费，以及各类制度的执行情况进行跟踪监督，特别是对重点开展的9个人道救助项目实施重点监督，以“制度+科技”的方式认真履行监督职责。在监督过程中，监事会注重围绕区红十字会的发展大局，积极探索通过多种维度和方法进行监督，并“借力”相关部门认真履行监督职责。

（一）“借力”纪检部门，强化联合监督力度，增强意识，规范工作

2017年以来，中共上海市委提出了建立全面从严治党“四责协同”机制，把党委主体责任、纪委监督责任、党委书记第一责任和班子成员“一岗双责”的横向协同协作与纵向压力传导结合起来，努力构建主体

明晰、有机协同、层层传导、问责有力的管党治党责任落实机制。在“四责协同”机制建设的过程中，嘉定区率先进行探索，要求每个单位的党委（党组）牵头确立综合性责任项目，每位班子成员认领个人责任项目。区红十字会一正一副两位班子成员在认领个人项目的过程中，红会党组将业务工作和干部管理作为责任项目的内容，将主体责任相关任务与业务工作同步部署、同步落实、同步检查，以推动主体责任具体化、程序化、制度化。例如 2018 年，区红会确定了一个综合性责任项目“加强人道救助基金项目的监管”，以党组书记作为牵头抓总的责任人，下分“进一步规范人道救助项目的设立和实施”“进一步加强人道救助工作社会监督”“加强人道救助项目的评估”3 个子项目，分别由党组书记和班子成员承担。另外，党组书记和班子成员又分别认领了“加强红十字会系统干部规范化管理”和“加强‘重度失智老人关怀项目’的督查”两个个人子项目，由区红会事务中心协办完成。

嘉定区红十字会监事会专职监事除承担监督工作外，还负责区红会纪检工作，因此在实施监督的过程中，当涉及监督内容有交叉时，监事会与会纪检组定期沟通、加强联系、多管齐下地对项目进行督查，并共同听取项目负责人就项目推进情况的报告，定期列席涉及项目内容的党组专题会议，并就项目开展过程中的有关问题及时提出意见和建议。2017 年成立监事会以来，至今已召开了多次会议，会纪检组都列席会议，与监事一起共同听取相关情况的通报，如区红十字会理事会工作情况、人道救助基金收支情况、人道救助的项目执行与审计情况、项目审计发现问题整改反馈情况、人道救助项目审计计划与重点情况、项目系列制度的制定情况、理事会对监事会监督情况通报建议反馈情况以及理事会主要业务工作完成情况的通报。此外，2018 年，根据嘉定区纪委、监委《关于印发〈嘉定区关于开展扶贫帮困领域腐败和作风问题专项治理的工作方案〉的通知》要求，区红十字会监事会联合会纪检组对各基层红十字会开展了扶贫帮困领域腐败和作风问题的专项治理，下发了《关于开展扶贫帮困领域腐败和作风问题专项治理工作的通知》，以此进一步强化全区各镇、街道红十字会规范执行各人道救助项目的意识，从而提高了监督的执行力。

（二）“借力”第三方审计机构，延伸审计工作的力度与深度，及时发现基层工作中存在的问题和值得推广的工作亮点

嘉定区红十字会监事会在了解人道救助项目的过程中发现，人道救助项目类别多、数量多，且项目工作多延伸到基层镇、街道红十字会，

因此在区红十字会层面，仅靠1名项目负责人进行审核把关有难度，而以往的年度审计工作只是常规性审计，力度和深度都不够。在第一届监事会第二次、第三次会议上，区红十字会监事会分别两次建议理事会建立、完善审计审核制度、信息公开制度、档案管理制度，并要逐步加以落实。

2018年，《嘉定区红十字会人道救助项目审计办法（试行）》出台，其中规定了可以从上海市政府采购平台选择社会审计机构，委托其开展人道救助基金使用管理情况的审计，通过“第三方”力量来进行审计监督。这个“第三方”需要满足几个条件：首先要确保审计单位的权威性、公正性，而审计单位能列名于上海市政府采购平台，本身就是权威性、公正性的标志；其次要确保审计工作的针对性、有效性，要根据人道救助基金使用管理办法和人道救助项目的实施目标要求，制定一个审计总方案和若干个项目审计方案。

“到位的审计工作可以督促和规范各级红十字会的人道救助工作，促进和提高各类人道救助资金、物资的使用效率，不断提升红十字组织的社会公信力和影响力。”从事审计工作多年的监事长柏永明对这项工作寄予厚望。

2018年底至今，区红十字会根据《嘉定区红十字会人道救助项目审计办法（试行）》的要求，聘请第三方审计机构进行审计工作，在监督人道救助项目实施的过程中，借助第三方的力量深入基层一线走访、查看第一手资料，并对人道救助项目的全面延伸进行审计，从而提高了基层红十字会干部对依法依规开展人道救助工作重要性的认识，同时也发现了一些常规审计方式难以发现的问题。例如，在“千万人帮万家”迎春帮困项目的审计中，有一些被救助对象特别是老年人因为不识字或失智失能等原因，不能自己签收救助款，由家属代签，这就造成了登记表等档案文件中被救助对象与签收对象不符的情况。虽然这类问题是客观存在的，从情感角度讲是可以理解的，但为确保规范、防控风险，审计人员还是提出了应开具相关亲属关系证明的要求，并及时提醒基层红十字会工作人员予以落实。

审计过程中除了发现问题、规范工作外，还能发现基层红十字会工作中值得推广的好做法、好经验。例如，在审计走访中发现，为了减少发放环节，规避救助款发放风险，自2017年下半年起，各街道（镇）采取银行转账方式发放救助款，然而这种方式却在一定程度上弱化了情感的传递。为了让受助对象真正感受到人道关怀，部分街道（镇）安排街道（镇）领导、相关部门和捐赠者代表，分片联系走访，坚持上门慰问并送上慰问信，且在信中明确该救助项目的救助对象、资金来源和救助金额等，既及时把党和政府的温暖、社会的爱心送到困难对象的手中，同时又宣传普及了红十字工作，传播了“人道、博爱、奉献”的红十字精神。

（三）“借力”专家库，强化项目审查，确保专业性、合法性、针对性

为了确保人道救助项目不出问题，嘉定区红十字会监事会协助理事会成立了人道救助项目专家库，强化对项目的审查，逐步完善项目重大决策前的专家论证、风险评估与准入、退出及合法性审查等程序。目前，首批 18 位专家已入库，他们分别来自区人大、区政协、宣传部、财政局、民政局、卫健委、教育系统、法律部门及企业等，还包括部分街道（镇）基层红十字会工作人员、村（居）委书记和媒体代表。专家库成员全程参与项目的立项、实施、监督、评估、退出等工作环节，并需要提交监督和评估报告。

“借力”专家库，区红会既可以听取专业性的法律、财政等部门的意见和建议，避免项目决策和程序出错，为项目的实施提供有效保障；同时，也可以在项目开展的过程中，有针对性地借鉴相关专家及部门的力量。例如，嘉定区红十字会现有的项目可以分为助学类、助医类等，在开展相关项目、调整相关项目内容时，可以有针对性地借鉴教育、卫生、民政等单位的意见和建议，或者参考专家所在的系统内部的全区情况及救助信息等，从而可以使项目的确立更能实实在在地帮助到最需要帮助的人，同时又体现了红十字运动的宗旨。

（四）“借力”其他部门，建立健全相关制度，确保“有法可依”

两年来，嘉定区红十字会监事会协助理事会制定、出台了《上海市嘉定区红十字会人道救助项目管理规范》（以下简称《项目管理规范》）、《嘉定区红十字人道救助基金审计办法（试行）》（以下简称《基金审计办法》）、《嘉定区红十字会人道救助项目档案管理制度（试行）》（以下简称《档案管理制度》）及《嘉定区红十字会人道救助项目信息公开制度（试行）》（以下简称《信息公开制度》）等文件，对人道救助项目的执行工作进行规范。在建立健全相关制度的过程中，分别借鉴了嘉定区其他部门的力量，对制度的制定和完善进行把关。

一是“借力”法律顾问，对《项目管理规范》进行把关。《项目管理规范》围绕项目的立项、实施、监督、评估、退出等工作环节加以规范，是嘉定区红十字会开展人道救助工作的根本依据，被区红十字会监事会监事长柏永明誉为开展人道救助项目的“小宪法”。《项目管理规范》规定了项目的设立和审批要符合“贴近需求、量力而行、符合宗旨”三大原则；项目启动时要制定专门文件、设立专门账户、进行专题预算，实施时要落实分工协作制、建立团队合作制、加强责任清单制等要求；同时，还开创性地提出了项目退出机制。另外，嘉定区红十字会针对《项目管理规范》中涉及的人道救助资金、物资、项目等，专门出台了多个配套性文件，包括《基金审计办法》《档案管理制度》《信息公开制度》等。在《项目管理规范》的制定过程中，区红十字会理事会、监事会多次会同会纪检组、法律顾问，对《项目管理规范》的内容、措辞进行修改和完善，借助法律顾问之力，对《项目管理规范》进行把关。

二是“借力”区审计局，对《基金审计办法》进行把关。在区红十字会监事会监事长的牵头下，区红十字会会同政府审计部门研究制定了《基金审计办法》。该办法在审计目的和依据、审计管理主体、委托审计管理、审计形式、审计范围和内容、审计工作规范、审计报告、审计整改、审计公开等几个方面都做出了明确规定；同时，《基金审计办法》特别强调了第三方审计机构在审计中的各项工作要求，并依据区红十字会监事会的建议，规定受委托的社会审计机构应按照委托协议完成审计，向区红十字会提交审计报告，审计报告要抄送区审计局；另外，区红十字会应及时将上年度人道救助基金审计结果，通过区红十字会门户网站予以公开，以确保审计工作的质量。在制定《基金审计办法》的过程中，区审计局全程把关，对文件的行文及在审计工作的专业性上给予了保障。

三是“借力”区档案局，对《档案管理制度》进行把关。区红十字会监事会协助制定了专门针对人道救助项目的《档案管理制度》，明确了要将项目的立项及退出依据、项目审计报告、帮困名单、爱心人士捐赠凭证或捐赠协议、救助款物发放的审批表和发放签收凭证、项目评估报告、工作计划和总结、救助个人及家庭申请材料、培训及宣传材料、相关媒体报道等所有与项目有关的文件材料一一归档，确定了归档范围和保管期限，明确了归档时间，并规定了档案查阅、开放利用的范围及条件。由于《档案管理制度》的建立具有开创性，主要是针对区红十字会人道救助项目的，而对于材料归档来说，《档案法》中有相应的规定，如何将《档案管理制度》中的内容与《档案法》的规定相融合，同时在建立项目档案管理制度时不违背档案归档的要求，区红十字会专门请教了区档案局业务指导科的专家，对《档案管理制度》的内容进行把关，尤其是对归档范围、保管期限进行了明确与调整，对开放利用档案时需要注意的事项进行了进一步的提醒。另外，在区红十字会监事会与区档案局沟通后，区档案局建议项目档案要一式两份，一份根据区档案局要求按照保管期限与其他文书档案共同保管，另一份由项目负责人形成业务档案，按照“一项目一档案”的方式自行保管，方便查阅。区档案局的专业建议，确保了区红十字会人道救助项目相关档案管理制度实施的合法性和可操作性。

（作者单位：上海市嘉定区红十字会）

模拟情境救护培训模式的应用与研究

王惠琴

群众性红十字救护员培训已成为现代文明发展水平、公民公平享有政府提供的医疗保障资源的衡量条件之一。欧美发达国家公民参与急救技能公众化培训的人数达到人口总数的4%～8%，而在我国则不足1%。有研究指出，当前我国的公众院前应急救护技能现状堪忧，主要表现在公众参与意识不强、救护员师资力量不足、培训形式单一及缺乏系统规范的应急救护培训体系，以及在意外事件救护中"第一目击者"因施救不当而导致伤者第二次伤害的事件时有发生等方面。因此，提高群众性红十字救护培训质量、提高公众现场救护能力、实施有效的救护员培训是解决目前存在问题的有效方法之一。而开展对企业员工的模拟情境救护培训模式研究，可以提高公众的救护意识和技能，有助于弘扬红十字精神。

一、资料与方法

（一）调查对象与分组

本研究选择2018年6月到2019年7月开办的嘉定区红十字救护员企业培训班为调查对象，采用随机整群抽样方法选择江桥镇4个企业培训班、共108人作为实验组，选择马陆镇4个企业培训班、共111人作为对照组。学员年龄在20～45岁之间，身体健康，文化程度有初中、高中、大专、本科。经统计比较：两组学员在性别、年龄、学历、出勤率等一般资料方面的差异无统计学意义（$P>0.05$）。

（二）培训方法和内容

实验组培训采用理论讲授、教师示范、学员模仿练习的方法，再加上由教师设计各种突发事件场景，指导学员扮演伤员和救护员角色并进行角色转换的模拟情境救护培训模式来进行演练。对照组采用理论讲授、教师示范、学员模仿练习的传统教育培训模式。培训时间均为16个小时。根据上海市红十字会制定的《救护员教学大纲》的规定，培训内容包括红十字运动概要、心肺复苏、AED运用、气道异物梗阻急救、创伤四大技能（止血、包扎、骨折固定、搬运）和常见意外突发事件的现场应急救护。

（三）考核方法

两组均统一运用市红十字会制定的理论试卷（100分制），以及心肺复苏、创伤止血、包扎、骨折固定操作考试标准进行考核。心肺复苏每人必考，计100分；创伤救护技能抽考两项，合计100分。培训后并对所有学员进行培训满意度调查。

（四）统计学处理

全部数据均由1位有着10年左右培训经验的市级师资，和1位有着3年以上培训经历的区级师资共同进行处理。两人核对数据后，应用SPSS13.0统计软件进行数据分析。统计学检验方法主要为描述性分析，计量资料用均数（x±S）表示，采用t检验或方差分析，计数资料采用卡方检验，用 $P<0.05$ 表示差异有统计学意义。

二、结果

（一）两组培训后救护知识和技能考核成绩比较

表1：模拟情境教育培训与传统教育培训在救护知识和能力方面的考核比较

组别	理论成绩	心肺复苏操作	创伤救护操作
实验组	86.53±10.28	89.38±9.81	85.63±8.75
对照组	85.39±12.71	69.92±11.12	65.35±9.27
P	2.13	<0.05	<0.05

（二）两组学员满意情况比较

表2：模拟情境教育培训组与传统教育培训组满意度比较

组别	n	满意人数（很满意+比较满意+满意）	不满意人数	满意率（%）
实验组	108	107	1	99.03
对照组	111	105	6	89.19

（三）结论

本研究结果显示，模拟情境教育培训组与传统教育培训组在学员的理论考核成绩方面的差异无统计学意义（$P>0.05$），而在心肺复苏考核及止血、包扎、固定技术考核成绩方面存在明显差异（$P<0.05$），实验组对心肺复苏和创伤救护技能的掌握优于对照组。两组学员在满意度调查方面的差别也具有统计学意义，实验组满意度优于对照组，由此表明模拟情境教育培训模式在企业员工救护员培训方面的效果更好。

三、讨论

（一）如何有效开展模拟情境教育培训

第一，教师专业示范。开展模拟情境教育培训，对从事第一线的培训教师是一个挑战。培训教师首先要注重自身的专业素质和专业表现，例如，教师在着装上需统一标识，以体现出救护员培训工作的严肃性，以及对岗位、对学员的尊重；教师在讲解时，要将专业的急救知识用通俗易懂的规范语言表达出来，并注意不断提高讲解的逻辑性、缜密性；教师在授课时要面带微笑，适时提问，恰当评价，掌控学员的学习状态，慢慢将其引入培训情境之中。

第二，注重授课技巧。一个高效的情境教育培训，首先要求教师课前了解学员的情况，制定适宜的教学目标，下载相关视频，精心制作各种情境案例，准备好需要的各种教具，写好教案。在授课过程中要恰当运用情境案例，引导学员勤于思考，使学员在“学习救护—思考救护—参与救护”中提升理念。当学员有了急救的理念时，就会认真学习、积极体验。其次，教师要在“情境—老师—学生”三者之间形成相互推进的心理场，促进学员用心学习，加快学员领悟的程度。很多学员在模拟情境演练中才明白，为什么要强调“环境安全”“启动急救救援系统”“心肺复苏体位”“打开气道”等一系列细节问题的重要性，从而帮助他们及时、有效、高质量地完成心肺复苏技术训练。再次，培训中如何将严肃、专业的急救知识和技能传递给没有任何医学基础的学员，让学员爱听、想听并唤起学员的兴趣，从而使其积极参与到情境案例的救护培训中来，是每一个教师必须要着重考虑的问题。而在情境教育培训中，“情”是关键，教师在讲授和演示每一项技能中要多穿插案例情境，在情境中加以提问、评价和解释，通过提问将学员带入急救情景中，对学员在学习过程中的问题及时解答，并观察学员的反应能力，使其感受“受伤的我”有怎样的“求救心理”，再转换角色，让学员学会当看到“受伤的他”时该如何施救。这种角色互换可以使学员理解如何运用同理心来进行心理支持，并能使学员注意力集中、思维活跃、提高学习效率。特别是在互动和演示中，教师一对一的指导和纠正，能让学员记忆深刻，这就是教师动情授课、学生入情听课所要达到的效果。在培训的最后，可以设计一场既有心跳呼吸停止，又有出血、骨折等意外伤害的情境案例让学员进行演练。在演练过程中，学员理解了只有团队合作，才能以最快的速度、最好的效果进行现场施救，也增强了学员在案例情境中对现场救护“五大原则”（环境安全原则、防感染原则、及时合理救护原则、心理支持原则和团结协作原则）的理解，并能帮助他们在实际中予以灵活的运用。虽然情境案例综合演练的时间不长，在演练中暴露的问题也很多，但是通过教师的点评和纠正，可以帮助学员领悟救护的要领，并能增进救护时相互配合的默契程度，这就进一步诠释了团队合作精神在应急救护中的重要性。

第三，重视学员反馈，评价教学效果。授课结束后，教师通过提问、问卷调查等形式来收集学员的反馈信息，可以进一步了解学员的学习需求及教学效果，从而对教师进一步修正和改善情境案例的培训模式，提高教师的授课技巧，增强教师掌控培训场面的能力具有重要的促进作用。

（二）进行创新研究，不断优化模拟情境案例培训模式

为使模拟情境更真实有效，可以对培训中的“伤员”伤情进行化妆，这样可以使学员克服心理障碍，能勇敢地去面对真正的突发事件，并能正确地实施救护。虽然因为培训课时有限，在现实培训中“化妆”的不多，但是随着救护员培训的不断深入，把情境案例培训模式放入复训课程中，可以稳固和吸引更多的公众加入红十字救护志愿者行列中。

（三）根据不同的教学对象选择有利于学员理解的教学方法

有研究显示，提高院前急救成功率的基础是全民参与培训，以及培养“第一目击者”的急救意识和现场初级救护能力。现场急救具有社会性、群众性及长期性等特点，红十字救护员培训的对象是社会公众，人多、面广，如何增强培训效果是每一个培训教师必须思考的问题。而培

训效果与培训模式、方法密切相关，因此无论是传统培训模式、问题教育模式、情境案例模式等，都应根据学员不同的文化程度、职业、年龄来选择合适的方法。

（四）充分调动教师的积极性，开展教研活动，提高教师授课水平

如何调动培训教师的积极性，改革传统培训模式，积极探索新的更有效的综合培训模式，让授课教师和学员都能接受并且达到提升培训效果的目的，是需要每一位教师认真思考的问题。而要实现学员想学、会学、会用、永久不忘的教学目标，就需要培训教师共同努力，通过教研和授课实践，不断积累经验，不断创新和完善适合自己和学员的授课模式。

总之，通过研究可以看出，模拟情境案例培训模式可使企业学员体验真实的救护场景，有利于纠正错误的急救观念，克服心理障碍，团结协作，掌握群众性自救互救的基本知识和技能，从而可以在意外突发事件中及时、有效、初步地发挥作用，为挽救生命、减轻伤残、促进康复的后续治疗奠定一定的基础。

（作者单位：上海市健康医学院附属卫生学校）

安亭镇失智失能老人护理情况调研报告

安亭镇红十字会

随着人口老龄化特别是高龄化的不断加剧，失智失能老人的数量持续增长，这与“日渐式微”的家庭照料能力形成鲜明的对照。由于照顾失智失能老人具有时间长、压力大、难度高、要求多等特征，若长期从事此项工作，且缺乏必要的社会支持，则易引发家庭长期照顾者产生经济紧张、情绪低落、身体健康受到不良影响等后果。因此，本调查报告的主要研究目的是从失智失能老人家属的角度出发，了解失智失能老人家属目前在家庭照顾方面的实际情况，从而为失智失能老人得到更妥善的照顾提供借鉴。

一、研究方法与样本抽取

本次抽样调查主要针对安亭镇家中有失智失能老人的家属。失智失能老人的界定标准基本为：（1）失智：也称痴呆症，因脑部伤害或疾病所导致的渐进性认知功能退化，且此退化的幅度远高于正常老化的进度，特别会影响到记忆、注意力、语言、解题能力，严重时会无法分辨人、事、时、地、物等，最常见的失智症种类是老人失智症（即阿兹海默氏症）。（2）失能：判断标准包括吃饭、穿衣、上下床、上厕所、室内走动、洗澡 6 项指标。一到两项“做不了”的，定义为“轻度失能”；三到四项“做不了”的，定义为“中度失能”；五到六项“做不了”的，定义为“重度失能”。

我们根据研究目的，编制了《安亭镇失智失能老人护理情况调研报告》，主要内容包括：（1）被调查者的家庭相关信息和患者个人情况，如家人与老人的关系、老人的患病情况、老人的居住状况和老人的经济来源等；（2）目前的护理现状，如家人对老人的护理态度、老人目前的受照顾情况和在护理过程中遇到的问题等；（3）对护理服务的需求情况，如社区机构服务现状、调查对象参与过的活动和对服务的需求等；（4）对护理用品的需求情况，包括日常消耗品如尿片尿垫的用量、其他日间照料设施及物品的需求等。在上述《调研报告》的基础上，我们采取科学抽样的方法，即根据抽样调查的原则随机抽样进行调查，共得到有效问卷625份。

二、主要分析结果

（一）患者个人情况和被调查者的家庭相关信息

第一，患者的个人情况。患者的平均年龄为79岁，其中女性占比为65.33%，男性占比为34.67%。

第二，患者的患病情况。患者目前的症状主要是失能，同时失能和失智的老人也不在少数。其中，84.33%的患者症状经过了医院的鉴定。患者的患病时长不等，2年及以下的患者占20.33%，2~5年的患者占49.67%，6~10年的患者占21.33%，10年以上的患者占8.67%。

患者目前的病况（多选项）包括：完全丧失生活能力（占比47.33%），缺乏部分生活自理能力（占比32.67%），记忆力明显退化（占比24.67%），久卧病床（占比16.33%），有认知障碍（占比10.67%），已不认识至亲（占比4.67%）。由此可见，失智失能老人的患病情况普遍比较严重，多数都存在缺乏生活自理能力的情况。

第三，患者的居住情况。患者目前主要与子女居住的占比41.34%，与配偶居住的占比31.33%，与保姆和家政人员居住的占比19.33%，独居的占比3.66%，其他4.34%。

从居住情况的调查结果来看，多数患者目前主要是采取家庭护理的形式进行照顾，但是仍然存在独居的失智失能老人，因此需要加强对这部分缺乏照顾的老人的关怀。

第四，患者的收入情况。患者的主要经济来源是养老金（占比98%），其次为子女供养（占比29.33%）和残疾人补助金（占比6.67%）。个人月收入大部分集中在2000~4000元，比重为76%；其次是2000元以内的，比重为19.67%；只有4.33%的老人月收入在4000元以上。由此可知，调查对象的生活主要依靠养老金，而养老金的数额普遍较低。

（二）患者目前的护理现状

第一，患者的受照顾情况。目前，大部分患者的护理是家庭照顾的模式，其中由子女全职照顾的占比最多，达31%；其次是由老伴照顾的，占比30%；子女边工作边照顾的，占比22%；请人住家照顾的，占比5.33%。此外，选择养老机构进行照顾的占比较小，其中由公立机构照顾的占11.33%，由私立机构照顾的占3.67%，由社区照顾的占2.33%。

第二，患者的问题与需求。对患者生活影响最大的问题有：下肢不便（占比77.67%）、智力退化（占比62.33%）、上肢不便（占比48%）、听力障碍（占比36%）、视力模糊（占比34%），以及呼吸功能减退（占比7.33%）。

在安全需求方面，患者所遇到的问题主要有：由于老人行为能力异常，带来难以预知的危险（占比60%）；因物品摆放问题，易发生跌倒、碰撞等问题（占比47.67%）；走失问题（占比13%）；因电器等工具使用不当，发生危险的（占比9.33%）；被他人伤害的（占比4.33%）。

在生活照顾方面，患者遇到的问题主要有：因电器等工具使用不当，发生危险的（占比35.33%）；患者由老伴照料，但老伴一人无法完全应对的（占比31.33%）；患者常常忘记吃药、吃饭等相关日常活动的（占比29.67%）；患者有睡眠问题，常常夜间闹腾的（占比27.67%）；因家属没有掌握护理技巧，导致患者没有得到很好照顾的（占比18.33%）；患者不愿吃药，耽误治疗的（占比7%）。

综上可知，失智失能老人在生活中所遇不便的情况非常多，主要的问题包括缺乏照顾、老人能力缺陷带来的安全隐患等。

（三）对护理服务的需求情况

通过对老年人护理现状的调查可以看到，目前大部分家庭选择的护理方式是亲人之间的照料模式。至于这些家庭未选择送失智失能老人进入养老机构进行照顾的原因，本调查的结果包括以下几项：有50%的调查对象认为，家庭无法承担机构养老的服务费用；有54.67%的调查对象认为，主要原因是家人不舍得分离；有22.67%的调查对象是希望送老人进入养老机构进行照顾的，但是由于养老机构床位不足而暂时无法入院；有16.67%的调查对象认为，老人在养老机构无法得到精神上的关怀。

当询问失智失能老人家属参加过哪些与患者相关的活动时，大多数家属从未参加过关于失智失能老人照顾的相关活动（占比69%），只有部分家属参加过红十字会举办的失智失能老人照顾技巧培训（占比18%），或者是养老机构举办的康复训练活动（占比6.33%），还有一些是家属自发组织的家庭联谊活动（占比4.33%）。

此外，家属最希望得到的服务包括：对失智失能老人进行康复训练与护理服务（占比47.67%），对失智失能老人的家属进行护理技巧培训（占比31.33%），对老人进行陪伴服务（占比31.33%），以及对于失智失能相关问题的答疑（占比16%）。

（四）对护理用品的需求情况

第一，日常消耗品的需求量。失智失能老人日常护理用品的需求量比较大。调查显示，失智失能老人对尿片的需求量是尿垫需求量的5～6倍，而且随着季节的变化，消耗量也随之变化。例如在夏季，为了预防褥疮、保持下体干爽、减少异味等，需增加失智失能老人尿片的更换频率，因此护理用品的消耗量较大，一般是冬季的1.5倍左右。患者家属通常是通过网络购物平台、实体药店等途径购买尿片、尿垫等护理用品。

第二，其他设施及物品的需求。为方便日常护理及外出就医等需要，5%的患者家属购买了护理床、20%的患者家属购买了轮椅、15%的患者家属曾向辖区红十字服务站借用过轮椅。调查结果显示，对护理床、轮椅、防褥疮气垫等护理设施及物品的需求达90%。

三、分析结论

本次对安亭镇失智失能老人护理情况的调查问卷，共获得20组相关数据。根据数据结果分析，可以得出如下主要的结论。

（一）长期照顾者的照顾特征

首先，长期照顾者的工作强度大，缺乏必要的支持。访谈中发现，几乎所有被访者均表示，照顾失智失能老人是一项高强度、疲劳且费心的工作。由于老人生活不能自理，时刻处于“事故”与“危险”的可能中，因此照顾者大多以老人为自己生活的中心，无时无刻不守护在老人身边，事无巨细都必须亲力亲为。特别是一些看似简单的小事，由于对老人的生命延续来说意义重大，所以丝毫不得松懈。日复一日、年复一年地重复这些照顾内容，得不到喘息，对家庭内的长期照顾者来说，确实是一项负担很重的工作。

其次，长期照顾者的工作难度大，且缺乏技能知识。由于失智失能老人的身体状况较差，缺失最基本的生活自理能力，这就要求照顾者为其付出更多的心血。然而，对失智失能老人的照顾，并非单纯用心即可，其特殊的身体状况要求照顾者掌握一定的护理技巧与看护知识。但在现实中，很少有照顾者曾接受过这方面的专业培训。

（二）长期照顾者的需求类别

就失智失能老人的长期照顾者的需求而言，主要有经济支持需求、身心健康需求、照顾技能需求与个人实现需求等，但由于受到多种因素的影响，不同的家庭有不同的需求。

第一，经济支持需求。绝大多数失智失能老人家庭的长期照顾者面临着较大的经济压力。从收入来源看，大部分长期照顾者的主要经济来源是养老金。虽然其养老金的数额不大，但已高于当地的低保线，因此不能享受来自社会的其他经济支援如社会救助等。因而在经济条件允许的情况下，长期照顾者都希望适当请一些家庭服务人员来协助照顾老人，从而减轻负担，让自己不用这么劳累。

第二，身心健康需求。如前所述，长期照顾者的护理工作具有照顾内容多、照顾时间长、照顾强度大等特征。这些特征无一不从侧面显示照顾者在照顾工作中面临的身心压力。长期照顾者需要一个倾诉渠道来缓解内心的压力，将这些不良的情绪与能量释放出来，这就需要有专业的心理咨询或是家庭辅导服务，为失智失能老人家庭的长期照顾者提供正确的排解内心痛苦、解决现实问题的方式。

第三，照顾技巧与知识需求。正确掌握并使用一些照顾知识与技巧，对失智失能老人及其家庭的长期照顾者而言，具有非常积极的作用。因此，失智失能老人家庭的长期照顾者需要接受一定的专业照顾知识与技巧培训，需要对老人所患疾病有一个整体的基本了解，以提高发生紧急情况时的应对能力。

第四，护理用品及设施需求。护理用品（尿片、尿垫）的数量需求，是患者护理质量得到保障的重要因素。而护理设施的添置，尤其是护理床的添置和使用，能在很大程度上减轻长期照顾者的工作强度，提高患者的体感舒适度，这是提高护理质量的重要途径。

四、进一步完善失智失能老人照顾的对策建议

（一）加强建章立制工作，进一步完善相关政策法规

首先，需要建立老龄工作管理体系，以加强组织机构保障。

其次，加强老年服务队伍专业化建设，着力培养从事照顾服务的专业人才。因此应尽快在高等院校和职业技术学院开设老年学相关课程，或设立老年护理专业，强化专业基础知识和实践能力的训练，做到理论与实践相结合，以培养更多的人才充实到专业照顾老人的服务队伍中，并切实提高照顾老人从业人员的社会地位及待遇。

再次，鼓励培育家庭服务市场，为失智失能老人家庭提供灵活多样的服务。如构建信息化智慧养老服务平台，通过信息化手段进行智慧养老服务。这项工作几年前已经开始试点，其主要是通过搭建社区为老服务信息平台、养老服务电子地图、老年智慧活力社区等，为老年人和照顾者提供便捷的电子化服务。

（二）加强调查统计，摸清失智失能老人照顾者情况

要及时为社区内的失智失能老人照顾者以及被照顾的老人建立健康档案，并定期走访更新，以保证数据的准确性，这将为相关服务的前期评估奠定良好的基础。档案可记录老人的健康状况、家庭情况、收入来源，以及志愿者或工作人员每次上门访谈时老人的心理或情绪的变化等，这样可以清晰地了解到老人的健康状况，以提升照顾的效果。

（三）建立评价机制，完善政策支持类别体系

首先，对于经济条件较差、家庭成员无法分担工作的长期照顾者，政府应制定扶持老龄事业发展的政策，为长期照顾者提供经济支持、服务支持、技能培训，以及各种形式的心理疏导等服务。

其次，对于经济条件较差，但是有家庭成员参与责任分担的长期照顾者，政府应为其提供经济支持和力所能及的服务支持。

再次，对于家庭经济条件较好，但无其他家庭成员参与责任分担的长期照顾者，政府在能力范围内为其提供必要的分担服务，如上门居家照顾等。

（四）强化反馈机制，跟进提高服务效能

首先，应建立物流配送与回访相结合的机制，在护理用品配送入户的同时，形成每月一次的实地回访，以及时掌握患者的现状及护理用品的使用情况。

其次，加强红十字基层队伍建设，由村、社区红会干部对辖区内的申请者家属提供专业性的护理知识、技能的指导和精神上的支持等。

再次，建立点对点的服务模式，切实提高服务效能；成立服务跟踪小组，通过用户体检调查，收集照顾者的反馈信息（包括产品质量、舒适度、需求量等），掌握申请者对护理用品的实际使用情况，以便及时调整，改善产品及服务质量。

盐都区红十字会专栏

扎根人道沃土　浇灌民生硕果

——江苏省盐城市盐都区红十字事业发展纪实

盐都区红十字会

盐都，江淮平原、黄海之滨的一颗璀璨明珠，自古民风淳朴，人文底蕴深厚，济世助人的博爱文化源远流长。早在1915年，盐都区就成立了红十字组织，时称仁济堂，广泛开展伤兵救护和赈灾恤难等工作。1987年，盐都红十字会改组新建；2005年，在全市县级红会中首家理顺管理体制，成为“区政府领导联系的独立团体”，事业步入快速发展轨道。

长期以来，盐城市盐都区委、区政府高度重视、关心、支持红十字工作，盐都区红十字会在区委、区政府坚强领导和上级红十字会的精心指导下，围绕中心、服务大局，紧扣法定职能，广泛凝聚人道力量，积极开展备灾救灾、应急救护、人道救助、无偿献血、造血干细胞捐献、遗体器官捐献、志愿服务、博爱文化传播、红十字青少年、养老照护服务等工作，着力改善最易受损害人群状况，切实履行党和政府人道领域助手的职能，有力发挥了党委政府联系群众的桥梁纽带作用。

盐都区红十字会的工作业绩显著，先后创成“全国社区红十字服务示范区”，建成全国首个县级红十字理论研究基地，盐城市第二小学创成“全国红十字模范校”，盐都区潘黄街道红十字会创成“全国百优乡镇（街道）红十字会”，冠名医疗机构盐城市第三人民医院获总会团体特别会员奖牌。全区红十字会综合工作在全市名列前茅、在全省有位置、在全国有影响，先后40多次受到中国红十字会总会、省红十字会表彰。

一、突出“三救三献”，打造人道服务品牌

（一）强化备灾救灾工作

一是居安思危，在全市县级红会中第一家建成面积达700平方米的备灾救灾中心和200平方米的备灾仓库，储备有70余万元救灾物资。

二是主动备战，建立应急救援队伍，完善灾害应急预案，加强救援演练，提升应急能力。

三是积极响应，有效开展救援活动，第一时间策应灾情，先后为秦南、龙冈、阜宁、射阳受风灾及响水爆炸受伤群众提供紧急援助，还驰援青海玉树、四川雅安、云南鲁甸及北美洲海地等地震灾区。2008年，区红会募集490多万元款物支援四川汶川抗震救灾，并组织志愿者赴受灾严重的广元市朝天区援建板房2000多平方米，获省、市红十字会表彰。

（二）强化应急救护培训

一是狠抓师资队伍建设。区红会先后选送40多位骨干到总会、省红会接受培训，加强集训，提升教学能力。在全市应急救护技能大赛中，盐都区师资代表队获团体一等奖，选手黄慧获市“五一劳动奖章”，市民徐静2013年成功帮助1名心搏骤停的市民进行心脏复苏，获评为省“最美救护员”和“江苏好人”。

二是着力实施“公益性应急救护百万培训”项目。区红会每年深入机关、学校、社区、企业等单位，广泛开展应急救护培训普及工作；创成全市首家省级标准化应急救护培训基地，常态化接受社会报名并对应开展培训工作；年培训初级救护员千人以上，群众性普及培训万人以上，被省红会表彰为应急救护培训先进集体。

三是扩大应急救护知识人群覆盖。区红会开设青少年生命安全教育课程，每年组织2.5万名以上中小学生会员参加全国红十字防灾避险、自救互救知识竞赛，连续6年获全国最佳组织一等奖。

（三）强化弱势群体救助

一是节日慰问不停步。区红会每年春节前投入20多万元，登门慰问困难家庭400多户。

二是应急救助冲在前。区红会每年救助白血病、尿毒症患者等生活困难对象600多人，拨付资金60多万元。

三是重点帮扶不缺位。区红会每年投入10多万元，与教育部门联合开展“金秋助学”“温暖送学子、博爱百校行”等活动，资助困难师生数百人；每年投入20多万元，与卫健部门协同，救助重度住院精神病患者、麻风村残老休养员、困难聋哑对象等。

四是养老照护用心做。5年中，区红会先后资助社区、村居困难老人1500余人，资助金近90万元。2016年，区红会在全市率先建设社区红十字博爱家园，推进红十字工作走进社区、深入家庭，实施养老照护服务，年开设应急救护、养老照护知识普及讲座40多场次，受益2000多人次，入户救助和服务空巢失能老人与困难家庭200多户。2018年，区红会代表江苏省参加“第八届海峡两岸红十字博爱论坛”，并在论坛上做工作介绍；又为中国红十字会总会调研和全省养老照护志愿服务工作交流会提供观摩现场。

五是解忧项目更暖心。区红会先后为40多位0～14周岁先天性心脏病和白血病的患病儿童申报中国红十字基金会“小天使项目”“天使阳光项目”大额基金救助近200万元；每年参与全区“六下乡”慰问救助活动，连续3年在每年的除夕和春节当天，开展“红十字爱心年夜饭温暖病房”活动，组织近百名志愿者为市三院1500多名住院患者及陪护人员送上爱心饭菜和温馨服务，深受各方好评。

（四）强化“三献”生命工程

一是组建无偿献血志愿服务队，发动、组织集中的无偿献血活动，年均动员1500多人次，献血30多万毫升。盐都区的区直机关干部职工连续7年在国庆节前夕集体无偿献血，全区教育系统教师会员连续19年在“5·8”世界红十字日期间集体参加献血，已成为精神文明建设的靓丽名片，为盐城蝉联全国“无偿献血先进市”贡献了力量。

二是组建造血干细胞捐献志愿者工作委员会，连续13年组织“点燃生命新希望、爱心相髓百人行”造血干细胞采样志愿者招募、回访活动，全力做好配对成功志愿者的再动员、体检和捐献服务等工作。截至目前，全区已招募2000多位志愿者加入中华骨髓库，王建文、宋青松、王兵、施兵、陈国莲、胥子伍、董发林、范辉辉等8人已成功实施捐献，区红会的工作先后受到总会及省、市、区的表彰。

三是稳步开展遗体和人体器官捐献服务工作，全区先后共有21位志愿者申请登记，2 人捐献了遗体，1 人实施了肝肾捐献，为挽救患者生命、推进医学教育事业做出了贡献。

二、坚持创新驱动，丰富民生服务载体

（一）致力博爱文化传播，推动社会文明进步

区红会组建了红十字新闻与传播志愿者工作委员会，常态化地开展人道精神和红十字工作宣传。特别是在“5·8”世界红十字日、“6·14”世界献血者日，以及世界急救日等重大节日进行集中宣传，广泛传播红十字运动知识，展示红十字工作魅力；加强《中国红十字报》《江苏红十字报》和《博爱》杂志“两报一刊”的订阅推荐，建立“博爱盐都”公众号，与 20 多家主流媒体建立联系，用心讲好红十字故事、传递红十字好声音，相关工作每年受到总会表彰。

区红会开展“我与红十字”征文活动，出版了《博爱之路》《人道之光画册》；另《盐都红十字事业》入选“红十字文化丛书”，省内首家县级红会志书《盐都区红十字志》也成功出版。

2016 年 10 月，“五大发展理念与红十字事业”全国研讨会在盐都区召开，国内外知名学者齐聚盐都，进行理论研讨，并进行了现场观摩。

（二）推进红十字青少年工作，培育事业后备力量

区红会与教育部门联合，以红十字示范校创建为抓手，常态化开展小学三年级集体入会、每学期两次主题班会、困难学生帮扶救助、健康教育与卫生保健、自救互救知识普及、防灾避险逃生演练等工作，先后建成 1 所全国红十字模范校和 8 所省级、37 所市级红十字示范校，相关经验在全省、全国会议上交流，总会、省红会领导及红十字国际委员会专家来盐都调研时，均给予好评。

（三）致力人道资金筹集，增强救助群众实力

区红会依法建立以机关企事业单位干部职工为参与主体的博爱救助金筹集机制，近 5 年年均筹集善款超 300 万元；通过“爱心公益卡”义卖、“博爱书画作品”展览等专项活动，凝聚爱心力量；积极为社会力量参与公益事业搭建平台，如动员永宁实业建立“存本用息”救助基金、神龙控股冠名自救互救知识竞赛、华鸥实业结对帮扶、仁禾中衡助

医捐赠、劲牌公司定向助学，并为新都路党建联盟开设“敦品助学”基金运行专户，保障精准帮扶；加强资金使用管理，严格资金审计和公示反馈，做到收支清楚，公开透明，保证了公信力。

（四）大力实施惠民工程，不断提升群众获得感

区红会一方面在全市首家建立旧衣物接收中心，收集市民富余旧衣物，由志愿者进行清洗熨烫、消毒包装，再按需发放给本地群众及西藏、四川等边远地区有需要的群众。另一方面，从2010年起先后在盐龙、秦南、学富等地建起9家博爱超市，动态资助困难群众6500多人次、300多万元。

区红会连续3年实施“明亮眼·都有爱”红十字光明项目，每年为200名困难老年白内障患者实施免费复明手术；同时将农村妇女两癌筛查、肢残人员康复和妇幼关爱等纳入助医项目，进一步扩大受益人群；专门设立“红丝带”博爱慰问基金，积极争取总会的“关艾网络行动”项目，与卫健部门联合，关爱困境艾滋病病毒感染者和病人，支持艾友互助小组的“健康促进”活动。

三、强化自身建设，提升人道服务能力

首先，认真落实从严治党主体责任。深入学习贯彻党的十九大报告和习近平总书记《在中央党的群团工作会议上的讲话》等系列讲话精神，坚持依法按章建会兴会，加强专兼职干部培训，有力提升红十字会的政治自觉。其次，稳步推进基层组织建设。围绕“全市领先、全省率先、全国争先”的目标，推进红十字组织进机关、进乡镇、进企业、进社区、进学校、进医院，初步实现建会组织有场所、有人员、有制度、有经费、有稳定的会员和志愿者队伍、有固定的服务平台和特色活动等“六个有”建设目标，着力强化基层组织的功能发挥。目前，全区有18个镇（街道）红十字会、132个村（居）红十字会、49家企业红十字会、40个社区红十字组织和84家团体会员单位，形成了覆盖城乡、渗入行业、贴近群众、规范运行的基层红十字组织网络和工作格局。

2016年8月，盐都区承办全省基层红十字组织建设培训班并提供观摩现场。2017年1月，盐都区红十字会作为苏中苏北县级红会系统唯一代表，出席江苏省红十字会九届四次理事会议并在会上做典型经验交流；龙冈镇还被理事会议表彰为全省红十字会基层组织工作先进集体，

为盐城全市唯一受表彰的乡镇红十字会。2017 年 11 月，在上海召开的全国“红十字软实力建设”理论研讨会上，盐都区红十字会作为全国县级红会唯一代表做“依法兴会”典型发言。2018 年 1 月，盐都区红十字会因在实施省政府 2017 年度重点工作——养老照护志愿服务中成绩突出，被省红十字会表彰为“成绩突出单位”。2018 年 4 月，盐都区红十字会代表江苏省接受总会红十字养老照护工作督查并获得好评。2018 年 6 月，盐都区红十字会作为江苏省唯一代表，出席厦门“第八届海峡两岸红十字博爱论坛”并做先进经验介绍。2018 年 8 月，盐都区红会作为江苏省唯一代表，出席全国红十字参与社区治理工作推进会，并以《突出人道供给　参与社区治理》为主题做大会典型经验介绍。2018 年 10 月，盐都区红十字会代表江苏省出席在武汉召开的全国人道创新与传播项目工作会议，并做交流发言。

面对新形势、新任务，盐都区红十字会将进一步认真学习贯彻党的十九大报告和习近平总书记系列重要讲话精神，学习贯彻中国红十字会第十一次全国会员代表大会精神，坚持以人民为中心，坚持问题导向，积极争取各级党委、政府的关心支持，解放思想，深化改革创新，根据总会及省、市红十字会改革方案，结合区情实际，认真谋划思路，细化改革措施，推动全区红十字会改革措施落地见效。以改革和换届为契机，加强区、镇（街道）等各级红十字会机构建设、人员队伍建设和自身能力建设。坚持创新引领，积极适应新常态，把红十字工作和以改善民生为重点的社会建设结合起来，把传播“人道、博爱、奉献”的红十字精神与培育践行社会主义核心价值观结合起来，把红十字事业发展与人类和平进步事业的推进结合起来，不忘初心，砥砺前行，积极发挥党委政府人道领域联系群众、服务群众的桥梁纽带作用，广泛凝聚人道力量，着力改善最易受损害人群状况，为加快建设全面小康社会、争当高质量发展排头兵做出新的贡献。

突出人道供给　参与社区治理

盐都区红十字会

近年来，盐都区红十字会主动融入大局，积极参与城乡社区治理，深化人道服务供给侧改革，扩大有效供给，在推进社会治理、促进良好社会秩序的形成中做出了积极贡献。盐都区创成“全国社区红十字服务工作示范区”。区红十字会先后被表彰为“全省红十字应急救护百万培训工作先进集体”“全省红十字养老照护服务工作成绩突出单位”。

一、紧扣共建共治共享的社会治理要求，强化职能发挥

红十字会参与社区治理，首先要将红十字会的组织向社区延伸，队伍向社区扎根，这样才能保证红十字工作向社区推进，精准把握社区的矛盾问题和群众需求，相应开展工作。为此，盐都区红十字会坚持把推进基层组织建设进街镇、进社区作为重要工作来抓。

第一，建强基层组织。规范街镇级红十字会建会程序的7个“不可或缺步骤”：(1) 学习《红十字会法》和章程；(2) 提出理事会、常务理事会人选；(3) 党政联席会议讨论通过；(4) 以党政办名义向区红十字会提出申请；(5) 区红十字会批复；(6) 召开成立大会并由区红十字会授旗、授牌、授印、授徽；(7) 聘请名誉会长。在建强街道、乡镇红十字会的基础上，推进基层组织向下延伸，建立社区、村居红十字服务站。

第二，明确工作要求。深入开展创建活动，推进街镇红十字会、社区红十字服务站达到“六个有”基本要求：(1) 有固定的工作场所和必要的工作设施；(2) 有相对固定的兼职工作人员；(3) 有切合地方实际的工作制度；(4) 有一定经费保障；(5) 有稳定的志愿者和会员队伍；(6) 有会牌、会旗、会徽、会印（区红十字会统一制作）。会牌和制度

必须上墙。

第三，落实基本任务。结合盐都实际，通过考核推进，落实基层组织8个方面的工作任务：（1）建立健全台账资料；（2）传播红十字运动知识；（3）筹资和救助；（4）组织无偿献血和招募造血干细胞采样志愿者；（5）开展志愿服务；（6）实施应急救护培训；（7）发展会员；（8）创建工作特色。

目前，全区建立了18个镇（街道）红十字会、132个村（居）红十字会、49家企业红十字会、40个社区红十字组织，各级红十字组织能够围绕共建共治共享的社会治理要求，紧紧贴近群众，有效开展人道服务工作。

二、坚持红十字会工作宗旨，提升有效供给

区红会坚持红十字组织进驻社区“不添麻烦只添彩，不争利益只争光”，紧紧围绕社区所需、群众所盼、红会所能，积极提供人道供给。

第一，帮助社区完善应急救援体系，提供紧急救援。在城西南福才社区综合楼建设盐都区红十字会备灾救灾中心，成立应急救援队伍，完善灾害应急预案。指导镇（街道）加强社区、村居应急救援工作。对内，先后为区内遭风灾的秦南陈祁、大同和龙冈部分村居有效开展现场救援和向上争取援助工作。对外，还积极动员社区群众参与救援，先后为四川汶川、青海玉树、四川雅安、云南鲁甸等灾区提供人道援助；2016年“6·23”阜宁风雹灾害发生后，社区群众参与募捐超过18万元。

第二，帮助社区完善健康保障体系，提供应急救护。融入平安社区建设，依托社区红十字服务站，实施“公益性应急救护百万培训”项目，为群众集中开展初级救护员和群众性普及培训工作，社区居民每年获益3000人次以上。居住在香城美地小区的社区居民徐静，在2013年成功帮助1名心搏骤停的市民进行心肺复苏，被评为“江苏好人”。

第三，帮助社区完善扶贫帮困机制，提供人道救助。充分发挥社区红十字服务组织作用，对社区老弱病残等困境人员，通过“博爱送万家”活动登门慰问、资助贫困生学习生活费用、发放博爱联系卡等多种方式，提供精准人道救助，每年受益群众在3000人次左右。

第四，帮助社区完善文明创建体系，提供志愿服务。充分发挥红十字志愿服务队作用，在社区文明创建活动中，突出无偿献血、造血干细

胞采样、募捐筹资等人道业务工作，多层次、全方位推进社会公德、职业道德、家庭美德和个人品德建设，先后涌现出一大批模范典型。社区红十字服务成功助力盐渎街道福才社区获评“全国最美志愿服务社区”。

第五，帮助社区完善核心价值体系，加强人道传播。运用多种传媒，多措并举，在社区广泛传播“人道、博爱、奉献”的红十字精神和红十字博爱文化，促进社区形成关爱生命、扶危济困、敬老助残、助人为乐的道德风尚，增强群众公益意识，激发民众向善热情。

三、做好社区人道服务工作规划，加强平台建设

社会治理关口前移、重心下移，区红会着力适应新形势，切实加强社区人道平台建设，搭建好不断凝聚人道力量、密切联系群众、服务群众、提升自我的优质平台。

第一，搭建好人道资金筹集平台，提高救助实力。坚持“政府政策引导、红会主体担责、相关部门协同、社区共同参与”的原则，建好人道资金筹集平台，并不断尝试通过举办博爱作品展、建立“存本用息”冠名基金、开通网络筹资通道、接受委托定向捐赠和服务社区结对资助等募捐方式，拓宽筹资渠道。近几年，盐都年均筹集善款300多万元。

第二，搭建好志愿服务参与平台，激发爱心力量。积极推进“互联网+红十字会”建设，立足社区，利用网络，搭建平台，激发社区群众踊跃成为志愿者，积极参与无偿献血、造血干细胞采样与捐献、募捐筹资、社区结对服务、应急救护、养老照护等志愿服务工作，增强社区造血功能，丰富社区人道供给。

第三，搭建好部门协同合作平台，壮大供给总量。主动将红十字工作和社区党建、综治、老龄、妇女等工作有机结合，设计好群众欢迎的人道服务项目，共用社区阵地，丰富人道资源，在社区困难职工、留守儿童、妇女、老人、残疾人等权益保障和需求服务上互通有无，合力供给，共享阳光，化解矛盾和难题，以提升社区群众幸福感和红十字的品牌效应。

第四，搭建好理事单位和社会力量参与平台，优化人道供给。着力协调发挥公安、教育、卫健、共青团等理事单位的作用，积极与社会公益组织合作，搭建平台，便于他们参与社区红十字服务，弥补红十字会在社区平安建设、困境学生关爱、健康教育促进等供给方面的不足，凝聚人道力量，服务社区群众。

四、彰显地方红十字会工作特色，真心关爱群众

坚持务实创新，注重项目引领，区红会着力塑创红十字品牌，彰显红十字社区人道服务供给工作特色。

第一，成立旧衣物接收中心，化解社区居民捐衣难。2014 年，在全市率先成立旧衣物接收中心，常态化接收旧衣物，由社区志愿者清洗整烫、消毒分类包装，按需发放给有需求的地区或者困难群众，方便社区群众奉献爱心、帮助他人。

第二，设立“红十字博爱超市”，推进社区边缘户脱贫。从 2010 年起，按需建有 9 家博爱超市，每年动态资助不同类型的困难家庭近千户。近 5 年落实资金达到 300 多万元，每年组织“博爱送万家”活动，帮扶 700 多户困难群众。

第三，依托社区博爱家园，推进养老照护服务。积极推进博爱家园建设，推进志愿服务、救护培训、人道救助、募捐筹资、博爱文化传播等红十字“5+X”工作进社区。在博爱家园的基础上，实施志愿者与有需求的老龄人员结对，推进养老照护，为社区老人提供生活照料、康复保健、文体娱乐、精神慰藉、安全援助等特色鲜明、有效可持续的人道服务。2018 年 4 月，区红会代表省、市接受总会督查并受到充分肯定；2018 年 6 月，又代表江苏省出席在厦门举行的“第八届海峡两岸红十字博爱论坛”并做专题发言。

第四，实施博爱助学助医，让社区特定人群感受人道关怀。近 5 年共帮扶困难学生 542 人、近 70 万元；救助白血病、尿毒症、红斑狼疮等重大疾病患者 3000 余人、350 多万元；慰问精神病患者、麻风病残老人员 300 人次、30 多万元。近 3 年实施“明亮眼·都有爱”红十字光明项目，每年投入 10 多万元，为 200 名贫困白内障患者免费实施复明手术，落实兜底治疗经费，增强了社区群众的幸福感。

第五，参与防艾工作，助力社区健康工程。设立“红丝带”博爱慰问基金，关爱困境艾滋病病毒感染者和病人，支持艾友互助小组开展健康促进活动。成功争取总会“网上红十字会”建设项目资助，实施关艾网络行动，加强反歧视宣传，激发、动员社区群众共同参与，携手防艾，共创健康和谐生活。

此外，区红会加强与红十字运动研究中心的联系，设立盐都研究基地，加强社区红十字工作理论研究。近期，盐城市 2017 年度社科应用

研究立项课题、2017 年医学科技发展计划项目结题论文《盐都区红十字会养老照护志愿者团队在养老照护中的效果分析》在《江苏卫生事业管理》杂志上发表，成果进入评定程序。

以上是盐都区红十字会积极参与社区治理的一些探索和尝试。通过红十字工作走进社区、深入家庭的实践，我们深刻体会到，有人群的地方就有人道需求，红十字会完全可以在保障社区公共服务、公共管理、公共安全中更好地发挥职能作用。我们要充分发挥党和政府人道领域联系群众的桥梁纽带作用，围绕中心，服务大局，紧扣红十字运动宗旨，切实强化基层组织和服务平台建设，着力聚焦社会关注和群众关切，着眼社会所需、红会所能，凝聚人道力量，创新服务举措，精准为社区基层群众提供人道服务，为进一步加强和完善城乡社区治理做出应有的贡献。

多措并举　发挥“一报一刊”最大功率

——盐都区红十字会报刊宣传工作有法子

盐都区红十字会

《中国红十字报》和《博爱》杂志是中国红十字会系统极具权威性、专业性和指导性的“一报一刊”，是全国各地基层红十字会把握人道政策、传播博爱文化、开展会务工作的精神园地，是红十字人弘扬社会正气、引导公益焦点、促进改革创新的重要阵地。广大读者深感“一报一刊”可读、可信、可亲，读来解渴、解难、解疑，真心想看、爱看、要看。

盐都区红十字会1987年恢复建会，2005年在盐城市的县级红会中第一家理顺管理体制，区红会的发展一直走在全市前列。几十年来，区红会紧紧围绕党委政府中心工作，紧紧扣住红十字运动宗旨，突出“生命力”和“影响力”两个关键，重点在募捐筹资、人道救助上“一着不让”，保持红十字会工作“满血状态”，在报刊宣传、文化浸润上持之以恒，保持红十字会被人“常常惦记”，特别在推荐订阅、使用总会“一报一刊”和《江苏红十字报》上加油发力，积极唱响主旋律，打好主动仗，为红十字事业发展提供了有力的支撑。

一、注重“一报一刊”的订阅工作，聚集人道力量

自1996年以来，盐都区红十字会通过会费列支方式，为4方面的人员订阅“一报一刊”。一是突出区领导与公务员队伍。通过订阅“一报一刊”向他们宣传国内外红十字工作的开展情况，把弘扬“人道、博爱、奉献”的红十字精神与构建“厚德盐都”紧密结合起来，不仅吸引他们关注红十字事业，也为他们参与红十字活动、树立公务员良好人道公益形象做了舆论保障。二是突出区红会理事成员。为各镇（街道）及

教育、卫生系统红十字会秘书长，社区和农村红十字服务站站长订阅“一报一刊”，构建起以“一报一刊”为载体的红十字会基层组织宣传网络。三是突出有助于提高红十字会公信力的审计监督部门人员和秉承人道理念的红十字志愿者，通过报刊媒介，把他们的思维观念和行动统一起来。四是突出有志于红十字事业发展的成功人士和工商企业，通过“一报一刊”与他们建立更多、更广泛的联系和友好合作关系，实现优势互补、资源共享、合作共赢。从数据看，从1997年开始，盐都区红会每年征订总会“一报一刊”的总数均超过200份。

二、注重“一报一刊”的使用工作，扩大红会影响

总会的“一报一刊”是红十字宣传战线的一支主力军，是推动红十字事业发展的重要力量。盐都区红会不仅高度重视订阅工作，而且更新宣传手段，多形式、多层次、立体化地扩大它们的影响，以发挥“一报一刊”应有的作用。

一是利用“博爱盐都”微信公众号在公务员和志愿者中关注度高的优势，在推送本会重点工作的同时，推送“一报一刊”的好文章和焦点信息，并注明出处，增加他们的阅读兴趣，吸引他们比较和分析本会开展的工作在全国的位置和需要改进与提高的地方。

二是为镇（街道）、社区和农村红十字服务站统一配置文件柜、会徽、会旗、轮椅、体重身高称量仪、血压计和专门用于展示、保存“一报一刊”的报刊夹等10项基本设备，并在18个镇（街道）和多个有条件的社区、村居建立红十字书库，常态化运转，方便基层群众阅读交流。

三是鼓励专业队伍研读“一报一刊”，主动推动价值认同。盐都区红会充分发挥2007年组建、后经几次优化调整的红十字新闻与传播志愿者工作委员会的作用，利用委员会成员在宣传、文广、传媒、电子政务、文联等部门任职的岗位优势，运用区域内可以利用的各种媒介，认真研读“一报一刊”，并对有价值的题材结合我区实际进行深度的宣传和报道，共同营造事业发展的良好环境。同时加强与苏州大学红十字运动研究中心的联系，借助池子华教授的理论研究成果指导工作实践。鼓励会内同志加强读报和投稿工作，每年都有多篇文稿被采用，其中工作人员王金海采写的通讯《一份特殊的“寿礼”》刊登于2013年7月9日

的《中国红十字报》上，并获评年度优秀新闻作品；刊载于2019年8月27日《中国红十字报》头版的《军训学“绝招”》，获评2019年度优秀摄影作品奖；2016年第11期《博爱》刊载了记述盐都区红十字会无偿献血志愿服务队副队长胡建军个人事迹的文章《献血局长的红十字情怀》；2018年底，讲述盐都区教育系统首位成功捐献造血干细胞志愿者胥子伍感人事迹的《这一次，我一定要帮到你》又被《博爱》刊载。

四是将读报工作深度融入学校红十字会工作。盐都区于1993年在盐城市首家建立并配备专职工作人员的教育系统红十字会，在各级各类学校建立了红十字会基层组织，将“小学三年级集体入会、每学期举行两次红十字班会、困难学生帮扶与救助、防灾减灾知识普及、红十字运动知识传播、读报征文活动、避险及演练、涉红纪念日活动的组织与参与，以及红十字校创建”等明确为学校红十字会基础工作，区红十字会不仅通过教育系统红十字会为各学校订阅总会“一报一刊”，还将省红十字会免费赠阅的《江苏红十字报》分发到全区所有学校的班级，鼓励师生阅读与投稿。各学校高度重视并积极实施，其中市二小的投稿率和采用率在苏北学校中位列前茅，还获得总会和教育部授予的“全国红十字模范校”称号。

三、注重“一报一刊”的专项活动，打造红会品牌

盐都区红十字会高度重视总会统一组织的专题知识竞赛活动。因为专题竞赛是宣传红十字运动、传播红十字文化、推动红十字工作的重要渠道和载体，尤其是在青少年中，通过专题竞赛对于普及红十字运动的知识有着独特的作用。早在1997年，区红十字会就与教育系统红十字会联合，组织6000多名青少年会员参加总会举办的“达纳康杯”无偿献血知识竞赛，并获得最佳组织奖，教育系统红十字会常务副会长张金芳还作为代表出席了在北京人民大会堂举办的颁奖仪式，并与总会专职副会长孙柏秋合影。

汶川抗震救灾后，国家设立了“防灾减灾日”。总会适时推出传播范围广泛、影响较大的全国红十字应急救护知识竞赛活动，盐都区红十字会利用基层组织健全有力的优势，积极参与赛事活动，不仅推出了应急救护“镇办企助”项目，还将参与竞赛工作与学校红十字会传统工作有机融合，形成了“区红会组织发动、企业冠名参与、教育系统配合、

学校全面实施”的喜人景象。2012 年，世界红十字日和“防灾减灾日”期间，爱心企业冠名的“枫林杯”防灾避险知识竞赛有 1.8 万余名师生会员踊跃参加；2013 年的“晋万置业杯”和 2014 年的“城市工业杯”防灾避险知识竞赛，都有 3.8 万余名会员参加；2015 年的“神龙物流杯”和 2016 年的“华鸥实业杯”全国红十字防灾避险知识竞赛，均有 4 万余名会员参加。

2017 年，盐都区红十字会为突出红会主要业务，在各学校积极开展一次逃生疏散演练、组织一次“身边的安全”主题班会、出一期安全知识班级板报、收看一次安全教育电视节目的同时，组织 2.5 万名会员参加《中华人民共和国红十字会法》暨全国红十字应急救护知识竞赛，综合效果显著。2018 和 2019 年，在世界红十字日纪念活动期间正逢应急救护知识竞赛活动，区红十字会趁热打铁，组织各学校踊跃参与，情景非常喜人。多年的活动组织，区红十字会已经有了相对丰富的经验。每年活动前，区红十字会都细化方案，明确专人负责，不仅有组织地完成竞赛答题，而且配套开展了一系列相关活动，传播了自救互救知识，提高了大家的自救互救意识和能力，表现出参与人数多、覆盖范围广、学习热情高、答题准确率高的特点。积极组织和参加红十字运动知识竞赛活动，已经成为盐都区红会系统的靓丽品牌。

近年来，盐都区红十字会更是抢抓机遇，深入学习习近平总书记在全国宣传思想工作会议上的讲话精神，牢记“举旗帜、聚民心、育新人、兴文化、展形象”的使命任务，致力于红十字博爱文化传播，优化红十字新闻与传播志愿者工作委员会功能，撸起袖子加油干，加大对中国红十字会“一报一刊”的读用推荐，实现了红十字报刊宣传工作和区域人道事业融合、协调、快速、稳健的发展。

常州市红十字会专栏

高质量开展高校大学生红十字志愿服务

江　华

2019 年 9 月新修订的《中国红十字会章程》指出，中国红十字会是中国共产党领导下的群团组织，是党和政府在人道领域的助手和联系群众的桥梁纽带。习近平新时代中国特色社会主义思想是中国红十字会必须长期坚持的指导思想和根本遵循。深入群众、团结群众、发动群众，努力为群众排忧解难，引领群众跟党走是红十字会的职责所在。高校大学生红十字志愿者组织性强、体量大、有活力，是红十字会深入基层、服务群众的重要力量，是践行"人道、博爱、奉献"的红十字精神的生力军。

党的十九大报告提出"推进诚信建设和志愿服务制度化，强化社会责任意识、规则意识、奉献意识"，这是对志愿服务的新要求、新期望。志愿服务是红十字运动"七项基本原则"之一，也是红十字会的生存之基，志愿者则是红十字的"动力之源"。"人道、博爱、奉献"的红十字精神与中华民族传统美德一脉相承，与社会主义核心价值观理念共通共融。高校大学生红十字志愿者开展志愿服务，是践行社会主义核心价值观的生动体现。"破万卷书，依然要行万里路"，只有通过实践，高校的思想道德教育、核心价值观教育，才能更好地得到大学生们思想上的深刻认识、内心的高度认同，从而逐渐转化为行动自觉，以不断提升其道德素养。也只有通过实践，青年学生才能把书本上的知识转化为自身的能力，才能更好地服务社会、奉献社会。

常州市红十字会历来重视发挥高校大学生红十字志愿者生力军作用，积极搭建服务平台，推动建立群众欢迎的精品服务项目。"博爱青春"项目是由省红十字会、省文明办、省教育厅、团省委、新华报业传媒集团、省广播电视总台等部门联合发起的品牌志愿服务项目，该项目 2013 年荣获第二届江苏慈善奖；2016 年，在省委宣传部主办的"首届江苏志愿服务展示交流会”上荣获“特别荣誉奖”；2017 年，又被全国宣传推选学雷锋志愿服务“四个 100”先进典型活动组委会评为最佳志愿服务项目。常州市至今已经连续开展了 8 年“博爱青春”志愿者活动。8 年来，市红十字会与驻常高校一道，高度重视、积极参与，组织多支大学生红十字青年志愿服务队，围绕“学习雷锋、关爱生命、传播爱心、服务社会”的志愿服务主题，共有 2400 余名高校红十字志愿者深入城乡，开展了丰富多彩、卓有成效的暑期志愿服务活动，多次获评省级“十佳项目”和“优秀志愿服务项目”，成为常州市红十字志愿服务的一个优质品牌，也成了驻常高校的一张亮丽名片。

2019 年的“博爱青春”项目，针对人道需求热点，重点关注“一老一小”，主题更加鲜明、覆盖面更广、受益人更多、关注度更高。项目评审组从 12 所高校申报的 42 个项目中，评选出 12 个项目予以支持，支持力度位于全省红十字会系统前列。驻常高校认真组织实施，市红十字会适时现场督导，280 名红十字志愿者秉承“人道、博爱、奉献”的红十字精神，冒着酷暑，奔赴各地，播撒爱心，广泛开展了动员和参与无偿献血、造血干细胞捐献、遗体和人体器官（组织）捐献，普及急救知识，关注西部，关爱留守儿童、失独和空巢老人，乡村支教，绿色宣传等志愿服务，深入乡村，走进社区，服务时间超过 1.9 万小时，直接受益人群超过 7000 人。大学生们的志愿行动，为需要帮助的群众送去了人道关怀，他们也收获了成长，有力地践行了社会主义核心价值观，在市内外引起了较大反响，得到了广大群众的欢迎和好评。在刚刚结束的 2019 年度省“博爱青春”项目评选中，常州工业职业学院红十字志愿服务队的《用爱点亮折翼天使生命之光》获省“十佳项目”，常州市红十字会获“优秀组织奖”。

为更好地发挥高校大学生红十字志愿者队伍的作用，让更多大学生加入“人道、博爱、奉献”的事业中，参与奉献、体验人生、服务群众，在“不忘初心、牢记使命”主题教育中，市红十字会专门就如何更好地组织大学生开展红十字志愿服务展开调研：通过走访博爱家园、红十字养老院、志愿服务基地等服务对象，听取和了解志愿服务的需求以及意见建议；与高校开展座谈会，共商联建共建事宜；走进大学生志愿者群体，倾听他们的心声。通过专题调研，我们感到，社会对于大学生红十字志愿服务需求大、期盼高，大学生志愿者勇于实践，有激情、热情高，高校对于志愿服务工作高度重视、标准高。但在实际的工作开展中，仍存在着政策制度衔接不顺畅，保障力度不够，操作流程不统一，服务质量参差不齐，信息共享不及时，优质实践项目和服务平台不多，品牌服务队、特色服务队较少等现实问题。为解决以上问题，我们主要有三方面的思考。

第一，用好政策，推动引导。

一是严格依法履责，确保法律法规落地生根。“国家支持在学校开展红十字青少年工作”，是2017年修订的《红十字会法》在总则中明确提出的，这是在法律层面上要求学校红十字青少年工作的开展，不仅仅需要红十字会的有效组织，更需要地方党委政府的大力支持、学校的积极推动和学生的踊跃参与。因此要多方合力，把这项国家政策落实好，以取得预期实效。《红十字会法》明确了红十字会履行的职责共有9条，其中第四条是“组织开展红十字志愿服务、红十字青少年工作”。由此可见，做好红十字青少年工作是红十字会的重要职责之一。在市级红十字会的实际工作中，需要在顶层设计、项目推动、平台搭建、经费投放等方面予以充分考虑，并积极争取地方党委政府、省红十字会和高校的大力支持，抓试点、促规范，打造精品项目，以点带面，服务社会。

二是准确把握政策，积极争取大学生志愿者资源。前不久，教育部出台了《关于深化本科教育教学改革全面提高人才培养质量的意见》，要求“积极组织学生参加社会调查、生产劳动、志愿服务、公益活动、科技发明和勤工助学等实践活动”。大学生参加社会调查、志愿服务和公益活动的动能将大大增加，只有不断增强红十字志愿服务的政策保障和吸引力，才能不断壮大大学生红十字志愿者队伍。

三是出台管理规范，增强志愿服务的科学性、合理性和有效性。市红会联合高校共同研究、出台《红十字志愿者管理规范》等规章制度，将红十字志愿服务作为高校学生社会实践活动的重要内容，将应急救护知识的普及培训纳入高校必修或选修课程，并计入学分管理；对参加选修课并通过考核的学生，发放证书并作为课程成绩纳入毕业考核；对学生参与红十字志愿服务活动，纳入素质拓展学分体系；对志愿者师资外出参与相关活动，给予一定比例的差旅费报销；对担任救护员师资培训的教师，按规定给予课酬；对从事红十字志愿服务的师生在考试录用、职称申报、评优评先时给予优先和加分。总之，要通过系列激励措施，不断增强创建工作的内生动力，变“要我参与”为“我要参与”，从而有效调动广大师生参与的积极性。

第二，建强队伍，发挥专长。

一是靠优质项目吸引队伍。项目的优劣直接影响志愿者的参与热情，我们通过持续打造“博爱青春”暑期志愿服务这个精品品牌，不断丰富其内涵、拓展其外延；开展志愿服务重在平时，为了让节假日红十字宣传服务活动吸引更多的高校志愿者参与，经过前期沟通协调，目前，以常州工程职业技术学院红十字志愿服务队为试点，利用周末等节假日，在市红十字志愿服务基地开展常态化、不间断的志愿服务；积极邀请志愿者参与到助困、助学等工作中，无论是上门的款物救助还是助学支教，都是志愿活动的内容，通过大学生的亲身参与和经历，可以让其更愿意投身到关爱“一老一小”、救助困难群众等公益服务中；宣传平台向高校红十字志愿者敞开，让志愿者将参与志愿服务、公益活动等情况及时通过红十字会网站、微信公众号等新媒体进行发布，凡是高校红十字志愿者发来的红十字公益信息，市红会都及时推送，并与高校携手宣扬人道精神。

二是靠多做实事磨炼队伍。成功的事业要靠一点一滴的打拼，红十字志愿服务要想成为叫得响的品牌，成为引人注目、受人称赞的团队，必须不遗余力地做实事。具体而言，包括以下几个方面：要围绕红十字工作的主责主业做好服务，弥补红十字组织人手不足的困境；要围绕当地党委政府关注的热点难点问题做好服务，敢于担当，不畏困难，当好党委政府的得力助手；要围绕社会和群众的需求做好服务，伸出人道之手，当好社会公众的爱心大使；要围绕自身的实际和特点，大胆创新，当好志愿服务的开路先锋。

三是靠多元化培训提升队伍。依托于高素质的大学生志愿者，高质量地开展高校红十字志愿服务，首先要注重志愿者的培养和高校志愿群体的培育，放眼长远，抓好志愿者的业务培训工作，即努力做到：要对志愿者进行多样式和分层次培训，针对培训对象，设计针对性强的培训内容，提高培训实效；要根据培训的人数、业务熟悉程度等，区分业务骨干或组织者、志愿者，进行分层次培训；要开展定期培训与专项培训相结合，在开展基础业务知识讲授的同时，及时组织新政策、新思想、新项目的深入学习，促进红十字志愿服务提高质量。

第三，搭建平台，抓好阵地。

一是打造高校阵地，建好基础平台。高校红十字会是特殊的红十字基层组织，开展志愿服务有其天然优势，在各类志愿服务群体中占据着举足轻重的地位。红会要与高校一道，加强对志愿服务团队的政治思想教育，以思想共鸣凝聚人心，以严格纪律统一行动，对团队中涌现的好人好事要大力宣传和鼓励，力求让每个成员成为忠实的红十字志愿者。

红会还可以通过评选“红十字示范校”、建立应急救护培训基地、开展高校同伴教育、组建特色红十字志愿服务队等多种形式，夯实高校红十字工作基础。

二是拓宽志愿服务基地，建好实践平台。高校红十字志愿服务活动不仅要在高校内卓有成效，更要在广大社区、群众中展现成果，让人道主义精神传播更远。因此，要结合学生专业特点，积极组织师生深入社会，宣传“三救、三献”，开展应急救护知识进社区、进农村、进机关、进企业，让“人道、博爱、奉献”的红十字精神传播出去，走出教室、走出会场，走进商业街头、走进旅游景区、走进交通站点、走进饭店餐馆等人流密集、客流量大的地方；要鼓励高校多与当地街道社区、福利机构结对共建，共同打造红十字协同工作机制；要重视志愿服务基地建设，配备必要的器材和设施，做到训练有器材、工作有阵地、交流有场所、实践有内容，增强成员的归属感和荣誉感。2019 年，我们积极争取了爱心企业江苏嬉乐湾生态农业示范园成为市级红十字志愿服务基地，无偿提供园区中心文化广场展示橱窗用于人道精神传播，并支持大学生志愿者在园区开展红十字宣传、志愿服务、应急救护知识技能普及、社会实践等活动，省红十字会副会长李培森亲自授牌。9 月 21 日，在园区成功举办了“庆祝新中国成立 70 周年红十字图片展”，在 1 个月的展期中，4 万余观众参观图片展。10 月 17 日，省红十字会副会长徐国林在现场调研中指出，红十字宣传工作进公园，在全国为数不多，在江苏走在了前列。同时，要鼓励爱心企业和社会组织在高校设立红十字博爱助学金和人道救助金，帮扶贫困学子、凝聚人道力量、传播博爱文化、搭建奉献平台。

三是定期开展会议研讨，建好交流平台。要搭建社会公益组织和接受服务对象与高校志愿者、志愿服务团队的桥梁，通过会议研讨和交流，为两者提供有益的合作平台，可以解决社会公益组织和接受服务对象对志愿者的需求矛盾。要面向基层、深入一线，走进高校红十字会、走进青年学生社团等基层组织，深入了解情况、共同探讨问题、协商解决矛盾。红会通过上门服务，共同解决矛盾问题，可以赢得高校和志愿者的认可与重视，从而提高了志愿服务质量，让人道精神更加吸引人、感染人。

习近平总书记指出，红十字不仅是一种精神，更是一面旗帜，跨越国界、种族、信仰，引领着世界范围内的人道主义活动。高质量地发挥好高校大学生红十字志愿者这支年轻、高效、智慧战斗队的作用，必将有力地促进人道事业的蓬勃发展。我们将联合多部门和高校一道，积极推动和支持广大高校青年志愿者，怀揣梦想和激情，乐吃苦、勇担当，撒播爱心、奉献青春，走进西部、走进老区、走进社区、走进农村，用知识、爱心和热情，服务那些需要帮助的困难群众；坚持高扬理想、脚踏实地、甘于奉献，让他们在服务他人、奉献社会中收获成长和进步，找到青春方向和人生目标，用博爱行动抒写别样的青春。

（作者系常州市红十字会党组书记、常务副会长）

进一步完善红十字应急救护体系建设

朱成凤

应急救护作为减少意外伤害、保护人民群众生命和健康安全的重要举措，不仅是专业医疗部门和从业人员应尽的职责，更是全社会每一位公民应该掌握的基本常识。当前，常州市工业化、城镇化进程不断加快，人民生活环境、生活方式不断变化，各类灾害、事故隐患居高，威胁人们生命健康的各种因素交织。因此，加快完善应急救护体系，普及应急救护知识，提高人民群众在突发情况、紧急状态下的避险逃生和自救互救能力，显得尤为迫切。

应急救护是红十字会的法定职责，是政府应急管理系统的重要组成部分，应急救护能力是衡量一个地区现代化程度的重要标志。现在我们正处于“健康中国行动（2019—2030年）”的起步阶段，深入推动红十字应急救护体系建设，对于提高群众应急救护知识普及率，提升全民自救互救能力，建成“和谐健康常州”有着积极重要的推动作用。

常州市红十字会立足近年来全市应急救护培训工作实际，结合基层红十字会、救护培训基地、景区救护站、学校以及教育局、应急办等相关部门的调研结果，分析了当前应急救护工作面临的问题和困难，并提出了具体的解决办法和意见建议，为全市下一步推进应急救护工作体系建设提供参考。

一、常州市红十字应急救护工作发展现状

一直以来，常州市委、市政府高度重视应急救护工作，常州市红十字会在市委、市政府的指导和支持下，积极与市教育局、总工会、人社局、市直机关工委等相关单位开展协作，经过一系列民心工程的推动和项目实施，全市应急救护事业迈上了一个新台阶。

自2012年起，省政府在全省范围内开展“公益性百万应急救护培训项目”，将开展应急救护培训作为保障和改善民生的重要举措，列入

为民办实事的内容，并在全国率先提出到2020年实现接受应急救护培训人数占全省总人口比例达到15%的目标。按照上级红会提出的标准和要求，常州市红十字会系统积极推进应急救护培训“四进”——进机关、进学校、进企业、进社区，不断加强应急救护培训工作的制度化和规范化建设，极大地提高了应急救护知识的普及率，增强了群众防灾避险和自救互救能力。截至2019年9月底，全市红十字会累计培训救护培训师资584人、初级救护员6.9万人，实现普及性培训48.9万人，占全市人口总数的14.73%。

2013年起，常州市红十字会积极推动应急救护培训平台建设，已陆续建成1个红十字生命体验馆、4个省级应急救护培训基地、5个市级应急救护培训基地，进一步加强了应急救护培训体系的载体建设，不断提高培训对象的针对性和内容的有效性。

2014年起，常州市红十字会积极打造红十字救援队，已建有市级红十字救援队1支、区级红十字救援队3支。救援队充分运用红十字急救知识，参与了阜宁龙卷风灾害、响水爆炸事故、本地洪涝灾害等现场救灾救援，承担了“小黄鸭漂流记”“一袋牛奶的暴走”“西太湖半程马拉松赛”等市内外大型社会活动的现场应急保障，在全社会树立了红十字队伍的良好形象，也宣传了学习急救知识的实际意义。

2015年，按照省教育厅、省红十字会联合下发的《关于实施我省百万大学生应急救护提升行动的通知》，市红十字会与市教育局联合推进高校应急救护培训工作，在全市高校中建立急救培训基地，设置急救选修课、必修课，成立红十字急救员社团，将急救课程纳入新生军训内容，组织大学生开展应急救护比赛、防灾避险演练等，有效提高了全市大学生急救知识的普及率和实际运用能力。

2016年起，市红十字会、总工会、人社局、市直机关工委联合主办全市应急救护技能竞赛，并正式将红十字应急救护技能竞赛列入全市职工职业技能竞赛体系，已连续举办了4届，其中两届为一类比赛，两届为二类比赛。

2019年起，根据中国红十字会总会的统一要求，市红会全面启动5A级景区红十字救护站建设，年内将完成天目湖、恐龙园、春秋淹城救护站建设，2020年起逐步向4A级景区推广，同时在景区成立红十字志愿服务队，切实保障游客人身安全。

在每年的5月12日“全国防灾减灾日”、9月第二个星期六“世界急救日”期间，市红会充分调动全市红十字志愿者的积极性，通过广场活动、情景演练、知识问答等形式，在全社会大力宣传学习急救知识的重要意义。

通过一系列项目的实施，常州市红十字应急救护工作已取得积极的成效，市民急救知识的普及率显著提高，应急救护培训覆盖范围不断扩大，平台载体建设逐渐完善，应急救护工作已发展成为全市红十字会系统的一项特色工作。

二、常州市红十字应急救护工作当前存在的问题

近年来，常州市居民应急救护知识普及率逐年提高，已超过全国平均水平，但是与发达国家相比依然落后，与北京、上海、浙江等先进地区相比也存在一定差距。综合而言，应急救护培训工作与群众的实际需求在对接方面还存在一些问题。

（一）培训对象范围不广，全民急救意识仍需加强

全市应急救护培训对象主要集中在机关、事业单位、外企、学校等，工作开展的广度和深度不够，普通市民知晓率低、参与度不高，区域差异、行业差异和群体差异明显。居民主动参与急救培训的意识不强，急救知识普及率依然偏低，紧急突发事故的第一现场往往得不到科学专业的处置。

（二）协调推进机制不成熟，尚未形成服务合力

当下，红十字会承担了群众性应急救护培训的主要职责，但应急救护工作的开展与教育、旅游、健身、高危生产性企业、车辆租赁等行业有着不可分割的关系。目前，全市应急救护工作尚未完成顶层设计，市红十字会与相关职能部门虽已建立了一定的联系，但尚未形成整体的协调推进机制，资源整合力度不强。

（三）宣传力度强度不够，培训教材单一

应急救护培训内容涉及广泛，不同人群对于不同情况下的急救知识的需求不同，不同人群的学习接受能力也不一致。目前，急救知识宣传资料较少，形式单一，还未能形成内容丰富的教材体系。通用的中国红十字会总会编写的“生命健康，安全教育”救护系列教材，以及目前江苏省通用的《市民应急救护手册》，比较专业、精炼，在全社会广泛推

广的难度较大。

（四）基层红会资源薄弱，创新力度不够

基层红十字会虽然已初步形成涵盖市、区县、街道、社区的组织网络，但专职人员数量较少，多为一人身兼数职的兼职人员，难以满足红十字会日益丰富的工作内容，一定程度上削弱了基层红十字会履行法定职责的能力，制约了应急救护这项红十字会传统特色工作的创新发展，在每年完成上级培训任务的基础上，缺乏结合全市实际的工作特色亮点。

（五）相关法律法规不健全，现场急救缺少保障

“人人学急救，急救为人人”，应急救护知识普及的最终目的是有效提高急救的成功率。现场急救离不开专业的救护设备，目前全市公共场所应急救护设施建设处于起步阶段，救护设备配置率极低。此外，我国尚未出台完善的法律法规体系来保障施救人的施救权，仅上海、北京、杭州等地出台了地方性条例，以消除施救人的后顾之忧，而江苏省及常州市尚未出台相关的地方性政策、条例，应急救护实施环节缺少有效的法律保障。

三、进一步完善全市应急救护体系建设的建议

应急救护是一项以人为本的民心工程，今后一个时期是推进“健康常州”建设的重要战略机遇期，全市红十字会系统应凝心聚力，不断完善应急救护体系建设，着力提升全市居民的自救互救能力。

（一）加强重视力度，增强制度保障

应急救护培训无论是战争年代还是和平年代，对保障人的生命健康都有着重要意义，是“健康中国”“健康常州”建设的重要环节。要进一步认识到应急救护工作的重要性，加快推动应急救护体系建设。因此，建议市委市政府将应急救护工作纳入全市社会事业和应急管理体系建设中。

（二）加强顶层设计，制定协同机制

完善应急救护联动管理机制，明确红十字会应急救护培训的主体责任，建立红十字会与教育、卫健、应急、旅游等部门的横向联动工作机制，形成工作合力，共同推进应急救护培训工作在全社会的展开。由市

委市政府牵头，统筹制定《常州市应急救护实施计划》，提高对教师、健身教练、公交司机、导游、警察、保安等重点人群的培训标准和要求，各行业主管部门将应急救护培训覆盖率纳入系统考核体系，保障目标的落实和实施成效，以形成长效协同管理机制。

（三）加强公共宣传，转变公众理念

积极与宣传部门进行联系，争取公益宣传渠道和资源，通过电视、广播、网络等进行全面宣传推广；在地铁、车站、商场等人群密集场所配置应急救护知识宣传栏；印发图文并茂的急救知识宣传资料，为市民提供方便、快捷的知识获取渠道。优化应急救护分类培训，针对不同年龄、不同行业的群体开展个性化定制培训。加大应急救护实例宣传，树立身边的形象大使，以典型效应传播“人道救护”理念，带动市民从“要我培训”向“我要培训”转变。

（四）加强设施配置，完善投入机制

进一步加大应急救护财政支持力度，继续将应急救护师资费用、宣传费用、教材费用、应急救护器材配置费用等纳入各级政府财政预算。探索政府投入和社会力量参与的多元化投入机制，重点推进“公众除颤计划”，鼓励爱心企业和其他社会力量参与 AED 推广项目。学校、医院等公益部门由政府统一出资进行资源配置，同时通过给予冠名权、广告权等，突出企业的主体作用，争取企业爱心力量，逐步在社会人口密集的场所全面布点。

（五）制定鼓励政策，完善保障措施

通过制定相关地方性条例法规，进一步鼓励经过培训取得合格证书、具备急救专业技能的公民对急、危、重伤病员按照操作规范实施紧急现场救护，其紧急现场救护行为受法律保护，不承担法律责任。在紧急现场救护中做出突出贡献的，相关部门应联合给予其表彰奖励并在社会上进行大力宣传，逐步营造全社会“人人学急救，急时救人人”的良好氛围。

（作者系常州市红十字会党组成员、副会长）

遗体捐献工作的几个问题及对策

范为民

常州市遗体捐献工作从2005年年底开始启动，按照《关于印发常州市遗体捐献和角膜捐献登记管理暂行办法的通知》（常政办发〔2005〕110号），市政府委托市红十字会开展遗体（角膜）捐献工作；当时有三家单位共同参与这项工作，分别是市红十字会、市第二人民医院和常州卫生高等职业技术学校（常州卫生学校），市红十字会主要负责登记、宣传和进行人道主义关怀等，市第二人民医院负责接收角膜捐献，而卫校负责接收遗体捐献，并用于医学教学。2010年，随着卫校解剖教研室的撤并，常州市遗体捐献接受工作就停止了，保留登记和宣传工作。

2012年下半年，市第二人民医院与常州大学护理学院联合办学，当年二院的阳湖院区成立了解剖教研室，常州市的遗体捐献接收工作重新正常开展。2012年年底，市红十字会下发了《关于明确人体器官、遗体、眼角膜捐献定点接受单位的通知》，正式把常州市第二人民医院阳湖院区指定为常州市红十字遗体接收站，也再次明确了常州市第二人民医院、常州市第三人民医院为角膜捐献接收的定点单位，同时把常州市红十字眼库设在三院。截至目前，全市共实现遗体捐献报名登记615人，成功捐献58例；角膜捐献报名登记131人，成功捐献70例。2019年实现遗体捐献11例、角膜捐献16例。

为了全面开展好遗体器官捐献工作，在2019年开展的“不忘初心、牢记使命”主题教育活动中，常州市红会结合上半年进行的遗体器官捐献缅怀纪念和人文关怀的调研，就遗体捐献志愿服务进行了更进一步的走访座谈，了解到在遗体捐献服务过程中，登记捐献志愿者大多年纪较大，不方便出行，需要上门进行登记，而市以及所辖区（市）的红十字会工作人员较少，全部上门服务难度较大；遗体接收受时间限制，亲属不能实现传统的送别仪式，心理上难免有遗憾；遗体捐献后需用于教学或科学研究，没有规定火化的时间，亲属受传统思想影响，希望捐献者能早日入土为安，等等。这些都是现实问题，人之常情，为能够较好地解决这些问题，我们提出以下几点思考和建议。

一、如何解决上门登记服务的问题

全市红十字会系统专职工作人员比较少，但社会上有很多有爱心、热心公益事业的人士，可以通过招募志愿者，建立志愿者队伍的形式，通过志愿者为需要上门登记的捐献人员进行服务。

2019 年上半年，我们已经向社会公开发布了招募遗体器官捐献服务志愿者的公告，成立了“常州市红十字会遗体器官捐献志愿者服务队”，现已有 17 名志愿者，成员包括登记捐献的志愿者、医院的医护人员、殡仪馆从业人员和热心社会公益事业的人士等。但目前人数较少，志愿者大多仍在工作，我们想借鉴南京、大连等其他城市的经验，一是加强对志愿者队伍的管理，依照《志愿者管理条例》和《红十字会法》开展公益活动，在场地、经费上给予适当的支持。二是对现有志愿者加强业务培训，提高他们的志愿服务能力，并通过他们的志愿服务，来带动更多富有爱心的志愿者加入。三是做好宣传发动工作，对社会来说，遗体捐献对社会医疗卫生事业有极大的贡献；对个人来说，遗体捐献是一种高尚人格的体现。通过做好遗体、器官捐献工作的宣传动员、报名登记、人文关怀、缅怀纪念等活动，为生病住院、身体残疾、孤寡老人、入住护理院等行动不便已登记的捐献人员提供上门走访、困难救助等服务，使他们有获得感、归属感，可以让更多的人了解这项事业，就会有更多的人加入这个队伍中来。

二、如何体现人文关怀

全国各地已出台的遗体捐赠条例，对于遗体捐赠的善后事宜并没有统一规定。江苏省的捐献条例正在制定之中，还未出台。目前，常州的做法是在遗体接收时进行简单的告别仪式，然后由遗体接收站接收；教学研究任务完成后，通知家属，由殡仪馆进行火化；市红十字会在栖枫山建立了遗体角膜器官捐献者纪念园，定期进行生态葬，并于每年清明节前（3 月 28 日），举行缅怀纪念活动。

为了更好地体现人文关怀，让捐献者亲属得到心理慰藉，在已有的服务基础上，我们考虑可以引进第三方服务机构，提供公益性服务及殡葬用品：一是为捐献者及其家属提供专业的心理辅导；二是临终关怀，在捐献前提供关怀服务；三是协助家属办理相关手续及完成遗体的接送、更衣、入殓等事宜，让家属省心、省时、省力；四是举办庄严肃穆的遗体告别仪式，告慰逝者家属，服务地点可放在第二人民医院阳湖院区（遗体接收站也在此）；五是定期对遗体捐献者家属进行走访慰问，对特别困难者进行适当的救助。

三、如何保障各项工作正常开展

遗体捐献工作是一项面对广大市民的惠民工作，任重道远；同时也是一项涉及面广的长期工作，需要多部门的协调与合作。为此需要做到：一是加强宣传。可以联合宣传部门、卫生部门、文明办、其他群团组织以及社会组织、爱心企业等开展宣传活动，使更多的人了解这项工作，并参与其中。二是发挥志愿者的作用。这方面工作主要还是立足自身，会内需要研究方案，制订计划，组织实施，同时加大遗体捐献志愿服务队的参与程度，充分发挥他们的作用。这就要求我们加强对志愿者服务队的管理，给予适当投入，以保障志愿者服务队的正常运转。三是经费保障。从南京、苏州、大连等地的红十字会志愿服务工作的开展经验来看，志愿服务过程中难免会产生车旅、误餐和加班等劳务费用，南京市财政每年都会拨付专项经费支持志愿服务工作，而苏州市红十字会也有专项经费用于该项工作，因此捐献工作和志愿服务工作要顺利开展，都离不开经费上的保障与支持。一直以来，常州市民政局都会给予捐献工作一定的资金支持，在此基础上，同时在政策允许的框架内，我们可以争取财政或者彩票公益金的支持（或者社会捐赠），用于公益宣传、志愿服务以及遗体（角膜）和器官捐献者家属的走访慰问工作。

遗体捐献是一项造福社会、荫及后人的善举。对于现代医学的发展来说，遗体捐献非常重要，以至于如果没有遗体捐献，则医学研究就难以开展，医学教学也会举步维艰，对医学技术的进步与医技熟练医生的培养也都会缺少支撑。因此，市红十字会要依法履行推动和宣传遗体捐献工作的职责，为社会医学事业的发展和进步贡献力量。

（作者系常州市红十字会党组成员、秘书长）

建设景区红十字救护站
为游客保驾护航

狄旭东　陶美娟

“十三五”时期是全面建成小康社会的决胜阶段，党中央提出了“创新、协调、绿色、开放、共享”五大发展理念和“推进健康中国建设”新目标，对包括面向社会公众开展应急救护知识和技能培训在内的红十字会核心业务工作提出了新的更高要求。为此，常州市武进区红十字会在全面调研的基础上，广泛听取各地意见，经过反复论证，提出把建设景区红十字救护站（以下简称“景区救护站”）作为“十三五”时期武进区红十字会应急救护工作的重点内容之一。通过景区救护站的建设，不断完善景区应急体系，提高景区处置突发公共事件和意外伤害事故的综合能力；通过定期组织景区救护技能大赛、知识宣传等，带动全区整体救护培训工作的开展，为提高人民生命安全教育水平、打造长三角旅游目的地做出贡献。

一、应急救护培训工作相关背景

近年来，武进区红十字会应急救护培训工作取得了长足发展。截至目前，全区红十字会系统选送培训红十字救护培训师 107 人、复核注册培训师 44 人，每年培训红十字救护员 1000 多人次，每年接受救护知识普及的人数超过 8000 多人次；参与编写武进区救护培训教材，创建了省级红十字应急救护培训基地，实现了统一教学大纲、统一技术标准、统一考核标准、统一证书管理；通过一年一次的景区救护技能大赛、知识竞赛、技能演练等，有效促进了景区、学校、基层应急救护工作的开展。

二、景区救护站建设的基本情况

景区救护站建设是完善景区应急救援体系的重要途径，全区建设的重点是春秋淹城和太湖湾（嬉戏谷）两个景区板块。春秋淹城景区周边 3 公里范围内虽然医疗资源相对丰富，但如果能在突发意外伤害的第一时间，让游客得到及时的应急救护，可以有效地安抚游客，避免一些不必要的负面信息扩散；而太湖湾景区距离城区 20 多公里，最近的潘家卫生院也相距 5 公里以上，景区过山车、水世界等高危、刺激项目偏多，一旦遇到急、危重病人需要及时转运，120 救护车到达时间较长，因此必须切实增强景区工作人员的应急救护能力，确保游客在意外伤害发生的第一时间能得到及时妥善的应急处置，为医院专业救治赢得时间。

（一）景区救护站简介

春秋淹城景区救护站建设于 2016 年，救护站聘请了 2 名全科退休医生，下设 25 个救护点、5 支红十字应急救护志愿服务队、96 名志愿者，志愿者全部从景区工作人员中招募。

嬉戏谷景区救护站建设于 2017 年，救护站有全科医生 1 名、护士 2 名（由潘家卫生院派驻），下设 19 个救护点、近 150 名红十字应急救护志愿者，志愿者全部从景区工作人员中招募。

（二）组建模式

春秋淹城景区救护站由区红十字会和淹城管委会共同筹建。区红十字会对救护站内部布置、救护点分布等进行指导，给救护站、点配备急救箱、担架、模拟人等必要的急救器材；景区管委会根据要求做好救护站、点的建设布置，以及救护站专业全科医生的聘请、救护点红十字志愿者的招募等工作。

嬉戏谷景区救护站由区红十字会、嬉戏谷景区管委会、潘家卫生院三方共同筹建。区红十字会对救护站内部布置、救护点分布等进行指导，给救护站、点配备急救箱、担架、模拟人等必要的急救器材；景区管委会根据要求做好救护站、点的建设布置，以及救护点红十字志愿者的招募等工作；潘家卫生院负责做好救护站 1 名全科医生和 2 名护士的派驻工作。

（三）工作方式

目前，武进区的景区救护站由区红十字会、相关医疗卫生站、景区管委会等部门联合管理和运营，各部门分工明确。

区红十字会负责定期组织景区红十字志愿者开展应急救护知识和技能的更新提升培训，安排责任心强的志愿者参加省级红十字应急救护培训师资班学习；组织开展景区应急救护技能大赛 2 次，选拔应急救护知识和技能熟练的志愿者参加条线技能大赛 3 次，不定期地对景区救护站、点进行监督和抽查。目前，两个景区救护站拥有 6 名省级救护师资、200 余名救护员。

潘家卫生院负责定期对救助站医生和护士的知识技能更新培训，对救护站医用器械、药品等进行定期更换。

相关景区管委会负责救护站、点医生、护士和红十字志愿者的日常管理，当游客有急救需求时，救护点上的志愿者会在第一时间对游客进行必要的急救处理；病情严重的，救护点会在处理的同时，联系救护站的医生、护士赶赴救护点共同救护，后转往救护站观察；特别严重的会安排车辆转送相关医院救治。

截至目前，景区救护站已初步形成一整套的规章制度和救护流程，两个景区的救护站、点累计救治各类伤员 1000 余人次，为周边居民和景区游客提供了医疗救治和急诊转送的“一站式”服务，完善了旅游景区应急体系建设，增强了处置突发公共事件和意外伤害事故的能力，景区救护站已成为红十字会面向大众的新窗口。

三、景区救护站在应急救护培训方面存在的问题与应对措施

通过调研，我们清醒地看到，全区范围内各景区救护站的建设虽然取得了一些成绩，但是在应急救护培训工作等方面并没有实现大的突破，距离发挥“应急救护培训主体作用”的要求还有较大差距，与人民群众的迫切需要还有较大差距。

（一）存在问题分析

造成目前这种状况的原因是多方面的。从外部看，首先是应急救护方面的法律法规严重缺失，至今没有一部专门的对公民参加救护培训、

现场急救行为免责、公共场所放置急救设备等活动进行规范的法律或法规，这就制约了急救培训工作的开展。相当一部分人对掌握救护知识的愿望还不够强烈，掌握急救知识和技能的人在人口总数中所占比例很低。受“老人跌倒，扶还是不扶?”舆论的影响，许多施救者心存疑虑，担心做好事惹出麻烦。

从红十字会内部看，针对景区救护站的相关救护培训体系建设还处于粗放的初级阶段，没有专门的救护培训机构，从事救护培训工作的专职人员严重匮乏，高水平、专业化的救护培训师资队伍尚未建立起来。除此之外，在实际工作中还存在以下一些问题。

一是部分人员的思想认识还不够深刻。春秋淹城景区地处武进城区，周边 3 公里以内有武进中医院（三甲）和常州二院武进分院（三甲），另外还有武进人民医院南院（三乙），医疗资源丰富，交通便捷，救护站在对急、危重患者进行紧急处理的同时，可以快速地联系救护车进行转院，基本能满足景区突发急救需求。因此景区部分领导和员工对救护站建设的重要性认识不深，认为只要救护站有聘请的医生就可以了；员工参加应急救护培训的积极性也不强，经常因业务工作忙，放弃省红会救护师资培训班名额；对区红会组织开展的景区救护站技能大赛、演练等的参与积极性不高，不能在第一时间对突发意外伤害人员进行现场救护。

二是救护知识和技能的轮训还不够经常。景区在经济利益的驱动下，业务工作排第一，景区内负责应急救援的员工，其救护知识的培训未能常态化、制度化，往往只在突发伤害事件发生后的一段时间内，重视程度有所提高，培训、演练活动相对集中，但一段时间后又会有所放松。

三是救护技能考核结果的激励机制不完善。景区未能根据员工救护技能掌握的水平给予有区别的激励机制，员工参与救护技能培训时其技术掌握的多少，依赖于员工自身的兴趣，无刚性约束机制。

（二）应对措施建议

一是抓好组织管理，即建好、抓牢救护站依托的组织平台。规范的组织管理是景区救护站有效运行的基本要件，也是景区救护站建设的基本保障。区、镇（街道）各级红十字会要设置能够独立完成应急救护培训工作的专门机构，领导班子、管理人员要配备到位，内设部门要满足要求，工作方向要符合当地红十字会发展规划，并要制定有效的管理制度。

二是抓好技术保障，即建好硬件及支持环境，并满足技术要求。活动场所是做好培训工作的硬件条件，要求办公、教学、体验等各功能区布局合理，体验教室、模块设置满足业务开展要求，教具充足。工作人员的技术能力是开展培训的技术保证，要配备足够的师资、体验讲解员及志愿服务团队，统一业务标准及行为规范。教学条件是培训活动过程的技术要件，教材与大纲、教具与设备、品牌与形象均要满足需要。

三是抓好组织实施，即在开展业务时严格、规范地执行培训操作。在培训体验活动的具体实施中，对培训实施、体验实施、考试考核、痕迹管理、数据管理、传播活动等要素，要提出统一要求，并严格执行。为保证培训的标准化，保障培训结果的有效统一，培训要留存详细记录，使培训活动可溯源。

四是抓好监督检查，即严格落实保障救护站有效运行的相关措施。如实行定期考核，保障业务开展不偏离准确方向；坚持持续改进，不断完善和提高管理水平。抓好监督检查，提高管理效能，每年定期进行内审及管理评审，针对存在的问题采取针对性措施，使培训基地管理更有效。

总之，建设好景区救护站，搞好应急救护培训工作，可以扩大红十字会的工作阵地和志愿者队伍，让红会的自身实力迈上一个新台阶。红十字会作为党和政府人道领域的助手，必须借此打造更多的红十字业务工作和项目专属阵地，动员更多的可利用和支配的资源，不断增强服务能力，以更好地满足人民群众的期待和社会的需求。

（作者分别为常州市武进区红十字会副会长、秘书长）

合肥市红十字会专栏

合肥市红十字事业发展成就综述

刘　波

绵延一种人道的精神，担负一个博爱的使命，传播一份无私的奉献。伴随着新中国成长的脚步，合肥市红十字会逐步发展。

1956 年 10 月，合肥市成立红十字会筹备委员会。1964 年 6 月，正式成立合肥市红十字会。红会成立后，即大力发展基层红十字卫生站，同时在街道、小学建立红十字卫生组织，开展以“三防”知识和四项急救技术为内容的群众国防训练。1990 年，合肥市红十字会与美国哥伦布市红十字会建立了友好关系，开展工作交流。

2009 年，在市委、市政府的关心支持下，合肥市红十字会正式理顺管理体制，独立建制。作为党委政府人道领域的助手，市红十字会着力加强组织能力建设和基础建设，扎实开展人道救助工作，不断推进红十字事业健康发展。2014 年，合肥市红十字会召开第七次会员代表大会，进一步加强组织建设，明确了今后一个时期的发展目标和任务。

在新中国成立 70 周年之际，回望历史，不忘使命，合肥市红十字会依据《中华人民共和国红十字会法》赋予的职责，坚持关注民生、关注弱势群体，扎实开展“三救三献”等工作，当好党委政府的人道领域助手，各项核心业务取得了丰硕成果，用发展的成就表达了“牢记初心使命、勇于担当作为”的决心。

一、坚持党建引领，夯实组织建设基础

一是坚定政治立场。牢记党的宗旨，牢固树立“四个意识”，坚决维护习近平总书记的核心地位，维护党中央权威和集中统一领导。坚持党的领导，加强各项建设，以党建引领各项工作有效开展，坚定不移地走中国特色社会主义群团发展道路。坚决贯彻党的路线、方针、政策，认真贯彻落实《中华人民共和国红十字会法》《国务院关于促进红十字

事业发展的意见》《中国红十字会总会改革方案》，做党委政府在人道领域的得力助手。强化公信力建设，建立捐赠信息发布平台，公示捐赠信息，自觉接受社会监督，至今没有发生一起负面舆情事件和群众投诉事件。

二是完善组织架构。2012 年，市辖 5 个县（市）编办正式下文，完成了县级红十字会组织机构独立建制，至 2018 年，全市 5 个县级红十字会全部理顺管理体制，实现有编制、有独立的办公场所、有财政经费、有专职工作人员。继 2012 年全市 4 个社区成立红会基层组织之后，在乡镇、村居、社区逐步建立红十字会基层组织 268 个，在全省率先建成首批 4 个社区红十字博爱家园，夯实基层网络建设，积极开展促进民生、人道关爱、救护知识培训、敬老服务等常态化公益活动。在 8 所高校建立红十字会组织，成立了合肥市红十字志愿服务队等 13 支志愿服务队伍。

三是推进制度建设。以建章立制为先导，高度重视组织公信力建设，制定并完善了信息公开、项目执行、捐赠款物管理等 19 项制度和工作程序。多项工作受到上级肯定和表彰，已获得总会表彰 2 项、省红会表彰 8 项、市级表彰 4 项。其中，2006 年、2010 年被中国红十字会总会分别授予“全国红十字卫生救护工作先进集体”“全国红十字会系统服务世博先进集体”；还先后荣获安徽省红十字会支援抗震救灾先进集体，安徽省红十字会支援玉树抗震救灾募捐活动优秀组织奖，2016—2018 年度连续三年安徽省红十字会工作先进集体，2017 年度安徽省“三献”工作先进单位，2018 年度安徽省“三献”工作、宣传工作先进单位等称号。

二、建立应急救援体系，提升紧急救援能力

一是完善应急救援体系。2011 年，争取总会 60 万元项目资金建成 1000 多平方米的市红会备灾救灾仓储库；2014 年 5 月，迎接国际红十字会与红新月会联合会、香港红十字会、总会备灾救灾中心等组成的中国红十字会总会应急物流能力评估专家组调研，受到专家们的认可。目前，仓储应急物资总价值约 39 万元，并配备有救援装备、无线通信器材等，正在参加总会组织的三级评定，可有效应对突发救援事件。修订完善《合肥市红十字会应对自然灾害应急预案》，先后成立市红十字会赈济救援队、应急救援队、心理救援队，又组建了肥东、肥西两支县级赈济救援队并开展集中培训。2015 年、2017 年，分别举办安徽省暨合

肥市红十字会地震应急救援演练、水域救援演练，参与巢湖水域应急处置综合演练，磨合机制、锻炼队伍，提高应急处置技能和水平。

二是积极开展灾害救助。在玉树地震、舟曲泥石流、雅安地震、云南地震、洪涝灾害、雪灾等自然灾害发生时，合肥市红十字会坚持做到第一时间组织募捐、全力投入赈灾救助。截至目前，累计接收、转运、发放救灾物资总价值570余万元。其中，2009年，为台湾风灾提供募捐救助5.21万元；2010年，接受各类捐款162万元，用于定向支援西南旱灾、玉树地震和舟曲泥石流等灾区灾后重建和助学项目；2013年，接受社会捐款36万余元，集中汇缴至省红十字会用于四川省雅安市灾后重建项目援建；2014年，接受支援云南地震灾区捐款40.2万元；2016年，接受捐赠款物价值306万元，救助全市洪涝区群众；2018年初，接收物资20.887万元，救助全市雪灾受灾群众。

三、打造公益救助品牌，积极开展人道救助

一是扎实开展困难救助。从留守儿童到空巢老人，从白血病患儿到大病患者，从灾区群众到困难学生，市红十字会积极关心救助弱势群体。10年来，全市共筹集价值1830余万元款物开展人道救助活动，坚持及时公开捐赠信息、严格执行款物拨付程序，受益群众5万余人。其中，募集款物总价值230余万元，以持续开展春节期间“博爱送万家”活动，积极配合党委政府关注民生、关爱困难群众；2015年发起“博爱庐州”救助项目，募集资金约315万元，救助白血病患儿45名、困难学生490名；此外，还积极开展慰问麻风病患者、救助智障残疾青少年儿童、特困白内障患者手术费减免、青少年爱眼健康、送健康进社区、贫困眼疾患者救助等专项活动。

二是积极争取项目支持。市红会积极申请中国红十字基金会“小天使白血病救助”“天使阳光先心病救助”等多项公益救助项目，目前全市共有200余名白血病患儿得到总会小天使基金救助，总金额670余万元；组织参加总会魔豆妈妈大赛、红十字众筹扶贫大赛、腾讯99公益日等项目，为困难群众提供资金或技术支持；建设2个红十字博爱卫生院，在8所中小学建设中国红十字基金会“六个核桃·读书慧”公益基金书库。2015年，争取红十字会彩票公益金支持失能老人养老服务项目，将价值20万元的按摩椅、电动康复机、助行车、介助轮椅等15类182件全部安装到位，为改善服务老人的质量和提高老人康复能力提供了很大帮助。

四、积极推进救护培训，助力健康合肥建设

一是强化工作机制保障。积极争取政府支持，2011 年市政府办公厅印发《关于开展应急救护培训工作的通知》，将应急救护知识普及工作纳入全市应急管理体系建设规划，市财政将专项经费纳入部门预算；制定《应急救护培训工作管理流程》《高危行业开展应急救护培训实施方案》等，加强组织领导，明确工作流程，建立与公交、公安、消防、电力、旅游、教育等多部门联动合作的工作机制。积极推进培训工作制度化、规范化，强化师资队伍配备，加大教学质量的督查和反馈，组织师资进修复训，不断提升应急救护培训工作水平。

二是广泛开展应急救护培训。积极开展应急救护“五进”（进学校、进社区、进企业、进农村、进机关）活动，累计培训救护员 6 万余名，普及群众 10 万余名。其中，将应急救护培训纳入全市中学生国防教育授课内容，并积极参与中学高一和大学新生培训，培训各类新生约 7 万人；组织开展各行业救护知识普及和培训，其中培训驾驶员 4 万余名；主动服务中博会、“四体会”、环巢湖毅行、市马拉松比赛等多项重大赛事，提供应急保障和志愿者服务，并为各部门举办应急救护知识普及。2016 年，建成总会生命健康安全教育体验项目，先后接待全国红十字会系统、地震部门、教育部门等共 1 万多人次的参观考察，成为校园防灾减灾体验项目的示范。2019 年，合肥市政府 20 件为民办实事项目中，实施公共场所医疗急救工程，即在公共场所设置 AED 自动体外除颤仪名列其中，市红十字会扎实推进项目实施，为健康合肥出实招。世界急救日当天，首台 AED 投入使用，中国政府网、新华网、人民网、《安徽日报》等主流媒体对此进行了报道。2019 年 5 月，举办全市首届红十字应急救护大赛，社区群众、高校学生等 13 支队伍参赛，《中国红十字报》《安徽日报》和安徽电视台等多家媒体进行了宣传报道，极大地提升了志愿者参与应急救护培训的热情，增强了广大群众的自救互救能力。

五、宣传推动大爱“三献”，更多群众获得帮助

一是加大“三献”宣传。市红十字会积极参与、宣传和推动无偿献血、造血干细胞及遗体、器官捐献工作，倡导更多志愿者参与到“三献”活动中来，让更多需要救助的人重获生的希望。市红会连续 3 年承

办春分日“省暨合肥市遗体、器官（角膜）捐献缅怀纪念活动”，与捐献者家属、“三献”志愿者以诵读的方式缅怀捐献者，致敬生命，共185万网友通过人民网、新浪网、安徽电视台公共频道、合肥晚报等网络直播平台观看了活动；积极承办省暨合肥市无偿献血月启动仪式、世界献血者日主题宣传、功勋献血者表彰大会、万人角膜捐献志愿宣传等活动，服务好每一例捐献，关爱好遗体器官角膜捐献者家属。

二是重燃生命希望。截至2019年9月，全市累计实现造血干细胞捐献53例；实现器官捐献86例，遗体捐献308例，角膜捐献125例，器官、遗体、角膜实现捐献量均在全省排名第一。合肥市连续10次荣获“全国无偿献血先进市”荣誉称号。这些平凡人的大爱善举，或为多名病患者带来重生的希望，或为医疗科学发展做出了贡献。其中，因突发疾病不幸离世、无私捐献器官而帮助5人重获新生的大学生陈嘉伟，当选助人为乐类“中国好人”。2018年6月7日，全国首例器官受赠者逝后捐献器官的长丰县李晓侠女士的感人事迹，引发中央电视台、中新网、安徽电视台、《安徽日报》等20余家中央、省、市媒体的广泛关注和宣传。此外，还涌现出遗体捐献志愿者“第一人”冯春余、坚持无偿献血的“中国好人”沈思红、志愿服务20载的“献血达人”洪云子、捐出“生命礼物”的诚信富翁武建平、无偿献血超200次的平凡工人王军麾等一批榜样人物。据统计，全市共有34人因大爱“三献”获评“中国好人”“安徽好人”等称号。近年来，全市“三献”捐献保持增长趋势，2019年第一季度全市遗体器官（角膜）捐献志愿者登记人数达1120人，超过2018年全年的登记人数909人；截至2019年9月底，全市登记已达4415人。

六、壮大志愿服务力量，广泛弘扬红十字精神

一是壮大志愿服务队伍。目前全市共建成安徽大学、安徽中医药大学、合肥工业大学、合肥学院、合肥工业学校、安徽交通职业技术学院等8所高校红十字志愿服务组织，注册成立合肥市红十字志愿服务队等5支队伍，进一步壮大了全市志愿服务力量。目前，市红会共建立红十字志愿服务基地4个，发展红十字志愿者总数达1297名，指导全市各志愿服务队伍积极开展各种类型的志愿服务活动，近5年共开展志愿服务540余场次，服务时长4万余小时，服务群众11万余名，多次获市文明委表彰。

二是积极争取各级项目支持。以迎接新中国成立60周年、70周年，服务世博会、全国“四体会”为契机，积极探索志愿服务项目化管理；开展白内障手术费用减免、博爱光明行、梦想成长营等59项具有特色的志愿服务活动，提升了红十字志愿服务的影响；成功申报总会2017年、2018年红十字青少年社会实践项目，申报省红十字会暑期“益行计划”项目15项，开展志愿服务进学校、进社区、进农村等活动，受到群众欢迎；组织3万名中学生参加红十字青少年防灾避险知识竞赛，组织5000人参加全国红十字应急救护知识竞赛、红十字青少年自救互救知识竞赛；开展中国造血干细胞捐献者资料库安徽省分库“造干志愿者保留项目”，共完成2.6万人的回访量，寻找造干志愿者“回家”。

三是积极弘扬红十字精神。围绕世界红十字日、全国防灾减灾日、世界献血者日、世界急救日等节点，积极开展形式多样的主题宣传活动，广泛宣传《红十字会法》和红十字运动知识，弘扬“人道、博爱、奉献”的红十字精神。为迎接新中国成立70周年，结合“不忘初心、牢记使命”主题教育活动，市红会于2019年9月24日举办安徽省暨合肥市红十字事业成就展，有关这次活动的报道在“学习强国”平台中刊登，并获人民网、《安徽日报》等多家媒体宣传。市红会还建立电视专题、报纸专栏、网站、微博、微信“五位一体”的宣传平台，成立红十字运动研究中心合肥基地，5年来累计在各级各类媒体发稿1000余篇，在《红十字运动研究》等刊物发表学术研究论文5篇；制作短视频《爱心播撒血液之种》《红十字微公益广告》等，以微故事的形式讲述红十字事业发展中涌现出的先进人物和典型事例。

砥砺前行，再创辉煌！立足新时代的历史方位，适应新形势新任务新要求，全市红十字人将紧紧围绕党委政府的中心工作，担使命、守初心，增强责任意识，真心关爱群众，完成时代赋予的使命职责，更好地发挥党和政府人道领域助手的作用，以永不懈怠的精神状态和一往无前的奋斗姿态，发展红十字事业、弘扬红十字精神、助力“健康中国”行动，为把合肥打造成具有国际影响力的创新之都做出新的更大贡献，为实现中华民族伟大复兴的中国梦努力奋斗！

（作者系安徽省合肥市红十字会专职副会长）

弘扬人道精神　心系群众冷暖

——合肥市城市社区红十字博爱家园建设探析

张妍婷　张　妍

百花齐放满社区，人道之花竞争妍。为充分发挥红十字会桥梁纽带作用，探索红十字会参与社区治理的发展思路和功能目标，2019 年初，合肥市红十字会在全省率先推进社区博爱家园建设，打通服务群众的“最后一公里”，目前已经建成项目点 4 个，第二批 4 个项目点也正在建设中，惠民、利民、便民的成效已初显。

一、提高认识、夯实基础，保障项目建设

第一，充分认识社区博爱家园建设的重要意义。2019 年是积极推动红十字会深化改革的一年，基层红十字组织要紧扣“政治性、先进性和群众性”的目标，结合社会转型特征和群众实际需要，创新工作方式方法，进一步发挥党和政府联系群众的桥梁纽带作用。因此，社区博爱家园项目的实施具有重要的现实意义：一是全面推进红十字会改革的具体举措，是围绕党政工作大局，做好桥梁和助手，打通服务群众“最后一公里”新的实现途径之一；二是以群众最期盼的事为出发点和落脚点，是红十字会参与社会管理与服务的手段之一；三是建设和谐社会、让红十字精神具体化的行动，是让群众尤其是受助群众于潜移默化中接受并传播红十字精神的重要渠道之一。

第二，提供完善的政策、资金及组织保障。思深方益远，谋定而后动。为卓有成效地快速推进博爱家园项目，合肥市红十字会建立了政策保障制度，积极向市委组织部申报，将博爱家园项目纳入社区综合治理内容之一，成为城区目标评价考核的一项重要内容。同时，市红会与市财政部门积极对接，争取新增项目专项资金 20 万元，为博爱家园项目点建设及开展“三救三献”宣传、志愿服务等各项工作提供了经费保

障。此外，各项组织保障到位，市红会认真执行《安徽省社区红十字博爱家园项目实施方案（试行）》，成立社区博爱家园项目工作领导小组，落实工作职责，制定《关于执行〈安徽省社区红十字博爱家园项目实施方案（试行）〉的办法》，明确工作目标，设置考核标准、服务内容、经费预算、实施步骤等，确保项目工作顺利推进。

第三，调研学习，夯实工作基础，明确工作方向。2018 年，合肥市红十字会赴上海、武汉、南京、宿州等地考察学习，重点参观了上海小庙村红十字服务中心、武汉玄妙观社区、南京秣陵路社区红十字 101 微博物馆、宿州汇源社区红十字会，为实现本地文化、居民特点与红十字元素、红十字会服务百姓“最后一公里”的要求相结合，实现红十字文化融入社区、深入居民心中的目标汲取了经验，拓展了思路。经过调研学习，结合本地实际，市红会确定项目执行的原则为：因地制宜、充分融合、形式多样、发挥作用、服务群众。确定项目的目标是：进一步健全街道社区基层组织，建立红十字进社区长效工作机制，实现“六有”目标（有组织、有制度、有队伍、有场所、有经费、有红十字特色活动），以社区居民和辖区单位为主要服务对象，提供为民、便民、利民服务。

二、精心选点、统一建设，确保项目进度

第一，找准项目点，发挥项目最优效果。项目点选得好与坏，关系到项目的进度和质量，更直接关系到项目作用的发挥和社会影响。为此，合肥市红十字会依托 4 个区红十字会和相关街道，根据推荐并实地考察、逐一筛选，最终选定包河区望湖街道沁心湖社区、蜀山区稻香村街道望江西路社区、庐阳区三孝口街道廻龙桥社区和瑶海区红光街道办事处 4 个点作为项目试点，开展城市社区博爱家园建设等相关工作。其中，沁心湖社区属原城乡接合部，回迁户居多，有 7 个居民生活小区，总户数 4306 户，约 1 万余人。望江西路社区属老企业集中区，退休企业职工居多，有 10 个生活小区，总户数 4978 户，约 1.6 万余人。廻龙桥社区属于老城区，地处城市中心，是金融、商业网点集中地，有 10 个居民生活小区，总户数 5460 户，约 1.8 万余人。红光街道属老企业和城乡接合部，退休企业职工和回迁居民较多，总户数 1.5 万户，约 4.5 万人，在街道设立博爱家园可覆盖 4 个社区。这 4 个点情况迥异，各有特色，极具示范性、典型性、代表性，既符合红十字会的宗旨，又可使有

限的项目资金发挥最大效益。目前，第二批 4 个项目点也已经确定，分别是包河区万年埠街道云海社区、蜀山区五里墩街道家家景园社区、庐阳区逍遥津街道县桥社区和瑶海区七里站街道东七社区。

第二，在建设中实现统一规划、统一设计、统一标准、统一平台等“四统一”。统一规划指由市红十字会社区博爱家园项目工作领导小组，对全市博爱家园项目建设进行统一规划，把握全市整体建设方向和进度。统一设计指经过市红十字会严格筛选，确定一家设计公司负责全市博爱家园项目统一设计，实现标志标牌的统一，并涵盖博爱家园标志牌、红十字志愿服务基地牌、社区红十字会标牌、红十字会窗口标牌、爱心捐款箱等。统一标准指在每个社区博爱家园项目点统一设置“五个一”，即一间办公室、一个室内活动场所、一间应急救护培训教室、一个户外宣传栏、一个服务中心窗口。同时，对博爱家园的内部器材、板块统一标准，包括触摸式液晶显示屏、健康仪器、博爱超市和图书角。统一平台指各项目点夯实基层基础，建立了统一完整的平台，实现“五个一”，即建立一个红十字组织、建一个红十字服务站、成立一个志愿者队伍、有一个宣传阵地、有一套完整的工作制度。

三、机构完善、服务推进，项目成效初显

第一，组织机构完善。目前，全市首批 4 个博爱家园项目点均实现了“五有”：一是工作有人干、能干好，完善红十字组织建设，成立了街道、社区红十字会，同时吸收各行业、各单位热心慈善事业的人员成为理事，加强人员培训；二是有阵地进行服务，在场地资源有限的情况下，加强党群资源统筹功能整合，设置红十字服务窗口，打造了红十字宣传栏、红十字志愿服务站、应急救护培训室、博爱家园以及各个功能活动室；三是有财力开展工作，积极争取了经费、项目、物资保障，以及市、区、街道三级财政支持，保证了事业发展的需要；四是有志愿者队伍，各项目点均招募成立了一支志愿者服务队，以社区居民和辖区单位为主要服务对象，弘扬红十字精神，组织开展人道救助、应急救护培训和关爱健康活动等各项红十字志愿服务工作；五是有计划地开展各项活动，各项目点结合日常志愿服务活动，将红十字工作融入进去，探索社区工作与红十字工作相融合的途径，实现基层红十字活动常态化、持续化，达到了“一举多赢”的效果。

第二，宣传教育深化。一是每个博爱家园所在社区的服务大厅都设

置了红十字会办事窗口，设有社区红十字会标牌，摆放了爱心捐款箱、红十字宣传册和登记表格，接受天使计划、博爱庐州白血病救助申请及“三献”登记，兼顾募捐和红十字会知识、救助项目、应急救护知识等宣传。很多群众关注的如遗体、器官、角膜、造干等捐献，社区就可以提供咨询服务。二是通过社区网上平台加强人道救助的宣传，如安徽省红十字基金会发布的“十种疾病救助，请 call 红十字”等内容，通过社区微信群、公众号等平台向居民宣传推广；提前发布红十字志愿服务活动预告和动态信息，让更多群众参与，扩大宣传覆盖面。三是开展业务培训，2019 年 4 月，市红十字会举办了红十字业务知识培训会，内容涵盖红十字运动知识、“三救三献”、志愿服务、宣传及项目推广等工作，提高了基层红会工作人员的业务水平，以便更好地为群众服务。

第三，志愿服务推进。利民之事，丝发必兴。红十字志愿服务是社区服务群众的主要形式，目前 4 个项目点社区均开展了“博爱送温暖”、应急救护培训进社区等活动。各项目点社区还结合自身特点，积极自主地开展多项活动，如沁心湖社区红十字志愿者给社区长者过生日，为社区高龄老人送去温暖和关爱；望江西路社区开展红十字志愿者招募和宣传活动，让更多的居民了解红十字会和红十字志愿服务队；沁心湖社区红十字会联合万寿养老公寓医生开展以“健康快乐夕阳红”为主题的老年义诊活动，引导社区老年群众提高健康知识水平和自我保健意识；望江西路社区开展关爱心脏健康公益活动，为群众开展心脑血管疾病健康宣教、24 小时心脏远程监测等服务；沁心湖社区热心的月桂苑单元长王玉珍同志，带头将应急救护知识宣传到居民家中；沁心湖社区志愿者邹运结合“四点半课堂”、图书漂流等活动，让红十字走进校园。

第四，项目执行有力。一是工作项目化。目前，合肥市红十字会已经制订了社区博爱家园年度活动计划，供社区参照，并将年度任务进行项目化责任分解，各项重点工作具体落实到领导、责任人，落实到各博爱家园项目点。每个社区根据自身情况自主制订本社区的活动计划，对深入开展博爱家园项目提出具体目标和要求，社区领导小组协调部署、全面推进项目工作。二是项目责任化。抓好项目执行力建设，目前，每个博爱家园项目都有明确具体的责任人员、目标任务、经费扶持，所有活动均有记录，并及时发布活动信息，扩大影响力。按照项目要求，对博爱家园项目档案进行规范管理，及时收集、整理、归档。三是管理制度化。进一步完善组织机构设置和相关工作制度，加强博爱超市管理，严格执行管理办法和服务内容，增加超市物品、宣传品的效用，实现救助、宣传、志愿服务多种功能，充分发挥博爱超市的激励作用，让更多群众了解红十字会，并加入红十字志愿者的行列。

第五，实现资源共享。通过博爱家园的建设，市红十字会与社区红十字会实现资源共享，充分发挥各自优势，为群众提供更多服务。一方面，社区红十字会结合丰富多彩的社区活动，通过积极开展志愿活动，在服务群众的同时，也扩大了群众对红十字的知晓率和红十字会的影响力。另一方面，市红十字会利用自身优势，助力基层发展。如2019年“9·29世界心脏日”来临之际，市红十字会邀请合肥高新心血管病医院医护人员为庐阳区三孝口街道开展了“关心你的心　千人心脏健康筛查”公益活动；此外，还为社区开展急救员培训，组织送温暖募捐活动等，提高了基层红会的组织工作水平和筹资能力。2019年，在推进“健康合肥”建设中，合肥市委市政府出实招为民办实事，由市政府投资，在全市地铁站、机场、火车站、汽车站、体育健身馆等各类场馆、学校、4A级以上旅游景区、部分街道社区等公共场所，设置自动体外除颤器（AED）急救设备，首批设置133台，获得社会的广泛关注和肯定。其中，全市首批4个社区博爱家园项目点也将进行安装，每个项目点安装1台AED除颤器，培训救护员3名，年底前安装完毕，将在关键时刻把握更多挽救生命的机会，为群众健康提供更坚实的保障。

四、明确重点、认真思考，抓好项目推进

第一，明确重点，推进下一步工作。一是融合社区资源，采取“请进来、走出去”等多种形式，开展“送健康进社区”等红十字特色主题活动，开拓特色服务领域，打造社区的特色亮点；二是规范博爱超市管理，扩大博爱超市的应用范围，发挥博爱超市的激励、救助和宣传作用；三是指导社区拓宽基层红十字组织、志愿服务队的成员范围，鼓励更多的爱心人士、辖区内爱心企业（单位）、有专业特长的社区居民等自觉自愿地开展各类志愿服务活动，真正融入社区、扎根社区；四是开展应急救护知识普及活动，加大急救知识的宣传普及力度，根据社区群众需求，提高社区居民安全防范意识和自救互救能力；五是开展人道救助工作和爱心动员工作，指导社区红十字会动员社区资源和力量，开展符合红十字会宗旨的各种类型公益活动。目前，正在申报建设的第二批4个博爱家园项目点，已经完成摸底工作。

第二，认真思考总结，助力项目推进。通过博爱家园项目的实施，

让社区群众受益，使红十字精神深入人心。一是项目点红会组织工作机制要转变。针对社区的特点，项目点基层红十字组织必须向深化拓展服务转变，向条块结合的网格化方向转变，向常态化、长效化的工作新机制转变，健全并完善符合基层组织发展特点、充满生机与活力的工作运行机制，保证基层红十字会工作的规范、专业、有效，促进项目发挥实效。二是多部门协调合作的良好氛围要建立。形成齐抓共管机制，发挥好党组织的领导作用，做好融合文章，确保项目点基层红会工作有组织、有计划、有步骤地开展，建立市、区、街道（乡镇）三级各负其责、各司其职的工作体系。积极协调与组织、宣传、文明办、民政、关工委等部门的合作，形成共建共享、齐抓共管、合作共赢的良好氛围。三是试点项目的示范引领作用要发挥。打造红十字博爱家园项目，先培养和选树一批样板，集中力量高质量推进。充分做好“盆景”工作，必须要使之可看、可学、可复制，逐步发展连片。试点项目要充分发挥好示范引领作用，使红十字会工作由点到面，不断提升。积极谋划实施《红十字基层组织建设五年行动计划》，力争用5年左右的时间，实现城区红十字基层组织的全覆盖。

（作者系安徽省合肥市红十字会工作人员）

点亮生命　传递光芒

——合肥市红十字会造血干细胞捐献工作侧记

张　妍

总有一些人令我们情不自已，总有一些事令我们感动莫名。他们义无反顾，伸出双手，让生命重新绽放光芒；他们奉献爱心，重铸生命，共同点燃生的希望。他们就是造血干细胞捐献志愿者！他们，值得被更多人记住；他们的事迹，需要全社会共同传颂。

近年来，合肥市红十字会扎实开展造血干细胞捐献相关工作，认真完成造血干细胞检测入库任务，贴心服务造干捐献者，精心宣传捐献者的大爱事迹，在志愿服务、宣传动员、质量控制等方面取得了长足进展，传播了人间大爱，弘扬了社会正能量。

全心全意服务捐献志愿者

人间有情，爱心无限。截至 2019 年 10 月，合肥市累计实现造血干细胞捐献 53 例。团结就是力量，市红会工作人员各负其责，红会负责同志总揽协调、“三献”业务同志全程服务、宣传业务同志精心宣传、志愿服务同志事迹申报，形成了一股合力，通过“五心”，即贴心服务造干捐献者、精心宣传感人事迹、真心申报各种荣誉、暖心节日温暖慰问、恒心做好志愿者回访，在全社会营造出崇尚捐献、积极参与的良好氛围。

对于每一位捐献者，市红十字会工作人员都真心付出、全程陪伴。确定志愿者捐献日期之后，工作人员积极与志愿者所在单位、县（市、区）联系，给予全力支持和鼓励，以解决志愿者的后顾之忧。对于捐献志愿者提出的疑问，安排有过捐献经历的志愿者与他们积极沟通，消除疑问，科学捐献。

在捐献过程中，安排工作人员专门陪同，全力以赴做好生活和思想上的保障工作，确保捐献任务的顺利完成。捐献期间，市、县（市、区）红会领导也会专程到医院看望慰问。捐献结束后，我们还加强与志愿者联系，关心和了解他们的身体恢复情况，提醒他们注意相关事项；在传统节日期间，组织开展慰问活动，让他们感受到红十字会的温暖。

全市还成立了红十字志愿服务队，在捐献者入院后提供帮助、陪伴慰问，志愿者不仅包括志愿捐献造血干细胞的人群，也包括曾经实现捐献的志愿者。在大家的共同努力下，通过长年累月的宣传，扩大了造血干细胞捐献工作的宣传效果，也降低了捐献的反悔率，形成了良好的社会效果。

精心撰稿宣传志愿者事迹

宣传是展示成果、凝聚人心的重要手段，也是树立典型、扩大影响的有效途径。为广泛传播造血干细胞捐献者的感人事迹，合肥市红十字会精心撰稿、推树典型，对造血干细胞捐献者进行全方位、多角度的采访和报道，持续扩大造血干细胞捐献的宣传效果。

在确定入院时间时，市红会负责宣传的同志就及时介入，了解捐献者大致信息，包括姓名、年龄、职业、家庭状况等，通过初步了解，提炼出关键词如大学生、退役军人、考生妈妈、建筑工等，针对不同的身份，思考采访的角度。捐献者入院后，负责宣传的同志便入院采访，按照成长、读书、工作、入库、捐献的时间顺序对捐献者进行整体了解，从讲述中把握一些闪光点。例如，退役军人梁浩曾说，“这是我最难忘的一次建军节”；丁迁茗说，“不管在哪里，能救人就行！”在此基础上形成基础资料，提供给新闻媒体。

在对每一位造血干细胞捐献者进行采集时，市红会都积极邀请省、市新闻媒体前来采访，大力宣传报道他们捐献造血干细胞救人的感人事迹。媒体采访时，红会工作人员认真做好相关协调服务，并做好图片、视频的采集。媒体报道后，市红十字会还及时收集新闻报道，并广泛转发，进一步扩大了宣传效果。

根据造血干细胞捐献者孟祥伟的故事，市红十字会联合市广播电视台拍摄成微视频《爱心播撒血液之种》，通过网站、微信、电视等媒体广泛传播，让更多的人了解造干、为爱留样。

人道关爱弘扬社会正能量

每一名造血干细胞捐献志愿者都像一粒种子，他们不仅自身发光发热，奉献爱心，还带动家人和身边人积极加入志愿者队伍。市红十字会联合捐献者所在辖区红会共同做好他们的先进事迹申报工作，积极向文明办推荐他们的感人故事。目前，我市造干捐献志愿者已获评各类好人10余名，他们的事迹不断向社会传播，形成了持续不断的宣传效果，不断渗透进人们的生活当中。

市红十字会还积极关心关爱造血干细胞捐献者，保持与捐献志愿者的长期联系，关心和了解他们的身体恢复情况；在传统节日或特殊困难期间，组织开展慰问活动。2018年6月，安徽省首例90后女性造干捐献者、合肥市第13例捐献者赵佳佳遭遇车祸入院治疗，了解到其家庭困难、治疗费用比较紧张后，市红十字会特申请慰问金和慰问品前往医院看望。每年春节期间，市红十字会还带着“温暖家庭箱”、慰问金等看望我市造干捐献者，送去红会的人道关怀。

志愿者保留项目是指对曾经加入中国造血干细胞捐献者资料库的志愿者进行回访，以提高库容有效率。在总会造干志愿者保留项目中，全省需回访志愿者近4.6万人，其中合肥市约2.6万人，占比一半以上。合肥市红会创新思路，招募大学生志愿者利用寒暑假等完成所有回访工作，进一步明确和坚定了志愿者的捐献意愿，保留有效、合格的入库志愿者，尽可能实现“降低流失率、减少反悔率”，为提高造干捐献成功率、挽救更多患者生命奠定了坚实基础。合肥市造干志愿者回访中的暖心故事还获《中国红十字报》刊登。

提高水平促进工作持续发展

为促进造血干细胞捐献工作持续发展，合肥市红十字会不断提高工作水平。例如，进一步加强血样采集前的宣教工作，将“深思熟虑入库、义无反顾捐献”的理念传递给每一位入库志愿者；加强高分辨、体检和采集计划前的知情同意工作，充分保障捐献者的知情权和患者的生命权，最大限度减少悔捐率；加强捐献各环节的人文关怀，提升捐献服务能力，推动全市造血干细胞捐献工作更好更快发展，以帮助更多志愿者实现心愿，拯救更多患者的生命。目前，合肥市红十字会造血干细胞捐献工作已多次获省红十字会表彰，并荣获2016年度全省造血干细胞捐献工作先进单位，2017年度、2018年度“三献”工作先进单位等荣誉称号。

合肥市红十字会高度重视发挥基层红会的优势，在开展造血干细胞捐献工作时注重抓基层、强基础，组织县（市、区）红十字会、社区、街道、高校、志愿者等进行培训，在提升专业素质的基础上，进行造血干细胞捐献知识的宣讲，提高社会的认知率和普及度。2019年，合肥市在全省率先建立4个社区红十字“博爱家园”，向社区居民宣传“人道、博爱、奉献”的红十字精神，开展“三献”知识宣讲、应急救护培训和各类志愿服务，有力地推动了造血干细胞捐献工作在群众中的知晓度。

捐献造血干细胞，是对人类生命的关爱，需要全社会的关心、支持和参与。下一步，合肥市红十字会将进一步规范管理、加强宣传、提高捐献业务能力，让更多的群众认识“造干”，了解捐献造血干细胞无损健康的知识；让更多的人卷起衣袖，加入捐献队伍中来；让世界少一些眼泪，多一些欢笑。

（作者系合肥市红十字会工作人员）

临沂市红十字会专栏

双红融合　温情博爱

——贯彻落实习近平新时代中国特色社会主义思想的探索与实践

迟明丛

中国特色社会主义进入新时代，人民日益增长的对美好生活的新需求对红十字工作提出了更高要求。面向新时代，如何继承和发扬沂蒙精神和红十字精神，做实做好红十字工作，满足沂蒙老区千万群众的人道需求，成为摆在临沂红十字人面前的重大课题。

近年来，临沂市红十字会以习近平新时代中国特色社会主义思想为指导，深入学习贯彻党的十九大精神和习近平总书记关于红十字工作的指示批示精神，围绕省、市新旧动能转换重大工程和群团改革任务，以干在实处、走在前列为目标，传承沂蒙精神和红十字精神“双红基因”，按照弘扬“双红”文化理念、聚焦“三项”民心工程、突出“三大”品牌特色的工作思路，深化“博爱沂蒙”品牌建设，打造“双红融合温情博爱”红十字品牌，沂蒙红十字事业实现了创新发展。

弘扬“双红”文化理念

沂蒙是一片红色沃土，革命战争时期孕育形成的“水乳交融、生死与共”的沂蒙精神与“人道、博爱、奉献”的红十字精神高度契合，相得益彰。市红十字会立足实际，发挥优势，创新性地将红十字文化与沂蒙精神相结合，实现了“文化叠加、互促相长、融合发展”的三重效应。

一方面，深入开展红十字文化理论研究。市红会成立了全市红十字文化丛书编撰领导小组，聘请红十字文化研究顾问，组织力量赴平邑、莒南、蒙阴等县（区）走访调研、搜集资料，编写了《国际红十字在沂蒙》《理论与实践》《奉献与回报》《红十字视点》等红十字文化丛书；

联合市社科联，开展红十字理论文化研讨活动，面向红十字会系统内外征集稿件60篇，其中获省、市级表彰19篇，形成了一批有理论深度、有研究价值的红十字文化研究成果。此外，平邑县红会发挥全市红十字文化源头的优势，走访慰问老会员，进家入户搜集资料，编撰了《平邑县红十字志》《平邑县红十字史略》和《平邑县红十字会档案资料选集》等书籍，使沂蒙红十字文化成果得到进一步充实与丰富。

另一方面，着力打造红十字文化阵地的平台。市红会从沂蒙红十字文化源头入手，在临沂红十字运动发祥地平邑县蒋里村建设红十字文化展馆，馆内收藏有民国时期的红十字会旗，以及中国红十字会正会员徽章、护照、门牌、胸章等珍贵文物300余件，该展馆被临沂市旅游委列为乡村民宿旅游线，年接待游客1万余人。同时，市红会转变将遗体器官缅怀纪念场所建在公墓的传统思维定式，把红十字文化与沂蒙红色文化融合起来，选择北城新区滨河沿岸开放景观地带，建成集宣传教育、纪念追思、文化传播于一体的红十字文化园区——临沂市博爱园。

聚焦“三项”民心工程

临沂市红十字会明确着力点，在党政所需、群众所盼、红会所能的“民心工程”上着重发力，拓宽服务领域、丰富服务内容、提升服务质量，以实实在在的民生成效赢得群众口碑，不断提升红会的社会影响力和美誉度。

第一，参与众筹扶贫，助力脱贫攻坚。2017—2018年，全国红十字会系统首届众筹扶贫大赛和魔豆妈妈扶贫创业大赛先后举行，为红十字会参与精准扶贫搭建了有力平台。蒙阴小米、平邑金银花荣获“红品项目”三等奖和优秀奖，3人获致富带头人奖，并获得生计发展金20万元。市红十字会推出了牛庆花、卞成飞等一批女性创业扶贫带头人，授牌打造了市级创业扶贫基地5处、电商扶贫示范基地4处，“生态沂蒙山，优质农产品”在全国叫响。一年来，众筹项目反哺当地扶贫事业发展，带动农民工、残障人士、困难群众再就业万余人，为脱贫攻坚、乡村振兴注入了新动力。

第二，普及救护技能，助力“健康临沂”。做好应急救护工作，党委政府支持是关键。2016年，市红十字会成立了救护培训中心，建立了全市应急救护培训讲师团，联合市直机关工委，面向市直全体党员干部职工启动了“珍惜生命·关爱健康”机关干部学救护活动。截至目前，共开展活动200余场次，普及培训2万余人，发放救护员证630余人，党员干部自救互救意识显著增强。

扩大应急救护工作覆盖面，红十字救护站建设是重点。市红十字会立足老区优势，以政务审批大厅、国际展览中心、客运物流中心、国家地质公园及乡村田园综合体等重要公共服务场所为依托，自筹资金30余万元，建立红十字救护站7处，成立应急救护志愿服务队7支。

此外，市红十字会扎实开展应急救护“六进”活动，3年来累计开展活动1660场次，普及市民37万人，应急救护知识社会知晓率和参与度有效提升。

第三，培植示范典型，助力养老服务。2017年3月，中国红十字会总会确定临沂市为全国首批红十字参与养老试点市。市红十字会结合实际、统筹资源，在医养结合、养老公益项目、养老照护培训等方面做了一些有效探索。例如，与市民政局、老龄委联合出台了《关于推进红十字会参与养老服务工作的实施方案》，对主要任务、实施步骤及职责分工进行了明确要求。12月，临沂卫生学校和临沂科技普通中等专业学校两处红十字养老服务培训基地正式揭牌。随后，在罗庄、河东、郯城等县（区）培育了5处医养结合实践基地。市红十字会依托实践基地，在全市启动“三个一百”养老照护志愿服务工作（即百支养老照护志愿服务队伍进社区、百名红会人员结对帮包、百名签约医生进家庭）。养老试点工作全面铺开。

2019年3月3日，临沂卫校“七彩沂蒙”养老照护志愿服务队成立，在“生活照料、康复保健、文体娱乐、安全援助、精神慰藉、法律援助和生活陪伴”等7个方面为老年人提供优质服务，树立了“七彩沂蒙”养老志愿服务品牌良好的社会形象。

截至目前，各示范基地组织开展“三个一百”养老照护培训100余期，服务群众1.2万余人，为持续推进红十字养老服务工作，助力全市养老事业持续健康发展做出了积极贡献。

突出“三大”品牌特色

面对社会公众、基层群众日益增长的对美好生活的新需求，挖掘红十字工作潜力，做大做强做优红十字品牌，展示红十字人道服务特色和能力显得尤为重要。临沂市红十字会高度重视品牌建设工作，找准定位，守正出新，着力在基层组织建设、造血干细胞捐献、志愿服务等方面下功夫、求突破，打造具有沂蒙红十字特色的工作品牌，树立“阳光人道　和谐红会”的良好社会形象。

第一，推进基层组织建设。市红十字会一直将推进基层组织建设作为一项重要工作来抓，深入调研，科学谋划，示范先行，稳步推进，在实践中探索出了一条符合临沂发展实际的基层组织建设之路。

2012 年初，市委、市政府出台了《关于进一步理顺县区红十字会管理体制的意见》，市红十字会制定印发了具体实施意见和落实方案，指导开展县区基层组织的建设工作。

2013 年 4 月，全市红十字会基层组织建设工作会议在郯城召开，郯城县在基层组织机构设置、人员配备、社区红十字及博爱卫生院（站）建设等方面的先进经验起到了良好的示范带动作用。

随后，费县高标定位，厚积薄发，将红十字基层组织延伸至社区（村居）、县直各事业单位、学校及企业，建立了应急救护培训和备灾救灾中心，打造了社区红十字示范点 20 余处，规范理事、会员管理，实现了红会组织全覆盖。

在两个地方示范带动下，各县（区）加强交流，比学赶超，形成了齐心合力、干事创业的良好氛围，全市基层红十字组织的基础工作不断向纵深发展。截至目前，全市 16 个县（区）已全部理顺管理体制，共发展基层红会组织 662 个，团体会员单位 597 个，冠名红十字机构 5 个，会员 30 万人，红十字青少年 7.6 万人，志愿者 4 万人，市、县（区）、乡、村“四级”红十字组织网络已经形成。

第二，服务造血干细胞捐献工作。造血干细胞捐献是挽救血液病患者最为有效的治疗方法，社会关注高，群众反响好。市红十字会从“关爱生命、保障健康”的高度出发，建立了“组织领导、阵地平台、社会宣传、服务保障”4 个长效机制，为捐献者提供全方位服务，关爱生命工程有效推进。

一是成立中国造血干细胞捐献者资料库山东省分库临沂工作站，在兰山区人民医院设立全市造血干细胞捐献血样定点采集中心，健全组织机构和规章制度，建立上下联动工作机制，配备专业医疗服务人员，实行全天候不间断服务，方便市民随时进行血样采集。

二是建立市造血干细胞捐献志愿服务队，依托大中专院校、团体会员单位、冠名医疗机构等成立 26 支分队，做实造血干细胞捐献“志愿者保留”项目，协助工作站开展日常宣传动员、血样采集、跟踪服务、回访慰问等工作。

三是充分利用网上红十字会平台，在门户网站、微信公众号、市政务服务信息平台设立造血干细胞捐献服务窗口，公布“12345”咨询热线，随时接收、回复、反馈市民问询，解答公众疑惑。

四是建立捐献前后一站到底、全方位的跟踪服务。为捐献者开通体检服务绿色通道，全程陪护照料，发放专项慰问金，捐献后进行长期跟踪回访服务，帮助解决生活困难，争取各级荣誉表彰奖励，切实让捐献者满意。

截至目前，全市已累计采集造血干细胞血样 1.3 万人份，捐献总数达 67 例，其中 3 例为涉外捐献，捐献数量位居全省第三。

第三，实践红十字志愿服务。市红十字会以贯彻落实全市新时代文明实践工作为契机，立足职能，发挥优势，将志愿服务与核心业务、文化传播、文明创建等工作相结合，打造具有红十字特色的志愿服务品牌，赢得了群众良好的口碑。

2017 年 11 月，中国南丁格尔护理服务总队临沂市 33 支分队成立，发展志愿者 7800 余人。为发挥队伍作用，2018 年初，在市政务服务中心建立了“博爱 e 站”，确定每周三为“固定服务日”，组织南丁格尔志愿服务队轮流进驻站点，开展红十字知识宣讲、义诊服务、救护知识普及等志愿服务活动 100 余期，服务群众 1.2 万余人。

同时，在蒙山景区、客运中心、城市社区、商贸集市等人流密集区设立志愿服务站，分专业、分领域建立志愿服务队 63 支，开展各类志愿服务活动 600 余期，参与服务志愿者 1 万余人，服务群众 15 万余人次。300 余名志愿者获得省、市“红十字优秀志愿者”“市十佳青年志愿者个人”“全市社区学雷锋志愿服务标兵”等荣誉称号，红十字志愿服务品牌在新时代闪耀出文明实践新光彩。

（作者系山东省临沂市红十字会常务副会长）

加强养老照护能力建设
服务老区人道需求

——临沂市红十字会养老照护工作概况

临沂市红十字会

2017 年 3 月，临沂市被确定为全国首批红十字参与养老试点城市。全市红十字会以习近平新时代中国特色社会主义思想为指导，深入学习贯彻习近平总书记关于红十字工作的指示批示精神，以及中国红十字会第十一次全国会员代表大会精神，围绕省、市新旧动能转换重大工程和群团改革任务，以干在实处、走在前列为目标，以建设红十字博爱园为依托，以开展"三救、三献"传统业务工作为基础，传承沂蒙精神和红十字精神的"双红基因"，打造"双红融合　温情博爱"的红十字品牌，扎实推进红十字参与养老试点工作，按照居家为基础、社区为依托、机构为补充、医养相结合的养老服务体系进行建设，做了一些有益的尝试。全国人大常委会副委员长、中国红十字会会长陈竺，总会领导王汝鹏、李立东等先后来临沂视察；中国红十字会党组书记、常务副会长梁惠玲来山东调研时，也对临沂红十字人道服务工作给予了充分肯定，提出了具体要求。

临沂是革命老区，位于山东省东南部，是沂蒙精神发源地、红色基因富集区、全国文明城市，是著名的物流之都。水乳交融、生死与共的沂蒙精神激励着红十字人。临沂总人口 1124 万人，全市 60 岁以上老年人口达 207 万，占全市户籍人口总数的 18.2%，是全国平均水平（0.9%）的 20 倍，养老形势非常严峻。

中国特色社会主义进入新时代，人民对养老服务的新期盼向红十字工作提出了更高要求。面向新时代，如何继承和发扬沂蒙精神和红十字精神，做实做好红十字工作，满足沂蒙老区千百万群众的人道需求，成为摆在临沂红十字人面前的重大课题。作为全国首批红十字养老试点市，临沂市红十字会立足实践，先试先行，强化养老照护专业志愿服务队伍建设，建立红十字养老服务培训基地，开展养老照护培训，积极推进公益性养老护理机构建设，推动了全市红十字会系统参与养老工作的健康发展。

一、深入调研论证，扎实稳步推进

（一）调研先行，提供组织保障

市红会定期向市委、市政府领导汇报试点工作开展情况，研究制定落实计划，明确工作方向、任务目标及相关要求；市红会领导班子成员带队考察调研，学习借鉴外地先进经验，与市民政局、老龄委、卫健委、人社局等部门座谈交流，摸清现状，掌握动态，查找政策依据，主动争取支持。另外，还成立市了红十字会救护培训中心，安排专人负责养老照护工作；在全市成立养老照护培训讲师团及各县（区）分团，推进了养老照护知识普及和志愿服务活动的开展。

（二）出台文件，健全制度保障

在前期深度调研、完善机构的基础上，市红会联合市民政局、老龄委出台了《关于推进红十字会参与养老服务工作的实施方案》，明确以技能普及培训、养老志愿服务、参与兴办公益性养老机构、加大养老公益援助、打造医养结合品牌、搭建养老社会化服务平台等6个方面为重点进行试点推进，为养老服务工作的开展奠定了基础。

（三）配合联动，协调统筹推进

市红会强化部门协作，及时与市民政局、老龄委进行联络沟通，协调解决遇到的实际问题；积极与市文明办、工会、妇联、团委、卫健委等部门开展合作，支持县（区）考察扶持有能力、有社会责任的养老服务机构进行冠名红十字公益性养老服务试点，开展有益探索尝试。加强县（区）联动，利用县（区）基层组织覆盖面广、志愿者多、核心业务开展扎实的优势，充分发挥社区基层组织及社区卫生服务中心的作用，推动养老服务工作向基层延伸。罗庄、郯城、临沭等县（区）按照市里文件要求，迅速发动，积极联系、对接区域内的养老机构，组建队伍，开展养老服务。

二、突出特色优势，强化试点引领

（一）组建志愿服务队，解决“有人干”的问题

临沂市红十字会高度重视志愿服务在推动养老工作中的重要作用，

调动和整合社会资源，积极探索、创新红十字志愿者参与养老服务的方式，在全市范围内下发了《关于开展“三百”养老照护志愿服务活动的通知》，建立3类队伍，开拓“三种模式”即百支养老照护志愿服务队伍进社区、百名红会人员结对帮包、百名南丁格尔志愿者进家庭，引导广大志愿者和社会各界人士参与到居家养老服务中，并从队伍建设、队伍管理、开展培训活动等方面进行规范要求，取得了良好成效。

目前，全市已成立养老照护志愿服务队132支，发展志愿者1.1万余名，开展志愿服务320余次，服务群众1万余人；组建中国南丁格尔护理服务总队临沂分队33支，队员7190人。依托设置在市政务服务中心的红十字救护站，组织志愿者每周三定期开展志愿服务，向市民宣传养老服务、帮助老人解决办事困难、普及急救知识、开展义诊等，受到了市民的一致好评。临沂卫校“七彩沂蒙”志愿服务队每周1次走进社区为老人提供生活照料、康复保健、文体娱乐、安全援助、精神慰藉、法律援助和生活陪伴7大志愿服务项目，受到老人及其家属的普遍认可，一定程度上缓解了社区、家庭的养老压力。南丁格尔志愿服务队充分发挥护理专业优势，联系帮包社区，定期走进老年家庭，为60岁以上的失能、半失能老人提供健康护理服务，并对社区服务人员开展护理指导，帮助他们提升养老护理技能，以便更好地为老人提供生活照料和康复保健。

（二）建设医养结合实践基地，解决“有载体平台”的问题

市红会依托公益机构，在山东省煤炭温泉疗养院成立了市红十字养老护理院，开展医养结合红十字养老试点。在罗庄区福安康爱心护理院、安康医院，郯城县仁康医院、养老院推进红十字医养结合养老护理院建设，建立养老照护培训实践教学基地，为专业护理志愿者及经过培训的养老护理员进行教学实践锻炼提供了场所。

（三）开展养老照护培训，解决“怎样服务”的问题

养老服务是一项长期工作，需要建立一支专业、稳定的师资队伍，临沂市红十字会发挥应急救护培训优势，积极普及养老照护知识与技能，建立了专业、稳定的师资队伍。市红会选拔市级优秀救护培训师资参加总会养老服务专题培训，依托市红十字应急救护培训中心、团体会员单位、冠名红十字医疗机构中的救护师资力量，开展医养结合照护教学实践，对全市部分应急救护培训讲师团成员、红十字养老志愿者、养

老机构护理员进行专业技能培训。同时，市红会对照基地建设标准，在山东省临沂卫生学校和临沂科技普通中等专业学校建立了两处红十字养老服务培训基地，将养老照护能力普及培训纳入在校学生的学习内容，培训养老服务专业化人才，逐步构建起以实际需求为导向、政府推动和社会参与相结合、参与面广的养老服务职业培训新格局。

三、动员人道力量，开展助老公益活动

（一）积极推进公益性养老护理机构建设

市红会动员17家企事业单位为红十字养老护理院捐赠了200余万元款物；投入170余万元在第一书记帮扶村设立13处博爱幸福院和博爱卫生站，帮助孤寡老人解决就医和养老问题；对现有曜阳托老所和失能老人设备扶持项目点进行规范提升，服务失能、半失能、失智老人。

（二）布局策划开展助老援助项目

市红会筹集10万元，为蒙阴县云蒙湖社区6个贫困库区村近百名老人提供营养午餐；依托50余处红十字博爱卫生院（站）开展助老医疗服务活动，在30多个乡镇卫生院开展“脑心同治走基层”等义诊赠药活动，捐赠药品100余万元，服务贫困老人4000余人。

（三）发动社会力量开展关爱老人服务

市红会在远通集团、九州通医药公司、运动健康协会等爱心企业建立红十字志愿服务队，深入社区和敬老院开展助老志愿服务，为老人送医、送药；每月组织临沂大学、临沂卫校等团体会员单位红十字助老志愿服务队，开展常态化助老志愿服务活动，倡导尊老、爱老、助老新风尚。

四、存在的问题及意见建议

红十字会参与养老服务，是协助应对人口老龄化、促进社会和谐稳定的有效举措；是发挥党和政府人道领域工作助手作用的新体现；是当前和今后一个阶段中各级红十字会落实上级重大部署决策，围绕中心、服务大局的重点工作之一。但是，红十字会参与养老服务工作仍存在许

多制约因素，影响了参与养老工作的质量和水平。现就红会参与养老服务工作中存在的问题，提出几点意见和改进建议。

（一）健全完善体制，夯实工作基础

与参与养老服务工作的其他部门相比，红十字会机构小、人员少、社会影响力偏弱；各级红会机构设置、人员编制情况不一，差距较大，人员力量薄弱；养老服务专业师资队伍流动性大、专业水平不高，从事救护培训工作的专职人员严重匮乏。因此在现有条件下，很难拿出专职工作人员组建师资队伍，而人员编制与开展养老服务工作的需求相比也还有很大的差距。这就需要我们进一步加强顶层设计，完善机构设置，补齐人才短板，为开展好养老服务工作提供强有力支撑。

（二）争取政府支持，提供经费保障

当前，公益筹资渠道不畅，经费保障不足，尤其是本级财政缺少相关配套经费，这些都是制约红十字会参与养老服务工作的关键因素。因此，要积极争取政府支持，探索建立政府支持、社会参与的长效机制；积极培育社会办养老机构，将公益性养老照护培训纳入政府民生工程，以政府购买服务或专项经费保障的方式推进养老照护培训；积极争取政策上重视养老护理员职业，适当提高入职门槛，增加他们的收入，逐步提升养老照护工作的社会认同度，解决用人荒、档次低等问题。

（三）加强宣传引导，提升社会认可度

目前存在着对养老服务宣传力度不够、辐射带动范围较窄等问题，社会对红十字会养老服务认可度不高。为了改变这一状况，我们要利用好红十字基层组织、红十字服务站等，继续加大养老服务工作的宣传力度，创新服务平台，拓宽服务领域，深入家庭、社区和养老机构等养老照护志愿服务工作一线进行宣传，营造由居家养老形式向社区养老、机构养老形式转变的良好社会氛围，提升社会认可度。

习近平总书记强调："人民对美好生活的向往就是我们的奋斗目标。"让老区人民老有所依、老有所养是我们的初心与使命。在今后的工作中，我们将继续贯彻落实习近平总书记的重要指示批示精神和中国红十字会第十一次全国会员代表大会精神，不断开拓养老服务新领域，构建养老服务新格局，保障民生事业发展，不忘初心，砥砺前行，做实做强红会养老服务品牌，为推动老区养老服务高质量发展贡献力量。

新形势下红十字会参与精准扶贫的现状与思考

谢　超

消除贫困、改善民生、逐步实现共同富裕是社会主义的本质要求，是我们党的重要使命。党的十八大以来，以习近平同志为核心的党中央从坚持和发展中国特色社会主义全局出发，高屋建瓴地提出并形成了“四个全面”战略布局，进一步丰富和发展了党的科学理论。“四个全面”的首个“全面”就是“全面建成小康社会”，精准扶贫是全面建成小康社会的关键。红十字会作为党和政府在人道领域联系群众的桥梁和纽带，有责任、有义务参与精准扶贫战略并发挥积极作用。

一、新形势下红十字会参与精准扶贫的必要性、紧迫性

实施精准扶贫是全面建成小康社会的重要抓手，红十字会积极参与精准扶贫战略是贯彻落实习近平总书记系列重要讲话精神，特别是习近平总书记对中国红十字会第十一次全国会员代表大会的重要指示精神的集中体现，也是不断增强红十字会先进性的要求，更是催生红十字事业发展新动能和形成红十字事业发展新的增长极的创新实践。

职责和使命要求红十字会进一步加快发展步伐，紧紧围绕党和政府工作重心，在精准扶贫、全面建成小康社会进程中大展身手，发挥不可替代的作用。红十字人应不断增强政治责任感、历史使命感和事业发展危机感，始终把精准扶贫作为核心业务工作的切入点，紧紧围绕各级党委、政府扶贫攻坚战略，发挥好助手作用，依法参与推进当地精准扶贫、精准脱贫，努力践行人道使命，大力弘扬“人道、博爱、奉献”的红十字精神，为各族困难群众多做好事、实事。

为充分发挥红十字会在促进精准扶贫方面的优势，充分调动社会各

方面力量参与到这项工作中来，加快脱贫致富奔小康的步伐，临沭县红十字会积极开展调研，努力探索解困思路。

二、新形势下红十字会参与精准扶贫工作的现状

红十字会作为从事人道主义工作的群众团体，是党和政府在人道领域联系群众的桥梁和纽带。临沭县红十字会积极贯彻落实党中央、国务院关于扶贫开发的决策部署，把推进扶贫开发工作作为核心任务来抓，主动作为，积极参与到精准扶贫工作之中。

（一）临沭县贫困群体构成

通过近年来开展人道救助服务工作的经验和深入基层的调研来看，目前全县弱势群体主要构成有：（1）大病困难群众。患重大疾病如儿童白血病、先心病、各类癌症、心脑血管疾病、肾病等的困难人群，医疗花费数额巨大，因此造成许多家庭因病致贫、因病返贫。（2）农村老弱病残群体。农村现还有许多无劳动能力且无社会保障收入的困难群众，加之子女上学或结婚等压力，致使他们的生活比较困难。（3）社会上特殊人群。主要是麻风病人和精神病患者等，这类人群常被社会边缘化，需要社会给予更多的关爱和帮助。

（二）临沭县红十字会开展人道救助工作现状

近年来，县红十字会利用全县卫生系统开展的“慈心一日捐”活动，争取上级红会物资帮助，凝聚人道力量，共同推进社会扶贫工作。（1）开展送温暖活动，走访慰问全县贫困弱势群体。赴结亲连心村、县精神卫生中心、县麻风村、县环卫所等，送去慰问金和慰问物品，为其生产、生活等提供扶贫救助。（2）依托大病救助项目推进精准扶贫工作。收集审核大病救助申请表，县红会本级积极救助并申请中国红十字基金会小天使基金、天使阳光基金、市红十字会博爱沂蒙基金等，为大病患者提供救助。（3）利用社会募捐资源开展向灾区献爱心工作。在2008年“5·12汶川地震”和2013年“4·20雅安地震”发生时，县红十字会积极开展社会募捐工作，募得的资金和物资全部运往灾区，为灾区人民送去爱心。

2016年以来，县红会累计投入30余万元救助全县贫困弱势群体，

受益人口1500余人，使困难群众切实感受到党和政府的关爱、社会大家庭的温暖。

三、新形势下红十字会参与精准扶贫工作存在的问题

首先，人道资源动员不足，参与精准扶贫工作的广泛性不够。目前，主要的救助资金来源是全县卫生系统开展的“慈心一日捐”活动，主要的物资来源是上级红十字会下拨的物资。社会力量参与扶贫开发的巨大潜力还没有充分发挥出来。

其次，帮扶的方式比较单一。目前，帮扶方式多采用给钱给物的直接帮助，重“帮”轻“扶”，没有针对贫困人口的致贫原因对症下药，因此不能从根本上解决脱贫问题。尤其是面对大病困难家庭，医疗花费巨大，而救助资金又非常有限，远远不能满足患者家庭的救助需求。

再次，募捐筹资能力弱。社会募捐效果不理想，同时存在着募捐筹资金额比较小、募捐筹资的理念不够成熟、活动形式比较单一等问题。

四、新形势下红十字会参与精准扶贫工作的意见和建议

第一，营造慈善力量参与扶贫攻坚的良好氛围。党委、政府要鼓励和支持慈善力量以贫困地区贫困群体为重点，广泛开展扶贫济困、赈灾救孤、扶老助残、助学助医等慈善活动，营造全社会积极参与扶贫济困的良好氛围。要开展贴近群众的慈善扶贫主题活动，加大慈善扶贫先进事迹、最美扶贫人物宣传力度，大力营造扶贫向善、济困光荣的社会风尚，着力打造慈善扶贫品牌。

第二，红十字会要把精准扶贫作为工作切入点，结合扶贫攻坚战略，依法参与、推进精准扶贫、精准脱贫。要坚持弘扬“人道、博爱、奉献”的红十字精神与“扶危济困、守望相助”的中华民族传统美德，培育友善互助的人道情怀和健康向上的社会风尚，结合“三救、三献”核心业务，发挥红十字会优势，整合汇聚各类资源，动员社会力量积极参与精准扶贫。

第三，要积极向上争取项目，如“小天使基金”“天使阳光基金”“博爱沂蒙大病救助项目”等，加强对贫困患病儿童等特困人群的人道

救助工作，利用多种媒体、多种宣传形式做好对贫困家庭患儿的救助工作。同时争取党委、政府支持，重点做好因重大疾病等原因致贫返贫群众的救助工作，争取纳入民生工程，以帮助大病患者家庭渡过难关。

第四，加大宣传力度，提高红十字会的公信力和美誉度。如利用各种红十字节日，加大公益宣传力度，树立正面形象，唤起社会公众的爱心。

第五，为民务实，做好党员干部结对帮扶农村贫困户工作。要充分开展入户走访，宣传扶贫政策，详细了解贫困户现状和致贫原因，因户制宜，制定帮扶脱贫方案，并捐赠款物，为帮扶户提供最实际的生活帮助。同时宣传红十字会法律法规及造血干细胞捐献、遗体捐献、无偿献血等红会工作，进一步密切干群关系。

（作者系山东省临沂市临沭县红十字会常务副会长）

平邑红会创始人刘纯一

平邑县红十字会

一、创会

民国时期，平邑县红十字组织的创始人刘纯一，于1891年出生在一个中等农家。他自幼勤耕求善，为人朴实敦厚，早年因父教谨严，为图立志，携家人到关外谋生。时值日俄战争爆发，东北地区为日俄争夺的战场，东北人民遭难惨重，当地红十字会活动亦比较活跃。刘纯一目睹红十字会员医疗伤病员，给贫民施衣、施米、施药、施棺、掩埋尸体等善举后，深受影响，立志入会，“行善济困”。

1925年8月，刘纯一举家返乡，途经济南时，他加入红十字会，成为中国红十字会“正会员”。在《中国红十字会二十年纪念册》一书中，录有《中国红十字会修正章程》，章程将会员分为5种：名誉会员、特别会员、正会员、普通会员、学生会员，其中规定“每年纳捐银元5元满6年者或一次纳捐银元25元者”方为正会员。又根据网络信息可知：以民国初期的货币币值计算，1银元约等于0.8~0.9两银子，大体等同于现在人民币250元左右的购买力。由此可以看出，当时的正会员资格还是相当“值钱的”。

（一）设坛

回村后，刘纯一腾出其在蒋里村西北老宅主屋东里间的房屋1间，设立类似“教会”组织的红十字组织，为中国红十字会惠民分会所属之村级组织，当地民众俗称“坛”。他在房屋四壁张贴红十字宣传图画，其中有的含有外文、西方人图像，具体的文、像现已不详；屋内还立有大小铜质西方人塑像两座，大的20~30厘米高，小的5~15厘米高；除领取的红十字会制服、门牌、会旗、袖章、护照、救护包外，屋内别无其他资产。刘纯一白手起家，使这里成为当时推动红十字会务的中心。

当时的红十字会务工作主要包括“征募、管理会员，募款与宣传，灾难救济，战争救护，联系分会医药服务、地方服务等”。灾难救济侧重医药救助部分，并实施放赈；战争救护包括伤病军人及灾民救护，能发扬中立之精神；地方服务则纯系慈善性质。

（二）宣教

民国时期，平邑县红十字组织非常注重红十字宣传，创会初期主要通过走街串巷、会员带动、报纸传单等形式，以及采用拉大片、西洋镜、机械手摇式留声机等方式，在蒋里村周边村镇集市上进行宣传。拉大片又名拉洋片，用一木制箱，分上下两层，箱内装有伤病救护、赈灾救援、慈善救济、红十字会务等为题材的画面，每张画面不超过 1 米，画面固定，下层的正前面有数个圆形孔，孔中嵌放大镜，观众通过放大镜观看，用绳索上下拉动替换画面，用木棍指点画面做解释。同时，用手摇留声机播放传统戏剧唱片，营造宣传氛围，招揽群众，扩大宣传面。平时，由刘纯一定期开“坛”，常于午时集中会员于院中围站一圈，中间画一“十”字，讲授会务知识，培训救护常识。他言传身教，引导会员和民众行善积德，进行社会募捐和招募会员等工作。

（三）募员

征募会员须事先审查，以筛选品行好、勤农耕、恶强权、笃慈善、御外侮的民众入会。入会时，先宣讲入会目的和红会宗旨、性质等（那时的宗旨为“博爱恤兵”“人道主义”），教育会员入会后要行好事，不做坏事，救难民，济贫困，为民众修路筑桥。会员一年交一次“善钱”（即“会费”），多少不限。确定会员入会后要进行登记，写明会员的姓名、性别、年龄、志愿等，并将登记证件拿到分会盖钢印，领回时还同时发给会员相关的护照、会徽等。

由刘纯一发展的这些会员当时被称为“劝募员”，其护照上标有“中国红十字会员”字样。刘纯一还以当时的几本战场救护教材为培训、学习教材，对有关会员进行宣教。

二、活动

因红十字精神与蒋里村所处的齐鲁文化中“包容”“中和”“仁爱”等思想有共同之处，故红十字运动颇得民众认可。刘纯一先在本村发展近30人加入红十字会，然后又在西近台、北武台、仲村镇依山庄等村发展会员。截至1947年，共发展近百人加入红十字会。

平邑红十字会以“博爱恤兵”为宗旨，刘纯一积极组织会员开展募捐救助、扶危济困、乐善好施、救护伤病、劝阻战事、保护平民、掩埋弃尸等活动。后县红会在军阀、土匪、日军等的刁难、阻挠和破坏下，遭受重创，会务日形萎缩，遂致解散。

（一）施药救人

1928年是平邑历史上有名的饥馑之年，当时赤地千里，哀鸿遍野，饿殍载道，苦不堪言，四村八乡的民众家无宿粮，多数人家断炊，只好到仲村西北的武岩庄挖坩子土（观音土）充饥，许多人因吃得太多，以致大便干结而死去。更因匪盗蜂起，袭扰村庄，抢钱夺粮，致使民不聊生。在这种情形下，刘纯一带领会员，背着红十字药包，救人治病，慰藉伤员，并多次用自己的积蓄到济南购买药品，施药救人。

1938年，刘纯一步行去济南买药途径泰安时，被日本侵略军捉住。在日军搜身时，发现他身穿红十字制服后，才被放行。

在一次抗击土匪的战斗中，李大信、郑传宝、王兴让负伤，刘纯一施药治疗，治愈了他们的创伤。他还根据伤病员众多的情况，想办一个红十字医院救治伤员，但因条件所限，未能办成。

1941年，会员肖鸿运在区中队负责人葛玉亭的介绍下携带药品到八路军驻地马家峪、泽国庄一带，抢救八路军的伤病员。1942年秋天，八路军军营内疟疾流行，许多战士受到疾病的折磨，严重地影响了战斗力，会员肖鸿运在缺医少药的情况下，利用家传秘方进行治疗，使很多战士很快恢复了健康。

（二）传送情报，劝土匪投降

1944年，会员肖鸿运被日寇抓去出夫（伕），后从蒙阴城逃回，行至白马关时，一个与肖鸿运认识的汉奸，无意中透露出日寇、汉奸要火烧马家峪的消息（头一天刚烧了泽国庄）。肖鸿运回到家后说服家人，冒着生命危险，连夜赶到马家峪找到当时的村长李宗义，向他报告了日伪军要偷袭马家峪的情报。在肖鸿运送去消息之后，卧龙坑村郭永学也送去了同样的情报，证实了肖鸿运报告的真实性。马家峪的八路军根据情报，采取了应急措施。由于防范严密，同时又对外宣称马家峪里八路军众多，致使日军和汉奸畏惧而未敢妄动。

1940年，因土匪较多，各村都组织民团抗击土匪和游兵败军。八路军一一五师在西近台驻军时，由于民众认识不清，意欲抗击，部队首长派人找到刘纯一，通过红十字会与赵兴林区长一起做民众的工作，给各村说明八路军是穷人的军队，各村知道后变抗击为慰问。当时这一带还有一个叫“无极道”的土匪组织，盘踞太平顶，多次袭扰一一五师防地，部队让刘纯一去说服他们，经交谈，土匪同意讲和。一天深夜，刘纯一领着土匪头目去一一五师讲和，行至蒋里村西南时，因部队哨兵不明情况，误放了一枪，土匪头目认为刘纯一想引他们好让八路军消灭，因此追杀刘纯一。刘纯一只得再次避往东北，在亚布力地区谋生，直至病故。

（三）会员舍身

由刘纯一发展的会员郑玉存（郑传修之父），为西近台村的红十字会会长，在一次攻打土匪的战斗中，他高举着红十字旗抢救伤员，被土匪打死，又把他的尸体用火焚烧。西近台村的红十字会会员不忍土匪暴行，把尸体抢出后安葬。

（四）救护解放军战士，保护革命家属

1947年9月，解放军在攻击仲村守敌的战斗中，有一个黑瘦脸、个不高的战士腿部受了重伤，未能随部队撤走，行至云头山时昏倒在地，被人发现后告知了会员李宗明。李宗明连夜把他背到桃树沟的山洞里掩藏起来，并对其精心治疗和护理，送吃送喝达47天。经过治疗，伤员的伤势基本痊愈，在区中队的协助下，李宗明把他秘密送往山后（新泰一带），交给区中队指导员曹玉常后转到部队后方医院治疗。临分别时，该伤员怀着十分感激的心情对李宗明说：如果他活着，一定来看望李宗明。

1947年，国民党还乡团在仲村安设据点，四处抓捕和杀害革命干部和亲属。蒋里村的曹玉常全家参加革命，曹玉常在区中队工作，其二弟为游击队骨干，三弟在八师当兵。李宗明同其他会员冒着生命危险，把曹玉常的父母接到家中，藏在南园里，保护和照顾他们的生活达1年之久，直到新中国成立后，才把曹的父母送回家中。

观察思考

中国红十字事业的现状与未来发展[①]

池子华　钟鑫鑫等

主讲人：池子华

参与讨论者：苏州大学历史专业研究生任婉华、饶万巧、洪怡、任惠英、梁爽、李玮玲、谭小伟、张有靖、冯燕、郎元智

整理者：钟鑫鑫

池子华：1948年，红十字国际委员会执行委员会确定以红十字会创始人亨利·杜南先生的生日5月8日为世界红十字日，以此来纪念他对红十字运动所做出的贡献。同时，世界红十字日也是包括中国在内的各国红十字会宣传、传播红十字文化的重要日子。中国红十字会从1904年诞生以来，主责主业已由原来的战地救护、灾难救助、临时救济等项工作发展至社会服务领域，从最初的战地救护“一救”到“三救三献”，说明工作领域在不断地拓展。在人道救助的道路上，中国红十字会从来没有停止前进过，但是由于种种原因，中国红十字会某些方面的工作还有不能尽如人意的地方。中国红十字事业如何走得更好更远，这将是我们课堂讨论的焦点问题。请各位同学结合最近的“5·8世界红十字日”宣传活动及红十字会的各项救助工作的实际情况，自由地发表意见、交流自己的见解。

任惠英：“5·8世界红十字日”来临，我特地对山西省的宣传活动进行了了解。总的来说，山西省的宣传活动比较“零碎”，主要的宣传方式有三种，且都是现场宣传，宣传活动的主题是“三献”。第一种是采取传统的宣传方式，包括免费义诊、口腔检查等，地点大多在居民区，主要面向中老年居民，但是他们往往只是想免费享受义诊，对红十字会的宣传并不是特别感兴趣，所以宣传对象在定位上大有脱离广大青

① 按：此文系根据课堂讨论整理而成。

年的倾向。第二种是进行造血干细胞捐献“徒步一日行”的宣传，拉横幅、发放资料，并请捐献者现身说法，起到了典型宣传的作用。造血干细胞捐献事业的发展需要红十字会进行更基层、更持久的宣传，所以宣传方式上可以有更多的创新。第三种则是针对学生的宣传，如蓝天小学组织学生去生命安全体验馆参观，以及红会对幼儿园教师进行救护知识培训等。值得注意的是，太原市红会还通过网络进行心肺复苏操的教学，这种利用互联网的宣传方式打破了时间和场地的限制。

饶万巧：在我的调查中关注到江西省红会在宣传过程中运用了新媒体，并有机结合“江小红人道课堂”活动，从而成为一大亮点。具体而言，第一是内容聚焦力强，紧密地结合救护培训和学校红十字会工作，积极推动红十字急救知识在高校的普及；第二是针对性强，以大学生为主要宣传对象，在每节课的情景设计、语言表达方式、美工格式设计和互动环节上，迎合了大学生的兴趣习惯；第三是将江西省红十字会微信公众号从订阅号升为服务号，为人道课堂传播提供的服务平台更为便捷有效；第四是传播延展性强，它采取线上答题竞赛、线下提供免费急救培训课程指标和随身红十字会急救包的方式，让线上的学习延伸到线下。这项宣传工作面对的主要是在校大学生，内容以急救知识为主，采取时尚新颖的课程互动方式，同时运用微信公众号，有超过13.9万人参与学习，取得了很好的宣传效果。

张有靖：今年的“5·8世界红十字日”宣传中，全国各省份的红十字会都出现了线上与线下宣传相结合的现象，并且在不同的省、市红十字会工作中，由于社会经济的发展程度不同，红十字会宣传中的线上线下方式占据着不同的比重。就山西来说，“5·8世界红十字日”的宣传活动较为简单，忽略了中青年主力军，因此在今后的宣传中要制定出针对不同人群的宣传方式，要抓住重点。但是就蓝天小学生命体验馆以及心肺复苏操来说，还是值得赞赏的。江西省的“江小红人道课堂”是很有代表性的利用微信公众号进行宣传的典型例子，并且在线下更是有延展性的急救知识现场培训，这种宣传方式值得在全国高校中推广。

李伟玲：互联网由于具有无国界、无边界的特点，将其与红十字会宣传相结合是时代发展的必然趋势。我对“互联网+邢台”红十字会活动进行了调查。邢台市红十字会近些年在不断摸索中成长，形成了一套工作模式：红会的财务公开化，透明度更高；“三救”专业化，建立了存储物资的仓库，组织了3支专业化的应急救援队，并在重点行业中进行了应急救护培训；“三献”工作中成立了专门的3支无偿献血队伍，并扩大无偿献血、遗体捐献的宣传，同时对遗体捐献者在网上进行公开祭奠，《牛城晚报》对此进行了报道，从而将传统的纸媒和新媒体两种工具并用，效果非常好。在宣传后的一周内，已有50多人报名填写了遗体（器官）捐献登记表，可见遗体（器官）捐献的行为正被越来越多的人所理解、认可。这些工作是邢台市红十字会事业进步的表现。但仍然存在缺陷，比如在无偿献血宣传上引导力不足，仅仅看到街头一辆救护车而已，车外及周围并没有多少人，也没有相关的宣传。此外由于要加大业务拓展力度，但人力物力资源有限，没办法做到尽善尽美，因此出现了关注角度分散等问题。

钟鑫鑫：“互联网+邢台”这项工作的开展，是红十字会有效利用互联网发展红会事业的一个典型代表，有进步性。中国红十字事业要想走得更远，离不开新媒体的运用。它的重要性不仅体现在宣传方式上，而且在红会事务透明公开化、红会募捐方式上都将是一场打破传统的变革。但是由于红会内部受到人员有限、资源短缺以及诸多现实情况的限制，使得各项事业还存在不足之处。为此在“互联网+红十字”的运行模式上，我建议可以发挥典例示范的作用，以一省一市为对象进行改革。首先在人员招募储备上要做到全，“全”是指技能全，这样即使红会工作人员数量少，但其工作能力强。其次要建立完善的网上运行管理机制，使得一切有章可依，有规可循。在日常各项工作及灾害救助时可以有理有序推进。最后要完善工作分配机制，因为一人兼多职往往会造成各项工作界限模糊，使工作效率受到影响。

池子华：几位同学就“5·8世界红十字日”中一些省市的宣传活动进行了仔细的调查，对其中的宣传方式进行了观察思考，为红会今后宣传事业的发展提供了很多有建设性的意见。网络媒体在今天已经走入“寻常百姓家”，红会要想取得更好的发展，是离不开网络这个宣传媒介的。最关键的是，要形成全方位、多层次、多种类、立体化的宣传格局，就必须充分发挥新闻网络媒体的宣传导向作用，及时报道红会的各项事业，以“江小红”这种宣传案例为典型，开发App或微信公众号，同时还可以与知名商业品牌合作，拓宽各种宣传渠道，如湖北红会与武汉周黑鸭的合作。因此形式、内容的多样化十分重要。

梁爽：老师说得很对，利用网络平台和知名商家合作，这种新的宣传募捐方式是值得推广的。中国红十字会与网购平台“淘宝”的合作也值得关注。目前，在淘宝上有“中国红十字基金会”和“江西省红十字基金会”两个店铺，通过宝贝商品拍卖的方式来筹募资金。一种商品就是一个救助项目，涉及“三救三献”，资金额度从1元到219元不等。同时，每一项资助都由项目（宝贝）详情、项目展示、项目预算、项目附加值、已有成果、发票索要说明等几部分组成，图文结合，内容翔实。这样捐献者就会比较方便地知道所捐钱款的去向和用途。但在对比淘宝其他公益项目之后，我发现这些项目还存在不足之处。将这两个店铺与已经成立5年的中国扶贫基金会官方公益店进行对比，明显可以看到红十字网店的开办情况并不十分理想，可供资助的项目较少，粉丝数量及捐赠数量也远远少于同类的店铺。除这些问题以外，还存在图片清晰度不高、文案不够清楚等问题。但总的来说，作为一种新的募捐方式，淘宝网店募捐是十分便利的，因此红会还需要进行大量的宣传普及，解决其中存在的问题，相信不远的将来这种募捐方式将发挥更大的作用。

任婉华：红十字事业的发展离不开宣传，宣传更离不开网络媒体的运用。除了红会宣传问题值得我们进行探讨外，中国红十字会的“三救”工作也是一个探讨的重点，因此我对安徽省红会“三救”中应急救援工作进行了调查。2018年夏季，安徽省受洪水灾害影响十分严重，受灾市县众多。在整理和收集资料后发现，红十字会对一些受灾市县的救助流程是十分成熟的，从洪灾发生到进行救援，一系列的工作开展得十分迅速，可见红十字会的应急反应能力和救灾储备能力很强。在物质救助方面基本上做得很好，但是在心理救援问题上还需要加强。灾害对人的心理影响和伤害是久远的，不能忽视。此外还有些问题值得注意，第一是红会的救灾水平有限，平时缺乏对民众的救灾演练，所以民众的自我救助知识和技能较差。对此我建议要加强对专业性救援队伍的培训，提高应急救灾的水平，同时要开发专门的App或微信公众号，对基础性急救知识进行宣传，以提高广大民众的应急救助能力，江西省的“江小红”就是很好的借鉴。第二是志愿者服务队伍建设不够，志愿者的救援知识和技能要不断加强，因此要进行广泛的宣传与专业培训，大力支持和发展爱心志愿团队，如智华爱心团体、高校服务队等。

洪怡：中国红十字会的“三救”工作主要包括应急救援、人道救助、应急救护三个方面，这其中的应急救援工作主要是救助突发自然灾害所带来的困难，它的施行是十分烦琐复杂的。安徽省能够在灾害发生后如此迅速地救助受灾群众，这说明红十字会的救援组织体系、工作机制、预案制度、物资装备、保障机制等各项工作能力的建设已经较为完善。就我调查所知，目前全国基本上形成了管理规范、运转高效的红十字会应急救援体系，形成了覆盖面较广的救援队伍布局。当然，在心理救援上同发达国家相比，我国仍然存在一些差距，这种差距不仅仅表现在心理师资及队伍的缺乏上，还体现在一部分国人并不能够很好地意识到灾害所带来的隐性伤害。因此，加强师资队伍的培训，壮大心理救援队伍是当务之急。

池子华： 较世界上其他国家心理救援事业来说，中国红十字会的心理救援起步较晚。心理救援主要是救助突发性灾害对人心理造成的伤害，我国这项工作开展得并不广泛，汶川地震的发生是心理救援的转折点，并且使得心理救援队成为中国红十字会7大救援队的一部分，其中以湖州心理救援队规模最为典型。总体上看，中国红十字会的心理救援仍然十分薄弱，人员的缺乏是主要原因。心理救援队问题很有代表性地存在于中国各个救援队之中。红十字会内部救援队少，力量薄弱，省市单兵作战。为此要特别加强各省市之间的合作，打破地域界限，广泛参与社会救援。在心理救援队建设这个问题上，首先亟须培养心理咨询师资队伍，建立遍布全国的心理救援网。同时积极寻求外援，建立广泛的合作关系，以弥补自身力量的不足。

张有靖：“三救”事业是红十字事业中的重要组成部分，对此我关注的是浙江省应急救护进校园活动。近年来，浙江红会以救护培训“六进”（进企业、进农村、进社区、进学校、进市场、进机关）为抓手，积极开展应急救护培训工作。“进学校”即是其中之一。首先，应急救护主要采取讲座的方式，集中讲解，这种形式在全国各省市的应急救护“进校园”活动中占据主要地位；其次，在教学方式上包括理论讲解、学员互动、示范操作、现场演练等多种形式，这主要是由应急救护种类的繁多而造成的，例如日常生活中遇到的踩踏、中暑、溺水、烫伤、火灾等突发事件，就必须采取不同的急救措施。这几年，浙江红会应急救护培训“进学校”取得了不少的成就，如举办应急救护大赛、应急救护培训师培训、学分制等，都有一定的借鉴意义。

谭小伟： 据统计，中国的应急救护技能普及率不到1%，江浙地区以城市为主已接近10%，但与发达国家相比仍然相差甚远，德国达到80%，法国达到40%。这其中最主要的问题，则是社会经济发展不平衡、应急救护师资缺乏、国民对救护认知不够等。目前，中国的应急救护事业在慢慢发展，就浙江省而言已经走在全国前列，并且形成了自己的“六进”特色，以此来达到普及应急救护培训的目的。我觉得在应急救护普及培训中，最应当解决的就是师资问题，因此建议可以在医学类院校及普通高等学校中设置这门课程，学生参加培训考试合格后授予相应的证书。同时要积极和医疗机构合作，每年进行定期定点培训。还可以利用互联网 App 等进行应急救护知识的宣传普及，“学习强国” App 中就很好地将应急救护知识设置在其中加以宣传。

池子华：总体来说，应急救护“进校园”比较晚，全国很多学校并没有进行此类培训，因此理应强化这一工作。影响应急救护普及率的因素主要有三个方面：第一，培训师资的缺乏为根本原因。中国红十字会每年举办师资培训，但是培训数量无法跟上时代的需要。第二，在培训课程的设置上基本已成熟，也有一系列的教材公开出版，但这些课程以及教材总的来说还不够完善，课程安排缺乏体系化。第三，场地问题，以苏州红十字会为例，为了开展这项工作往往是“打一枪换一个地方”，或者是租用场地等，使得应急救护课程培训的场地无法固定。其他的制约因素还有很多。但是，随着社会经济的发展，人们对生命安全的重视、对防灾避险的认识会不断增强，尤以经济发达的地区更是如此，因此应急救护培训未来的发展还是可以期待的。

饶万巧：除了应急救援和应急救护外，人道救助也是红十字会“三救”内容中的一个重要组成部分。我关注了江西省红十字人道救助中的“博爱送万家”活动。2018 年，江西省红会接收了总会价值 42 万元的救助物资，各级红十字会募集了价值 1064. 1 万余元物资和 379. 7 万元款项，全省 11 个设区市共 38570 户贫困群众得到救助，受益人口 105218 人。江西省红会能取得如此成绩离不开各级红会工作人员的努力，他们围绕主题制定方案、汇集社会各界力量、广泛筹措款物，进社区，下乡镇，开展了形式多样、内容丰富的博爱送万家活动。红十字会博爱送万家活动已成为红会的品牌项目，并且也取得了很好的社会效益。

谭小伟：江西省的人道救助项目还有“博爱助医”。我对江西省这些年来的白血病救助项目进行了调查。江西省红十字会主要采取送慰问金和慰问物资的方式救助白血病患者，并在中国红十字基金会设置的第一个救助白血病儿童的专项基金——“小天使基金”成立后，积极争取善款。2018 年，小天使基金彩票公益项目第六批江西拨款名单中，受助人计 36 名，受助金额 114 万元。2018 年 8 月 8 日设立的江西省红十字会“京源美妈妈”红十字志愿服务队，募集 100 万元，成立了京源天使基金，专门救助15 ~22 周岁的急性白血病贫困生。可以说江西省的白血病救助项目做了不少工作，效果也不错，但宣传方式较少，宣传力度也不够。

池子华：中国红十字会的事业太过庞大，我们没有办法面面俱到，就红会工作的主要内容“三救三献”来说，其所包含的内容也是十分繁多复杂的。应急救援、应急救护、人道救助三项共同组成了中国红十字会的“三救”工作。经过多年的发展完善，这三项工作都取得了十分了不起的成绩。浙江省的应急救护值得赞扬，江西省的人道救助工作也取得了很大的成绩。同时“三献”事业也是红十字事业长远发展的重点，大家可以继续讨论。

钟鑫鑫：中国红十字会的“三献”工作起步较晚，它包括无偿献血、造血干细胞捐献、遗体（器官）捐献三个部分。就江苏省的“三献”工作来说，首先是无偿献血工作取得了较好的成绩，2018 年江苏省无偿献血 104 万人次，采血量达 338. 64 吨。中青年人群特别是高校学生是无偿献血的主力军，这也与江苏省制定的“三免”待遇有关，即在本省获得国家无偿献血奉献奖的人员可免费游览政府投资主办的旅游景点、到政府举办的医疗机构就诊免费挂号、免费乘坐城市公共交通工具。其次则是造血干细胞捐献工作，截至 2018 年，江苏省已有 17 万志愿者加入中华骨髓库，造血干细胞捐献实现 670 多例。江苏省的造血干细胞捐献事业在全国来说排名靠前。第三是遗体（器官）捐献事业，这项工作在全国开展得都不是很理想，这与中国人的“身体发肤，受之父母，不可损毁”的传统观念有关，但是即便如此，江苏省遗体（器官）捐献工作仍然可以排在全国第一的位置，这其中最为出色的就是南京市的遗体（器官）捐献工作。“南京市红十字会捐献遗体器官志愿者之友协会”成立于 1996 年，在此后的 20 多年间，对遗体和器官的捐献进行了不懈的宣传，截至 2018 年底，该协会已发展志愿者 9967 人。在协会的宣传下，已有 1941 人实现了捐献，其中 600 多人捐献了眼角膜、251 人捐献了人体器官，使得 2500 多位重病患者获得了新生或重见了光明。

任惠英：江苏省的“三献”工作整体来说做得是很不错的，就无偿献血来说，无论是献血的总量和人数，还是鼓励献血的优惠政策，都做得十分出色。对于造血干细胞捐献来说，更重要的是宣传问题，由于普通人对医学知识的缺乏，往往会对造血干细胞产生认知误区，认为进行捐献会伤害身体。所以必须要加强对造血干细胞捐献的宣传，在源头上解决问题。其次就是关于遗体（器官）捐献中受到严重的思想观念束缚的问题，这种现象在全国都十分常见，关键在于宣传引导，同时应做好捐献者及其家属的帮扶工作。还要设置专门的遗体（器官）捐献者公园，每年定期举行公祭等，对捐赠者进行缅怀纪念，以此来鼓励人们积极参加遗体（器官）捐献。

梁爽：中国红十字会“三献”工作起步虽然较晚，但是经过20多年的发展，也都取得了较好的成绩。面向未来，中国红十字会应做到以下几点：第一，制定政策，优化工作环境，加强政策引导，完善“三献”有关的法律法规，可以通过地方立法，鼓励和支持“三献”工作，让爱心人士享受到公共服务优惠等政策。第二，完善机制，规范工作管理，要联合卫健委成立人体器官、遗体组织捐献办公室，明确部门职责，强化对“三献”工作指导；要建立器官捐献分区发动宣传动员机制，加强医疗机构捐献工作培训，提高器官捐献成功率，完善和规范遗体组织捐献流程；要对登记、接受、缅怀纪念、人道救助等各环节提出明确要求。第三，注重服务，体现人道关怀，以社会募捐方式设立生命关爱基金，用于器官捐献者子女的助学等。对捐献者家庭给予相应的人道关怀，以便在社会上形成良好风尚。同时要强化培训，提升工作水平，加强器官捐献协调员、信息员、志愿者队伍建设，并组织他们参加国家、省两级器官捐献管理中心的协调员业务培训。第四，加强宣传，营造良好氛围，树立宣传先行理念，利用各大报刊、电视台、电台、微博、微信公众号等，加强对捐献者典型事迹的报道。

冯燕：梁爽说的是着眼于“三献”工作的长远发展，也是有针对性的。除此之外，作为中国红十字会生命细胞角色的基层组织也值得我们进行探讨。就拿苏州相城区来说，相城区红会以线下工作为主，线上宣传是十分有限的，甚至没有自己的官方网站及微信公众号，一些关于相城红十字会的事项只能在苏州红十字会官网及省红十字会官网中才可以看见。它的宣传方式也是过于传统的，采取红会工作人员走访这种形式，但是往往会受到人员有限和时间冲突的限制，因此工作开展较难，相比较吴江区和昆山市的网上宣传工作，相城区落后很多。相城区不仅在宣传工作上有较多的问题，而且组织建设也不是十分完善，最突出的是工作人员少、资金缺乏，使红会工作及红十字事业的发展受到很大的限制。这种情况较为普遍。红会的基层组织建设不够完善，需要改善和加强的地方还有很多。

郎元智：就红十字会的基层组织建设而言，除了受到社会经济发展水平和政府领导部门的重视以外，还受到历史因素的影响。以吉林省为例，今年“5·8世界红十字日”也举行了相关的纪念宣传活动，如徒步游行宣传“人体器官捐献”等。但是，我国基层红十字会大部分存在组织建设不全、人员短缺、资金缺乏等问题，使得红会基层组织开展工作时受到许多限制。基层组织是红十字会生命的源泉，必须高度重视，这是关乎中国红十字会长远发展的重大问题。

洪怡：说到中国红十字会基层组织建设问题，我特地以“日本赤十字会　洪灾救助　2018 年 6 月 28 日—7 月 9 日”为查询条件，在网上的相关数据库中查找了日本赤十字会的组织结构和工作模式。中国红十字会成立之初，以日本赤十字会为参考进行了许多模仿和借鉴。就基层组织比较而言，日本赤十字会的地方基层组织自成一派，明显地呈现出救护小队这样一种小班化的行动机制，机动性和灵活性较强，并且设有心理救护班等分队救护组织。这些救护小队作为日本赤十字会的基层组织，只负责救援等具体事务，并不参与相关政治事务的工作。日本赤十字会总会的组织结构分为广报室、总务局、事业局、医疗事业推进本部、血液事业本部、监察室等，负责总的救护工作安排，总会与地方分会之间的分工明确，效率极高，同时地方基层的志愿者组织十分成熟，如日本赤十字会奉献团负责救助活动中的物资、捐款、搬运等工作，并且这项工作是长期进行的。总的来说，日本赤十字会的基层组织较中国红十字会的基层组织完善，分工合理，救灾效果十分明显。这是值得我们在组织管理和机构改革中认真思考和学习的。

池子华：就内部的组织和工作模式来说，日本赤十字会与中国红十字会有着很大的区别。每个国家的社会组织形式都受其基本社会情况的影响，但其中的运行模式是值得借鉴和思考的。对于不断跟随时代的发展和现实的需要而进行改革的中国红十字会来说，日本赤十字会就是一面镜子，应该加以参考。

各位同学从红会的宣传方式、“三救三献”工作、红会基层组织建设、创新红会募捐方式、红会救援队伍建设等方面，对中国红十字会事业发展进行了分析及建议，这让我们看到中国红十字会确实在不断进步之中，但由于各省发展水平不一，其中所存在的问题更是繁多复杂，既有共性的问题，也存在极个别特殊的情况。总而言之，中国红十字事业要想取得更快、更长远的发展，第一必须紧跟时代发展的步伐，创新自身的工作模式，这其中就包括宣传方式、募捐方法、组织方式等，只有紧跟时代发展才不会落后；第二要加强制度建设，博采众长，积极吸取世界各国红十字会的组织建设范式，形成自身特色，这是中国红十字事业长远发展的制度保障；第三要加强政府以及社会各界对于红十字会的认知，扩大红十字会的社会基础，只有获得社会的广泛支持，红十字事业才会经久不衰地走得更远。

2019 年江西“世界红十字日”纪念活动述略

谭小伟

2019 年“世界红十字日”期间，江西省红十字会与其他各省红会一样，也举行了众多纪念活动。本文对江西各地红十字会的活动进行了大致梳理，并提出自己的一管之见，或对红十字会工作有所裨益。

一、纪念活动的开展

2019 年，江西各地红十字会在“5·8 世界红十字日”期间开展的纪念活动主要分为三类：应急救护培训、红十字会业务宣传、义诊与健康咨询。

（一）应急救护培训

5 月 6 日，南昌市湾里区红十字会前往招贤社区便民服务中心，开展应急救护普及活动，为社区居民普及心肺复苏急救知识。活动中，志愿者耐心讲解了急救时对病人的病情分析和处理方法，并进行了人物模型操作演练，起到了良好的宣传效果①。

同时，赣州市多个区、县举办了“安全知识进校园”活动：5 月 8 日，章贡区红十字会在阳明小学举办防溺水安全教育急救课，培训老师通过多种方式向学生传授安全知识；5 月 7 日，全南县红十字会联合蓝天救援队分别在县第二中学与县第四小学开展防溺水安全知识进校园活动，共计普及培训师生 7500 人次；龙南县红十字会组织县红十字龙翔救援队在各中小学及幼儿园开展“安全知识进校园”活动，针对“交通

① 《红十字日爱心相伴　“救”在身边》，南昌市红十字会网站，2019 年 5 月 10 日。

安全”“用电安全”“防火防溺水”“食品安全”“急救知识”等方面进行讲解[1]。

5月8日，九江市湖口县红十字会前往文桥中心小学，开展了生命健康安全系列宣讲活动，给学生讲解了“珍爱生命，预防溺水”知识，并普及了防灾减灾知识[2]。

此外，吉安、宜春、上饶等市红十字会也组织了急救知识培训活动。

（二）红十字会业务宣传

5月8日，宜春市红十字会在宜春学院开展纪念“世界红十字日”暨2019年“红十字博爱周”系列活动。其中，市红十字会党组书记、常务副会长陈爱红细心讲解了“三救三献”红十字核心业务，增进了大学生对红十字会的了解。

同时，抚州市各地红十字会也举行了相关的业务宣传活动：5月6日，崇仁县红十字会在县人民广场发放现场应急救护、造血干细胞捐献倡议书，以及老年介护、遗体器官捐献、红十字应急救护知识彩页等宣传单；5月8日，资溪县红十字会在街头发放了无偿献血知识小折页、应急救护知识小折页、《江西省遗体捐献条例》读本等宣传资料600余份；5月9日，东乡区红十字会在好又多广场进行“三救三献”知识宣传，发放红十字急救卡、造血干细胞捐献宣传单、器官捐献宣传册、红十字人道救助项目手册等宣传资料千余份[3]。

5月8日上午，鹰潭贵溪市红十字会的10余名志愿者为宣传红十字文化、应急救护、人体器官（遗体）捐献、无偿献血、造血干细胞捐献等知识，发放宣传资料千余份。

（三）义诊与健康咨询

5月6日，景德镇市红十字会联合市卫健系统红会、市中心血站、珠山区红十字会等部门在人民广场开展宣传活动。其中，市直医院的医

① 《“爱心相伴　‘救’在身边”——赣州市红十字会系统开展纪念“5·8”世界红十字日系列宣传活动》，赣州市红十字会网站，2019年5月9日。

② 《湖口开展2019年世界红十字日系列宣传活动》，九江市红十字会网站，2019年5月8日。

③ 《纪念“五·八”世界红十字日暨2019年“红十字博爱周”主题活动》，腾讯网，2019年5月9日。

护人员为群众进行义诊和测量血压，细心解答群众关于健康方面的问题咨询①。

5月7日，吉安市红十字会联合吉州区红十字会在古南街道举行大型宣传活动。活动现场设置了义诊服务台和宣传展台，相关医院的医护人员现场为群众进行测量血压、推拿、视力检测等义诊项目，并耐心解答群众咨询的相关健康问题。

5月8日，萍乡市红十字会组织了爱眼服务队，免费为民众检测视力，宣传保护视力的相关知识，并且开展了现场心理咨询，以及医疗保健与健康检查活动。

5月9日，抚州市红十字会联合抚州东南眼科医院前往市红会精准扶贫帮扶村——临川区荣山镇新安村，开展健康扶贫义诊活动，共为50余人进行了眼部疾病检查，发放健康宣传资料200余份，让民众享受到市级优质、便捷的医疗服务②。

二、纪念活动的意义及暴露出的问题

江西各地红会在“世界红十字日”期间举行的多种多样的宣传活动，颇有意义。

第一，促进了急救知识的传播。急救是一门科学，也应是大众的必修课。然而，国内民众急救知识极为贫乏，与发达国家平均50%的普及率相比，相差甚远，因此开展应急救护培训是极为必要的。江西各级红十字会的首要活动便是应急救护培训，且多为“进校园”培训，提高了广大学生的急救意识和知识技能，帮助他们遇到危险时可以自救救人。

第二，有效地宣传了红十字会的业务。红十字会的核心业务是“三救三献”，“三救”即应急救援、应急救护、人道救助，“三献”即造血干细胞捐献、遗体和人体器官捐献、无偿献血。但是，多数民众对红十字会业务的认识仅停留在感性层面，所以业务宣传也是“世界红十字日”开展的重要活动之一。通过宣传红十字会业务，加深了民众对红十字会的理性认识，特别是有助于人们理解红十字运动的宗旨与精神。

第三，提高了民众的健康意识。义诊已成为各公益机构、医院经常

① 《“爱心相伴　‘救’在身边”——景德镇市红十字会开展第72个“世界红十字日”宣传活动》，景德镇市红十字会网站，2019年5月7日。

② 《抚州市红十字会开展纪念“五八世界红十字日”义诊活动　走进临川区荣山镇新安村》，腾讯网，2019年5月9日。

开展的一种爱心诊疗形式，受到了广大群众的喜爱。它以有限的服务传达无限的关爱，在医生与患者之间架起一座桥梁，同时也是医生和患者之间的纽带①。因此，各级红十字会广泛开展了义诊与健康咨询活动，提高了人们的健康意识，缓和了医患关系，也促进了和谐医疗保障体系的建立。

与此同时，通过红十字会组织的纪念活动，笔者也发现了其中存在的一些问题：

其一，官网不健全。官网是一个组织的“门面”，它承载了品牌和产品的宣传之责。作为全球性公益组织，红十字会同样需要通过自己的官网去向大众宣传业务知识，同时民众也可以通过官网来了解红十字会的动态和活动内容，因此官网的重要性对红十字会而言是不言而喻的。然而，笔者发现，首先，一些地市级红十字会，如萍乡市、吉安市、鹰潭市皆无官网，仅有官方微博和微信公众号；区县级红十字会则均无官网，少数有官方微博，如南昌县红十字会，但绝大部分都开通了微信公众号。其次，官网缺少专人打理，动态更新不固定，甚至陷于停滞状态，如宜春市红十字会官网动态仅更新至2019年4月3日。究其原因，主要在两方面：一是红十字会对官网不重视，导致部分地级市红会缺少官网；二是红十字会人员缺少，也缺乏资金支持，使官网在运营方面有所欠缺，如萍乡市红十字会正式工作人员仅4名，开展日常活动尚缺人手，何况是官网的运营呢？

其二，宣传方式较单一。各级红十字会在开展活动时，多采用实地演练的方式。虽然各项活动的现场效果较为显著，但是宣传范围毕竟有限，仅限于一处一地，不能使更多的群众广泛认识红十字会。故红十字会开展宣传活动应采用多种方式，尤其应注重发挥新媒体的功效，如微信、微博、抖音短视频等大众喜闻乐见的媒介。通过新媒体的传播，可显著提高民众的参与度，激发人们的学习热情。

其三，工作重心有偏差。红十字会的重点工作应是“三救三献”，而上饶市红十字会却把工作重点放在了“创国家卫生城市”（简称“创卫”）之上。组织的活动、官网的内容多为“创卫”②。尽管“创卫”也包含了一些红十字会的工作，但红十字会应更多发挥其在“三救三献”

① 杨璞：《浅谈社区义诊的重要性》，《中国中医药现代远程教育》2008年第10期。

② 《五区同创卫生城　志愿服务进万家——上饶红十字创卫在行动暨“红十字博爱周”活动仪式》，上饶市红十字会网站，2019年5月11日。

方面的作用。至于“创卫”工作，应由当地政府的相关部门进行组织，而不宜让红十字会承担过多任务。

综上所述，江西各级红十字会开展的纪念活动对社会大众尤其是广大学生有着显著意义，但透过活动本身，确实存在着官网不健全、宣传方式较单一、工作重心有偏差等问题，这也与中国红十字运动的整体状况，以及地方经济社会发展水平有关。就整体而言，中国红十字运动发展不均衡，各省红十字会之间在人员、设备配置等方面不平衡，工作开展程度难免高低不一；就地方而言，一些经济欠发达地区的红十字组织还没有得到当地政府的足够重视，资金短缺、人员编制不足的现状，使其不能有效开展多种活动。

三、结语

江西省各级红十字会在“世界红十字日”期间，开展了多种多样的纪念活动，重点在应急救护培训、红十字会业务宣传、义诊与健康咨询三方面，对红十字会事业发展及民众急救知识和健康意识的提高都有一定的意义。但与此同时，也暴露出一些亟须解决的问题，这也说明江西红十字运动的发展任重而道远。

在2019年的全国“两会”上，“人道救助”首次写入国务院《政府工作报告》，使得红十字会独特地位得以凸显，这对全国各地红十字组织和红十字会工作人员来说是极大的精神鼓舞①。相信江西各级红十字会在新时期一定能够发挥“人道、博爱、奉献”的精神，加强人文关怀，努力打造自己的特色品牌，为中国红十字事业的发展添砖加瓦。

（作者系苏州大学社会学院研究生）

① 孟纬鸿：《凸显红十字人道救助的独特性——从“人道救助”写入两会政府工作报告说起》，《中国红十字报》2019年3月29日。

2019年山西“世界红十字日”纪念活动综述

任惠英

2019年5月8日是第72个世界红十字日，今年世界红十字日的主题为“爱心相伴，‘救’在身边”。5月6日上午，“爱心相伴70年，人道迈进新时代——山西红十字事业成就展”在山西博物院正式开幕①。围绕这一主题，山西各级红会举办了形式多样的宣传纪念活动。

一、活动方式多姿多彩

“5·8世界红十字日”期间，阳曲、朔州、清徐、运城、晋城、忻州、大同等地围绕“爱心相伴，‘救’在身边”的主题，在社区、广场等地方举行了“世界红十字日”主题宣传活动，活动主要涉及以下几种类型：

一是宣传义诊。各级红会联合医院、妇幼保健院等团体会员单位及志愿者，在社区、广场开展义诊，为广大群众免费测血糖、测血压，开展健康咨询，向过往群众发放“三救三献”宣传资料、应急救护手册等，将红十字工作全面立体地呈现在广大公众面前。活动之余，还有专业的应急救护培训师为大家讲解心肺复苏的理论知识，同时利用心肺复苏模拟人进行操作与演示。大同市灵丘县的志愿者还深入武灵镇石磊村为村民普及初级农村救护知识，包括止血、包扎、固定等院前救援技能，以及溺水、灭火、地震逃生等自救互救技能，以提高农村居民在面对突发事故时的救援能力，使更多的人感受到红十字的热情，有利于扩大红十字的社会知晓率和参与度。

① 秦洋：《王成谢红出席我省纪念第72个“5·8世界红十字日”活动并调研红十字工作》，《山西日报》2019年5月8日。

二是无偿捐献。5 月 8 日上午，太原市红十字会在玉门河公园举行了造血干细胞捐献主题宣传活动。出租车司机李凤保由于一个偶然的机会，成为中华骨髓库的志愿者，并于 2007 年成功捐献造血干细胞，成为山西省第22 例、太原市第8 例造血干细胞捐献者。捐献之后，李凤保当起了宣传员，在他的出租车里向乘客讲解并发放有关造血干细胞捐献的宣传资料。年轻的妈妈孙琼基于10 年前的一个心愿，于5 月 8 日这天在现场进行献血留样入库，成为中华骨髓库的一员。造血干细胞志愿服务队员沈菊芳女士，今年已经 62 岁，坚持无偿献血 22 年，志愿服务 20 年，累计献血 208 次，其中献全血 1800 毫升，献单采血小板 398 个治疗量，献血量达 111400 毫升，志愿服务 42000 小时，成为山西省女性无偿献血者中年龄最大、献血量最多、志愿服务时间最长的志愿者①。

三是博爱一日捐。由红十字会倡导发起的“博爱一日捐”活动，是面向机关、企事业单位的社会公益性捐款活动，捐款额度为捐款者一日的工资或企业一日的利润。长治、大同、运城、太原市晋源区等地借“5·8 世界红十字日”宣传活动纷纷启动了“博爱一日捐”募捐活动。运城市红会领导、盐湖区委区政府工作人员、学生志愿者及往来市民现场共捐款 13309 元，扫码捐款 500 元；大同市灵丘县红十字会工作人员和义工志愿者捐款 415 元；太原市晋源区截至 6 月 5 日参与募捐的单位共 86 个，捐款 194481 元。“博爱一日捐”作为一种常态性公益活动，旨在建立长效稳定的筹资机制，推动红十字会积极开展博爱助医、助学、助困等公益项目，更好地弘扬红十字精神，促进红十字事业的持续发展。

四是防灾减灾。备灾救灾是法律赋予红十字会的职责之一，也是红十字会发挥党和政府在人道领域联系群众的桥梁纽带作用的主责主业②。2019 年 5 月 12 日是第 11 个“全国防灾减灾日”，主题为“提高灾害防治能力，构筑生命安全防线”。由于世界红十字日宣传周与全国防灾减灾日宣传周重合，太原市晋源区红会于5 月 10 日开展了防灾减灾日宣传活动。忻州市宁武县红会于 5 月 8 日在博爱家园开展了应急救灾帐篷搭建演练活动，使社区居民基本掌握了帐篷搭建的要领。通过这些活动，进一步向群众普及了防灾减灾知识与技能，强化了应急安全意识，提高了灾害发生后的转移安置能力。

---

① 薛琳、胡娜:《“扩散”爱心细胞“救”在你我身边》,《山西晚报》2019 年5 月9 日。
② 孙永春:《发挥减灾委成员单位作用》,《中国红十字报》2019 年6 月28 日。

二、红十字进校园及机关

红十字进基层、进社区、进校园、进机关等活动在世界红十字日期间，得到更加广泛的开展，其中进校园、进机关就是典型的例子。

先看红十字进校园。《中华人民共和国红十字会法》第三条、第十一条明确规定："国家支持在学校开展红十字青少年工作"，红十字会有"组织开展红十字志愿服务、红十字青少年工作"的职责①。5 月 3 日至 9 日，吕梁孝义市实验中学开展了红十字阳光周系列活动，学校红十字会组织了消防安全演练、开展了急救知识红十字主题班会。运城市芮城县蓝天小学组织学生到红十字生命安全体验教室参观学习，让他们身临其境地体验地震、火灾等逃生训练项目；对于没有自救能力的幼儿园小朋友，条山街幼儿园组织全体教师进行自救互救的培训。5 月 22 日，晋中市"生命之花'救'在身边"公益讲座走进山西医科大学，这场生命教育课是对广大青少年的人道主义再教育，有利于消除学生们对于器官和造血干细胞捐献的顾虑。

《中国红十字会总会改革方案》提出，"要在青少年中广泛开展人道主义教育，鼓励引导青少年参与红十字运动"②。红十字进校园，一方面可以让学生深刻体会红十字精神的魅力所在，加强对红十字的价值认同和心理归属；另一方面，将红十字工作与高校素质教育相结合，有利于强化青少年的志愿服务意识，扩大红十字队伍。本次世界红十字日期间，山西省各级红会积极开展红十字进校园活动，覆盖面从幼儿园、小学、中学一直到大学。可以说，红十字进校园，从启蒙教育到人道主义教育，山西省红会一直在探索前进。

再看红十字进机关。根据《关于在中央和国家机关普及红十字应急救护知识技能的通知》，2019—2021 年将在中央和国家机关开展以普及应急救护知识技能为抓手的红十字进机关行动③。根据《通知》精神，大同市红十字会积极开展对广大机关干部的教育培训。5 月 8 日，大同市红会与大同大学红会联合举行了"红十字应急救护普及教育进机关活动"，宣传

---

① 《中华人民共和国红十字会法》，《中国红十字报》2017 年 2 月 28 日。

② 陈娟：《青春作伴谱华章——中国红十字会红十字青少年工作掠影》，《中国红十字报》2019 年 8 月 27 日

③ 宗洪：《总会联合中央和国家机关文明委开展红十字送健康行动》，《中国红十字报》2019 年 4 月 23 日。

普及自救互救知识与技能①。活动现场，应急救护培训师用心肺复苏模拟人进行手把手教学，向广大的机关干部普及心肺复苏等应急救护常识；同时，行政事业单位的工作人员及大同大学学生聆听了应急救护公益讲座。

三、纪念活动的精彩瞬间

2019年世界红十字日期间，山西各地纪念活动亮点纷呈，精彩不断。

例一，“大福快跑”嘉年华活动。5月8日，第三届“大福快跑”嘉年华活动在朔州平朔体育场举行。“大福”是对心智障碍群体的爱称，“大福快跑”是以陪伴心智障碍青少年携手慢跑，帮助他们放松身心、融入社会的活动，其倡导和弘扬的是全社会共同“助残扶弱”的观念②。活动现场，红十字志愿者们搀扶“大福”宝宝们一起感受慢跑的节奏，体会平凡的快乐。除此之外，现场还设置爱心摊位，义卖由心智障碍青少年亲手制作的手工牛轧糖、手工皂等物品。朔州市红十字会助力“大福快跑”公益活动，将“5·8世界红十字日”所要传递的红十字精神进一步落到了实处。红十字力量的投入，汇集了更多的爱心志愿人士，彰显了红十字的人道主义情怀。对于“大福”青少年而言，此次活动，为他们提供了展示自我的平台，让他们切身感受到平等、包容的社会氛围，提高了其对社会的认知能力，为他们进一步走向社会、参与社会生活提供了有利条件。

例二，红十字做客《泉·问政》栏目。信息化时代的今天，随着新媒体的广泛传播，红十字已经成为社会大众熟知的公益代名词。2019年的“5·8世界红十字日”，阳泉市红十字会工作人员做客电视台《泉·问政》栏目，与主持人深入探讨红十字会“三救三献”工作，向广大市民宣传介绍世界红十字日的相关知识。节目中3位嘉宾结合“爱心相伴，‘救’在身边”的主题，向大家介绍了“三救三献”等日常工作的开展情况、工作中遇到的困难以及取得的成绩，向观众普及了红十字基本知识，同时呼吁广大市民积极参与红十字爱心志愿活动，将红十字的正能量进一步辐射开来。

（作者系苏州大学社会学院研究生）

① 郧东芳：《爱心相伴　“救”在身边》，《大同晚报》2019年5月9日。
② 刘淑花：《我市举办“大福快跑”公益活动》，《朔州日报》2019年5月21日。

2019年浙江红会纪念“5·8世界红十字日”活动概述

张有靖

2019年5月8日是第72个世界红十字日，为弘扬“人道、博爱、奉献”的红十字精神，提高红十字组织的凝聚力、吸引力和影响力，浙江省各级红十字会围绕着“爱心相伴，‘救’在身边”这一主题，开展了一系列纪念活动，全方位、多角度地展示浙江省红十字运动的成果，使全社会更加了解、支持和参与红十字工作，激励广大红十字工作者、会员、志愿者不忘初心、牢记使命、奋力前行，以推动全省红十字事业不断发展。

一、浙江“5·8世界红十字日”纪念活动的主要形式

（一）积极宣传，唱响红十字好声音

世界红十字日年年有，要想使它精彩，需要谋划用心，常做常新[①]。浙江省红十字会早部署、早动员，以多种方式积极营造浓厚的宣传氛围。2019年1月，浙江省红十字会联合浙江广电集团钱江频道积极筹划，部署开展“浙江省红十字公益宣传片大赛”。此外，浙江省红十字会还与钱江都市频道积极合作，拍摄了《保护生命——红十字在您身边》主题公益广告。

“5·8世界红十字日”活动前夕，浙江省红十字会发布了原创歌曲《红十字之歌》。这是浙江首个由红十字人监制、策划、作词、作曲，省红十字会公益形象大使、国家一级演员郑培钦演唱，红十字志愿者制作

① 庚日升：《让红十字日更精彩》，《中国红十字报》2019年5月7日。

的MV作品[①]。浙江省红十字会还组织了“我手绘我心”红十字公益海报（卡通画）设计征集活动。活动面向所有热爱红十字事业的爱心人士征集，要求围绕“三救三献”、志愿服务等重点工作，礼赞红十字事业、讴歌红十字精神。

浙江省各级红十字会紧紧围绕红十字日的主题，上下联动，共同抓好“5·8世界红十字日”宣传纪念活动，讲好红十字好故事，扩大红十字会影响力和美誉度。通过宣传，进一步弘扬了“人道、博爱、奉献”的红十字精神，提高了社会对红十字会工作的关注，动员了更多社会力量关心和支持红十字事业。

（二）救援救护及防灾演练

红十字应急救援要实战化[②]。俗话说，“养兵千日，用兵一时”，加强实战演练才能在危急时刻，把国家和人民的生命财产损失减少到最低。在第72个世界红十字日和第11个全国防灾减灾日来临之际，中国红十字会于5月8日在位于绍兴的浙江省消防总队培训基地举办“同心协力—2019”中国红十字会应急救援综合演练[③]。此次演练以国内某地发生8级地震为背景，采取实景现场模拟方式，演练赈济、医疗、供水、大众卫生、搜救、心理、水上救生等7类救援队实战救援课目和后勤、通信等保障课目，以及受灾群众现场自救互救等课目，来自全国各地的16支红十字救援队的300多名救援队员参加演练。这次实战演练进一步提升了各级、各类红十字救援队联合救援能力，期待红十字救援队在自然灾害等突发公共事件应急救援中发挥更大的积极作用。

《红十字会法》对红十字会职责的规定，包括开展应急救护培训，普及应急救护、防灾避险和卫生健康知识，组织志愿者参与现场救护等。应急救护培训工作的重要性不言而喻，浙江省各级红十字会积极开展应急救护技能培训和急救知识宣传活动。

5月6日，丽水市红十字会在万地广场开展“5·8世界红十字日”快闪暨庆祝新中国成立70周年纪念活动，培训师在现场演示应急救护相关技巧，模拟演练救护动作。丽水市红十字会通过“快闪”这种新颖

① 浙江省红十字会：《在“浙”里　共同唱响红十字之歌》，《中国红十字报》2019年5月14日。

② 庾日升：《红十字应急救援要实战化》，《中国红十字报》2019年5月10日。

③ 贺晔：《“同心协力—2019”——中国红十字会应急救援综合演练在绍兴举行》，《中国红十字报》2019年5月10日。

的宣传形式，向市民普及了应急救护知识与技能，提高了他们处理突发事件时的自救互救能力。

5 月 8 日上午，舟山市红十字会联合市民政局举办了“竺静养老服务名师工作室”挂牌仪式。活动现场，志愿者们以情景剧的形式，演示了 AED 的操作使用方法。

5 月 10 日下午，衢州市衢江区红十字会联合区教育局、住建局（人防办）、应急管理局，在区第一初中开展衢江区“5 · 12 防灾减灾日”人口应急疏散暨人防救护技能演练。

做好救护培训，“救”字当头[①]，不断增强人民群众防灾避险意识，可以让“人人学急救，急救为人人”的应急救护理念得到更好的传播。

（三）无偿捐献，奉献爱心

为纪念第 72 个“世界红十字日”，衢州江山市红十字会联合多家单位，组织开展了以“爱心相伴，‘救’在身边”为主题的志愿服务活动。活动现场为 65 人提供健康诊疗服务，无偿献血采血 1600 毫升，1 人加入了中华骨髓库[②]。

温州市平阳县红十字会举行了“携手人道，共创文明”——纪念“5 · 8世界红十字日”暨新时代文明实践活动。

宁波余姚市红十字会在桐江桥爱心献血屋前开展广场宣传活动，现场共有 85 名来自全市各地的医务人员、机关干部和企事业单位员工加入中华骨髓库，1 名市民登记成为遗体器官志愿捐献者[③]。

二、纪念活动的亮点与不足

（一）借助新媒体进行宣传工作

宣传是做好各项工作的前提和保证，浙江省红十字会善于利用微博、微信、网站等新媒体进行宣传，使更多人了解支持红十字工作，记住世界红十字日。

---

① 庾日升：《应急救护培训要“救”字当头》，《中国红十字报》2019 年 5 月 28 日。

② 《最是一年好风景　人道花开处处红——中国红十字会系统举办纪念“五八”世界红十字日活动（一）》，《中国红十字报》2019 年 5 月 10 日。

③ 《最是一年好风景　人道花开处处红——中国红十字会系统举办纪念“五八”世界红十字日活动（二）》，《中国红十字报》2019 年 5 月 14 日。

金华市红十字会与爱心企业开设的e优生“红十字爱心桥”网上救助平台上线后，吸引了众多市民在线上捐款，奉献爱心。

宁波市红十字会举办了宁波市AED（自动体外除颤器）电子地图发布仪式，市民可以进入宁波市红十字会微信公众号《AED地图》栏目查看，也可以通过百度导航、腾讯导航、高德导航直接搜索到宁波全市公共场所的AED，并导航到AED所在位置。借助新媒体既可以完成宣传工作，同时也拉近了群众与红十字会的距离，做到了群众与红十字会只有一“屏”之隔，方便群众积极参与。

（二）合作共赢，扩大红十字影响力

浙江省红十字人把握机遇，积极与相关部门和组织联系，精心策划，共振共鸣，将红十字日和其他部门的活动有机结合起来，实现了合作共赢。

5月6日，嘉兴市红十字会、嘉兴市文学艺术界联合会主办的“扬红船精神，展人道光辉”——纪念第72个“5·8世界红十字日”暨红十字与红新月会国际联合会成立100周年书法美术篆刻作品展，在嘉兴市文化馆开幕。本次展览共征集到书画篆刻作品130余件，入展作品110件。艺术家们用丹青笔墨、印章篆刻，将“人道、博爱、奉献”的红十字精神与中华传统优秀文化相融，演绎了真挚的大爱之美。

合作共赢，不仅可以克服红十字组织“势单力薄”的现状，还能将红十字元素渗透到其他部门工作中，扩大影响力，为日后赢得更多部门和单位的支持打下基础，这样的合作一举多得。

（三）助力扶贫，红十字在行动

浙江省红十字会积极贯彻落实习近平总书记关于红十字事业的重要指示批示精神，认真践行脱贫攻坚战略。

台州市天台县红十字会联合罗伟荣眼科医院成立的红十字“博爱光明行”公益项目正式启动，项目经费400万元，为期5年，定向慰问实施白内障等严重眼疾手术的贫困人群，每个患者最高可以减免手术费用2000元，将使近万名眼疾患者受益，从而把健康扶贫转为实际行动。

杭州市淳安县临岐镇红十字会在临岐中学开展了以“爱心相伴，‘救’在身边”为主题的宣传活动，在县红十字培训师进行完应急救护培训课程后，县红十字会相关负责人还进村慰问困难家庭，并送上慰问金。

（四）不足

2019年，浙江省红十字会纪念第72个“世界红十字日”活动以救护培训和防灾演练为主要内容。目前，全国红十字会系统建立了赈济、医疗、供水、大众卫生、搜救、心理、水上救生等7个类型603支救援队，注册应急救援队员2.7万余人，而此次绍兴演练只有16支红十字救援队的300多名救援队员参加，演练力度显然不够大。红十字会救援队力量弱小，装备有待改进，分布不平衡，救援范围受地域限制，难以形成合力，这些问题并没有得到有效改善。

就现场应急救护培训工作而言，还无法对参训人员实施动态管理，进行不定期跟踪考察。救护知识的普及和救护技能的掌握是两个概念，抓好救护培训，要看数量，更要看质量。

5月是“红五月”，有劳动节、青年节、护士节、母亲节等，工青妇组织、医疗系统以及其他相关单位和基层组织，都会开展很多活动。红十字人要善于抓住机遇，前文虽已提及浙江省红十字会重视合作共赢，但是步子可以迈得更大一点，只有打响红十字品牌，才能不断扩大红十字的影响力。

三、结语

在第72个世界红十字日期间，中国红十字会总会开展了以“爱心相伴，‘救’在身边”为主题的纪念活动，浙江省各级红十字会按照总会的统一部署，组织了一系列活动，展示了新时代红十字会的新气象、新作为，促进了社会公众对红十字人道事业的理解和认同，共同营造了更加有利于红十字事业发展的良好社会舆论环境。可以说，浙江省各级红十字会组织的系列活动，弘扬了“人道、博爱、奉献”的红十字精神，积极践行了社会主义核心价值观，传播了社会正能量。

（作者系苏州大学社会学院研究生）

2019 年安徽纪念“世界红十字日”活动概述

任婉华

2019 年 5 月 8 日，第 72 个世界红十字日如期而至，安徽省各级红十字会为纪念这一重要节日，开展了系列活动，力求在丰富多彩的活动形式中将“人道、博爱、奉献”的红十字会精神传播开来，不断扩大红十字会的社会影响力。

一、纪念活动的主要形式

为了迎接“世界红十字日”的到来，安徽省红十字会按照总会的指示与要求，联动各市、县红会，以“爱心相伴，‘救’在身边”为主题展开人道救助活动。活动的主要形式有主题宣讲、应急救护培训、关爱孤寡残弱贫困人群等。

（一）主题宣讲

“三救三献”，指应急救援、应急救护、人道救助、无偿献血、造血干细胞捐献、遗体器官捐献。为了提高人们对“三救三献”的了解，呼吁更多的人加入救助与捐献的队伍中来，黄山、池州、合肥、宣城、六安、铜陵、芜湖、阜阳等市红十字会都开展了相关的主题宣讲活动。其中，宣城市郎溪县红十字会通过发放宣传资料、口头讲解急救知识的方式，鼓励大家投身于人道公益事业之中；现场即有 31 位爱心人士参加了无偿献血活动，另有 15 名爱心人士完成血样采集，成为造血干细胞捐献志愿者。

除此之外，池州、安庆、桐城、合肥、宿州等地红十字会还积极宣传《中华人民共和国红十字会法》。其中，铜陵市红会启动了《红十字会法》暨红十字青少年自救互救知识竞赛[①]，来自钟仓中学、老洲中学、太平中学等6所学校的340余名中学生参加了比赛。这种将宣讲与比赛相结合的宣传方式，更加广泛地普及了《红十字会法》，提高了人们对红十字精神的理解。

（二）应急救护培训

为纪念“5·8世界红十字日”，安徽省各级红十字会不仅走上街头进行主题宣讲，还走进学校、社区、企业，广泛开展应急救护培训。

宣城市红十字会联合碧桂园小区物业举办应急救护知识培训班，经过两天的理论与实操培训，20余位社区员工掌握了心肺复苏、骨折固定、创伤止血及包扎、搬运等常用救护技能，在关键时刻可以为业主撑起保护伞。

海军安庆市医院红十字会前往安庆社会（儿童）福利院，对福利院的医护人员进行心肺复苏专项培训；还前往健康路小学，向六年级学生讲授心肺复苏、骨折、浴室昏厥、扭伤、烫伤和挫伤的急救方法，并让学生用模拟人进行操作，培养其应急救护的意识和技能。

合肥市红十字会联合市应急管理局举办了应急救护大赛，以情景剧表演和理论知识问答的方式，对来自各县（市、区）及高校的13支红十字代表队进行层层考核，最后肥西县红十字会社区代表队与安徽医科大学本部红十字会志愿者协会分获社区队与高校队的一等奖。此次应急救护比赛，不仅考核了各支队伍的救护能力，而且也向前来观看比赛的市民们普及了应急救护知识，拉近了红会与公众之间的距离。

（三）关爱孤寡残弱贫困人群

作为一个社会救助团体，红十字会一直走在关爱孤寡残弱贫困人群工作的前列。正值第72个世界红十字日到来之际，宣城市红十字会开展“博爱宣城‘益’起来”系列活动，组织志愿者前往孤寡残弱老人家庭、老年托护所、生信敬老院、幸福花园老年公寓等地，与老人亲切交谈，帮助老人打扫卫生、整理房间、擦洗身体。志愿者们无微不至的关心与爱护温暖着老人们的心。

安庆医专红十字志愿服务队开展爱心散步活动，90名志愿者与心智

① 贺晔：《迈出依法治会新步伐——中国红十字会宣传贯彻落实红十字会法综述》，《中国红十字报》2019年7月19日。

障碍者手牵手、肩并肩漫步在美景中，促进残健共融，搭建相互交流的平台，丰富了心智障碍者的日常生活。

合肥市肥西县红十字会在“世界红十字日”纪念活动上，接受了合肥泰禾光电科技股份有限公司、合肥华南城有限公司、安徽肥西农村商业银行股份有限公司、中国太平洋人寿保险股份有限公司的助学资金捐款44.1万元和60份贫困学生意外保险，这不仅为特困家庭送上了爱心，也弘扬了红十字精神。

二、纪念活动的创新与不足

综观安徽省的世界红十字日纪念活动，有创新，也有不足。创新方面：

一是利用先进科技，普及救护知识。在科技如此发达的今天，红十字会理应善于利用高新技术，将更多高科技产品融入平时的宣讲与应急救助中来。合肥市红十字会善用VR科技，将各类灾害通过VR技术展示出来，让市民在体验VR技术时，犹如亲身经历一般。这种灾害体验带来的震撼感，较志愿者们千百遍的口头宣讲，更能引起人们的关注，也更能带动人们学习防灾减灾相关知识的热情。

二是创建“三献”驿站，实现人道救助。马鞍山市红十字会设立了国内首个由红十字会及志愿者发起建设的无偿献血设施——“百助爱之峰三献驿站”。驿站建立在市区繁华地段，可以开展无偿献血、造血干细胞捐献、遗体器官捐献登记等工作，并引进了全市首台AED（自动体外除颤器），可以为突发心搏骤停的患者赢得抢救的黄金时间。“三献”驿站是通过腾讯“99公益日”众筹建设的公益项目，也是红十字会募资建设无偿献血公益设施的先河，对于实现人道救助、宣传红十字精神起到了重要作用。

不足之处主要体现在如下两个方面：

一是部分县市未能利用“两微一端”等新媒体进行活动宣传。当前，“互联网+”已成为中国红十字会人道资源动员的主战场[①]，但是安徽省部分县市红会未能有效利用“两微一端”进行宣传活动和公开信息，甚至有部分红会仍处于与外界“网络隔离”的状态。例如，芜湖市与淮南市红十字会仅有微信公众号和微博，却无官方网站；巢湖市红十

① 王达：《涓滴细流成江海——中国红十字会人道资源动员创新发展掠影》，《中国红十字报》2019年7月23日。

字会没有利用“两微一端”进行任何世界红十字日活动的宣传；蚌埠市红十字会网站自 2018 年 11 月以来无更新，微博自 2018 年 1 月 12 日以来也无更新，且无微信公众号。

互联网现已全面渗透进人们的生活之中，微信、微博、网站等新媒体已经成为人们不可替代的接收信息的渠道，红十字会作为一个人道救助组织，为了提高自己的社会影响力，更应该利用好“两微一端”，利用良好的透明度与公信力赢得群众的信赖。

二是活动受众面有限。“世界红十字日”是国际红十字会创始人亨利·杜南先生的诞辰纪念日，红十字会开展各类人道服务活动，意义重大，效果显著，但是安徽省部分市县红会开展的大多是线下活动，存在着受众面有限的问题。为了实现全民公益，各级红会亟待创新活动形式，改变小打小敲的做法，提前谋划，策划一些有深度、有高度、有广度的活动，实现线上线下联动宣传，扩大受众面，提升活动的价值①。

三、结语

2018 年 12 月 17 日，中国红十字会会长陈竺在出席全国红十字会系统改革推进会议时强调，全国红十字会系统必须站在贯彻落实习近平总书记重要指示精神的高度，扎实做好红十字会的改革，并通过切实有效的人道服务工作让人民群众有更多获得感和满足感，为推动红十字事业发展提供不竭动力。安徽省各级红十字会利用了“世界红十字日”这一契机，以人道救助为宗旨，以“爱心相伴，‘救’在身边”为主题，联合社会力量，广泛开展系列人道服务活动，弘扬了红十字精神，传播了红十字正能量，为真正需要帮助的人群送去了温暖与希望。

（作者系苏州大学社会学院研究生）

① 庚日升：《让红十字日更精彩》，《中国红十字报》2019 年 5 月 7 日。

2019年四川红会纪念“世界红十字日”活动概览

沈妙妙

2019年5月8日是第72个世界红十字日，四川省各级红会围绕“爱心相伴，‘救’在身边”这一主题，开展了形式多样的主题宣传活动。活动大致有以下几种类型。

一、传播红十字声音，弘扬红十字精神

红十字倡导“人道、博爱、奉献”精神，保护人的生命与健康，促进人类的和平与进步。在5月8日第72个世界红十字日来临之际，四川省红十字会开展了形式多样的宣传活动，包括发放资料、现场咨询、主题宣誓、电子媒体及新媒体宣传、举办讲座等方式传播红十字声音，弘扬红十字精神。

德阳市开展了《中华人民共和国红十字会法》、“三献”（无偿献血、造血干细胞捐献、遗体器官捐献）、艾滋病防治等相关知识的宣传咨询活动。

绵阳市游仙区各镇、乡幼儿园开展了“爱心小天使在行动，红十字誓言伴我成长”的主题宣传活动，弘扬红十字精神，进行爱心募捐、送温暖，让孩子们从小种下一颗颗爱的种子。

眉山市红十字会在世界红十字日活动启动仪式上，进行了“我是红十字志愿者”主题宣誓。

宜宾市红十字会联合翠屏区红十字会等单位工作人员和红十字志愿者70余人，在城区中山广场开展了街头宣传活动，共发放各类普法宣传资料5200余份①。

① 《爱心相伴，红十字“救”在身边——全省各地纷纷举办“红十字博爱周”活动》，四川省红十字会网站，2019年5月8日。

凉山州红十字会于世界红十字日当天发放《红十字知识手册》《家庭急救手册》《小天使基金宣传册》等相关宣传资料3000余份，使红十字精神和自救互救知识逐步深入人心。

南充市营山县红十字会制作红十字运动知识展板、展架15个，组织志愿者走上街头向过往群众宣讲红十字会相关知识，分发宣传资料5000余份[①]，同时通过微信、朋友圈、公众号等宣传红十字运动。

广安市红十字会开展了以“爱心相伴，‘救’在身边”为主题的博爱知识讲座进校园活动。南丁格尔志愿护理服务广安前锋支队到前锋初级中学，开展了以心肺复苏为主要内容的健康宣传教育活动。

甘孜州组织全州各级红十字会利用电子屏滚动播出宣传标语，在社区等人员密集场所发放宣传资料，集中宣传“三救三献”知识，传播红十字声音，进一步扩大了红十字会的社会影响，以便凝聚更多的社会力量参与到红十字事业中来。

二、应急救护理念传播与实际演习

生命可贵，但很脆弱。日常的家庭用电不善、交通不慎或自然灾害的来临等，都有可能剥夺宝贵的生命。因此，充分利用“黄金四分钟”，就有可能挽留住生命。为了做到这一点，学习应急救护知识，传播应急救护理念是极其重要的事情。

四川省红十字会从关爱生命健康出发，重点传播应急救护的理念，普及应急救护知识。例如，省红会创作了红十字救护操，救护操的歌曲融合了红十字的精神，动作体现了急救知识和技能。

成都市成华区的应急救护培训团队在世界红十字日纪念活动中上演了一场地震现场应急救护情景模拟，为现场人员普及了地震现场救护知识，讲解了现场救护的技能[②]。

成都市武侯区红十字会在南桥社区党群服务中心广场开展“爱心相伴，‘救’在身边”主题宣传活动。在活动现场，由红十字专业救护师为现场群众讲解心肺复苏急救法、海姆立克急救法、止血包扎等知识和技能，通过现场演绎的方式向群众进行传播。

① 《营山县红十字会“五个一”庆祝第72个“5·8世界红十字日”》，四川省红十字会网站，2019年5月10日。

② 《凝聚人道力量　关爱弱势群体——全国各地红十字会积极开展纪念“五八”世界红十字日活动》，《中国红十字报》2019年5月14日。

绵阳市游仙区各基层红十字会也开展了关于应急救护的活动。全区有1万多人参加了中国红十字会总会主办的“《中华人民共和国红十字会法》暨红十字青少年自救互救知识竞赛”，并开展有奖网络知识竞赛。

达州市主城区中心广场商业步行街上，由达州市红十字会组织的200多名志愿者，演绎了一场“爱心相伴，‘救’在身边闪耀达城”的快闪行动①。尽管整个活动前后不过几分钟，但围观群众和志愿者们纷纷将视频上传到抖音、火山、快手、快闪等短视频平台②。视频在微信群、QQ群、朋友圈、微博里广泛流传，短短几个小时就获得了上万人点赞，“红十字”“急救技能”“心肺复苏”等关键词成为热门话题。

三、防灾减灾知识宣传与演练

自然灾害无法避免，但人类在面对灾害时的所作所为，能够影响到自身的受损程度，正确的防灾减灾措施可以降低灾害带来的伤害。

在世界红十字日博爱周期间，德阳市红十字会通过进机关、进社区、进学校、进家庭等形式，开展防灾减灾知识普及。

达州市红十字会组织自救互救知识竞赛活动，试题涵盖了红十字运动基本知识、交通、消防、用电、生活及自然灾害防范等多个方面内容。通过竞赛答题和学习培训，让更多的学生了解防灾避险知识。

成都市金牛区红十字会联合区应急局在成都一壹基金青少年与未来防灾体验馆举办“爱心相伴，‘救’在身边防灾减灾体验活动”，成都市红十字会和全区红十字团体会员单位约150多名代表参加了活动。通过地震区线路、火灾区线路、应急救护等模拟场景体验，150多名参与者感受到地震、火灾、日常意外伤害等灾难的危险性，掌握了自然灾害发生原理，学会了自然灾害降临时的自救、互救和逃生技能。

成都市武侯区红十字会联合西南民族大学开展全国防灾减灾日主题活动，通过“设点宣传+互动游戏+急救课堂”的形式，向在校大学生普及各类灾害的基本知识和防灾避险、自救自护等基本技能。

① 《爱心相伴，“救”在身边——全国各地红十字会开展第72个“世界红十字日”活动掠影》，《中国红十字报》2019年5月10日。

② 《达州市开展5·8博爱周活动——步行街公益“快闪”》，四川省红十字会网站，2019年5月17日。

四、无偿捐献

陈竺会长说："捐献行为是一种高尚的奉献行为，是一种挽救生命的爱心行为，是一种造福人类的公益行为，同时也是人道主义精神和社会主义核心价值观的具体体现。"[①] 赠人玫瑰，手有余香，帮助别人的同时，自己也会受益。

在绵阳市中心医院生命广场上，市红会等单位联合开展了一场关于无偿献血、造血干细胞捐献及遗体器官捐献的"三献"宣传活动，现场填表志愿进行器官和遗体捐献登记的，达到了108人。

阿坝州壤塘县红十字会开展了捐助贫困母亲爱心义卖活动，对群众进行爱心义诊和心肺复苏急救的操作演练。

资阳市共采集造血干细胞捐献血样55人次。

宜宾市红十字会开展"三献"活动，共计无偿献血12人次4200毫升，现场遗体捐献登记6人，心理咨询8人[②]。

五、开展义诊活动

资阳市红十字会联合资阳第一人民医院、雁江区人民医院、雁江区中医医院、雁江区妇幼健康和计划生育服务中心等10余家医疗卫生机构的数百名医生、护士和志愿者们开展了大型义诊活动，免费义诊1000余人次[③]。活动现场还免费发放防艾、应急救护普及、健康知识宣传等各类宣传资料8000余份[④]。

安岳县的医务人员在义诊服务点给市民们测血压、测血糖、做推拿按摩、给他们讲解一些医学常识和急救知识。义诊活动共设置了中医护理、母婴专科、小儿推拿、静脉治疗、糖尿病专科等多项内容。

宜宾市红十字会开展义诊活动，义诊450人次，测量血压380人次，

---

① 曹芦松、杜海英：《爱心凝聚生命长河》，《中国红十字报》2019年5月7日。

② 《爱心相伴，红十字"救"在身边——全省各地纷纷举办"红十字博爱周"活动》，四川省红十字会网站，2019年5月8日。

③ 《最是一年好风景　人道花开处处红——中国红十字会系统举办纪念"五八"世界红十字日活动（二）》，《中国红十字报》2019年5月14日。

④ 《爱心相伴，红十字"救"在身边——资阳市开展2019年"红十字博爱周"系列活动》，四川省红十字会网站，2019年5月9日。

测血糖 100 人次[1]。

广元市苍溪县红十字会在县城开展了一次义诊宣传咨询活动，义诊 200 多人次，为群众广泛送宣传健康知识，发放“三救三献”知识手册 1000 余份。

南充市营山县红十字会联合营山县仁和医院在绥山广场为广大群众开展义诊活动，为大家送健康。仁和医院共发放卫生健康宣传资料 2000 余份，为现场群众量血压、测体温 600 余人次。

综上所述，在第 72 个“世界红十字日”期间，四川省各级红十字会围绕“爱心相伴，‘救’在身边”开展纪念活动，在传播了红十字“人道、博爱、奉献”精神的同时，也把温暖传递到最需要帮助的人的手中。

（作者系苏州大学社会学院研究生）

① 《爱心相伴，红十字“救”在身边——全省各地纷纷举办“红十字博爱周”活动》，四川省红十字会网站，2019 年 5 月 8 日。

2019 年江苏“世界红十字日”纪念活动概述

牟若玮

2019 年 5 月 8 日是第 72 个世界红十字日，江苏省各级红十字会围绕“爱心相伴，‘救’在身边”的主题，以保护人的生命和健康为宗旨，积极开展了社会救助、志愿服务、健康义诊等活动，广泛凝聚爱心，服务更多群众①。

一、主题宣传：弘扬人道精神

盐城市红十字会在盐渎公园组织市区 23 个基层红十字会和 5 支红十字志愿服务队，以设置宣传气模、悬挂宣传横幅、摆放各类宣传展板、发放宣传资料等形式，宣传红十字文化、《红十字会法》和应急救护、无偿献血、造血干细胞捐献等方面知识。

徐州市红十字会在今年的活动中，首次开通了微信公众号以组织“博爱知识竞赛”。活动上线时间仅仅一周，便有 8 万多名群众参与答题，扩大了群众对于“三救三献”知识的了解，有利于提升红十字会的公众知晓度，增强了公民的参与程度。

8 日上午，苏州市吴江区首期红十字应急救护电台系列专题节目正式开播，系列专题节目将持续到 5 月底，节目现场不仅有专业的红十字会人员进行应急救护讲解，同时平台还进行应急救护培训的招募。

二、募捐筹措：给予人道救助

江苏各地红十字会广泛组织献爱心的捐献活动，各地群众踊跃参

① 苏红：《爱心相伴 “救”在身边——江苏开展纪念第 72 个世界红十字日活动》，《江苏红十字》2019 年 5 月 25 日。

加，积极响应捐献活动的号召，为需要的人们提供帮助。

无锡市已连续17年开展红十字“人道万人捐”活动，累计募集资金1.52亿元，发放救助资金9200多万元，募集衣物15.8万件，发放12.5万件，受益困难群众超过19万人次。今年的活动还对2018年红十字募捐工作先进单位进行了通报表扬，并对2019年红十字“人道万人捐”活动发出倡议①。

淮安市委办、市政府办联合转发了市红十字会《关于开展2019年度“博爱在淮安、人道万人捐”活动的意见》，从指导思想、捐赠方式、捐款用途、活动内容、活动要求等方面提出了明确要求。

南京市在“5·8”当日为西藏墨竹工卡县扎西岗乡开展博爱助学募捐活动，共募集单位和个人捐款7万余元。这些善款将用来建设墨竹工卡县扎西岗乡小学阅读亭，并且为孩子们购买各类配套书籍。

常州市开展“博爱一元捐”活动，湖塘镇各界爱心人士和爱心企业共捐款6.6万余元。

三、救护演示：传授急救技能

苏州市的“博爱之韵”健身操队中有16名志愿者，通过健身操的形式，生动形象地展示了实用的海姆立克急救法，这种方法可以帮助在日常生活中因食物堵塞呼吸道而发生窒息的患者，通过新颖的健身操形式来表现这种急救方法，给在场的居民留下了深刻的印象。

南京市玄武区红会通过舞蹈《灾难来临》向群众宣传普及应急救护知识，提升大家的急救意识和自救互救技能。这种老少皆宜、简单易学的广场舞形式，更能够被多数人接受和理解，从而做到人人敢救、人人能救、人人会救。舞蹈《白金十分钟》则以艺术的形式提醒大家，当灾害发生时，最初10分钟是我们自救互救、挽救生命的唯一机会，是决定我们生存的最宝贵时刻②。

在“5·12”全国防灾减灾日来临之际，泰州市应急管理局、市红十字会等部门联合举行公共场所防灾减灾应急救援地震专项演练。红十字应急救援队按照一队多能的要求携带相关应急救援装备赶赴现场，在

---

① 《最是一年好风景 人道花开处处红——中国红十字会系统举办纪念“五八”世界红十字日活动（三）》，《中国红十字报》2019年5月17日。

② 《玄武区开展纪念“5·8世界红十字日”暨“5·12防灾减灾日”宣传活动》，南京市红十字会网站，2019年5月8日。

现场设立警戒标识及救护场所，利用无人机对图书馆内部进行侦察，对转移安置至救护场所的受伤群众进行心肺复苏、包扎、固定、心理疏导等现场应急救护处置，共有20名队员参加①。

四、义诊咨询：提供健康服务

世界红十字纪念日当天不仅仅是宣传红十字文化，同时江苏各地红会组织还为到场的群众提供义诊服务。

镇江市红十字会联合京口区红十字会开展义诊咨询宣传活动，冠名红十字医疗机构的医务人员和多支红十字志愿服务队的志愿者参加活动，江苏大学附属医院和市中心医院的专家也进行了义诊咨询活动。

无锡宜兴市高塍镇医务工作者不仅为群众现场测量血压、血糖，并且面对面地答疑解惑，给他们细心讲解服用药物的注意事项以及保持身体健康的相关知识。

徐州邳州市红十字中医院，派出了南丁格尔志愿护理服务分队的20余名志愿者，在活动现场为市民们提供免费的健康咨询。她们为过往市民测量血压、血糖，进行了心理咨询，现场教授市民做手部养生操，并详细解答了市民提出的各种疾病咨询等，受到了市民们的一致好评。

五、楷模表彰：发挥榜样力量

南通市的主题宣传活动在中华慈善博物馆举行，活动为31名“最美红十字人”代表颁发了证书，并且采访了数位红十字人的感人事迹，其中一位就是“磨刀老人”吴锦泉。吴锦泉老人是“感动中国”2015年度人物，他用自己磨刀赚来的微薄积蓄，默默传递着那份炽热的慈善精神。“窄条凳，自行车，弓腰扛背，沐雨栉风。身边的人们追逐很多，可你的目标只有一个。刀剪越磨越亮，照见皱纹，照见你的梦。吆喝渐行渐远，一摞一摞硬币，带着汗水，沉甸甸称量出高尚。”这是当时“感动中国”给予吴锦泉老人的颁奖词，也是他现实生活的真实写照。直到现在，老人还依旧坚持磨刀赚钱来做公益，因为他的愿望就是“活到老，磨刀到老，做好事到老”。

① 《泰州市红十字会参加泰州市公共场所防灾减灾应急救援地震专项演练》，泰州市红十字会网站，2019年5月10日。

苏州、镇江等市红会也对先进集体、个人进行表彰，以充分发扬先锋模范的带头作用，用值得敬仰的时代榜样来宣传红十字的伟大精神。

六、江苏纪念世界红十字日活动的特点

世界红十字日不仅是纪念亨利·杜南的日子，更是传播红十字文化、弘扬红十字“人道、博爱、奉献”精神、动员群众积极参与红十字事业的日子。2019 年，江苏省世界红十字日的活动，表现出以下特点：

一是宣传方式不断更新。传播红十字文化，要有继承，有开拓，有创新[①]。江苏省各地红十字会在宣传红十字文化、传授应急救护技能时，主要采用发放宣传册、展示知识展板、相关人员进行现场讲解等形式。除此之外，有些地市红十字会继续利用传统媒体的宣传手段。例如，苏州市吴江区推出红十字应急救护电台系列专题节目，徐州市借助市中心 LED 大屏循环播放红十字宣传片。

在这个信息交汇流通的数据时代，充分利用微信等新媒体的传播作用，也有利于促进红十字文化的传播。新媒体给用户提供了体验式、互动性的活动参与方式，具有较强的示范性，可以凝聚更多社会力量参与人道公益事业[②]。徐州市红十字会在世界红十字日纪念活动中，便首次开通了微信公众号，以组织“博爱知识竞赛”活动来宣传和普及《红十字会法》、“三救三献”等相关知识。苏州市同样也采用线上微信答题竞赛的方式来激励广大群众参与红十字会的活动。

二是群众参与程度高。中国红十字会作为从事人道主义工作的社会救助团体，广泛接纳不同年龄段、不同职业的群众参与红十字事业。

世界红十字日当天，扬州仪征市红十字会、教育局联合举行纪念第 72 个“世界红十字日”暨青少年生命健康安全教育项目启动仪式。活动现场向学校赠发《红十字应急救护知识读本》，红十字青少年代表宣读《学自救互救，让生命教育为青春护航倡议书》。在活动中还为“中小学生安全教育实践基地”揭牌，给“青少年应急救护培训志愿服务队”授旗。同时，红十字青少年进行了急救技能演示与培训，并开展了现场实景模拟体验环节，计有风险地图大闯关、教授逃生结绳、溺水救

① 池子华：《构建红十字文化传播的“多媒体”》，《中国红十字报》2014 年 5 月 30 日。
② 王萍、池子华：《新媒体与红十字会法传播》，《中国红十字报》2017 年 6 月 9 日。

援游戏体验、防踩踏训练、消防逃生模拟体验、简易担架制作、徒手搬运、防灾减灾大课堂等8个项目，让红十字志愿者、青少年学习了自救互救知识，增强了风险防范意识①。

淮安市洪泽区红十字会携手水上百合志愿者协会、洪泽区中医院、洪泽区健身气功协会，组织20名志愿者到黄集街道敬老院开展“花开的时候来看你”“送温暖、送关爱、送欢乐”等活动，为敬老院的老人们表演节目、给老人们免费体检，并且教授他们简单的健身方法。

习近平总书记指出，红十字是一面旗帜，更是一种精神。江苏省在第72个“世界红十字日”的纪念活动中，紧紧围绕“爱心相伴，‘救’在身边”的主题，开展了一系列惠民生的活动。在活动期间，各地红十字会努力做好宣传工作，增强红十字文化的传播力、引导力。同时密切联系群众，组织健康有序、层次丰富的服务活动，不断提高红十字工作的引导力与公信力。世界红十字日年年有，要想使它精彩，需要谋划用心，常做常新②。因此要紧随时代发展脚步，借助新媒体的力量，不断尝试新方法、新途径，为“世界红十字日”活动更好的开展注入新鲜活力。

（作者系苏州大学社会学院研究生）

① 《仪征市纪念第72个世界红十字日暨青少年生命健康安全教育项目启动》，扬州市红十字会网站，2019年5月10日。

② 庾日升：《让红十字日更精彩》，《中国红十字报》2019年5月7日。

2019年苏州纪念“世界红十字日”活动概述

冯 燕

5月8日为“世界红十字日”，是红十字会与红新月会国际联合会、红十字国际委员会以及各国红十字会、红新月会共同的纪念日。世界红十字日代表着红十字运动的国际性，以及红十字人道工作不分种族、宗教及政治见解的特性，具有非凡的意义。

2019年是第72个世界红十字日，主题为“爱心相伴，‘救’在身边”。中国红十字会在全国范围内开展纪念活动，苏州红会也积极响应。苏州大市范围内围绕着本次活动主题，开展了一系列形式多样、内容丰富的宣传纪念活动，传播和弘扬了“人道、博爱、奉献”的红十字精神。

一、举办主题讲演，宣扬红十字精神

5月8日前后，苏州各地围绕“爱心相伴，‘救’在身边”的主题，举办讲演活动，宣扬红十字精神。“5·8世界红十字日”当日，苏州市红十字会在市民健身广场举办主题纪念活动，活动过程中志愿者向人们宣传《中华人民共和国红十字会法》，传播红十字精神。红十字会工作人员和志愿者还进行了“我是红十字人”的主题宣誓，同时16名志愿者展示了实用的海姆立克急救法，号召现场观众学习①。

昆山市红十字会也在当天举办广场纪念活动，举行了新会员入会仪式和志愿者服务队授旗仪式，志愿者带来的急救科普小品《火灾来了》，让现场的观众观摩火灾来临时如何进行自救互救及如何处理伤员。

① 《最是一年好风景 人道花开处处红——中国红十字会系统举办纪念“五八”世界红十字日活动（一）》，《中国红十字报》2019年5月10日。

除了线下举办各种活动外，线上主题活动也开展得红红火火。5月8日，吴江区首期红十字应急救护电台系列专题节目在吴江电台“动感89.1调频”正式开播。这是吴江区红十字会关于本次世界红十字日的一次特别策划，节目设置了应急救护知识普及、有奖竞猜及培训招募等环节。节目播出后，反响热烈，众多听众纷纷参与①。

这一系列精彩的主题活动，使苏州市民更好地了解了救护知识，扩大了红十字的社会影响力。

二、开展志愿服务，进行人道救助

志愿服务是红十字运动七项基本原则之一，这不仅是红十字精神的具体体现，更是红十字会作为群团组织密切联系群众的有效途径。苏州红会在世界红十字日期间开展志愿服务，组织人道救助。例如，为提高社区居民对红十字运动的知晓率，高新区华通四区邀请通安卫生院进行世界红十字日志愿服务。活动现场，医护人员为居民介绍了红十字法规以及“三救三献”知识，更正了部分居民关于献血危害身体等认识误区。同时，现场也提供便民义诊、健康咨询等服务。

姑苏区虎丘街道红十字会联合金阊医院为居民提供志愿服务，现场为居民量血压、测血糖；手工艺志愿者为居民修剪刀、理发，红会工作人员现场演讲，宣传红十字知识。

张家港市红十字会开展“博爱在港城，人道一元捐”活动，区镇学校等基层红会纷纷予以大力宣传，捐款的爱心人士源源不断，筹集了大批善款用于人道救助。

昆山市震川办事处红十字会联合震川社区卫生服务中心入户走访了辖区17户困难家庭，送上了急救包、健康包等健康用品。

这些活动的开展，营造了良好的红十字宣传氛围，同时也汇聚了人道力量，促进了苏州红十字事业的更好发展。

三、吸纳新会员，增强红会力量

会员是红十字会的组织基础，也是红十字事业发展的基石。本次世界红十字日期间，苏州各基层红十字会吸收了众多新会员，增强了红会

① 《最是一年好风景　人道花开处处红——中国红十字会系统举办纪念“五八”世界红十字日活动（三）》，《中国红十字报》2019年5月17日。

力量。

世界红十字日当天，昆山市红十字会为全市 13 家新成立红十字会的幼儿园进行了授徽及新会员入会仪式，吸收新会员 977 名；张家港市暨阳实验小学举行红十字会新会员入会仪式，191 名新会员在老会员带领下，庄严宣誓，成为“小小红十字人”[①]；苏州金阊外国语学校也在“5·8”当天举行新会员入会仪式，三年级的 207 名学生加入红十字会，志愿为红十字事业做贡献。

新会员的加入壮大了苏州红十字队伍，增强了基层组织力量，为苏州红十字事业的发展添砖加瓦。

四、开展救护培训，做好防灾减灾工作

5 月 12 日是全国防灾减灾日，全国开启“防灾减灾宣传周”活动[②]。苏州红会将世界红十字日与全国防灾减灾日结合，开展了救护培训等多样活动。

5 月 8 日，姑苏区金阊街道双虹社区红十字服务站组织开展地震疏散演练，辖区卫生服务站、民警、居民代表等 80 余人参加了演练，通过演练提高了社区居民自救自护能力。

昆山市巴城镇红十字会在临湖社区、阳澄湖社区、君子亭社区和阿法拉伐流体设备有限公司开展救护培训活动，83 名参训人员受益匪浅，基本掌握正确的救护步骤和方法。

吴江区震泽镇开展红十字应急救护进校园系列活动，震泽初级中学、八都学校初中部、震泽镇实验小学等接受了急救培训，震泽初中还开展了红十字逃生演练，600 余名学生参与其中，加强了校园安全意识。

五、纪念活动的鲜明特点

一是注重讲“红会故事”。红十字文化传播，载体多样，形式多样，其中“讲故事”就是很好的一种方式[③]。苏州红会在世界红十字日期间，通过讲“红会故事”打动了许多苏州市民。金阊区白洋湾街道为庆祝世

---

① 《小小红十字人》，《中国红十字报》2019 年 5 月 31 日。

② 《防灾减灾宣传周启动》，《中国红十字报》2019 年 5 月 7 日。

③ 池子华：《用小清新讲好故事——从品读〈仁爱之境〉谈开去》，《中国红十字报》2019 年 5 月 7 日。

界红十字日，举办了首届寻找身边“最美红十字人”活动。活动现场，“献血达人”姜华明、遗体捐献志愿者许耀斌父子、乐于助人的人大代表周小凤的事迹引得居民们连连称赞，同时也拉进了居民们与红十字的距离。常熟红十字会对先进集体、个人、爱心企业和志愿服务组织进行了表彰，向常熟市民讲述了常熟“最美红十字人”谭万强积极投身红十字志愿服务工作和常熟开关制造有限公司连续 13 年倾情人道事业的故事，用“小”故事讲出了“大”真情，展示了人间大爱，弘扬了“人道、博爱、奉献”的红十字精神，起到了很好的宣传效果。

二是活动具有联动性。5 月为“红五月”，有青年节、护士节、母亲节、防灾减灾日等，苏州红会与其他部门联手，举办了很多活动，实现了资源共享。例如，常熟市碧溪新区红十字会联合聚和融爱社会事务所、和融碧溪义工协会为博爱家园里因病致贫家庭和计生特扶家庭举办了“爱在春天里芬芳”母亲节公益宴会，10 多名志愿者和 30 多位妈妈相聚一堂，聊天谈心，共度佳节。在全国防灾减灾日，太仓市金港镇红十字会联合市二院、沙洲医院及保税区特勤消防中队等单位，现场为群众普及救护知识，讲解火灾应对方法，社区医生为现场群众开展健康咨询及义诊服务，取得了良好的效果。多部门联动，不仅克服了红十字组织势单力薄的现状，还将红十字元素渗透到其他部门工作中，扩大了影响力，为日后赢得更多部门和单位的支持打下了基础①。

三是重视宣传工作。宣传是做好各项工作的前提和保证，苏州红会在世界红十字日活动期间，十分重视宣传工作，宣传方式多种多样，营造了良好的社会氛围。苏州红会不仅在线下进行宣传，进广场、社区、学校、企业开展活动，在线上也是进行全方位宣传。以昆山市花桥经济开发区为例，该区红十字会紧紧围绕世界红十字日主题，积极利用辖区 34 块电子屏幕、12 个短信平台、14 个微信公众号等媒介资源进行覆盖式宣传。苏州红会善于运用全媒体，放大效果，使得更多的人了解了红十字，扩大了红十字会的社会影响力。

（作者系苏州大学社会学院研究生）

① 庾日升：《让红十字日更精彩》，《中国红十字报》2019 年 5 月 7 日。

红十字会救援“3·21”盐城响水爆炸事故简述

钟鑫鑫

2019 年 3 月 21 日，江苏省盐城市响水县陈家港镇化工园区内的江苏天嘉宜化工有限公司化学储罐突发爆炸事故，殃及周边 16 家企业。事故发生后，中国红十字会高度关注，并立刻组织救援。本文对此进行简要概述。

一、突如其来的响水大爆炸

2019 年 3 月 21 日 14 时 48 分，盐城市响水县天嘉宜化工有限公司因装置问题发生了苯爆炸，伤亡人数众多。“响水爆炸事故”发生后，3 月 22 日，习近平总书记做出重要指示，要求全力抢救，深刻吸取教训，坚决防范重特大事故发生。22 日下午，国务院成立江苏响水天嘉宜公司“3·21”特别重大爆炸事故调查组，开展调查工作。由于受到爆炸的影响，陈家港化工园区周围所有企业陆续停产，疏散相关工作人员，并且关闭了园区与外环境相连的全部闸坝，严防消防废水进入外环境，保障了生态环境安全。当日下午，受到爆炸影响的陈家港镇六港小学停课，爆炸冲击波使得周围 2400 户居民家庭出现了断电问题。更让人心痛的是人员的伤亡和失踪，截至 3 月 25 日，事故已造成 78 人死亡，其中 56 人已确认身份、22 人待确认身份，共有伤员 566 人，其中危重伤员 13 人、重症伤员 66 人，人员伤亡惨重①。情况紧急，急需救助，对此中国红十字会积极配合政府各有关部门，开展救援行动。

① 《国务院成立江苏响水天嘉宜公司“3·21”特别重大爆炸事故调查组》，新华网，2019 年 3 月 22 日。

二、红十字会的救援行动

3月22日，中国红十字会紧急调拨40顶帐篷、1340床棉被、150张折叠床和60个家庭包，并提供20万元救助金用于转移安置群众[①]；同时，按照政府要求，组织红十字志愿者开展安置点服务，并做好心理救援准备。24日，根据当地救灾指挥部提出的需求，总会又从临近的杭州物资储备库调运300张折叠床，及时解决灾区各种救助需求。

与此同时，江苏红十字会积极面对，3月21日当天，省红会党组成员紧急碰头，落实救灾工作有关事宜。赈灾救济部及时与有关部门和事发地红十字会联系，了解相关信息和救灾工作需求，安排人员24小时电话值班，关注灾情，及时救援。

第一，调运物资救援。事故发生后，江苏省红会立刻通知连云港、盐城市红十字物资储备库做好物资、物流、人员准备。响水县红十字会第一时间组织红十字志愿者前往医院协助照顾伤病人员；在国道沿线和主要干道维持秩序，疏导交通；向受伤人员送饭、送水，当晚在医院为群众发放棉被340床。22日，省红十字会从连云港物资储备库调拨1000床棉被于中午前运达灾区，并紧急划拨人道救助金20万元用于灾区应急救助。同时，通过灾害管理系统向总会报灾，寻求支援。总会当晚从连云港物资储备库调运50张折叠床发往受灾地区。江苏省红十字会赈济救援队三队（盐城市红十字赈济救援队）14名志愿者携带40顶帐篷、60个家庭包、50张折叠床和棉被物资，在当地党委、政府安排下，赶往响水化工园区管委会参与救灾帐篷的搭建，保证了一线救灾官兵和工作人员当晚入住。25日，根据前方指挥部安排，盐城市红十字会赈济救援队和东台、射阳、阜宁、响水红十字志愿者约80人，再次携带100顶帐篷前往灾区，继续为救灾工作搭建工作营地，为前方消防人员做好保障工作。

第二，搜救遇险人员。此次爆炸事故中伤亡人数众多，更有多名人员失踪无法取得联系。为了加快救援步伐、扩大救援力量、减少失踪人员伤亡，在常州市消防救援支队邀请下，常州红十字搜救队（常州红十字龙城救援队）紧急集结11名水域救援队员，携带2艘充气救援艇、

① 罗争光：《中国红十字会紧急调拨物资参与江苏响水爆炸事故救援救助》，新华网，2019年3月22日。

动力单元、侧扫声呐、潜水装备、排钩等专业设备赶往事故现场，协同常州消防支队人员在距爆心500米南侧偏东水域开展拉网式摸排搜寻失踪人员，在任务完成后于24日18时返回常州。此次搜救行动配合默契，行动快速，在很大程度上减少了失踪人员的伤亡。

第三，进行心理救援。爆炸事故中，有些伤者出现了严重的失眠症状，亲历现场的人容易出现心理应激反应，在认知、情感和行为上，容易出现情绪失控、心理恐惧、行为冲动、抑郁焦虑、过度警觉、失眠或噩梦等现象。一部分人在应激反应因素消除后，症状会逐渐缓解，而情况严重的，容易发展成为创伤应激障碍，如得不到有效的干预，会给伤者的心理造成长期的创伤，甚至影响一生。为了消除灾害给伤者及其家属带来的心理影响，江苏省红十字会派出了两支专业心理救援队伍，对爆炸受害者进行心理救援和疏导。无锡市红十字心理应急救援队（2017年升格为江苏省红十字心理救援队）和常州心理服务分队（第904医院常州院区心理专家组成）在接到江苏省红十字会通知后，先后赶赴响水，协助当地开展心理救援工作，对爆炸事故中的受伤群众开展心理疏导。在耐心的关怀和情绪引导下，所有的伤者和家属的心理问题逐渐得到解决，并恢复到正常。

截至26日，总会和省、市红十字会共下拨帐篷140顶、折叠床350张、棉被2340床、家庭包60个、救灾款20万元，派出赈济、心理、水上救援队3支，约100人次参与救灾工作①。爆炸事故牵动着无数人的心，响水市民和周边群众纷纷赶到献血处，希望能为救援工作出一份力，直到22日凌晨1时，在响水县滨江路的采血点，仍有近70名市民在等待献血，令人感动。

三、红十字会救援行动浅析

响水爆炸事故发生后，中国红十字会总会、江苏省红十字会及市县红会应急救援体系迅速启动，并开展了一系列的救援工作。正是因为红十字会等组织的紧急援助，使得整个爆炸事故发生后灾区能够减轻人员伤亡，减少财产损失。在整个过程中，红十字会发挥了重要作用。但救援行动有亮点也有不足之处，值得我们深思。

① 苏红赈：《省市县红十字会有序参与响水“3·21”爆炸事故救灾》，《江苏红十字》2019年3月26日。

第一，必须建立完善的救灾储备体系。突发性事故发生后，红十字会的应急救援系统需要立刻做出反应，及时部署，救灾信息网络、指挥系统和物流网络等基础设施建设的完备保证了各级红十字会对“3·21爆炸”救援工作的顺利开展。总会和江苏各级红十字会密切配合，协力救助，使得救援行动能够迅速推进，最大限度地减少了人员的伤亡。这不能不归功于中国红十字会完善的救灾储备体系以及救援指挥系统，因此在平时要加强和完善救援网络体系建设。但由于各省市红会发展水平不一，因此加强各省市区域间红十字会的日常交流及合作就显得很有必要，只有这样才能做到一方有难，八方支援。

第二，加强红十字会救援队建设。在此次响水爆炸事故发生之后，中国红十字会及江苏各级红十字会迅速做出反应，常州市救援队在接到指令后立即启动应急响应机制，紧急集结11名救援队员，携带专业设备赶赴事故现场配合救援。由此可以看出，中国红十字会的救援队伍在不断地完善之中，其救援设备更加专业化，救援效率也更高，但从全省来看，救援队在数量上仍然不足。此外更值得重视的是，不同于以往的只注重物质救援，精神救援也逐渐成为红十字救援中的有机组成部分，例如常州心理服务队和无锡市红十字心理应急救援队对爆炸后人群所发生的心理不适进行了耐心细致的心理干预，使受影响者走出了阴影。中国红十字会的心理救援工程虽然起步较晚，各地区发展程度不同，但是就此次救援来看，江苏省的心理救援队建设也是在不断地进步之中。

总的来说，中国红十字会在此次“3·21爆炸事故”救援工作中发挥了重要作用，在救援部署、救援物资调配、救援队伍调度上无不反映出中国红十字人道事业的不断进步，红十字会已成为人道救助事业的有生力量。

（作者系苏州大学社会学院研究生）

2019年红十字会救援宜宾地震述略

钟鑫鑫

2019年6月17日22时55分，四川省宜宾市长宁县（北纬28.34度，东经104.90度）发生6.0级地震，震源深度16千米。地震发生后，中央及地方各级政府迅速组织了一系列的救援行动，中国红十字会也迅速行动，组织救援，发挥了重要的作用。

一、宜宾灾情概况

6月17日，宜宾发生的地震是2019年以来四川境内首起6.0级及以上震级的地震。在此之前，四川今年最大的地震是自贡市荣县发生的4.9级地震。由于宜宾位于四川盆地边缘，主要地质构造为长宁大背斜、白象岩狮子滩背斜，使得该地区存在多条小规模的次级断裂，因而余震不断。截至18日8时，共记录到2.0级以上余震62次，其中5.0～5.9级2次、4.0～4.9级3次、3.0～3.9级10次、2.0～2.9级47次。

地震造成重大生命财产损失，截至18日5时20分，地震共造成11人死亡（长宁8人、珙县3人）；受伤122人，包括长宁48人（双河37人，长宁镇4人，竹海镇1人，梅硐镇3人，硐底镇2人，古河1人，其中危重5人、重伤16人、轻伤27人）；珙县71人（巡场65人，其中2人重伤，珙泉镇4人，底洞2人）；高县3人（沙河2人，来复1人）。长宁被困14人，救出13人（已死亡6人），1人正在施救，无生命危险①。

除人员伤亡外，灾区内的居民财产损失严重，众多居民房屋受损，饮用水出现问题，供电线路遭到破坏等等，受灾群众急需救援。

① 《四川宜宾地震已致11人遇难122人受伤》，央视新闻网，2019年6月18日。

二、红十字会的救援行动

地震发生后，党中央、国务院高度重视抗震救灾工作，国家发改委紧急下达宜宾地震救灾应急补助5000万元，用于灾区基础设施和公益性设施的应急恢复建设①。6月17日，四川省财政厅根据省委省政府指示，迅速启动财政应急预案，开通资金拨付"绿色通道"，紧急向宜宾市专调第一批救灾资金1000万元，其中长宁县600万元、珙县400万元。与此同时，中国红十字会总会、四川省及宜宾市红十字会也都启动了应急救援响应，积极开展各项救援活动。

（一）中国红十字会总会的救灾行动

宜宾地震发生后，中国红十字会总会根据灾情启动三级应急响应，立即联系协调四川省红十字会了解灾情及灾区需求，安排部署救灾工作，并从中国红十字会成都备灾中心调拨救灾帐篷100顶、家庭包2000个、棉被2000床、冲锋衣1000件用于灾区救助。救灾物资6月18日凌晨运抵灾区。总会派出救灾工作组赶赴灾区查看灾情、评估需求，指导当地红十字会开展救灾工作。18日，总会、四川省红十字会、宜宾市红十字会、长宁县红十字会在震中长宁县双河镇中学成立红十字会临时救灾指挥组，协调组织红十字会救灾工作。6月22日22时29分，宜宾市珙县发生5.4级余震。根据宜宾地震灾区增加的临时安置需求，23日，中国红十字基金会紧急向灾区增拨2000只赈济家庭箱。与此同时，总会也向全社会发出呼吁，募集款物，抗震救灾。

（二）四川省各级红十字会的协同救援

地震发生后，四川省红十字会立即启动灾害救援应急响应，联系协调宜宾市红十字会开展灾情调查，安排附近区域红十字救援队备勤，以及中国红十字会成都备灾中心做好物资调运准备，并及时向中国红十字会总会报告灾情②。四川省红十字会、眉山市红十字会、宜宾市红十字会、长宁县红十字会积极做好救灾捐赠款物的接收协调工作，安排专人

① 姜慧梓：《国家发改委紧急下达宜宾地震救灾应急补助5000万元》，《新京报》2019年6月19日。

② 《四川省红十字会参与宜宾长宁县地震救灾快报（三）》，四川省红十字会网站，2019年6月18日。

留守办公室，负责接听捐赠人电话咨询，并根据灾区需要有序做好捐款捐物工作。南充市红十字山地救援队，重庆市红十字供水救援队、赈济救援队，云南省红十字赈济救援队已做好准备，随时可以赴灾区开展救灾工作。

一是全力搜救受灾人员。四川省红会派出的泸州市红十字山地救援队携救援车 4 辆、搜救犬 2 只、专业搜救设备及应急医疗设备抵达宜宾市长宁县双河镇后迅速开展工作。18 日，共排查危房 200 余间，排除重大险情 4 处，转移群众 4 人，紧急转移受困伤员 1 名，并对 500 余名群众进行安全劝导和提示。南充市红十字山地救援队与之进行配合。同时根据总会的指示，四川省红十字会在参与地震救援工作中加强与应急、卫健等部门的协同，必要时中国红十字会总会可组织跨省救援，如浙江省红十字（仙居、新昌）等多支红十字救援队已备勤待命。

二是安置群众运送物资。灾害发生后，眉山市红十字应急救援志愿服务队紧急搬运救助长宁地震灾区救灾帐篷 150 顶、家庭包 2000 个、棉被 2000 床、冲锋衣 1000 件，连夜发往长宁。与此同时，宜宾市红十字救援队也迅速抵达双河镇，在镇卫生院安置点搭建帐篷。双河中学为红十字会临时安置点，红十字救援队马不停蹄搭建救灾帐篷 100 顶，安置受灾群众，发放救灾物资，受灾群众全部安全入住。18 日晚开始下雨，根据灾区需求，宜宾市红十字救援队夜间继续搭建安置点帐篷、发放救灾物资；在双河镇中心卫生院与县卫生健康局设立红十字帐篷医院一所，救治转运伤病员 100 余人次；共计向受灾群众发放救灾家庭包 380 只、棉被 600 床、冲锋衣 600 件、折叠床 130 个，惠及受灾群众 1040 余人。泸州市红十字山地救援队成功将 3 位被困老人转运至当地医院①。19 日上午，红会组织赈济救援队对安置点 280 户 1268 名安置群众进行回访，进一步了解群众需求，补充发放救灾物资；对红十字会安置点卫生、生活设施和环境进行完善和规整，并加固救灾帐篷；救灾救助工作向震中周边农村社区转移，根据需求向农村社区临时安置点安置的群众和部分散户受灾群众发放救灾物资；协调组织青年志愿者逐户对安置群众进行居住场所清洁卫生教育②。

除此以外，其他一些省市红十字会也对灾区进行了援助。浙江省红

---

① 《四川省红十字会参与宜宾长宁县地震救灾快报（十三）》，四川省红十字会网站，2019 年 6 月 19 日。

② 宗合：《红十字会持续援助四川长宁地震灾区》，《中国红十字报》2019 年 6 月 21 日。

十字会向灾区紧急运送价值 170.3181 万元的棉被、家庭包、衣物等物资。爱心人士积极捐款，向灾区伸出援手，如上海市青浦区红十字会当天下午就收到一中年男子 1000 元的捐款；唐山市铂悦景苑社区书记李娜，专程到唐山市红十字会送来了该社区三宝面馆员工和顾客的爱心捐款共计 3000 元，并祝灾区群众早日渡过难关。

三、红十字会救援行动简析

应该说，宜宾地震救援中红十字会发挥了重要作用。红十字会和政府部门相互配合，迅速将救灾物资运送灾区，大大减轻了地震给当地人民带来的生活上不便，并及时安置受灾群众，充分体现了红十字人道主义精神。

首先，响应迅捷。17 日晚上 10 点宜宾地震发生后，总会和四川省红十字会下拨的第一批救灾物资在18 日凌晨4 点已运抵灾区。宜宾长宁地处山区，如此迅速，不能不归功于红十字会应急反应机制和工作机制的灵敏与快捷。地方各级红会救援队伍，如泸州市救援队在地震发生后半小时内就集结完毕，这与救援队伍平时的救援活动及训练有关，他们不畏艰险，翻山越岭进行细致的救援与排危，迅速而高效。

其次，物资储备充裕。地震刚发生不久，中国红十字会就启动三级应急响应，根据灾区的情况，迅速从邻近的成都物资储备中心调拨物资，向受灾严重的长宁等地运送救灾物资。可想而知，如果没有完善的物资储备，是不可能有如此迅速的物资动员。

再次，红十字会上下联动，密切配合，形成合力，使救灾工作井然有序。红十字会工作人员情系灾区群众，进行回访询问，做好卫生防疫，关注受灾民众生活的方方面面，值得赞赏。

（作者系苏州大学社会学院研究生）

2019 年夏红十字会救助江西洪涝灾害述略

饶万巧

2019 年 6 月上旬以来，我国江南华南等地出现强降雨过程，引发多地洪涝灾害。其中江西省在 6 月、7 月分别出现了两次强降雨过程，许多市县都遭遇了洪涝灾害。灾情发生后，中国红十字会及江西省各级红会对洪涝灾区进行了一系列的人道救助，帮助受灾群众渡过难关。

一、江西洪涝灾害概况

2019 年 6 月 6 日以来，持续的强降雨使得江西省大部分地区发生洪涝灾害。6 月 7 日，江西省防汛防台抗旱指挥部启动防汛四级应急响应。同日，省减灾委和省应急管理厅启动救灾四级应急响应；6 月 8 日，针对吉安市受灾情况，经会商研判又启动救灾三级应急响应。

据江西省应急厅报告，6 月 6 日以来，赣东北、赣中等地出现强降雨，局部特大暴雨，部分河流发生超警戒洪水，引发洪涝灾害。6 月 6 日 14 时至 12 日 8 时，全省平均降雨量为 133.2 毫米。全省共 98 个县（区）4744 站降雨超过 50 毫米，87 个县（区）3441 站超过 100 毫米，38 个县（区）625 站超过 250 毫米。受强降雨持续影响，信江上中游、赣江干流及上中游干支流发生超警戒洪水，赣江 2019 年第 2 号洪峰相继在中、上游形成，赣江流域发生中等洪水。信江上游玉山站，赣江支流孤江白沙站、泸水赛塘站等水文站出现历史第二高水位，桃江上游支流发生超历史洪水①。

截至 6 月 9 日 11 时，灾害造成江西省农作物受灾面积 77.4 公顷，

① 王剑：《洪涝致赣逾 260 万人受灾　长江江西段鄱阳湖水位持续上涨》，中国新闻网，2019 年 6 月 12 日。

绝收面积7.3公顷，倒塌房屋118户290间，严重损坏房屋97户183间，一般损坏房屋1100户2117间①。截至6月13日19时，风雹洪涝灾害共造成上饶、吉安、鹰潭、抚州、九江、萍乡、宜春、赣州、新余等地298.4万人受灾，紧急转移安置和需紧急生活救助34.9万人，直接经济损失87.8亿元。

7月6日，持续强降水再次袭击江西，7月9日8时到10日8时，江西全省平均降雨量25.7毫米，共49个县（区）892站降雨超过50毫米，8个县（区）17站降雨超过100毫米。受持续强降雨影响，鄱阳湖星子站10日13时水位涨至19.01米，超警戒水位0.01米。

截至7月10日14时，抚州、吉安、萍乡、新余、赣州、宜春、上饶、鹰潭、景德镇共9个市59个县（市、区）287.5万人受灾，紧急转移安置32.6万人，需紧急生活救助20.1万人。此外，农作物受灾181.8公顷，绝收26.4公顷，倒塌房屋404户942间，严重损坏房屋744户1226间，一般损坏房屋4305户8773间，直接经济损失42.9亿元②。

二、红十字会的救援行动

面对江西部分地区的严重暴雨洪涝灾情，中央及地方各级政府及时启动应急响应，抗洪救灾。中国红十字会总会及江西省各级红会也积极应对。

（一）中国红十字会总会救灾举措

6月8日，根据江西灾情，总会启动四级应急响应，从江西省红十字会备灾仓库调拨2000床棉被，从中国红十字会杭州备灾救灾中心调拨2000个赈济家庭包，物资价值共计76.76万元。6月10日，由于江西灾情持续发展并加重，总会将响应级别由四级提升至三级，向江西备灾仓库追加调拨棉被2223床、赈济家庭包2000个，从杭州备灾救灾中心追加调拨棉被1000床、赈济家庭包1000个，物资价值共计117.71万元。同时，派遣灾害管理处工作人员赶赴江西灾区察看灾情，进一步了

① 叶昊鸣：《国家减灾委、应急管理部针对江西暴雨洪涝灾害启动国家Ⅳ级救灾应急响应》，新华网，2019年6月9日。

② 王剑：《洪涝致江西287.5万人受灾　鄱阳湖水位超警戒》，新华网，2019年7月10日。

解灾区需求，以便做好后续救灾工作。

对江西洪涝灾情进行评估后，中国红十字基金会也紧急启动应急响应，向受灾地区援助2000个赈济家庭箱，同时向长期合作的公益伙伴以及全社会发出呼吁，通过轻松筹、蚂蚁金服等互联网筹款平台募集“赈济家庭箱”及其他救援物资，用于开展后续救援救助行动①。

7月15日，根据江西灾区需要，总会启动三级应急响应，从总会备灾救灾中心调拨赈济家庭包4500个、棉被5000床，物资价值共计144.33万元②。

（二）江西各级红十字会相互配合

灾情发生后，江西各级红十字会相互配合，投入了大量的人力、物力开展救灾活动。省红会及时向总会上报受灾情况，调配救灾物资。各设区市红会在灾情发生后第一时间发出通知，要求各县（市、区）红十字会及时收集、上报灾情信息，并积极调配雄鹰救援队、各县级红十字救援队，做好随时出动救援的准备。

灾情发生后，各设区市红会积极应对，迅速启动自然灾害应急预案，组织救援人员、物资进入灾区，为受灾群众送去生活用品。

6月10日，赣州市红十字会积极向上级红十字会争取救灾物资，得到省红十字会下拨823床棉被、600个赈济家庭包的支持，共计价值24.95万元。6月12日上午，根据上报灾情，赣州市红十字会立即向龙南、石城、兴国等17个县（市、区）派发救灾物资，包括棉被、赈济家庭包、帐篷等，解决灾民的燃眉之急。6月10日上午，龙南县杨村镇、南亨乡、九连山镇、夹湖乡等多个乡镇不同程度遭受洪灾，龙南县红十字龙翔救援队第一时间安排救援人员奔赴抗洪救灾一线，及时转移被困群众及学生约800余人。6月10日，全南县红十字蓝天救援队接到全南消防通知，大吉山受灾严重，请求支援！蓝天救援队迅速组织队员赶赴现场，参加救援。7月14日，赣州市红十字会联合于都县商会和上犹县五指峰水厂紧急动员了一批饮用水、方便面等赈灾物资，价值6.4万元，援助灾区；17日，省红十字支援赣州灾区500个家庭包和200床棉被。

6月8日，上饶县红十字会紧急调动救灾物资，参加抗险救灾，往

① 宗合：《汛期来临，红十字在行动》，《中国红十字报》2019年6月14日。
② 宗红：《总会驰援江西广西湖南洪涝灾区》，《中国红十字报》2019年7月19日。

各乡镇调拨救灾物资3万余元。上饶市红十字会并于8日上午先期调拨100份应急箱。

6月7日，南昌市雄鹰救援队全面启动备勤状态，当灾害来临时雄鹰救援队在省应急管理厅统一协调指挥下开赴吉安地区，协助当地政府开展洪灾的救援行动。

与此同时，各市红十字会微信公众号开通捐款平台向社会各界呼吁援助灾区，赣州市红十字会通过官方微信公众号发出抗洪救灾献爱心募捐倡议，并郑重承诺：所有接受捐赠的善款善物，全部用于灾区群众的生产生活和恢复重建，且会及时将募捐情况在新闻媒体上公布，并对赈灾工作中做出较大贡献的单位和个人予以褒扬和表彰，授予锦旗和荣誉证书。同时，赣州市红十字博爱基金会还通过腾讯公益发起了“赣南水灾救助行动”公益项目，广泛动员社会各界人士奉献爱心①。吉安县、万安县红十字会分别在官方微信公众号上发表“救灾募捐倡议书”，呼吁社会各界爱心人士踊跃加入献爱心、捐善款活动中。

三、红十字救援活动浅析

在2019年夏季江西洪涝灾害救援中，红十字会发挥了重要作用。无论是在灾情预警、抗洪救灾，还是在呼吁捐款方面都发挥了红十字会组织整体性、协调性的优点，减轻了灾情给当地人民带来的伤害，帮助灾民渡过难关。救援行动亮点突出：

首先，红十字会上下级配合紧密。其中赣州市红十字会在灾情发生后高度重视，第一时间发出通知，要求各县（市、区）红十字会及时收集、上报灾情信息；在收到下级红十字会信息后，市红十字会积极向省红十字会争取救灾物资。上饶市红十字会在得到中国红十字会总会、江西省红十字会紧急下拨的物资后，立刻将其发往受灾最重的地区。省红十字会在接到下级红十字会的信息后，及时向中国红十字会总会报告灾情并启动救灾四级响应，中国红十字会总会当天便向江西调拨救灾物资。

其次，红十字会附属的救援队功不可没。蓝天救援队和雄鹰救援队在这次抗洪救灾中冲在第一线，及时将受困群众及其财物转移到安全地带。救援行动马不停蹄，队员们没有时间休息，往往在结束一项救援行

① 《抗洪救灾　红十字在行动》，赣州市红十字会网站，2019年6月13日。

动后马上赶赴新的救援地点。

第三，红十字会利用新媒体平台呼吁援助。这是红十字会的创新点之一，积极利用互联网平台，通过微信公众号将灾情信息传播给更多的群众，联动各个平台参与救灾活动，使得更多的群众能够通过捐款参与到救灾活动中来。

另外值得注意的是，受到洪水影响更大的往往是乡村或者山区。各级红十字会应牢固树立风险意识，主动加强与应急管理、气象、自然资源、水利等部门的沟通联系，细化应急处置方案，部署足够的应急力量[①]。在这方面，红十字会的救灾行动还有进一步改进、提升的空间。

（作者系苏州大学社会学院研究生）

① 陈娟：《中国红十字会召开做好自然灾害等突发公共事件应急工作电视电话会议》，《中国红十字报》2019年4月5日。

“利奇马”台风与红十字会人道救援

商东惠

2019 年 8 月 10 日，第 9 号台风“利奇马”登陆浙江，成为今年以来登陆强度最强的台风。灾害发生后，红十字会配合政府各部门及时启动应急响应，积极采取救援行动并取得了良好成效。本文就此展开考察。

“利奇马”台风概况

2019 年 8 月 10 日凌晨，第 9 号台风“利奇马”在浙江台州温岭城南镇登陆，中心附近最大风力 16 级。在浙江滞留 20 个小时后，“利奇马”一路北上，先后进入江苏、山东两省，最终于 13 日 11 时在渤海东部减弱消失。

受“利奇马”影响，浙江、山东、江苏等地均出现极端强降雨。其中，山东全省平均降雨量 158 毫米，为山东省有气象记录以来的过程降雨量最大值。浙江全省平均降雨量 165 毫米，临海括苍山一地过程雨量则达到 831 毫米①。受强降雨影响，浙江省临海市灵江流域发生流域性洪水，千年古城临海被淹；永嘉县山早村山体滑坡形成堰塞湖，随后突发决堤，造成 29 人遇难、3 人失联②。据中国气象局发布的气象评估报告显示，“利奇马”台风引起的 100 毫米以上暴雨覆盖的国土面积达 36.1 万平方公里，250 毫米以上暴雨覆盖的国土面积达 6.6 万平方公里，可见影响范围之广。

据统计，截至 9 月 18 日，“利奇马”台风已经造成浙江、山东等 10

① 赵宁：《气象评估报告显示：“利奇马”登陆强度历史第五，暴雨覆盖国土超 36 万平方公里》，《中国气象报》2019 年 8 月 16 日。

② 《台风“利奇马”刮出应急好与坏：城乡应急差距大》，环球网，2019 年 8 月 18 日。

个省（市）1400余万人受灾，70人死亡、失踪，近210万人次紧急转移安置，近4万人需紧急生活救助，1.5万间房屋倒塌，13.3万间房屋不同程度损坏，农作物受灾面积超过1000千公顷，其中绝收近100千公顷，灾区电力、通讯、交通等基础设施和厂矿企业等大面积受灾；直接经济损失达515.3亿元①。

“利奇马”是新中国成立后登陆我国强度第五的超强台风，具有雨量大、时间长、影响范围广的特点，加之登陆时间恰逢暑期，人员出行高峰期与强降雨期重叠，大大增加了防范工作的难度。强台风不仅带来严重的经济损失，更夺去了数十人的生命。

红十字会的人道救援行动

灾害发生后，中国红十字会会长陈竺高度重视灾害救援救助工作，在第一时间对红十字会系统做出重要指示。中国红十字会党组书记、常务副会长梁惠玲亲自指挥救灾，对总会及灾区各级红十字会的工作做出具体部署，上下一心，全力投入抗灾行动之中。

（一）启动应急响应，发放救灾款物

自10日凌晨登陆以来，“利奇马”台风致多地受灾。根据各地受灾程度及灾区需求，总会在第一时间启动应急响应预案，发放救灾款物。针对受灾情况最为严重的浙江省，8月10日，总会紧急启动二级应急响应，从中国红十字会杭州备灾中心、河南及江苏连云港红十字会备灾中心共计调拨夹克衫2000件、毛巾被3000床、赈济家庭包3000个，拨付紧急备用金20万元，款物价值合计130.782万元②。同时派出救灾指导组赶赴浙江，指导救灾工作的开展。了解到浙江严重的受灾情况，总会于12日再次向浙江省“利奇马”灾区拨发家庭包5000个、夹克衫1000件、毛巾被4800条，总价值184.76万元③。

8月12日，总会启动三级应急响应，根据山东灾区需求，调拨赈济

① 《应急管理部：超强台风“利奇马”灾后救助正有序推进》，应急管理部网站，2019年9月18日。

② 《“利奇马”台风致浙江受灾，中国红十字会紧急向灾区调拨物资并派出工作组》，中国红十字会网站，2019年8月10日。

③ 《“利奇马”台风救援，中国红十字会总会再次向我省灾区拨发救灾物资》，浙江省红十字会网站，2019年8月13日。

家庭包4000个、单帐篷200顶、紧急备用金10万元，款物价值共计157.36万元①。同日，为支援安徽灾区红十字会救助工作，总会启动四级应急响应，从安徽省红十字会备灾中心调拨赈济家庭包1500个、棉被1500床、单帐篷50顶，物资价值共计64.15万元②。

与此同时，中国红十字基金会启动“天使之旅——利奇马救援行动”，通过蚂蚁金服公益、美团公益、轻松公益等互联网筹款平台募集“赈济家庭箱”及其他救灾物资。自8月11日至16日，已筹集并向灾区拨付5200个赈济家庭箱。其中，向浙江台风灾区拨付1200个家庭箱，向山东台风灾区拨付3000个家庭箱，向安徽台风灾区拨付1000个家庭箱，为5200户受灾家庭提供应急生活保障③。

灾区各级红十字会也积极行动起来，以最快的速度支援灾区。8月10日上午，浙江省红十字会决定向灾情较重的温岭市、仙居县和磐安县紧急拨付毛巾被、家庭包、运动装等救灾物资，其中拨付温岭市毛巾被1000条、家庭包1000个，拨付仙居县毛巾被500条、家庭包500个、运动装540套，拨付磐安县毛巾被400条、家庭包400个。当天下午，第一批救灾物资即发往磐安县等灾区。宁波市红十字会向鄞州区受灾较重的东吴镇捐赠价值10万元的救援物资。截至当晚，市、区两级红十字会共调拨4艘橡皮船、50件救生衣、400个家庭生活包、200张凉席和200条毛毯支援东吴灾区④。

（二）开展救援行动，安置受灾群众

除发放救济物资、筹集救灾资金之外，各受灾地区的红十字会在救援行动中也发挥了重要作用。8月10日以来，台风“利奇马”引发多地发生暴雨至大暴雨、局部特大暴雨，致部分县区遭受洪涝灾害，人民生命财产岌岌可危。在此背景下，浙江、安徽、山东等各受灾省的红十字会系统根据自身实际，迅速做出台风灾害救援部署，协调派遣红十字救援队进行抢险救灾，其中尤以浙江省最具代表性。

根据省红十字会部署，浙江各级红十字会、各红十字应急救援队自

① 《“利奇马”台风致山东受灾，中国红十字会总会启动三级应急响应》，中国红十字会网站，2019年8月12日。

② 《“利奇马”台风致安徽受灾，中国红十字会调拨物资驰援》，中国红十字会网站，2019年8月12日。

③ 《抗击“利奇马”》，中国红十字会网站，2019年8月20日。

④ 《浙江省红十字会系统驰援台风“利奇马”灾区》，中国红十字会网站，2019年8月13日。

9 日下午开始就行动起来，积极参与到当地的道路树木清障、危房巡查、劝导居民及时撤离、排水作业等行动中，为救灾救援做准备。8 月 10 日下午，临海市灵江出现最高洪峰，大量洪水涌入城内，导致临海老城区积水达 1.5 米，大量群众受困。获悉临海公安紧急征用冲锋舟后，浙江全省红十字会系统救援队集结起来，连夜携带冲锋舟、橡皮艇、摩托艇、两栖车、装载机等救援装备奔赴临海。截至11 日 15 时 30 分，全省共有 24 支红十字救援队 360 余名队员参加了临海抗台救灾行动，转移受困群众 2000 多人[①]。

在台州市仙居县，“利奇马”台风引发山洪暴发、河坝决堤，135 个村庄进水受淹，7708 间房屋倒塌，80% 以上农村道路受损，12 万亩农作物受灾，全县直接经济损失超过 25 亿元[②]。灾害发生后，仙居县红十字会及时向周边县、市红十字会救援队联系请求增援，同时邀请浙江水域联盟搜救教官团驰援仙居，在县消防大队成立民间救援力量临时指挥部。据不完全统计，抗击“利奇马”台风期间，县红十字救援队共在南峰街道清口园村，福应街道横路丁村和桐桥村，步路乡白岩村、王宅村和外宅村，大战乡马大仁村，官路镇，下各镇等地投入救援行动上百次，共转移受灾群众 1500 多人。

在嘉兴市南湖区，红十字人一如既往地冲在防台抗台一线，深入社区、避灾安置点，帮助受灾群众转移，为群众送去急救箱、饮用水、雨鞋、雨衣等必需品。为有效保障全区安置点居民身心健康，南湖区红十字会与区卫健局联合，在全区各医疗卫生单位组建 12 支医疗应急救援队伍，并抽调精干力量入驻安置点，实行 24 小时全程陪护。此外，还组建了由专业心理咨询师带队的灾后心理干预队伍，分赴居民避灾安置点开展送医送药、送急救包、普及急救知识、健康宣讲和心理干预等工作。

红十字会救灾工作简评

我国东南沿海地处台风多发区，高频率的台风灾害一方面带来了严重的经济损失与人员伤亡，另一方面则促进了我国应急救援体系的不断

① 《“利奇马”台风救援丨风雨中最美的一抹红，全省 24 支红十救援队紧急驰援临海!》，浙江省红十字会网站，2019 年 8 月 11 日。

② 《风雨中我们始终走在一线——仙居县红十字会抗击“利奇马”台风工作纪实》，浙江省红十字会网站，2019 年 8 月 20 日。

完善。作为政府应急管理体系的重要参与主体，红十字会在历次救灾行动中奋勇向前，积极配合各级政府部门，为灾区百姓提供各种帮助。在弘扬人道主义精神的同时，也磨炼出一套完备的备灾救灾应急体系，为救援行动的顺利开展打下了基础。此外，随着“互联网”信息技术的不断发展，红十字会的备灾救灾活动也愈发及时有效。这两点，在此次“利奇马”人道救援行动中可见一斑。

以浙江省红十字会救援行动为例。得益于发达的气象预测技术，浙江省委省政府在“利奇马”登陆前已启动台风一级响应。浙江省各级红十字会也积极配合，及时启动相关应急预案，从备战值班、装备维护、物资储备、后勤保障、防台宣传等多方面做好准备，为后期及时的救援行动争取了大量时间。灾害发生后，受灾的台州市温岭、临海、仙居等地红十字会，及时收集灾情信息，协调派出红十字救援队进行抢险救灾，帮助转移安置受灾群众。省红十字会则根据下级红十字会报灾情况，依照就近原则，及时调拨本地的物资储备至灾区，同时统筹本省灾情上报中国红十字会总会。总会根据灾情，调拨救灾款物，同时派驻救灾工作组赴灾区指导，组织发放救灾物资，开展灾区需求评估。由此形成总会统筹、各级分会协同配合的备灾救灾体系。

在备灾救灾体系的具体运作中，互联网发挥的积极作用有目共睹。在防台宣传方面，除传统的登门入户、短信通知之外，微信群、微博等警情宣传方式愈发流行；在筹资方式方面，红十字会越来越多地利用互联网筹款平台募集救援物资；从灾情传达情况来看，红十字会救灾信息网络的建设加强了与应急、气象等部门的联系，保证了灾情信息的互联互通；在物资发放过程中，物流网络的完备则直接增强了救灾物资的运输能力，保证了救援的及时有效。由上述可以看到，互联网几乎贯穿了红十字会的整个备灾救灾过程。

综观2019年夏季红十字会“利奇马”救援行动，红十字人始终将受灾群众的需求放在首位，恪守“人道、博爱、奉献”的红十字精神，与救援官兵并肩奋战在救灾第一线，保障了救援的顺利开展。红十字会的工作值得肯定。

（作者系苏州大学社会学院研究生）

2019年河北“彩虹计划”概述

李伟玲

为贯彻落实《京津冀协同发展规划纲要》，2016年由京津冀三地红十字会主办，中华骨髓库三地分库的造血干细胞志愿者协同策划实施的“彩虹计划”，以“携手京津冀，共圆彩虹梦”为主题，同步宣传、合力推进，让血液肿瘤病患儿实现他们“六一”心愿。2019年是京津冀三地连续推出、联合推广、联手宣传、联动开展“彩虹计划”的第四年，各地都在积极收集血液病患儿的心愿，并希望让更多的人了解患儿心愿，让孩子们在病中也能感受到社会对他们的关爱，享受属于他们的“六一”儿童节的欢乐。同时，“彩虹计划”也带动社会各界关爱弱势群体，让爱心人士主动了解、加入造血干细胞捐献的人道事业，把爱传播到每个地方，以便让更多的人在爱和温暖的氛围中成长。

一、实施情况

2019年4月15日，河北省红十字会联合河北医科大学第二医院面向血液肿瘤患儿征集“六一”心愿，正式开启第四届“彩虹计划”①。在启动仪式上成立了河北省红十字会捐献造血干细胞志愿服务大队河北医科大学第二医院志愿服务队，为捐献者提供周到细致的服务，以确保采集捐献过程顺利安全进行，并为捐献者身体健康提供保障。4月20日、27日，志愿者走进河北医科大学第二、第四医院以及河北省儿童医院，征集小朋友们的心愿。

5月4日，“彩虹计划”的专属网站正式上线，小朋友们的心愿卡片被社会爱心人士认领，这些心愿大到一辆自行车，小到一套绘画彩笔，简简单单的礼物清单却最能触动爱心人士内心的柔软所在。“我希望能

① 孟德涛：《河北红会启动“彩虹计划”》，《中国红十字报》2019年4月26日。

收到一个行李箱，这样在我住院和出院的时候，爸爸和妈妈就不用拎很多袋子了”，病魔缠绕让患儿提早体会到父母的辛苦，也更早感受到他们并没有被社会遗忘。社会奉献的是爱心，凝聚的是对生的渴望，汇集的是所有人的力量，得到的是“重生”。

除了线上活动，还有一些线下活动。5 月 4 日下午，石家庄市举办血液肿瘤患儿“六一”心愿发布会，现场设立折纸区和绘画区，爱心人士可以前往进行线下认领心愿单，为血液病患儿叠千纸鹤送祝福。5 月 24 日，河北医科大学第二医院如期举行“六一心愿礼物发放联欢会”，鼓励孩子们勇敢地同病魔斗争，给他们送上未来的希望，把生命的期许传递下去。

从 2016 年打造“彩虹计划”品牌公益项目开始，截至 2018 年的“六一”患儿心愿清单，河北省红十字会已经收集了 643 位患儿的愿望，并且无一例外，全部实现。2019 年“拥抱非凡，创造奇迹”的主题活动共征集了 241 位血液病儿童的心愿①，是历年来收集患儿心愿最多，也是实现心愿最多的一年。京津冀“彩虹计划”开展以来，河北省在满足患儿“六一”节心愿上呈现逐年递增趋势，从 2016 年的不足 200 人到 2019 年将近 250 人，增长率超过了 20%，这不得不说是一个很大的进步。越来越多患儿的诉求被众人了解，民众对“彩虹计划”的参与度在不断提升，爱心与祝福的传播范围也在逐步扩大。

“彩虹计划”开展之初就和邢台日报、河北新闻网、长城网、凤凰网、网易新闻、河北红十字会官网及微信公众号等媒体展开合作，加大宣传力度，以唤起大众对血液病儿童的支持。事实上，此次活动所取得的效果比往年更为明显，患儿心愿数增多、认领时间缩短、新加入的爱心企业等都是“彩虹计划”进步的见证，更多爱心人士了解并认可了这一项目，“人道、博爱、奉献”的红十字精神在全社会已经逐步形成一种风尚。

二、社会效应

在 2019 年“彩虹计划”的启动仪式上，河北省红十字会党组成员、办公室主任郝建强在致辞中讲道，省红会每年从总会、社会各界争取 1000 多万元资金用于帮助白血病患者家庭，尽可能发挥人道救助的优

① 《彩虹计划六一联欢会今日举办，241 位患儿获心愿礼物》，网易河北，2019 年 5 月 24 日。

势，最大限度地帮助血液肿瘤患儿；河北医科大学第二医院儿童血液肿瘤科马夫天主任发言表示，骨髓移植患者康复，是我们最大的心愿；石家庄二中实验学校王海庆代表支持彩虹计划的小学、中学、高校发言，表示将继续全力配合彩虹计划，为血液病患儿圆梦；河北顺丰速运有限公司工会主席周贵娟发言，承诺将全力保障患儿心愿礼物，六一前都会顺利到达①。医院、企业、学校等社会各界爱心单位和个人连同患儿、家属，积极努力地推动造血干细胞捐献事业向前发展，在全社会弘扬了“人道、博爱、奉献”的红十字精神。

医护人员身上闪烁着朴实无华的光芒，在患者最需要帮助的时候，他们竭尽所能，不放弃每一条鲜活的生命，履行承诺，以为患者带来新生为荣；企业是社会最为活跃的一分子，它将天南海北的人联系起来，充分发挥纽带的作用，让爱心顺着不同的路线延伸到更远的地方；学校的角色极为特殊，它是未来的希望，学生现在所接受的教育将会影响他们今后的人生，希望的叶子要想在生命之树上长青不败，就需要一代代爱心之水来浇灌。

“彩虹计划”将各方力量有机结合在一起，让社会上更多的爱心人士去了解和关心血液病儿童，让孩子们带着更充足的信心和生的希望去面对病魔的挑战。红十字会、骨髓库、医院和造血干细胞捐献志愿者共同搭建的一座“彩虹桥”，将桥这边的患儿和桥那头的全社会爱心人士、爱心企业、学校紧紧联系在一起，送过桥去的不单单是一份小小的“六一”礼物，其中还包含着对生命的尊重和爱心的延续。与中华骨髓库志愿者配型成功并移植顺利的小朋友思宇（化名），感谢曾为她送上“生命种子”的志愿者以及帮助她治好病的白衣天使们。她说：“感谢你们让我重拾生命的希望，我会谨记于心，好好学习，长大以后尽我所能回报社会。”②

三、可持续发展

为实现“彩虹计划”的可持续发展，进一步把红十字精神渗透进大众生活中去，这里提出两点意见。

一是从宣传角度出发。从已经举办的4届“彩虹计划”活动中，我

① 《彩虹计划六一联欢会今日举办，241位患儿获心愿礼物》，网易河北，2019年5月24日。

② 《彩虹计划六一联欢会今日举办，241位患儿获心愿礼物》，网易河北，2019年5月24日。

们可以看到众多企业的身影，例如君乐宝乳业集团、华北制药河北华诺有限公司、河北顺丰速运有限公司等，它们是在社会上颇具影响力和流通性比较强的企业。那么，我们是否可以和这些企业合作，在以往线上、线下的宣传方式之外，再开辟一条宣传渠道？这三家企业分别是乳制品、医药、物流行业的中坚力量，它们的产品和影响遍及全国。红十字会与这些企业之间可以拓宽“彩虹计划”合作的领域，展开深层次的合作。例如，可以把“彩虹计划”最精髓的部分凝练成简短的一两句话，印在奶盒、药盒、打包袋等上面，再附上相关网址链接或者更多详情二维码，人们会在购物的同时了解“彩虹计划”，进而可以关注该计划，并可以进行爱心捐赠。

二是从公众参与度考虑。“彩虹计划”每年有固定参与单位，例如河北省红十字会、中华骨髓库河北省分库、河北省红十字会捐献造血干细胞志愿服务大队、河北医科大学第二医院儿童血液肿瘤科、河北医科大学第四医院儿科、河北省儿童医院血液肿瘤科、石家庄二中实验学校、石家庄市北新街小学、石家庄市和平西路小学等，且这些固定参加的爱心单位大都集中在省会城市。我们是否可以与省内其他城市展开横向联系，把宣传的地域、对象、受众等进一步扩大？“众人拾柴火焰高”，爱心奉献活动亦欢迎有更多的爱心单位加入，如此才能让红十字的精神成为源源不断的“活水”。

习近平总书记指出，红十字组织是全世界影响范围最广、认同程度最高的国际组织。中国红十字会自成立以来，在重大灾害救援、保护生命健康、促进人类和平进步等方面发挥了重要作用。在新的历史时期，河北省红十字会在京津冀一体化方针的指导下，采取多种形式、通过多种途径开展公益事业，以带动整个区域爱心活动向前推进。相信“彩虹计划”这一地区特色公益品牌项目未来会越来越好①。

（作者系苏州大学社会学院研究生）

① 《携手京津冀，共圆彩虹梦》，中国红十字会网站，2019年6月7日。

陕西地级市红十字会官网运行现状考察

梁　爽

陕西省红十字运动历史悠久，始于1911年辛亥革命时期。新中国成立后，1959年11月，陕西省红十字会宣告成立。1993年《中华人民共和国红十字会法》和2002年《陕西省实施〈中华人民共和国红十字会法〉办法》颁布实施后，陕西省的红十字事业真正进入良性发展和不断壮大的新时期。

陕西省下辖10个地级市，即西安、宝鸡、咸阳、铜川、渭南、延安、榆林、汉中、安康和商洛，就全省的市级红十字会网站运行情况而言，榆林市目前还没有红十字会的官网，其他9个地级市红会加上陕西省红十字会，共建立了10个红十字会官方网站。

陕西省红十字会官网主要设置8个板块：红会概况、工作动态、红十字运动传播、捐赠公示、核心业务、从严治党、网上办事、信息公开。其中首页滚动公布每月爱心榜名单，名单中按照捐款日期进行排列，分为单位和个人、定向和非定向几种类型，金额备注清晰。但单位捐款备注详细，而个人小额零星捐款则备注简略。同时，首页底部还推送急救App，在其中开设网上课堂并设立红十字往事书屋。整个网站的运行与更新非常及时，是陕西全省红十字会网站中创办最为成功的一例。

西安市红十字会网站也有突出的亮点。首先，其首页滚动播放爱心榜单，其中奉献爱心的个人名字也被标出，这是尊重个人捐赠的体现；其次，首页还置顶了西安市红十字会微信公众号和扫码在线捐款的二维码，使获得红会最新信息及进行捐赠更为方便；再次，网站开设有网上祭奠板块，向人体器官捐献者致敬，体现了西安红十字会的人文关怀。网站的运营和维护比较好，信息更新及时。首页共分为6个主要板块，分别是：关于我们、新闻中心、政策法规、媒体报道、在线捐赠、遗体和人体器官捐赠，另外还有天使阳光基金（先心病）和小天使（白血病）基金两个捐赠项目值得关注。

咸阳市红十字会网站设有9个主要板块，分别是：红会简介、红会新闻、政策法规、业内动态、资料下载、组织建设、救助信息、办事指南和在线留言。其首页左上角置顶“红十字救心行动，开启健康之门”活动，但是点击“活动说明”时却无法打开网页链接。红会新闻板块更新比较及时，但是爱心榜及爱心捐赠名单相对滞后，还基本停留在2015年之前。网站开设的特色板块有“2018年咸阳好人榜”“红十字人道行动”“红十字博爱家园”“发现行动”“‘三个文明’进机关”。整个网站最大的亮点是其右下角滚动播放的求助信息，其中包括求助人姓名、年龄、患病情况及所在地址等，更方便资助人对于受助人的直接帮助。

宝鸡市红十字会网站的首页中共有9大板块，其中“政策法规、红十字项目、爱心榜和联系我们”没有进一步下分的条目，而“关于我们、新闻中心、红会事业、资料中心、在线咨询”5个板块的内容较为丰富。新闻动态相对更新及时，但是首页左中央捐赠爱心榜只循环滚动雅安地震捐款公示（5月23日公示），类型单一，时间也未及时跟进，不知是因运转问题、捐款不济，还是其他原因未及时跟进捐款信息。

铜川市红十字会官网设立了9个大项，具体包括：红十字会（组织简介、机构设置、主要职责和常务理事）、红十字事业、政策法规（红十字法规、相关政策、红十字知识）、红十字动态（红十字信息、最新图片、本会公告）、专题栏目（党建专栏、文明创建）、爱心榜、红十字项目、在线服务、求助信息。网站整体更新较及时，爱心榜板块比较有特色，基本上都是定向捐助的，比如“向林霞同学捐款名单”“云南鲁甸地震捐款名单”等项目。但是2014年爱心捐赠出现一个断层，2016年全年无捐款，2015年、2017年、2018年每年只有一项捐赠，这种情况与2013年以前的情况大相径庭。首页右下角“求助信息”一栏有求助人姓名、年龄、患病情况及联系电话，可以方便救助者与求助者直接联系，但是目前最新信息仅更新至2018年，未有2019年信息录入，从2016年到2018年也仅有6条求助信息录入，相比于铜川市红会网站上发布的求助信息而言，这6条仅有的信息肯定是不全的。

渭南市红十字会网站首页的设置相对较为简单，只有6个板块，分别是：红十字会概况、新闻动态（新闻动态、区县动态、红十字志愿服务）、政策法规、信息公开、红十字网上课堂、网上办事（我要捐赠、我要求助、申请志愿者、造血干细胞捐献报名、遗体和人体器官捐献报名、重建家庭联系、应急救护培训）。新闻动态、区县动态等信息更新较及时，但是缺乏爱心榜这一项目，让人无法了解市红会所接受的捐赠情况。

延安市红十字会网站首页主要项目有 10 项，分别是：延安红会、政策法规、新闻中心、紧急救助、红十字事业、网上捐赠、爱心榜、志愿者之家、红十字知识、捐献造血干细胞。网站的信息更新较及时，特别是红十字会相关知识普及情况较好，有专门的板块进行普及。但是在一些细节处理上还显得较粗糙，比如网站右上角的时间本应是 2019 年 8 月 23 日，却显示为 119 年 8 月 23 日。

商洛市红十字会网站首页下设 8 个主要板块，除“志愿者服务、在线捐赠、联系我们”3 个无下设分支的板块外，剩余 5 个板块均有细目。商洛市红会网站上的爱心榜做得非常好，每一笔捐赠无论数额大小皆备注捐赠者姓名，即使小至 2 元亦有标注姓名、时间以及是否定向捐款，让每一位捐赠者都可以放心。但是捐赠数目及捐赠的金额都较少，因此，如何进一步加强红十字会的相关宣传，建立起民众对于红十字会的信心等，应是下一步红会需要重点关注的问题。

安康市红十字会官网有“走进红会、红会动态、政策法规、爱心捐赠、资料中心、红会事业、联系我们”共 7 个板块，其主页相关信息更新较及时，另外还设有急救 App 的弹窗。爱心榜捐赠者来源标注清晰，捐款数额比商洛红十字会要高，但是并没有 2019 年的捐赠信息，不知是无捐赠收入还是未及时更新。安康市红十字会网站还开设有人道论坛这一特色板块，介绍国内外红十字会的办理情况及应对自然灾害的情况，更新及时，已更新至 2019 年 8 月。

汉中市红十字会网站的主要板块有：走进红会、政策法规、爱心榜、爱心故事、会员中心、企业展示、资料中心、文化中心、联系我们、捐赠方式。爱心榜虽然内容充实，但是更新较慢，尤其是还存在文字图片不清晰的情况。在求助信息方面，相较于其他市的红十字会网站，它采取受助人亲自写求助信的方式，显得更为郑重，但是依然存在更新不及时和求助人员较少的情况。

除此之外，陕西全省各地级市的红十字会中，只有西安和汉中两市红十字会设有微信公众号。

综上，陕西全省各地级市红会网站整体创办情况较好，信息更新都比较及时，大多数都设立爱心榜并清晰地标明每一笔捐款的来源，但接受捐赠的情况就其公布信息来看并不是很乐观，而且每一笔捐赠的具体去向并不是很清楚。大多数网站都推介了“急救 App”并设立网上课堂进行救护知识和红十字运动相关知识的普及宣传，但网页设置在细节方面还有瑕疵，因此有很大的提升空间。

（作者系苏州大学社会学院研究生）

调 研 报 告

公益慈善活动与中学德育教育

——以苏州园区的中学为例

冯世明

德育是素质教育的核心内容，在整个素质教育中处于首要的地位。司马光在《资治通鉴》的开篇就讲了“德”与“才”的关系，认为“德胜才谓之‘君子’，才胜德谓之‘小人’”，即一定要把育人放在第一位，把人生观、价值观的教育放在第一位，把教导怎么做人放在第一位。一个专业过硬并拥有高尚品德的优秀人才，才会对社会做出有益的贡献；而一些精致的利己主义者、有才无德的人，往往对社会的危害更大。党的十八大报告对社会主义核心价值体系建设提出了新要求，强调要深入开展社会主义核心价值体系的学习教育，用社会主义核心价值体系引领社会思潮，凝聚社会共识。

“仁者爱人”“老吾老以及人之老，幼吾幼以及人之幼”等，提倡的是人与人之间相互关爱帮助。作为中华民族优秀传统文化的重要组成部分，人文关怀是社会文明进步的重要标志之一，而慈善文化和公益事业在建设社会主义精神文明中有着重要的地位和作用。2012 年，中华慈善总会启动“慈善文化进校园”活动，并联合各地慈善会、教育部门共同实施了全国性慈善文化普及项目。该项目以向中小学生赠阅《慈善读本》为基本载体，以开展各种文化教育活动为主要方式，旨在弘扬慈善精神，推动青少年学生的思想品德教育，培养中学生真诚待人、孝敬父母、尊敬师长、关心帮助他人的优秀品质，促进青少年树立正确的人生观、价值观、道德观。在中学教育中，公益慈善活动越来越成为一个重要的话题。

一、搭建形式多样的公益服务平台

学校是德育教育的坚实基础，必须建立有效的管理系统和信息交流渠道，充分开发校园的公益平台。以苏州园区的星港学校为例，为了加强学校和社区的紧密联系，早在 2014 年，星港学校就和湖西社工委共建了“校社 1+1”，即将学校的志愿服务活动与社区紧密结合，让学生以感恩之心服务社区。为了使零敲碎打的志愿活动更加规范、专业并常态化，学校积极整合现有的校园志愿岗、社区志愿岗、社会服务志愿岗等，率先成立了苏州市首个志愿者服务指导中心。为了加强学生、家长和教师的志愿者队伍建设，做好招募、培训和注册工作，星港学校还特地建立了星光志愿者库，在志愿服务走向阵地化的同时，也使得学校的志愿服务更为长效化、制度化。此外，星港学校与苏州市轨道交通集团有限公司运营分公司开展了校企共建，形成“双线牵动机制”，即轨道交通公司安排工程师、一线工作人员等以志愿者身份到星港学校举办讲座、宣讲会，走进校园和课堂；同时，学校也定期安排学生志愿者来到轨道交通站点，开展以文明引导为主题的志愿实践活动，以及参观轨道车辆运行等体验活动，从而形成校企双线交流的机制。

二、拓展慈善公益活动的渠道

慈善公益作为德育教育的重要方式，其形式是多样化的，既有捐赠性公益如提供实物、资金等，也有服务性公益如提供服务、援助等，苏州园区的中学对此进行了有益的探索，以下介绍各学校组织的一些特色活动。

2018 年 5 月 24 日下午，湖西百合公益组织受邀走进苏州中学园区校的校园讲堂，与同学们一起分享援藏助学的公益意义，分享西藏学校孩子们的纯朴烂漫和求知愿望。百合公益组织并将学生们募集的爱心图书捐赠给西藏的学校，给远方的学弟学妹们送上了一份特别的儿童节礼物。

2019 年 3 月 7 日，园区星澜学校以三月“学雷锋”为契机，秉承“教育益家，服务万家”的理念，组织初中部开展“环青剑湖 Plogging 跑”的净湖系列活动。在沿途慢跑过程中，初中部全体师生和党员志愿者们亲身实践“改变环境，从我做起”的绿色环保理念。星澜人身贴迷你国旗，戴上手套，手持垃圾袋，通力合作，捡拾了一些被路人随意丢弃的果皮、塑料瓶、餐巾纸等垃圾，并向青剑湖沿街商铺及往来群众普及垃圾分类的重要意义，用实际行动带动市民们关注身边环境，从身边小事做起，做环境保护的践行者。

2014 年 3 月 12 日，园区星海中学在仁爱学校举行了“温暖童心”爱心公益活动。园区仁爱学校是学前教育—九年义务教育—职业技术教育一贯制学校，招收对象为中度和重度智力障碍、自闭症及多重残疾儿童少年。当星海中学的同学们走进仁爱学校后，他们为孩子们带来了一场精彩的文艺演出和有趣的体育互动游戏。

开展各类爱心捐赠活动是星海实验中学爱心义工社的传统项目。2019 年 4 月 23 日至 27 日，星海实验中学党委携“心连星”党员工作坊代表与全体高一师生走进江西弋阳，瞻仰革命先烈，开展爱心支教，为敬老院、贫困人家进行爱心捐赠，这条“红色之路”已经从 2011 年延续至今。师生们还前往漆工镇湖塘敬老院，给老人们送上苏州特产与爱心牛奶。4 月 25 日下午，爱心义工社向弋阳县方志敏希望小学赠送了一批爱心图书，包含文学名著、童话故事、注音绘本、自然科学、历史人文等诸多种类。购买书籍所需要的经费，全部是爱心义工社同学们利用课余时间组织废纸回收、开展爱心义卖等方式积累的。

每年 3 月份开展学雷锋主题活动，是园区星港学校星光志愿者服务队的常规活动。志愿者们来到北园社区、优康养老院、贵都花园社区、玲珑湾社区等，开展各类志愿服务活动，赢得了社区居民的一致好评与赞誉。另外，在母亲节、重阳节等传统节日，志愿者们也用自己的方式为社区老人送去问候，用实际行动弘扬中华民族尊老、敬老、爱老、助老的传统美德。

对星港学校学生志愿者来说，校外社会更是做好公益服务的大舞台。在苏州高铁北站，他们为乘客指路；在轨交地铁站，他们引导乘客文明上下车；在凤凰广场，他们为来往市民表演精彩节目……暑假期间烈日炎炎，20 位星光志愿者牺牲休息时间，来到苏州四大名园之一的狮子林开展志愿服务活动。志愿者们坚守岗位，维持售票口和检票口秩序，提醒游客不乱扔垃圾、不吸烟，倡导文明游园。他们的一言一行，赢得了来自全国各地游客的赞誉。

在“国际星港”办学理念的影响下，星港学校的星光志愿者们也逐步走上国际舞台。他们与盲聋学校的孩子、国际志愿者一起，感受不一样的人生；与国际青年志愿者组织合作，举办暑期双语夏令营，体验来自 8 个不同国家的青年志愿者们教授的全英文课程……让孩子们接触到更多更好的国际志愿服务项目。此外，学校还组织了“真人图书馆”活动，邀请西交利物浦大学的志愿者分享他们参与海外志愿活动的经历，提升了孩子们对志愿服务的理解，拓宽了他们的视野。星港学校近日还获得“全国首批中学生志愿服务示范校”荣誉称号。据悉，全国首批共有 48 所学校通过审核验收，星港学校是苏州唯一入围的学校。

三、慈善公益对中学生德育教育的作用

中小学慈善文化教育作为新时代践行社会主义核心价值观树德育人的新要求，在2016年9月1日起实施的《慈善法》第九章第四十八条中就明确提出，“学校等教育机构应当将慈善文化纳入教育教学内容”，从中可以看出国家对在学校传播和开展慈善伦理教育的高度重视。学生的道德教育不能仅仅停留在书本上，要获取深层次的认知参与和积极的情感体验，更应加强理论教育与实践体验的结合，使中学生能身体力行地投入公益和慈善活动中去，得到道德情感的升华与心灵的共鸣，这样才能使思想道德意识得到提升。

在今天，大多数应试教育下的学生缺少社会责任感，人际交往中也缺乏理解与信任，自私冷漠、对社会中的人与事漠不关心是存在于一些中学生性格中的弱点，而缺乏公共精神和社会正义感，亦是中学生思想品德中亟待解决的难题。因此加强中学生的德育教育任重而道远。

“道德是一定社会调整人与人、个人与社会以及与其他事物之间关系的行为规范总和”。“少年强则国强”，继承和发扬中国优秀传统文化，传授公益慈善知识，培养青少年互帮互助、团结友爱的慈善意识，推动慈善文化进校园、融入课堂，培育青少年树立现代慈善理念，使学生充分地认识到，关注个体生命，关注每一个需要帮助和关爱的人，是我们每一个公民的责任，这是道德的诉求，更是人道主义的关怀。在年轻人的心灵里播下一颗善的种子，用爱的教育陪伴他们一路健康成长，这是关系到中华民族未来的大计。

（作者单位：苏州大学社会学院）

大学生对于无偿献血的认知和意愿情况的调查

课题组

无偿献血是指为拯救他人生命，将自身的血液奉献给社会公益事业，而献血者不收取报酬及不收取超过因献血而发生必要的交通、误工等成本额度的行为。《中华人民共和国献血法》第七条明确提出，“国家鼓励国家工作人员、现役军人和高等学校在校学生率先献血，为树立社会新风尚作表率”。在校大学生作为社会发展的中坚力量，是富有爱心的群体，且易接受新知识，所以探究无偿献血在大学生中的认知程度与意愿情况就显得尤为重要。为此，本课题组主要采取问卷调查法，以在校大学生为调查对象，通过网络平台发放问卷，共回收问卷307份。从调查结果来看，在性别比例方面，被调查者中男生105人，占总人数的34.29%，女生202人，占总人数的65.71%；年级比例方面，大二的同学即重点调查对象共165人，占总人数的54.29%。同时，我们辅助以文献调查法，在正式调研开始前搜集无偿献血的相关背景资料与国内无偿献血现状材料，为此次调查研究提供理论支持。

一、调查结果分析

在分析是否知道献血的年龄限制、体重要求以及一次献血最大量等关于无偿献血的基本问题时，我们发现每一项问题回答“是”的同学均在50%～60%。另外，对于《献血法》的了解情况，半数的同学“完全没有听说过”，45.71%的同学“只是知道《献血法》的存在”，仅有4.29%的同学“知道并了解”。以上数据说明，同学们对于无偿献血还缺乏深入的认知。

对于大学生无偿献血的参与情况的调查，结果显示，超过半数的同学没有参加过无偿献血，17.14%的同学参加过1次，10%的同学参加过

2 次，仅有不到5%的同学有过3 次及以上的无偿献血经历。调查结果表明，大学生对于无偿献血的参与度并不高。

根据调查，参加过无偿献血的同学中，有超过半数的人是因为自身所具有的无私奉献精神和人道主义精神而选择献血的；也有30% ~40%的人是为了本人及家人的福利，以及自己在学校里所需要的志愿时间而参加献血的；此外，出于好奇而去献血也是目前大学生无偿献血的原因之一。由此我们可以看出，大学生的思想道德素质普遍较高；同时，大学生参加无偿献血的动机也是多样化的。所以，要想鼓励更多的大学生参加无偿献血，就要建立多样化的激励机制，吸引更多人参与进来。

另外，我们还就大学生对于无偿献血宣传和组织工作的满意度进行了调查。调查结果显示，在宣传工作方面，选择“满意”的同学有50%，25.71%的同学表示“不满意”，还有24.29%的同学觉得“无所谓”；在组织工作方面，选择“满意”的同学有60%，14.29%的同学表示“不满意”，还有25.71%的同学觉得“无所谓”。这说明大学生对组织和宣传工作的了解和支持度不高。

二、现状及问题

一是大学生对于无偿献血的认知度较低。调查结果显示，目前高校学生了解无偿献血相关知识的主要渠道仍然停留在学校的定期宣传，以及城市里流动献血车的宣传，说明宣传渠道较为单一，宣传和普及力度小，影响范围有限。而大学生作为无偿献血的主要力量之一，本应掌握最基本的无偿献血知识，但是我们通过调查发现，还是有相当一部分同学对于无偿献血了解的甚少。这说明高校学生对于无偿献血的认知度较低，这会影响他们参加无偿献血的热情。

二是大学生无偿献血的实际参与度较低。调研结果显示，尽管有80%的同学表示愿意参与无偿献血，但是在实际生活中，真正参加过无偿献血的同学不到30%。这说明，从道德和人道主义精神出发，大学生是赞成无偿献血的，但是自身和外界的种种原因导致他们没能将无偿献血落到实处。一方面，有些同学是因为自身的身体素质不达标，或者对无偿献血有恐惧心理而不愿意去献血；另一方面，有些同学会对采血环境及采血用品的安全性产生不信任；还有一部分同学有意愿去献血，但是因为自己所在的学校或者社区没有设立献血点而觉得献血很麻烦就放弃了。这些内部和外部的原因最终导致他们没能真正参与无偿献血。

三是组织管理体系缺陷，献血队伍规模小。调查结果显示，大部分同学还是通过校园献血车以及血站的定期宣传参与无偿献血的，高校尚未有稳定庞大的献血志愿者队伍，并且献血后也没有对献血者的相关信息进行系统完整的统计，这就导致一旦发生紧急用血的情况，很难临时找到充足且适合的血源。所以，需要在学校建立一支稳定且人数较多的无偿献血志愿者队伍。

三、建议及对策

一是加大无偿献血宣传科普力度，提高学生认知度。宣传方式应适应新媒体的发展，综合运用微信推送、网络媒体、电视传播等多种途径，最大化地向同学们传播无偿献血的好处，最大力度地号召同学们积极参与无偿献血。除网络媒体等宣传手段之外，高校也可以开设相关课程，供各专业同学选修学习。学校还应充分利用校园广播、宣传板报、献血知识竞赛、校内讲座、主题班会等多种形式，向学生宣传血液知识和无偿献血的意义及好处、相关法律法规等，尤其是献血可享有的优惠政策及献血是否危害健康等大众关注的主要问题，以提高同学们对于无偿献血的认知度。

二是健全多样化奖励机制，提高参与积极性。调研结果显示，同学们参与无偿献血的动机是多样化的，除占比最高的道德因素外，福利政策、志愿服务时间、献血证、献血后的小礼品等物质奖励一定程度上能够有效提高被调查者的活动参与积极性。高校可以从奖励机制出发，不仅仅为参与无偿献血的同学提供志愿服务时长，还可以设立相关奖项，或将无偿献血作为其他奖项的加分项。这些措施都可以提高学生的参与积极性。

三是完善组织管理体系，提供良好服务。血液采集点，尤其是校园流动采血车应强化献血卫生条件，主动热情地接待前来咨询的学生，耐心解答他们的疑问，做好献血服务工作，疏导学生对于献血的恐惧心理，及时让大学生了解到自己所献的血液是否合格、是否最终用到患者身上等，这些能在一定程度上提高大学生的奉献感，从而提高他们献血的积极性。同时，可以增加献血车进校园的次数，为同学们参与无偿献血提供更加便利的服务。

四是完善献血者招募政策，扩大无偿献血队伍的规模。学校应设立大学生献血志愿者资料库，一旦需要紧急用血时，可以快速联系到条件适合的在库志愿者；同时也要对他们进行再宣传和鼓励，定期为他们做身体检查，让他们也享受到无偿献血的益处。此外，还可以建立稀有血型库，为稀有血型者紧急用血做好基础性工作。同时对于稀有血型同学，除定期献血外，还要与他们保持联系，以共同应对突发事件。

无偿献血是以不求回报的方式向社会公众献出自己的血液给需要帮助的人，这是一种公益美德，起着救死扶伤的重要作用。通过开展在校大学生无偿献血认知与意愿调查，我们认为，高校应提高大学生对无偿献血安全性的认知，以促进血液管理机制透明化，探寻提高大学生无偿献血积极性的有效办法，促进无偿献血事业健康可持续发展。

（指导老师：池子华、刘素素、郝珺；团队成员：吕林芳、钱艾伦、田静、左思敏、温珊、朱敏、刘鹏、史晨雨）

历史研究

西汉时期黄河水患治理与赈济

章慧慧

西汉时期自然灾害频繁发生，据耿占军的统计，“西汉水灾19次，旱灾26次，雪灾9次，螟蝗灾15次”；王刚的统计为“西汉共发生79次灾害，平均大约3年一次”①。尽管这些统计不尽相同，但都说明了西汉时期灾害的频发性，其中黄河水患的危害不容小觑，而对于河患的治理则是西汉时期重要的救灾措施之一。

一、西汉时期黄河的水患

作为中国第二大河流的黄河，自西向东贯穿中国的中原地带。浩瀚黄河孕育了绚丽的华夏文明，但也给沿岸的人民带来了严重的灾难。以“善淤、善决、善徙”而著称的黄河，向有“三年两决口，百年一改道”之说。由于黄河河道的变化无常，黄河沿岸水灾频发。

谭其骧先生认为：“西汉时期的河患日趋严重，仅一百八十年（汉文帝十二年到王莽建国三年），黄河决溢十次，并且有五次都导致改道。”② 在10次水患中，武帝朝发生4次，成帝朝发生3次，为西汉黄河水患的高峰期。武帝和成帝时，不仅黄河水患发生次数繁多，而且受灾地域广，影响范围大。武帝元光三年（前132年），“河决于瓠子，东南注巨野，通于淮、泗”③；成帝建始四年（前29年），“河果决于馆陶及东郡金堤，泛滥兖、豫，入平原、千乘、济南”④。黄河水患还造成了

① 转引自林兴龙：《关于汉代社会救济的若干问题》，厦门大学2008年博士学位论文，第13页。

② 谭其骧：《何以黄河在东汉以后会出现一个长期安流的局面——从历史上论证黄河中游的土地合理利用是消弭下游水害的决定性因素》，《学术月刊》1962年第2期。

③ ［东汉］班固：《汉书》卷二十九《沟洫志》，中华书局1962年版，第1679页。

④ ［东汉］班固：《汉书》卷二十九《沟洫志》，中华书局1962年版，第1688页。

连年的饥荒，如武帝建元三年（前138年）春，“河水溢于平原，大饥，人相食”①。

二、黄患治理的组织与管理

西汉时期，民间的力量尚不足以承担黄河水患治理的职责。因此，政府作为国家绝对财富和权力的拥有者，在黄河水患治理上也起着绝对的主导作用。而皇帝作为绝对的权力所有者，虽然并不会直接参与治理水患的工作，但是作为决策者，他的工作主要分为两个方面：一方面是对于救灾官吏的任用、罢免，以及后期的奖惩措施；另一方面是对于救灾措施的安排与决策，如元光三年瓠子口决堤时，武帝先“使汲黯、郑当时兴人徒塞之”，后又听信武安侯田蚡之言而“久不复塞也”②。

官吏是黄河水患治理各项措施的具体组织者。早在先秦时期，已经出现了兼管救灾的官员，以大、小司徒为主导，遗人、均人、司救、旅师、稟人、仓人等官职人员兼掌民事救济。但是到了汉代，却“没有专事救灾的机构，只有兼管救灾事务的大司农，或者临时派遣使者指导救灾工作”③。

尽管西汉时期尚未有专职救灾机构，但是对于救灾官员仍有严格要求。“为确保救灾的顺利进行，汉代很重视对吏治的整顿，健全监督机制。……制定了一套严格的官员奖惩制度”④。《廿二史札记·灾异策免三公》亦载：“案周官三公之职，本以论道经邦，燮理阴阳为务。汉初犹重此说。……是汉时三公官，犹知以调和阴阳，引为己职。因而遇有灾异，遂有策免三公之制。”⑤《汉书·成帝纪》曰：“（建始四年）冬十月，御史大夫尹忠以河决不忧职，自杀。”⑥ 这是对于治河不当的官吏予以惩戒。而治灾有功之臣亦有相应的奖赏，如王延世造黄河堤有功，成帝“以延世为光禄大夫，秩中二千石，赐爵关内侯，黄金百斤”⑦。

真正落实黄河水患的救助措施少不了卒的帮助，他们是黄河沿岸巨大水利工程的劳动者，是保证黄河救灾事业完成的主要力量。在生产力

---

① ［东汉］班固：《汉书》卷六《武帝纪》，中华书局1962年版，第158页。
② ［东汉］班固：《汉书》卷二十九《沟洫志》，中华书局1962年版，第1679页。
③ 林兴龙：《关于汉代社会救济的若干问题》，厦门大学2008年博士学位论文，第21页。
④ 林兴龙：《关于汉代社会救济的若干问题》，厦门大学2008年博士学位论文，第27页。
⑤ ［清］赵翼：《廿二史札记》，中华书局2013年版，第47—48页。
⑥ ［东汉］班固：《汉书》卷十《成帝纪》，中华书局1962年版，第308页。
⑦ ［东汉］班固：《汉书》卷二十九《沟洫志》，中华书局1962年版，第1688页。

不发达的西汉时期，人力是重要的生产资料，征发卒役建设工程十分常见。在《汉书·沟洫志》中多次提及发卒治河的措施："汉兴三十有九年，孝文时河决酸枣，东溃金堤，于是东郡大兴卒塞之"①；"上乃使汲仁、郭昌发卒数万人塞瓠子决河"②。这里的"卒"就是征发的普通农民。

皇帝任命委派官吏，官吏主持救灾工作，并征发农民修筑堤坝、疏浚河道，这便是西汉时期治理黄河水患的基本程序和步骤。

三、黄患治理的措施与灾民赈济

西汉时期，为了更好地治理黄河水患，采取了各种治理与救济的措施。治理方面，可以分为堵塞、疏通和筑堤 3 个方法，而救济的方法主要是赈济灾民。

堵塞黄河决口是西汉时期治理黄河水患的重要措施之一。一般在黄河决溢发生时，皇帝便会派遣官吏发动人员对决口进行堵塞，从而保障沿岸居民的人身和财物安全，把生命和财产损失降到最低。堵口往往需要征集大量的农民，因此"兴卒"人数众多，常常数以万计。如武帝元封二年（前 109 年），"上乃使汲仁、郭昌发卒数万人塞瓠子决河"③。但是，强行堵塞的结果必定只是暂时性的，并不能解决决溢的危险，而且会经常性反复再次决溢。如武帝元光三年（前 132 年）时，瓠子口决堤后，武帝派遣汲黯、郑当时发动人员堵塞决口，然而不久便"辄复坏"。

疏通是与堵塞相对的一种治河措施。"自塞宣房后，河复北决于馆陶，分为屯氏河，东北经魏郡、清河、信都、勃海入海，广深与大河等，故因其自然，不堤塞也。此开通后，馆陶东北四五郡虽时小被水害，而兖州以南六郡无水忧"④。黄河虽然在馆陶决口，但是因为其被分流成几条河流，水量和水势都不如干流，因此水患的危害便大大减轻了。成帝初年时，清河都尉冯逡便称："郡承河下流，与兖州东郡分水为界，城郭所居尤卑下，土壤轻脆易伤。顷所以阔无大害者，以屯氏河通，两川分流也。今屯氏河塞，灵鸣犊口又益不利，独一川兼受数河之

① ［东汉］班固：《汉书》卷二十九《沟洫志》，中华书局 1962 年版，第 1678 页。
② ［东汉］班固：《汉书》卷二十九《沟洫志》，中华书局 1962 年版，第 1682 页。
③ ［东汉］班固：《汉书》卷二十九《沟洫志》，中华书局 1962 年版，第 1682 页。
④ ［东汉］班固：《汉书》卷二十九《沟洫志》，中华书局 1962 年版，第 1686—1687 页。

任，虽高增堤防，终不能泄。如有霖雨，旬日不霁，必盈溢。……宜复穿渠东行。不豫修治，北决病四五郡，南决病十余郡，然后忧之，晚矣。”① 清河郡并无多大的灾害，是由于屯氏河畅通、两河分流的缘故；而今屯氏河被堵塞，即使加高堤防，也终不能泄流。因此冯逡建议重新开渠使水向东流。但此对策以“用度不足”的原因被驳回，而“后三岁，河果决于馆陶及东郡金堤，泛滥兖、豫，入平原、千乘、济南，凡灌四郡三十二县，水居地十五万余顷，深者三丈，坏败官亭室庐且四万所”②。

开凿水渠是疏通分流的重要手段之一，不仅可以对黄河进行分流，而且对于后续长久的防灾救灾有重要的作用。贾让在治河三策中称之为中策：“若乃多穿漕渠于冀州地，使民得以溉田，分杀水怒，虽非圣人法，然亦救败术也。”③ 开凿水渠的优点有三：一是可以扩大农田灌溉，增加淤泥从而提高土壤的肥力；二是可以改善和提高农作物的品质和产量；三是有利于漕运和通航。

筑堤的治河措施在西汉黄河水患治理中亦十分常见。如成帝建始四年（前29年）王延世修筑堤防，“以竹落长四丈，大九围，盛以小石，两船夹载而下之。三十六日，河堤成”④。因其修筑省时，成帝还特任王延世为光禄大夫。

西汉政府对于黄河水患灾民最直接的救济措施是赈贷。《汉书·成帝纪》曰：“遣光禄大夫博士嘉等十一人行举濒河之郡水所毁伤困乏不能自存者，财振贷。其为水所流压死，不能自葬，令郡国给椟槥葬埋。已葬者与钱，人二千。避水它郡国，在所冗食之，谨遇以文理，无令失职。”⑤《汉书·沟洫志》曰：“满昌、师丹等数言百姓可哀，上数遣使者处业振赡之。”⑥《汉书·成帝纪》曰：“（鸿嘉四年）秋，勃海、清河河溢，被灾者振贷之。”⑦ 这些都说明了西汉政府使用“振贷”救助黄河水患受灾民众的情况。

① ［东汉］班固：《汉书》卷二十九《沟洫志》，中华书局1962年版，第1687页。
② ［东汉］班固：《汉书》卷二十九《沟洫志》，中华书局1962年版，第1688页。
③ ［东汉］班固：《汉书》卷二十九《沟洫志》，中华书局1962年版，第1694页。
④ ［东汉］班固：《汉书》卷二十九《沟洫志》，中华书局1962年版，第1688页。
⑤ ［东汉］班固：《汉书》卷十《成帝纪》，中华书局1962年版，第310—311页。
⑥ ［东汉］班固：《汉书》卷二十九《沟洫志》，中华书局1962年版，第1691页。
⑦ ［东汉］班固：《汉书》卷十《成帝纪》，中华书局1962年版，第319页。

四、结论

西汉时期的社会救济事业已经有了系统化和制度化的发展。以黄河水患为例，虽然没有专事救灾的机构，只有兼管或者临时派遣指导救灾工作的官吏，但是在西汉后期（成帝时）已经开始出现河堤使者、河堤都尉等具有“专职治河”性质的官职，这亦说明了西汉政府对治水的重视。堵塞、疏通和筑堤是当时所能采用的主要治河方法，赈济则是最重要最直接的救济灾民措施。

（作者系苏州大学社会学院研究生）

北宋循吏与灾荒救济

潘 婷

宋代自然灾害频仍，据《宋代救荒史稿》的不完全统计，两宋时期各种自然灾害共计发生1931次，其中在北宋的167年间，各类自然灾害共发生1113次①。频繁的自然灾害造成了巨大的损失，救荒措施也成为宋代统治者十分关注的问题。有宋一代，凡“振贫恤患之意，视前代尤为至切”②，形成了从中央到地方完整的救灾管理体制。作为“亲民之官”的地方官吏，直面灾情与灾民，在灾荒救济中充当着重要角色。地方官员行政能力与职业道德的高低关系着救灾效果的好坏，宋代循吏作为地方官员的典范，在灾荒救济活动中亦表现出独特的人格魅力和优秀的理政能力。本文拟以《宋史·循吏传》为基础，分析北宋循吏的灾荒救济措施与特征，探讨宋代政府灾荒救济政策，以期揭示地方官吏在实际救济活动中的作用。

一、循吏灾荒救济措施

《宋史·循吏传》记载了12位北宋年间的循吏在地方为政期间的典型事迹，并着重展现了他们作为州县官吏积极实施朝廷政令及感化民众的作用。在循吏的为官事迹中，灾荒救济亦是其重要一面。尽管《宋史·循吏传》的代表性有所不足③，但循吏作为官吏表率，仍能在一定程度上展现北宋政府对灾荒救济的重视程度与部分地方官吏救荒的积极作用。北宋循吏救灾措施主要表现在以下几个方面：

① 李华瑞：《宋代救荒史稿》，天津古籍出版社2014年版，第32页。

② ［元］脱脱等：《宋史》卷一百七十八《食货志·振恤》，中华书局1977年版，第4335页。

③ 参见燕永成：《〈宋史·循吏传〉探究》，《西北师范大学学报》（社会科学版）2010年第4期。

其一，发常平，宽催征。

宋代突发性自然灾害中较常见的是水灾、旱灾与蝗灾，这三种自然灾害相较地震、寒潮等更易导致农田减产，甚至颗粒无收，严重的饥荒也会随之而来。北宋政府为备荒而在各地设置仓储，其中常平仓虽创立之初的主要功能在于赈粜平抑物价，但其“岁熟增价以籴，岁歉减价以粜，用赈贫民”[①] 的功能，实则也是以赈粜为名的一种救荒形式。正如宋高宗所说：“常平法自汉以来行之，乃是救荒之政。”[②] 鲁有开知卫州，因水灾而人乏食，则“擅贷常平钱粟与之，且奏乞蠲其息”[③]。程师孟提点夔路刑狱时属岁大饥，发本部常平粟犹不足而奏发他仓以济之[④]。因而在循吏的救荒活动中，发遍布“天下”的常平仓粟，“或平价以粜，或贷以种食，或直以振给之”[⑤]，已是救荒形式之一。

农田歉收不仅影响农民生计，也与国家赋税相挂钩。在饥荒之年，农民温饱已成问题，更难以按时按量上交赋税。在此情况下，循吏的救荒措施不仅在于饱民腹，也在于上报朝廷灾荒的真实情况并“奏乞蠲息”，宽催征。

其二，劝巨室，济饥民。

北宋灾荒赈贷虽多出救荒仓廪，但在仓粟不足之时，常“劝诱人出钱救饥”[⑥]，推行“劝分”救荒之策。崔立知兖州，岁大歉，则“募里豪粟数十万斛以哺饥者”，所活甚众[⑦]。明道末年，知通州吴遵路为济民饥，募覆者得钱万贯于苏、秀籴米[⑧]。此两则劝募富民出钱粟之例仅是简单记载，北宋政府一般采取自愿原则激励富民赈灾，同时对出钱粟之

① ［宋］王应麟：《玉海》卷一百八十四《仓货·淳化常平仓》，（台北）商务印书馆1986年版，第712页。

② ［宋］李心传编撰，胡坤点校：《建炎以来系年要录》卷九十四，中华书局2013年版，第1798页。

③ ［元］脱脱等：《宋史》卷四百二十六《循吏传·鲁有开》，中华书局1977年版，第12698页。

④ ［宋］龚明之撰，孙菊园校点：《中吴纪闻》，上海古籍出版社1986年版，第55页。

⑤ ［元］脱脱等：《宋史》卷一百七十八《食货志·振恤》，中华书局1977年版，第4335页。

⑥ ［宋］李焘撰，上海师范大学古籍整理研究所、华东师范大学古籍研究所点校：《续资治通鉴长编》卷二百三十七，中华书局2004年版，第5777页。

⑦ ［宋］韩琦：《故尚书工部侍郎致仕赠工部尚书崔公行状》，［宋］韩琦撰，李之亮、徐正英笺注：《安阳集编年笺注》，巴蜀书社2000年版，第1583页。

⑧ ［宋］王辟之撰，吕友仁点校：《渑水燕谈录》卷第四《才识》，中华书局1981年版，第41页。

富民酬以官爵或给以免税等优待措施[①]。对于富民而言，救荒乃暂时之役，且很大程度上政府还会给以优待，一般也不会推辞。可以说，劝巨室以济饥民成为地方官补仓廪救荒不足的救灾形式之一。

其三，恤流民，救民急。

宋代百姓靠田而生，抵御自然灾害的能力十分有限。水、旱、蝗灾等突发性自然灾害对于百姓赖以生存的生产生活资料有极大的破坏性，农田歉收导致饥荒的到来，若官府救助不及时，无以为生的百姓为存活只能四处流徙。因此，灾荒成为导致出现流民问题的主要原因。

对于因灾荒而流离失所的贫民，北宋政府采取救济与安置相结合的办法。吴遵路知通州时遇岁饥，除赈济本州之民外，“自他州流至者亦十全八九”[②]；“又建茅屋百间，以处流民，捐俸钱置办盐蔬，日与茶饭参俵，有疾者给药以理之，其愿归者，具舟续食，还之本土。是岁，诸郡率多转死，惟通民安堵，不知其凶岁也”[③]。吴遵路对于流民不仅饱其腹、安其家，同时医其疾、帮其还归本家。而赵尚宽为垦辟唐州荒土，招集流民，计口授田，并贷民官钱买耕牛，且减其赋税。“比三年，榛莽复为膏腴，增户积万余”[④]。救助被灾而流之民，不仅是出于仁政之虑，以保障流民生存的需要，同时也是为了稳定社会秩序，保证国家长治久安之计。北宋政府对于流民的救助，以救济和安置为主，救助措施多样，上述吴遵路与赵尚宽两位循吏赈恤流民的措施，几乎包含了宋廷救济之策——救济和安置流民，鼓励流民耕种田地，帮助流民返乡，贷给流民耕作所需物品，对流民给予一定的赋税优惠等。除此之外，还有循吏事迹中并未涉及的招募流民从军入伍、利用工赈对流民进行救助等多种措施[⑤]。

《宋史·循吏传》中所记载的12位北宋循吏的灾荒救济事迹虽然十分简单，但在为数不多的历史记载中，我们仍然可以窥探到北宋灾荒救济政策的主要内容——仓廪救荒、“劝分”政策、存恤流民。尽管循吏

---

① 薛政超：《从国家无偿赈给到“劝谕”富民出资——唐宋国家实物救灾职能转变之考察》，《云南社会科学》2011年第1期。

② ［宋］李焘撰，上海师范大学古籍整理研究所、华东师范大学古籍研究所点校：《续资治通鉴长编》卷一百十三，中华书局2004年版，第2639页。

③ ［宋］王辟之撰，吕友仁点校：《渑水燕谈录》卷第四《才识》，中华书局1981年版，第41页。

④ ［元］脱脱等：《宋史》卷四百二十六《循吏传·赵尚宽》，中华书局1977年版，第12702页。

⑤ 参见郭文佳：《宋代流民救助述论》，《烟台大学学报》（哲学社会科学版）2006年第1期。

所为乃是政府政策主导下的行为，但和其他官吏相比，饥荒年景循吏所为更为及时实惠，如上述吴遵路知通州救济灾民而使其不知凶岁，然其余诸郡率多转死，就是典型案例。

二、循吏灾荒救济特征

北宋地方官吏多以科举入仕，处理实际政务的能力有所不足。王安石在谈及宋代文官素质时，认为“计天下之士，出中人之上下者千百而无十一；穷而为小人，泰而为君子者，则天下皆是也”①。可见宋朝文官多平庸，循吏也就由此而凸显其政治才能与人格魅力。在灾荒救济活动中，一般官吏能够按部就班地跟随中央指令行事已算是“有为”了，但循吏则不然，在积极施行中央政府指令的同时，充分发挥主观能动性，救荒积极迅速，备荒积储切实有效，以此形成了鲜明特征。

一是救荒速——救荒措施灵活机动。

北宋救荒管理自有一套运行机制，地方政府救荒需要遵循朝廷指令与政策行事，而地方系统中亦有上下权力之分。如开常平仓发放仓粟便须由常平司接受地方报灾情况后再上报朝廷，得到批准后才能调配赈济仓粟②。但有些突发性自然灾害往往较为严重，若完全僵硬地按照既定程序行事，灾民难以得到及时救济。因而相较一般官吏而言，循吏在灾荒救济中，常能灵活机动地实施行之有效的政策，“一切济以权宜”③。程师孟提点夔路刑狱时属岁大饥，而常平粟不足，即不俟报而矫发他仓，只因“必俟报，饥者尽死矣”④。吴遵路知通州时天下蝗旱，其募富者钱万贯于苏、秀籴米，平抑物价；又教民种食豌豆，因蝗不食豆苗且虑遗种为患，次年民获其利⑤。灵活机动的救荒措施，不仅暂时解决了灾民的生存问题，而且行之有效的政策也能够使灾民之后的生活得到一定的保障。

二是备荒豫——积储备荒积极有效。

---

① ［宋］王安石：《上仁宗皇帝言事书》，［宋］王安石著，中华书局上海编辑所编：《临川先生文集》卷三九《书疏》，中华书局1959年版，第416页。

② 参见李华瑞：《宋代救荒史稿》，天津古籍出版社2014年版，第361页。

③ ［宋］韩琦：《故尚书工部侍郎致仕赠工部尚书崔公行状》，［宋］韩琦撰，李之亮、徐正英笺注：《安阳集编年笺注》，巴蜀书社2000年版，第1583页。

④ ［元］脱脱等：《宋史》卷四百二十六《循吏传·程师孟》，中华书局1977年版，第12704页。

⑤ ［宋］董煟：《救荒活民书》卷二，中华书局1985年版，第31、39页。

北宋为备荒而广置仓储，但仓储有时仅是为积储而积储，并不能真正发挥救荒的功效。仓廪备荒是在朝廷主导下实施的，一般地方官仅能因循施行。而循吏则能为官一方而为一方民众着想，积极备荒。程师孟提点夔路刑狱时夔路本无常平粟，即请置仓①，尽管其后仓粟犹不足，但毫无疑问比无仓更有益于民。无独有偶，其在提点河东路刑狱时，亦因岢岚等郡无常平粟而募民纳粟置廪，以备荒岁②。而吴遵路则能在天下蝗旱之时，乘所辖民未饥之时籴米于他境，以民所采薪刍籴官米之直，遇冬又以原价易薪刍于民，使得官不伤财，而民亦蒙其利③。循吏积极备荒的举措，不仅造福百姓也无损官府利益，诚如祁承爜所言："先事而忧，故灾而不害，胜眉睫之救远矣。"④

"备荒在豫，救荒在速，此不易之论也。"⑤ 相较按部就班地按照朝廷指令进行救荒活动的一般官吏而言，循吏在救荒活动中能急民之所急，采取灵活机动而行之有效的措施，使灾民能得到真正及时而实惠的救济。

三、结论

北宋循吏作为地方官吏的典范，在灾荒救济活动中能够于积极施行朝廷救荒政策的基础上，充分发挥主观能动性进行"自救"，不因常法所拘而误救荒之急，使得救荒之策能真正起到作用。然而，循吏仅是地方官吏中极小的一部分，灾荒救济的实效与救荒的实际承担者——地方官的职业素质不无关系，这也凸显出北宋政府灾荒救济中的不足。尽管政府各项救济制度已逐步完善，但若大部分地方官吏的无过之心胜于有功之望，因循守旧，完全按部就班地按照救灾程序施行救济措施，可以说部分百姓未必能够得到及时而有效的救济。

（作者系苏州大学社会学院研究生）

① ［元］脱脱等：《宋史》卷四百二十六《循吏传·程师孟》，中华书局 1977 年版，第 12704 页。

② ［宋］龚明之撰，孙菊园校点：《中吴纪闻》，上海古籍出版社 1986 年版，第 55 页。

③ ［明］祁承爜撰：《牧津》卷四十一《救荒》，齐鲁书社 1996 年版，第 828 页。

④ ［明］祁承爜撰：《牧津》卷四十一《救荒》，齐鲁书社 1996 年版，第 828 页。

⑤ ［明］祁承爜撰：《牧津》卷四十一《救荒》，齐鲁书社 1996 年版，第 825 页。

江南义庄义田经营状况研究[①]

——以荡口、东山为中心的考察

袁灿兴

义庄在传统社会中承载了诸多慈善功能，它予族内弱势群体以赡养帮助，在天灾来临时帮助族人渡过难关，为宗族子弟提供教育机会，设置义冢使逝去的穷人得以体面下葬，等等。义庄通过义田获得经济收入，进而从事各种社会慈善。本文以无锡荡口、苏州东山义庄义田为重点，对江南义庄义田的经营状况加以比较研究。

一、无锡荡口义庄概括

1949年夏至1950年10月，华东局决定在苏南组建农村工作团，数百名干部下到乡村，首先调查苏南土地状况，然后进行土改试点[②]。

调查发现，与苏南总体相比，无锡地方上人均占有田地面积更少，荡口北延镇人均占有土地1.5亩，云林乡人均占有土地只有0.78亩。无锡地方上民众因为田少，故而多数农民不依靠土地生活，从事于各类职业，“今天种田，明天做工，今天做职员，明天当店主”。

调查显示，荡口与甘露相距4华里，一般情况相同，两镇合计5681户，23028人（农民3463户，16057人），土地31783亩，农民有土地者不到十分之一，屋基、坟地也大多交租。10户中有7户农民自己是没有一分土地的。普通农民每户种地四五亩，有的种一二亩，个别的种到十余亩。没有土地的农民，从事各种职业。除了木匠、泥水匠、裁缝及罱河泥、荡螺丝之外，很多农民还前往上海、苏州做旅馆职工，开堂

① 本文系无锡荡口古镇旅游发展有限公司、华氏义庄研究会支持课题“华氏义庄义田经营状况研究”的阶段性成果。

② 钱宝桐：《苏南土改的试点》，见《南京大学离休老同志回忆录》，南京大学出版社2003年版，第497页。

子，其中妇女很多（占成年人二分之一），主要做帮佣，甚至当舞女①。

在荡口诸义庄中，华老义庄历史最悠久，系华进思在清乾隆甲午年间建立。嗣后在道光、同治、光绪年间，陆续有义庄建立，存在时间最短的则是民国年间所创的华襄义庄。1950 年，为进行土改工作，对苏南地区的义庄进行了详细调查，留下了民国时期华氏各义庄的详细资料。调查数据显示，荡口镇共有土地 13010 亩，而各义庄占有土地 9691.6 亩，占土地总面积的 74.5%。此项义庄土地主要分布在荡口、甘露及其他各乡镇，梅村区和查桥区也有一部分。

表 1　荡口镇每户每人田亩平均表

总田亩数	13010	户口数	2642	每户平均亩数	4.92
		人口数	11014	每人平均亩数	1.17

资料来源：《无锡荡口区义庄田调查》，锡山区档案馆藏档，档案号：XB1-01-06-58。

各义庄之中，以华芬义庄所占土地最多，总计 4223 亩，占该镇义庄总田亩数的 43.57%。最少的为徐义庄，仅 290 亩，占总田亩数的 3% 弱。义庄所拥有的土地，大部分用来出租，一般出租率在 90% 以上。如华老义庄占有土地 3598.67 亩，除屋基 203.75 亩外，其余 3394.92 亩全部出租，占该义庄全部土地的 94.3%。

由调查数据可以看出，民国年间，各义庄所拥有的义田，占据了荡口地方上田亩的绝大多数，其比例高达七成以上。义庄之所以拥有如此之多的土地，一是各望族累世所积，不断扩充；二是官方对义庄义田，有诸多保护措施，各义庄义田不致失散；三是各大家族族人，在后世不断捐赠，使得规模益大。

荡口的义庄拥地众多，却未曾带来严重的社会问题，其中原因也较多。其一，近代以降，无锡地方上工商业发达，大量农民从事于各类副业，于农业倒不是特别重视。此点在 1950 年的调查中，也得到反映。其二，义庄以“义”字当先，在田租上不至于太高，对佃农也有一定补贴，双方关系比较融洽。其三，江南地方上土地肥沃，田产较丰，风调雨顺之时，土地所出足够家庭生活。

① 《无锡荡口区义庄田调查》，锡山区档案馆藏档，档案号：XB1-01-06-68。

二、吴县东山义庄概括

苏州吴县共有义庄 64 家，据潘光旦等的统计，义庄共占有义田 78067 亩，平均下来每家义庄 1219 亩①。吴县所属东山，共有 10 家义庄，占有土地 8119.8 亩，其中土地在 1000 亩以上的有 2 家，土地在 500 亩以上的 3 家，土地在 100 亩以上的 5 家。

东山义庄的土地，分布在苏州、昆山、常熟、横径、木渎等地，在东山本地则有 3925.8 亩（有 1085.8 亩为坟地）。东山岛居于苏州太湖之滨，山光水色，风景优美，且在战乱年代，由于太湖阻隔，相对安全。苏州地区的很多官僚，在致仕后都选择到东山定居，由此创办了诸多义庄。

苏州东山地区有席、叶、翁等 10 家义庄，义庄租户有 1690 户。义庄田分有田面权和无田面权两种，东山后者居多。东山本地的 3295.8 亩土地中，全部没有田面权。在外地的义田中，1500 亩为无田面权，另有 2694 亩义田有田面权。义庄土地，私人均无所有权，不得随便买卖②。与此相比，荡口义庄的佃户，多数拥有田面权（永租权）。

从义田租种人的成分上来看，吴县东山相对复杂，富农、地主也租种土地。东山各个义庄的义田，基本上没有本族人租种。租户中，以族外中农、贫农居多，一般约占佃种户数的 40% 至 70%，个别村庄达 90% 以上。例如东山渡桥乡第一行政村共 190 户、758 人，其中农业户口 83 户（其余为非农业户口）、计 358 人，共有土地 1173 亩，全村使用义庄田者 27 户、115 人。这 27 户的总使用土地是 252.6 亩，内有义庄田 102 亩，占全村总土地面积的 8.7%。而租种义田者，既有地主，又有富农、中农，地主占了 24%，佃农占 32%，中农占 45%③。

① 潘光旦、全慰天撰：《苏南土地改革访问记》，生活·读书·新知三联书店 1952 年版，第 62 页。

② 《太湖东山义庄田情况调查》，《江苏省农村调查·华东农村经济资料》第 1 分册，1952 年编印，第 253 页。

③ 《太湖东山义庄田情况调查》，《江苏省农村调查·华东农村经济资料》第 1 分册，1952 年编印，第 256 页。

三、义田的经营

在民间的理解中，设立义庄，须置田1000亩以上，不足1000亩但在500亩以上者称半庄。无锡地方地少人多，田地的价格相对较高，要凑足1000亩田地，需要雄厚财力支持。华氏族人所捐献的义田多是良田，所耗费银钱更多。购置义庄田亩时，双方须签订契约，除了卖田契外，还需制成一份称为“推粮字纸”或“推粮字约”的文书，将原田主缴纳税粮原额转给义田田主。义庄购置田亩时，基本上是向外族购买。但本族族人出售土地时，因为族规规定，必须本族人优先，故而也会从本族族人的手中购田。义庄田产购置后，要报官备案，执有田单，盖有戳记，以获得保护。

江南义庄佃农缴纳田租时，采用的主要形式是实物地租。实物地租，是以田地里所产粮食缴纳地租①。明清两代，实物地租是占据主导地位的地租形式。不过实物地租的缴纳，南北有所不同。“北方佃户计谷均分，南方计亩征租”，在北方比较流行的是实物分成制，在南方则流行实物定额制。

第一，实物分成制是佃户依照实际收获粮食的固定比例缴纳田租，不论产量多少，佃户与土地所有者所得比例是固定不变的。分成所采取的形式，有主一佃九、主二佃八、主三佃七、主四佃六、五五对分制等。至于主六佃四、主七佃三乃至更高的分成比例也存在，被称为“倒六四”“倒三七”分租。分成制的好处是，它既能保证土地占有者有一定的收获，又能随着灾年歉收相应降低应缴田租数量，在一定程度上有利于佃农，故而得以长期存在。“农业生产力水平低下，产量不高不稳，是分成租制长期延续的根本原因”②。实物分成制的不足是，产量越高，缴纳的越多，会压制佃农的生产积极性。

第二，实物定额制是依照耕地的面积、肥沃程度等，向土地所有者缴纳约定数量的实物田租。就江南地方而言，因土地肥沃，故而流行实物定额制。

按照实物定额制，佃户只要缴纳一定比例的田租后，所剩归己所

① 实物地租之外，在部分地区也缴纳货币地租。货币地租是根据田亩面额，佃户缴纳议定数量的银钱。清代随着白银的大量流入，货币地租所占比重不断提高。

② 周远廉、谢肇华：《清代租佃制研究》，辽宁人民出版社1986年版，第119页。

有，此种模式，能激发佃农的生产积极性。在一些地区还流行“铁板租”，“丰年不加，灾年不减”。但“铁板租”存在的不足是，当收成减少时，佃户仍要缴纳足额田租。一些地区的实物定额田租比较灵活，依照丰歉情况而定。如果是丰年，获得十成收获，则足额缴纳。如果遇到灾年，则依照收成数相应打折缴纳。在灾荒严重时，经过双方约定，可以减去一定幅度的田租。

定额田租的数量，各地区各不相同，同一地区内，根据田亩的情况也各不相同。北方一些地区可能只有几升，南方比较通行的定额田租是每亩1石。清代江南地区，土地肥沃，亩产约在3石之间，贫瘠土地亩产约在1石左右，故而良田常定为1石。不过南方田租也有较高的，如浙江上虞县“朱氏有田二亩，向系（陈）惠民佃种，岁偿租谷三石八斗”[①]。平均下来，每亩要缴纳田租1石9斗了。就佃户而言，除了缴纳田租外，还要负担一些额外的劳役。比如田主家中有大事，要前去帮忙；如果所租种的是族中祭田，则要帮着看坟供祀，出人出力出钱。

苏州东山义庄的租制相对多样，主要有三种：

一是活租，实际上相当于实物分成制。按照每年产量确定地租，每亩最高1.8石米，一般1.5石至1.6石，最低1.4石。

二是包租，相当于实物定额制。一般租额为每亩0.15石（为棉田、坏田），不管年成丰歉，一律在春季收0.05石，秋季收0.1石。

三是板租（有押板），佃农要事先交纳押租，再租种田亩，如果欠租，就在押金中扣除。押金（押板钱）不生利息，东山一度每亩要大洋1元，后改为1石米，不交租就拔田，并扣其押租。田租最高0.9石，一般0.5石至0.6石，最低0.4石。实收时，如是坏田、荡田可打七折。

江南地方民众素来温和，且亩产较丰，佃农一般也能温饱无忧。直至清康熙后期，江南地方才有抗租的事件发生。到了乾隆年间，江南有的地方佃农抗租开始增加，一些佃农“视田主之产竟同己产”，收获之后尽用花销，再将剩下的“糠粞瘪谷”用水掺和，用来交租。这还是在收成较好的时候，如果遇到水旱之年，佃农则聚众抗租，各地屡屡可见此类冲突。到了太平天国战争时期，无锡成为主战场，在轮番大战中损失了大量人口。战后田园荒芜，一片萧条，形成了人少地多的局面。这种局面，对于佃农来说是较为有利的。

太平天国战争结束后，佃农在租佃关系中占据了主动，无锡地方上

① 《刑科题本》，乾隆十九年七月十五日，浙江巡抚周人骥题。

相当部分佃农获得了永久耕种权即“永佃权”。此种永佃权的格局，一直延续到民国。民国时期的统计资料显示，永佃权在无锡地方上最为普遍，有永佃权的农民可以将土地出卖、出典、出租，租额一般比普通田租低。根据江苏省农民协会筹备会的调查，无锡非永佃田的田亩，佃农每亩缴租为米1石、麦3斗或者糙米1石2斗，高于拥有永佃权的佃农①。

义庄佃户缴纳的地租，与一般土地租种者比，相对较少。此外，义庄的田亩大多数是良田，产量相对较高。义庄的创办，往往经历了几十年甚至上百年，是故在购田时不会选择劣等田亩，以良田为首选。一些义庄规条中明确规定，不收中下之田。如葑门陆氏义庄条规：“族中有自愿捐田入庄者，无论多寡，日后概行照捐勒石。若以中下之田捐入义庄，实则冀免赔累者，庄中不得滥收。”② 义庄的丰腴田亩，较轻的田租，予佃农的补贴，使义庄与佃农的关系，一般相对较好。

四、田租的收取

义庄出租土地时，与佃农签署租约、佃约，详细注明所租田亩数、租额、额外租、交租期限与地点、欠租处罚办法及租种年限等。范仲淹创办范氏义庄时，立下了个规矩，即本族人不得佃租义田。因为一旦族人租田，发生拖欠钱粮的情况时，追索起来会损伤族谊。签订租约时，双方之间需要有担保人，本族族人不得参加担保。

苏州范氏义庄规定族人不能租种田地，为以后的各义庄所效法，但现实中却时常发生违规事件。据《宣德间清理范氏义田记》中载：“又因族人违规耕种，不纳租米，及佃户庄干，埋没欺隐，故每岁所收租利，止将输纳夏秋二税，供给马站等项支用，尚犹不敷，并无升合赡给宗族。”③ 华氏诸义庄在创办后，由于规章完善，管理较好，在太平年月时，很少发生族人租种义田的事件。

田租的缴纳，一般都定在秋收时节，种一季农作物的地方如此，种两季的也多如此，以此体现恤农。实物地租的收取，有的是佃农送到义庄中，有的则是催租人前去佃户家中收取。

---

① 刘大钧：《我国佃农经济状况》，上海太平洋书店1929年版，第128页。

② 《陆氏葑门支谱》卷十三，转引自李文治、江太新：《中国宗法宗族制和族田义庄》，社会科学文献出版社2000年版，第178页。

③ 洪焕椿编：《明清苏州农村经济资料》，江苏古籍出版社1988年版，第76页。

由于各种原因，佃农会拖欠田租，双方不时会爆发冲突。与全国范围内的佃农相比，江南地方上的佃农日子过得算是不错。但面对着各类灾变，佃农们也会“结党鼓众，不许还租”，采取各种方式拖欠田租。地方上豪绅如果收不上田租，缴纳不了国课，自身也很头痛，为了应对国课，“有力者购米输官，无力者身受敲扑”。

就义庄而言，面对佃农收租时，常处于两难状态。义庄是“义”字当头，自然不能做出过度逼迫佃农之事。可佃农所缴纳的田租，又关系到义庄的经营维持，关系到族人的赡养，却是不能拖延的。华老义庄在义庄规条中解释道：“义田与寻常家产不同，家产只供一家之用，义田缺租其漕粮、赡族则受影响，故每年租例限冬至结账完清，倘有顽佃强抗拖欠即送官严追。”面对佃户抗租，义庄的选择只能是“送官严追”，自己不主动出面逼缴田租。官方对于收取田租定有保护措施：“至有奸顽佃户拖欠租课，欺慢田主者，杖八十，所欠之租照数追给田主。”[①] 涉及义庄田租收缴时，官方常予田主以支持，帮助收缴租课。

义田佃户必须在冬至之前，结账完清，若是拖延抗租，则送官严追。如果佃户与收租人串通，一并加以追究。虽然收租时不讲情面，到底义庄与佃农还是紧密联系在一起的。故而华老义庄又另外设置“恤佃田”，总计120亩。如果每年租米都能收好归仓，“俟五月插秧时，给赏各佃每亩黄米一斗，稍资饭食，以劝农工，如有旧欠未清者，不准发给”[②]。

从历史上来说，义庄依靠佃农缴纳田租，维持义庄运作，双方之间是共存共生关系。由于华老义庄历史最悠久，规模较大，影响力最广，无锡地方上的一般地主及义庄每年开收租米时，都要先等华老义庄开始收租行动后，才开始收租。佃农租额，华老义庄名义上定为每亩田米1石，实收时则打折扣。抗战前每亩实收糙米6斗5升及麦2斗，抗战后收稻120斤（华新义庄则少收5升），水旱荒年再略加折扣。

江苏交租历来有三限，限期前交，可打九折，头限实交，二限加一成，三限加二成。一般半月至一个月为一限，有的义庄5天为一限[③]。按1936年10月18日，华老义庄收租布告[④]：

---

① 《（光绪）大清会典事例》卷一百《吏部·擅责佃户》。

② 《续申条规十二则》，《华氏义田事略》，同治四年（1865年）诒谷堂刻本，第7页。

③ 张研：《清代族田经营初探》，《中国经济史研究》1987年第3期。

④ 《无锡县荡口镇义庄田情况调查》，《江苏省农村调查·华东农村经济资料》第1分册，1952年编印，第261页。

头限：开仓日——十一月初二日，平田、圩田每亩收净米五斗五升。

二限：十一月初三日——二十三日，平田、圩田每亩收净米六斗。

三限：十一月二十四日——十二月二十日，平田、圩田每亩收净米六斗五升。

逾限期则照原额七斗五升。

在历史上，租佃之间屡屡发生冲突，产生诸多血案。就义庄而言，因“义”字当先，收租时相对比较宽容，租佃关系不是太过紧张。是故华氏各义庄在荡口地方上，虽然占有大量的田亩，却能得到佃户的认可，并未造成严重的社会分裂与冲突。

华氏义庄的经营模式，是与农耕社会相适应的，带着浓厚的宗族色彩。义庄本身不从事生产，而是将土地出租，收取租米。义庄的存在，造成了一个吊诡的现象，义庄奉行“义”，以赡养穷困族人为定位。可义庄的运作维持，却又依赖于佃农的辛苦劳作。又由于“义”，义庄不能过度收取地租，甚至设有补贴佃农的“恤佃田”，其所收取的租米也低于其他土地占有者的田租。

清代华氏诸义庄采取减轻租赋的措施，以缓和彼此矛盾。“一般的义庄每亩田租，按票面规定租额的七折收租。华氏新义庄则按六折半收租，对年底还清租子的佃户，每户发给喜米五升。华新义庄的租赋较轻，农民对新义庄的评价较好，还租率也高”①。在实际操作中，华新义庄实收的田租更低。义庄与佃农之间，一旦建立起相对较好的合作关系，即使发生拖欠地租的情况，不到万不得已，也不会提交官府处理。在不可避免的土地兼并浪潮中，义庄的存在，起着一定的缓冲作用，调节了地方关系，又赡养了宗族贫困，并在有余力时从事于地方事务。于传统社会而言，义庄功莫大焉。

至近代中国，各地屡现“抢米”风潮，虽为鱼米之乡，无锡也不能躲过抢米风暴。如 1934 年，短短 5 天之内，无锡就出现了 7 次抢米风暴②。抢米风暴之所以屡屡发生，在于土地兼并的严重，自然灾害的频发，生活的艰难，社会的动荡，“全县八十万左右的农民，被这些层层

---

① 华敦礼：《荡口华氏义庄概述》，《无锡县文史资料》第 4 辑，无锡县政协文史资料研究委员会 1986 年印，第 59 页。

② 夏明方、康沛竹主编：《20 世纪中国灾变图史》（上册），福建教育出版社 2001 年版，第 251 页。

的宰割和摧残，至今春已有十之五六陷进了饥饿的深渊”①。民国年间，社会动荡，收租益发困难，无锡地方上的一些义庄不得不与政府联系，利用账房率领差人进行逼租。

五、特殊形态的义田

1950 年的苏南土地调查，显示出荡口义庄经营性质、义庄在地方上的影响、义庄土地的经营方式等诸多内容，其中也可以看出特殊形态的义田。从其他的各种记录中，也可以看出江南义庄义田组成上的复杂性。

荡口各义庄义田的来源主要是靠捐献，有将捐献的土地出租，从地租中再继续添购（如殷义庄）。除捐献土地外，还有依靠工商业上所赚来的钱添购（如华襄义庄）。华老义庄义田的情况较为简单，它未将义田收入转移到工商业上去。华老义庄的情况，可代表大多数义庄情况，华永义庄、华襄义庄、徐义庄均属于此一类型。华新义庄的土地关系较为复杂，不仅义庄土地与宗族祠堂混杂，而且兼营商业。如在抗战前，华新义庄曾兼营兴仁堆栈（无锡西门）②。但华新义庄兼营工商业，是因为义庄主持者如华绎之一直在从事工商贸易，从而将工商内容带入到义庄之中。

除了义田之外，附属于义庄的堂田也占据了一定的份额。堂田是同一祖父或曾祖父的一小房份的公田，荡口堂田如崇德堂、德本堂、孝余堂等，共有 15 家。荡口地方堂田有 4888. 9 亩。堂田租米经过负责人同意，也可以接济本房或本族的鳏寡孤独和子弟读书，性质近乎义庄。堂田实际上是每一房或弟兄几个的私产，而不是义田那样的族产。堂田最多者，如德本堂有田 2000 亩，少者如孝余堂有田 120 亩。荡口地区的堂田，以华姓的为最多，15 家堂田有 5 家姓华③。

1950 年的苏南土地调查报告认为：“华老义庄在无锡县具有较大势力，过去无锡县内出任大小官员，需经该族有权有势者同意，如明代华太师，今之华绎之皆是。”华氏族人虽在地方上具有较大影响力，但对于地方官员的任命，其实并无实际干预的权力，调查中的描述显然过于

① 李珩：《无锡的抢米风潮》，《新创造》1932 年第 2 卷第 1、2 期合刊。

② 《无锡县荡口镇义庄田情况调查》，《江苏省农村调查·华东农村经济资料》第 1 分册，1952 年编印，第 259 页。

③ 《无锡荡口区义庄田调查》，锡山区档案馆藏档，档案号：XB1-01-06-57。

夸张。调查也显示，华氏义庄名望较好。据对华新义庄的调查，全庄所拥有的4223亩土地中，收入除捐赋开销外，余作救济本族鳏寡孤独之用。另拨义塾田45.7亩，用作办学校及补助贫苦子弟的学费；耕义田620亩，用于办理各种善举；固本田652亩，供本族远房贫苦者借贷之用；同善辅嫠田380亩，供本族之鳏寡孤独户代葬棺木之用①。华新义庄规定租米入仓后，除上列项目所规定的开支外，一律不准动用，原则上是今年收到的租米今年用完。

在1950年的调查中还发现，华老义庄中，来自华进思后裔所捐的义田为2205亩，来自其他各房捐献，或委托义庄管理的土地有1393亩，这些其他各房的土地称为“寄存祭田”（广义祭田）。捐田者为义庄的外房子孙，可以享受义庄的各项待遇，并可分红。

同治四年（1865年），华新义庄的《义庄续增义约十九则》中，有“凡寄存之广义祭田，亏则不能代垫，有余则对其本支子孙可以宽额给发。对其余四茕、助考、助婚丧等，听各广义子孙自行支配，各清各账。庄内开支，统一平均，按田数分摊”的规定。据此，外房族人也可将田亩捐入义庄，等同于入股，并可分红，亏损了则不能追索。捐赠人与义庄之间是合同上的经济关系，相当于通过入股的形式，获取收益。建庄直系后裔子孙，如果有土地，放在义庄中作为“广义祭田”，所得分红更多。“凡葵圃公子孙有田并入义庄，按照时价。如有正用可照时价每亩加一千文，但以五亩为限”。

其他义庄之中，各房捐田给义庄时，有的也会提出要求，将所捐田作为独捐义田，只用于本房的各项开支，他房不得干涉。如苏州荫余义庄，“有独捐义祭田房，他房不准干预，合族子孙不得觊觎庄产，藉端争执，如敢故违，许庄正指禀提究”②。

到了民国时期，仍然有华氏族人将田地寄在老义庄之中，以获得收入，如“老宅八房寡妇三少□，无子孙，过去依靠义庄供给解决全部生活。虽有八十余亩出租田，但因并入义庄内，租收也合并于义庄。自解放没收义庄，停止供给，仅能依靠连年来积蓄及变卖维持生活，目前已告断炊”③。

虽然说义庄规定，捐入义庄的田亩不得拿出或者变卖，但在实际中

① 《无锡县荡口镇义庄田情况调查》，《江苏省农村调查·华东农村经济资料》第1分册，1952年编印，第260页。

② 《荫余义庄张耕畲栈最后声明》，《申报》1921年2月13日。

③ 《无锡荡口区义庄田调查》，锡山区档案馆藏档，档案号：XB1-01-06-67。

会发生变通。1922年，华氏族人华省山去世，留下妻子华庄氏与女儿根弟，以及从胞兄处过继的儿子翼亭。华庄氏将位于荡口的26亩土地和苏州的房屋，全部捐作了祭产，由义庄加以管理。每年华庄氏母女和翼亭夫妇，各可从义庄领取6石米。到了1926年，华庄氏提出，由于女儿根弟出嫁，翼亭经商亏损，需要将房契暂行抵押借款，要求从义庄领出已捐献的房屋单据。面对此种情况，义庄也只能同意①。

义庄等机构收租，有官方作为靠山，佃农自然不敢过分抗拒。对官方而言，拥有大量田地的义庄，在缴纳钱粮上占据了大头，一旦田租收不上来，自然会影响缴纳国课。在收租时节，官方会派出差役，协助收租。义庄做大之后，收租时很少有佃户敢于抗拒。一些中小土地占有者看中此点，便将所拥有的土地寄在义庄之中，委托其收租办赋，称为“寄栈田”。而将土地寄在义庄的地主，便不再分别直接向农民收租，而由义庄统一负责，代为催收。对于地主们来说，这样既省事又有效果。他们只需把土地的收租权交出，便可每年领到规定数额的租米。吴县东山的义庄，则进一步发展，除了本身收租外，还替地主收租，近似“寄栈田”。

寄栈田也存在着一些问题，义庄帮助地主收租，会造成更多的纠纷，更有地主打着义庄招牌胡作非为；且以此种方式所得利益并不太多，在义庄收入中属于可有可无部分。因此荡口华新义庄就要求族人“不准寄仓收租”“亦不得将庄主私产混入”，不允许他人借仓收租，混淆公私。

六、义田的增值

张研在《清代族田经营初探》一文中认为，几乎所有宗族组织都用族田收入进行高利贷活动。以息买田，成了族田增值的重要手段，被写入各种义庄规条、宗规族约之中②。义庄投资生息，也是扩大规模的捷径。如无锡过氏义庄，在过人秀创立时只有义田100亩，到了他儿子手中时，已发展到了1000亩。无锡安氏义庄，初期只有300亩义田，不到20年就发展到了1000余亩③。

① 据今荡口华氏族人华金山先生的调查资料。
② 张研：《清代族田经营初探》，《中国经济史研究》1987年第3期。
③ 《（光绪朝）无锡金匮县志》卷二十五《行义》。

到了近代，将义田田租收入积存，投资到工商业中者相当普遍，并很快能获得发展。义庄资金的投资方向，在近代也发生了变化，如1889年《申报》上曾刊有广告：“启者今遗失同文书局廿四史股票一纸，成字第十一号，并失小单系随书，旧唐书新唐书旧五代新五代宋史辽史金史元史明史共十纸，已向同文书局订明作废，特此声明。杭省晋义庄告白。”① 浙江的晋义庄将义庄资金挪去炒股，却是领先于时代了。

除了个别义庄外，吴县东山义庄中，每年的义田收入都会有积存。如席义庄每年收入350石米，全年只用去了198石，主要用途比例为完粮40.41%、祭祀10.10%、杂支16.16%、义米30.30%、义学30.03%，剩余的则交给银行生息，或是购买股票，预备将来扩大规模②。

东山义庄热衷投资，也与其管理层人员的背景相关。东山10家义庄，管理层如族长、支族长、庄正、监理、管理、委员会、总管等，共计41人，除了1名自由职业外，其余40人均为大商人、工商企业家。这些人充满了商业头脑，由他们管理义庄，自然要将义庄中的预存，投资到各个行业中了。

但值得注意的是，华老义庄具有相当的财力规模，却从未将资金投入到工商业中去。其主要原因在于，华老义庄规模较大，后世又有各房族人不断捐赠田地，并不需要放贷生息。在义庄规条中，华老义庄就禁止从事于此类活动。华老义庄的增殖，仍然是传统社会的模式，即购置田亩，以为敬宗收族、家族传承之本。

华新义庄的经营，与华老义庄又有不同。华新义庄以商业收入与义田收入，一起支撑义庄运作。由于华鸿模本身就经营典当业，在义庄的运营中，自然会带入了工商业的内容。华鸿模之后接掌华新义庄的华绎之，更是名闻全国的商业家，在诸多商业领域有着开创之功。

至民国年间，随着无锡地方上受到近代工业的冲击，社会阶层的流动加快，再加上社会时局的变动，对华氏宗族产生了巨大影响，也带来了华氏义庄的诸多问题。因为义庄不论田亩多少，在漫长时日之后，必然出现分化。义田虽然名义上属于宗族，但最初设立义庄时的理想，却随着时间的流逝、世代的遥隔，逐渐化为了现实的利益。

① 《声明挂失》，《申报》1889年4月30日。

② 《太湖东山义庄田情况调查》，《江苏省农村调查·华东农村经济资料》第1分册，1952年编印，第257页。

在宗族中，族长、族尊、族董、庄董事等领导人物，实际上掌握着族田的收入与支配，虽不好公开侵吞宗族资产，但从中牟取私利，却是平常之事。陈翰笙对广东省宗族族田的调查表明："族中的一切收入，统归理事管理支配。除去纳税、祭祀、修理族产和津贴教育以外，全族的一切收入均由他保管。许多理事始终没有公开过详细账目，从租田收来的租金，往往被控制租金的人用来支付他们私家的田赋。因此，虽然族田不能自由买卖，但实际上族田的收入都由主管人自由支配。"①

在1950年的土地改革中，就华氏义庄情况，工作组对华氏族人进行了调查。根据被调查者反馈，在经历了抗战期间的无序状态后，华老义庄已经是管理混乱，漏洞诸多。原先华老义庄规定，只赡养鳏寡孤独及无劳动能力者。而此时只要是华老义庄本房后裔，既非鳏寡孤独，又具备劳动能力者，也可向义庄借兑，且往往是有借不还。特别是一些二流子、白面鬼，经常去借钱，故而在经济上，宗族内部存在众多矛盾。族中少数子弟，还曾一度要求分拆义庄而未果。华老义庄又有新、老宅之分，老宅较有势力，新宅较弱，双方也存在一定的分歧②。

结　语

综合以上材料，以无锡华氏义庄与东山义庄加以比较，可以看出江南义庄内部存在的一定区别：

其一，在义庄增值上。东山各义庄，基本上将每年义田收入用于投资增值上。因为东山地方上各义庄，其管理层多为工商业者，故而以义田收入进行投资。与之相比，荡口各义庄则遵守祖训，义田收入当年必须花完，且不得用于投资。无锡荡口华新义庄也从事工商业，但并不是以义庄收入从事工商业，而是以工商业收入反哺义庄。

其二，在义田出租上。荡口华氏诸义庄，对待佃农相对宽和，且佃农多拥有永佃权，故而佃农压力相对较轻。此外，华老义庄又另外设置"恤佃田"，总计120亩，以补贴佃农，双方关系较为稳定。东山乃至苏州各义庄，与佃农关系虽然谈不上多么僵硬，但也说不上多融洽，这也是清代苏州地区各种抢米运动多发的原因之一。

① 陈翰笙：《解放前的地主与农民》，中国社会科学出版社1984年版，第42页。

② 《无锡县荡口镇义庄田情况调查》，《江苏省农村调查·华东农村经济资料》第1分册，1952年编印，第262页。

其三，在义庄管理上。东山10家义庄管理模式各异，这与东山地方上大族的流动性相关。东山虽为一小岛，但苏州本地大户多有来此地养老者，各义庄之间群龙无首，没有一个可以效法遵从的管理模式。范氏义庄虽在苏州吴县，毗邻东山，却未能影响到东山各义庄。比较起来，在荡口地区，华老义庄具有领导地位，在地方上的诸多事务中，也有着举足轻重的话语权，故而其他义庄多效法华老义庄的管理模式。华老义庄由族人专管，在议事上也呈现出一定的民主议事形式。

从各个方面来讲，无锡荡口华氏义庄，无愧于江南第一义庄。从规模上来看，华氏诸义庄在范氏义庄之上。范氏义庄在《（同治）苏州府志》、1935年《吴县志》中记录的土地，为5300多亩。单个范文正公义庄来看，其规模较大，数字胜过华老义庄、华新义庄。但华新义庄拥有4223亩土地，华老义庄拥有3598.672亩土地，合计起来，华老义庄、华新义庄义田数字，则在历史最久远、规模最大的范氏义庄之上。义庄因为系范仲淹所开创，范氏义庄便背负了历史的盛名，故而不能分开，只能以范氏义庄的名义运行。相比较起来，华氏义庄的历史负担较轻，哪怕有了华老义庄，华氏族人仍然不断开创新庄。

从效果上来看，华氏义庄的管理、运营也是最好的。土地改革时的调查表明，华氏义庄与佃农关系融洽，佃农少有怨言。华氏义庄出现管理上的漏洞，也是特殊时期，即抗日战争时期的无序状态。比较起来，范氏义庄历史最久，问题也多。如《范氏家乘》（乾隆十一年）中所载，义庄账目不清的历代官司账就占了很大一部分①。

在明清两代长期存在的荡口、东山诸义庄，最终在1950年的土地改革中彻底消失，留下的只有曾经的义庄的建筑。今人徘徊于义庄之间，或能感受到昔日的向善之心，感染着昔日传统慈善事业的余晖。

（作者单位：无锡城市职业技术学院）

① 潘光旦、全慰天撰：《苏南土地改革访问记》，生活·读书·新知三联书店1952年版，第63页。

略论华氏义庄之地位[①]

傅　亮

义庄是随着宗族宗法制度的发展而形成的。宗族在宋代开始出现分化，范仲淹在苏州创设范氏义庄，成为后世的典范。明清以来，无锡华氏族人连续几百年创办义庄，其规模之大、影响范围之广，在江南地区首屈一指。华氏义庄在稳定社会秩序、帮助贫弱族人、从事公共工程、推行社会教化等方面，都起着重要的作用。从创办规模、教育功能以及管理成效上来看，华氏义庄都不愧为"江南第一义庄"。

一、明清时期华氏义庄之规模

义庄肇始于范仲淹在苏州创办的范氏义庄，后义庄形式逐渐向江南其他地区扩展。明清两代，苏南地区的经济结构摆脱了纯粹的农业生产模式，商品经济得到了充分发展，一些名门望族以雄厚财力为基础，在地方上创办了大量义庄。从明代开始，无锡的华氏家族开始了持续近400年的创办义庄的善举。在华氏的带动下，无锡、金匮地方上出现了一大批义庄。

明代，华守吉、华辉父子于弘治十八年（1505年）八月创办义庄。义庄建成后，"以赡五服亲疏，缓急赈之有等"[②]。华守吉、华辉父子创办的义庄具体情况不详，真正将义庄建成规模的是华麟祥、华云父子。华麟祥潜心经营商贸，很快富甲一方。随后华麟祥"创田租千石，为义庄义塾，以赡族人，越数代犹守其遗训"。华麟祥之子华云曾考中进士，进入官场之后，因反对严嵩擅政，于嘉靖二十七年（1548年）辞官回

① 本文系无锡荡口古镇旅游发展有限公司、华氏义庄研究会支持课题"华氏义庄在江南义庄中的地位研究"的阶段性成果。

② 《近斋府君宗谱传》，《华氏传芳集》卷四，乾隆七年（1742年）刻本，第55页。

家。退隐之后，华云热衷于地方事业，在乃父的基础之上，继续扩大义庄规模。义庄中设置有专门库房，存储义田收入；又有义塾，为族中子弟提供求学的机会。

清代，华氏族人创办义庄的事业比明代更为庞大。华存斋“一生蓄志，仿范文正义田千亩故事不克”①，只因财力有限，未能达成创办义庄的心愿。华进思经营有方，“累积致富”之后，继承父亲遗志，以数十年之精力“置得南延乡清馨似兰、如松之盛、川流不息、容字等号常稔田一千亩”，作为义庄的田产。乾隆五年（1740年），华进思响应朝廷号召，捐出谷200石，此后又捐出银100两，建仓房12间，作为贮谷之所，以备荒年。为了体恤农工，华进思再捐田120亩，以每年租米及义庄收存的部分租米，于每年四月赏给租种义田的佃农，作为补贴。

除华进思外，华存宽、华鸿模父子创办的华新义庄更为显著。咸丰十年（1860年）正月，华存恭、华存宽、华存吉等72名华氏族人，汇集一堂，商量创设新义庄。经过多年准备，华存恭兄弟购置田亩，每岁可收田租375石。“将所置田亩，自愿尽数先立公账，每年租息，除办赋外，续置田亩祠堂公务”②。至同治末年，华氏新义庄所拥有的田亩数已达千亩，足称“全庄”。“捐置义田一千二十三亩六分五厘二毫八丝，岁收额租一千一百五十八石一斗三升五合。原绝契价纹银一万一千四百五十一两一钱”③。义田1023余亩，在苏南诸义庄中实力也称雄厚。华新义庄能发展到义田千亩，除了族人的慷慨解囊外，也与华存宽兄弟在洋务运动中获得较大成功有关。

华存宽的儿子华鸿模在清末扩建华新义庄。华氏新义庄开办之后，陆续添置田亩，实力日益雄厚。华鸿模又陆续购置田亩，为未被义庄登记入册却又迫切需要帮助的近房亲族提供帮助，此田亩称“固本田”。至光绪二十七年（1901年），固本田已得到很大发展，“迄今共得田租四百石”。这一年秋，华鸿模在所作的《建庄原始记》中回溯华新义庄的历史时写道：“自道光庚子以来，历三世阅六十年，诸父倡于前，鸿模偕诸弟侄承于后，计共得义庄田一千六百亩，各墓祭祀田三百亩，义

---

① 《阖邑绅衿顾开陆等具呈覆本县稿》，《华氏义田事略》，同治四年（1865年）诒谷堂刻本，第14页。

② 《创建义庄家议》，《华氏新义庄事略》卷上，光绪辛丑年（1901年）存裕堂刻本，第1页。

③ 《给贴投县禀稿》，《华氏新义庄事略》卷上，光绪辛丑年（1901年）存裕堂刻本，第5页。

学田五百亩，固本田四百亩，耕义田五百亩，堆栈一所，市廛一所，始得楚楚完备。”华新义庄历经几十年努力方成规模，其中之困难可见一斑，因此华鸿模告诫子孙：“凡我芬远府君后裔，宜慎终如始，毋忘创造之艰难，幸甚慰甚。”①

二、华氏义庄的教育之功

明清两代，华氏族人所创设的义庄，承担了诸多社会功能，对稳定社会秩序，帮助鳏寡孤独，缓和社会矛盾，起着重要作用。

明清时期，华氏族人在科举上不断取得突破，只是族人繁衍极多，难以进行系统的教育。华老义庄创办之后，以义庄为平台，定期于每月十二日，将族中要参加考试的童生，集中至义庄会课。会课时，晨至夕归，各自拈题，加以训练，会课时的一日三餐，由义庄供给，每桌六人。会课时，请地方上的贤达评定优劣，对优秀者加以奖励。会课所需要的费用，另外捐出义田50亩，附入义庄之内。“其逐期经费多寡，在租息内开销，不宜太俭，亦勿过丰，庶垂永久”②。

至同治年间，华存恭、华存宽兄弟创办华新义庄，初期以帮助族人为主要宗旨。光绪初年，华存宽之子华鸿模，对义庄功能加以扩展，兴办了义塾。义塾取名“怀芬书屋”，以缅怀先祖华清莲（字芬远），成为华氏子女学习之所。怀芬书屋后来兼收地方上外族子弟，免费入学，又更名为“耕余书塾”。书塾由华新义庄提供资金，聘请宿学名儒，定期讲解书题，批阅圈注，命题完篇，为科举考试做好准备。无锡邹鸣鹤记述了鹅湖华氏兴办义塾之后，带动无锡地方上义塾发展的盛况：“江左人文渊薮之地，士兴于学，民兴于业，义田、义塾之设比比皆是。”③ 值得注意的是，华氏义塾乃至无锡地方上各类义塾，其教育不单着眼于科举上取得突破，更重视子弟素质的提高，若是科举上不能取得突破，则在工商业中寻觅发展。华鸿模就是其中代表，三次参加会试失败后，转而经营工商业。

华氏还特意创办文社，培养地方士人，以求在科举上取得突破。文

① ［清］华鸿模：《建庄原始记》，《华氏新义庄事略》卷上，光绪辛丑年（1901年）存裕堂刻本，第59页。

② 《续申条规十二则》，《华氏义田事略》，同治四年（1865年）诒谷堂刻本，第6页。

③ ［清］邹鸣鹤：《鹅湖华氏家塾文钞序》，《世忠堂文集》卷三，同治二年（1863年）刻本，第32页。

社设在荡口镇旺儿桥华氏祠堂内，取名为“怀芬文社”。“怀芬文社”在训练读书人参加科举考试，以及切磋学问方面起到了重要作用①。

在清末改革的浪潮中，废除科举、兴办新式学堂成为一项非常重要的内容。在此情况下，华鸿模积极捐资，创办了“俟实学堂”②，后来还亲自创办新式学堂，如光绪三十一年（1905年）四月十八日，华鸿模创办了华氏私立果育学堂，以华新义庄部分收入以及义学田租收入作为办学经费，学生免费入学。果育学堂学制分初、高两等，各为4年，由华鸿模担任校长。创办之初，果育学堂有学生52人，教师8人，分4个教室授课。至1913年1月，学生增加到了79人。学堂聘请毕业于日本东京大学的顾建伯教授数理化，日本庆应大学毕业的华倩朔担任唱歌、图画教师，南洋公学毕业的钱伯圭担任体操教师，此外还有顾子重、华山、冯光烈和瞿姓先生教授国文、历史、地理等课程③，师资力量雄厚。

1909年，在第一届毕业生中，华声之、华绎之等8人，连同连跳三级提前一年毕业的钱穆共9人，报考常州府中学堂，9人全部被录取。多年之后钱穆回忆道：“在七十年前，离县城四十里外小市镇上之一小学校中，能网罗如许良师，皆于旧学有深厚基础，于新学能接受融会。”④ 由此可见，当时华氏私立果育学堂师资力量能够兼具旧学、新学，为培养学生奠定了基础。

新式学堂刚刚创办，社会风气未开，女子无书可读。华氏族人华子唯、华倩朔开风气之先，倡导开设女校，“该镇地广人众，学校林立，风气开通，为一邑之冠。目下女学独缺，如深望该镇热心教育慷慨解囊之”⑤。经过努力，于1905年在华倩朔宅院中创办鹅湖女子学校，华鸿模则资助兴办了鹅湖女子学校。

1912年8月，华鸿模之孙华绎之将果育学堂改名为私立果育高等小学校。至1913年8月，又更名为华氏私立鸿模高等小学校⑥。“荡口镇

---

① ［清］姚清祺：《华氏怀芬文社记》，《华氏新义庄事略》卷下，光绪辛丑年（1901年）存裕堂刻本，第21页。怀芬文社后来演变成学术组织。

② 无锡县志编纂委员会编：《无锡县志》，上海社会科学院出版社1994年版，第827页。

③ 黄振源：《果育学堂和鸿模高等小学》，《无锡文史资料》第6辑，无锡县政协文史资料研究委员会1988年印，第38页。

④ 钱穆：《果育学校》，《无锡县文史资料》第4辑，无锡县政协文史资料研究委员会1986年印，第33页。

⑤ 《荡口女学沿革》，《新无锡》1919年10月21日。

⑥ 《私立果育高等小学校变更校名请备案由》，《江苏教育行政月报》1914年第9期，第25页。

鸿模学校系该镇华氏私立，成立有年，学生日益发达，成绩日益进步”①。学校经费充足，学生免除学杂费，优秀毕业生进入高中就读时，由学校承担学杂费用。初等小学每人每学期提供学杂费5元，高等小学8元，初中30元，高中50元，大学120元，学生可凭录取通知书领取学费。下一学期的学杂费用，凭成绩报告单领取，留级者停发。此外，华氏子弟出国留学的全部费用，外姓优秀学生的出国留学费用，经华氏义庄庄主华绎之同意，也如数发给②。鸿模小学培养了一大批人才，如国学大师钱穆，物理学家钱伟长、钱临照，音乐家王莘，气象学家吕炯，农学家冯焕文、诸宝楚，实业家华洪涛等。

华氏所办义塾，对于提高华氏文化水准，普及教育起着重要作用。据统计，明清两代华氏出了37名进士，荡口华氏更是出了诸多文化名人。至近代，华氏族人敏锐地意识到了新式教育的意义，率先在无锡创办新式学校、女子学校。华氏所办新式小学校，经费充足，师资在全国范围内亦屈指可数，为无锡培养了一大批人才。古老的宗族与新式的近代教育，在华氏果育学校身上，得到了堪称完美的融合。这在其他义庄中，是很难见到的。

三、华氏义庄的治理理念

自范氏义庄创办之后，后世义庄的内部管理大多效法范氏义庄的运作。范氏义庄由“诸房选择子弟一名管勾”③，掌义田租米之催收发放。范氏义庄在管理上采取的是“差序格局”，义庄的管理人必须是义庄创办人嫡系子孙，主要受益者也是本支子孙。华氏义庄也承袭范氏义庄的模式，由嫡系子孙掌管。相对来说，华氏义庄建立了比较完善的管理制度，对于董事、司事等人员都有较为严格的任职、薪水、交接、监督等方面的制度要求，以免出现徇私舞弊、账目混乱的情况。

据资料记载，乾隆朝华老义庄初订有《义庄条约十条》，对义庄的运作做了详细规定。在管理上，华老义庄设董事1人，以2名司事辅佐之。董事的选拔，并不一定要求是华进思的直系后裔，而是“公举族中

① 《童子军野外实习》，《申报》1920年6月3日。

② 黄振源：《果育学堂和鸿模高等小学》，《无锡文史资料》第6辑，无锡县政协文史资料研究委员会1988年印，第40页。

③ ［清］冯桂芬：《（同治朝）苏州府志》卷二十四《公署》，光绪九年（1883年）刊本。

之品行端方，家业殷实者为之”。至于具体负责义庄各项事务的司事，则要求“老成称职”即可①。

董事、司事，每3年一任。若是董事、司事在任期间发生舞弊营私情况，随时更换。3年任满之后，如果董事、司事称职，获得族人认可，自己也愿意连任者，可以继续执掌义庄。

有的义庄的董事、司事也会有一些补贴，有的义庄没有任何补贴。补贴的标准，根据义庄的实力大小而定。华老义庄董事每年薪俸为60两，司事薪俸每人每年30两或40两。义庄董事、司事的收入在当时已是相当之高。

义庄董事任满或辞职时，要将义庄中的账簿契券等加以交接，其中涉及“四柱清册、四穷号簿、各房宗谱、田单契券、新旧租籍、钱粮田号细数”等，以及义庄房屋、器械、所存米麦银钱等，一一详加交接。依据义庄条约，每年年终之时，华老义庄的管理层要公布账簿，以示公允。庄中钱粮出入、各项开销，年终时要加以清查核算，将义庄实存公开，以昭示公。

为了杜绝弊端，义庄收租与分发月米时，必须由董事亲自加以检验，不可以完全由司事、催租人经手。遇到灾荒年月，董事不可以听催租人（扇人）的报告，自行减租。董事必须亲自去田间勘察，确定受灾情况，再议定是否加以减租。凡涉及义庄米麦银钱出入，必须立刻登记入簿，以免天长日久之后，账目混乱。义庄董事、司事对义庄积累的钱财，不得私下挪移，更不得为了利息而私自出贷。

义庄中的催租人每人每年发给饭米3石6斗，另按照收租数量，赏给脚米，每收1石赏1升。杂役一年收入3石6斗，约相当于现在米550斤左右，足够家庭日常开销所需。考虑到杂役还有其他俸禄及糙米提成，其年收入在当时当地也是比较丰厚了。杂役的俸禄及饭米按季度支取，不得预支透支，脚米至冬底时支取，且给付糙米。庄中平日供膳及杂用，酌定好数目之后，按月开支，不准透用支借。

同治年间，华新义庄创办之后，在规条上基本照搬华老义庄。华新义庄设置董事1人，司事2人辅佐。华新义庄的董事，从直系后裔中挑选品行端庄者担任，司事须是族中老成称职者。“凡庄内田租以及银钱

① 《义庄条约》，《华氏义田事略》，同治四年（1865年）诒谷堂刻本，第2页。

册籍，悉归掌管，倘才力不及，或有侵挪情弊，即议更换”①。

与华老义庄不同，华新义庄董事不付给报酬。司事一正一副，正者每岁支修金60两，副者每岁40两。催租（扇仆）每人每年给发饭米3石6斗，另赏脚米。脚米依照收租数，每石给糙米1升。催租（扇仆）的薪支及饭米按月支取，不得预支透支，脚米至冬底给付。至于庄中供膳，酌定数目，每月开销不准透用支借。至于收租事宜，如同老义庄一般，必须由董事亲自经手，遇到荒年要亲自查验是否存在歉收情况。董事不得私自挪用款项，谋取私利。董事任职满时，要将所有账簿加以交接，不得遗失。义庄一年的钱谷出入，每年年底清核，账目公开。不同于老义庄的是，华新义庄“庄裔须于每年正月内到庄，将清册查勘一次”②。华新义庄中的仓库房屋，每年需加以修葺整理，器具随时置办，但不可过多。

华新义庄规定，虽义庄后裔也不准用庄内银钱，不准借庄屋，不准寄仓收租，不准寄存货物，不准借用器物。如果有继续捐置的田亩房产，虽未及补办报官备案，只要捐赠，就属于义庄公产，不得再行拨出。庄裔如有别项公用，不得滥行摊入庄内，以免日积月累，影响到正项开支。义庄如有盈余，即续置田亩，以广善举③。

总体而言，在中国传统社会中，各类宗族组织，采取了带有血缘、宗法色彩的管理机制。华氏义庄的各项事务，主要都是由华氏宗族公同决定，虽带有一定程度的族内民主色彩，但总体上说来，华氏义庄的事务，主要是由华氏族长以及义庄创始人及其后裔等有影响力的华氏族人决定。而对于义庄的具体管理，华氏义庄建立了比较严密的执行及监督规则，从而保障了义庄的平稳运行。

随着华氏宗族以及华氏义庄的影响力逐渐扩展，也为华氏族人在地方获得了巨大的荣誉以及话语权。华氏族人累世行善，以乡里事务为己任，华氏义庄创设之后，更是为华氏族人积累了崇高的声誉，也使华氏族人成为地方治理与地方秩序维护的有力参与者。

---

① 《议约十八则》，《华氏新义庄事略》卷上，光绪辛丑年（1901年）存裕堂刻本，第12页。

② 《议约十八则》，《华氏新义庄事略》卷上，光绪辛丑年（1901年）存裕堂刻本，第13页。

③ 《议约十八则》，《华氏新义庄事略》卷上，光绪辛丑年（1901年）存裕堂刻本，第15页。

四、结语

义庄是一个家族兴盛的象征，被视为积德之举，余庆子孙，备受江南望族重视。自明代创办义庄后，华氏家族的义庄持续兴办了400年。由华氏的带动，无锡、金匮地方上出现了一大批义庄。华氏族人所创义庄，无论是创建规模，还是教育功能以及管理成效，在江南义庄中都属于前列，被后世赞誉为“江南第一义庄”。

从规模上来说，范氏义庄在晚清、民国时期所拥有的土地5300多亩，华氏义庄单个义庄的土地规模比不上范氏义庄，但华新义庄拥有4233亩土地、华老义庄拥有3598多亩土地，合计起来完全超过了范氏义庄。

从功能上来看，华氏义庄在教育上发挥了巨大作用。明清两代华氏出了37名进士，荡口华氏更是出了诸多文化名人。至近代，华氏族人率先在无锡创办新式学校、女子学校。古老的宗族与新式的近代教育，得到了完美的融合。

从管理上来看，华氏义庄的内部治理效果也是最好的。华老义庄和华新义庄都有严格的管理制度，二者都设有董事和司事，均由品行端正的族人担任。华新义庄的董事不给报酬，完全义务担任。这种管理模式虽然带有很强的宗法、血缘色彩，但也保证了义庄的有序运转。华氏义庄的乡绅为宗族、地方争取到了一定程度的“自治”，义庄的主持者也成为地方乡绅的代表人物，参与到地方治理当中，成为维持地方秩序的重要力量。

1949年之后，作为宗族社会象征的义庄，在现代已全然消失，只有少数义庄的建筑得以残留，被后人重新挖掘，作为旅游资源得以开发。义庄以及地方乡绅在今天仍有其存在意义吗？从华氏义庄在江南义庄中的地位来看，义庄以及地方乡绅在地方社会治理以及教育方面的现代性意义仍然值得我们重视。

（作者单位：苏州大学社会学院）

华氏义庄的教化功能简论①

郭进萍

义庄是一个家族兴盛的象征，也被视为积德之举。义庄创办的目的在于予族人以福利补助，移风易俗，教化乡里，敦睦社会，因此具有强烈的社会教化功能。明清两代，无锡华氏族人先后创办多所义庄，其规模之大、数量之多，在苏南地区首屈一指，被后世誉为“江南第一义庄”。目前，学术界有关华氏义庄的研究多集中于华氏义庄的沿革脉络及经营管理等方面，较少涉及其社会教化功能，这不能不说是一个缺憾。本文试图对华氏义庄的教化功能进行探讨，不妥之处，敬请方家指教。

传统社会依靠宗法与血缘纽带维持社会秩序，家国同构。要忠君爱国，就要尊祖敬宗；要尊祖敬宗，就要收族睦族、教化人心、传播孝悌理念。在宗族范围内，以血缘为纽带，发挥“敬宗收族”“管摄天下人心”功能的首推范仲淹在苏州创建的义庄。

北宋皇祐元年（1049 年），范仲淹在苏州首创义庄，予族人以补贴，“又于姑苏近郊买良田四十顷为义庄，以养群从之贫者，且择长而贤者一人主其出入，每人日给米一升，岁给缣一匹，乃至嫁娶丧葬皆有赠给”②。义庄的功能，广义上是予族人以福利补助，“今世俗置产，以给族人，曰义庄”③。狭义上则是补贴丧葬婚娶，“乡有义庄，以给仕族亲丧之不能举，孤女之不能嫁者”④。范仲淹不仅设立义庄管理宗族公产、救助族众，更奠定了义庄此后运行的基础。他确立的《义庄规矩》，对救助对象、方法、数量等进行了规定，表现出慈善事业的明显特征。

---

① 本文系无锡荡口古镇旅游发展有限公司、华氏义庄研究会支持课题“华氏义庄的教化功能研究”的阶段性成果。

② ［宋］李昌龄：《太上感应篇》卷七，明正统道藏本。

③ ［宋］施宿：《（嘉泰朝）会稽志》卷二十，文渊阁四库全书本。

④ ［宋］罗浚：《次通判士论惜之》，《（宝庆）四明志》卷八，宋刻本。

义庄之外，范仲淹“又设义学以教，教养咸备”①。义学是为族内子弟提供免费教育而设，它有固定的经费来源，有较好的办学设施。创办义学既可以提高族人的文化水平，也为族人提供了向上流动的途径。需要强调的是，南宋嘉定三年（1210年），范仲淹六世孙范良在《续定规矩》中补充规定：“诸房闻有不肖子弟因犯私罪听赎者，罚本名月米一年；再犯者除籍，永不支米（奸盗、赌博、斗殴、陪涉及欺骗善良之类，若户门不测者，非）。除籍之后，长恶不悛，为宗族乡党善良之害者，诸房具申文正位，当斟酌情理，控告官府，乞与移乡，以为子弟玷辱门户者之戒。”其中对受助族人提出明确的道德要求，体现出明显的教化倾向②。可见，从义庄产生之日起，道德教化即成为其重要内容。此后，道德教化功能被义庄沿袭了下来。华氏义庄也不例外，具体言之，华氏义庄的教化功能主要体现在以下几个方面。

一、祠堂祭祀凝聚家族的力量

在宗族社会中，宗祠维持、祖先祭祀，是维持宗族秩序、维系宗族传承的重心所在，为一代代族人所重视。“华氏义庄者，为其远祖孝子祠堂及其族人而作也”③。华氏义庄的职能，在明清两代首先体现为祭祀，其次才是为族人生计。

清代推行以孝治天下，鼓励各地宗族修建宗祠。《圣谕广训》中倡导：“立家庙以荐蒸尝，设家塾以课子弟，置义田以赡贫乏，修族谱以联疏远。”④ 围绕宗祠建设，清代华氏通四三省支后人经过持续不断的努力，最终修成三省公专祠。专祠的建成，既缅怀先祖的功绩，也激励后人承袭祖先之志，为地方、为宗族做出更大贡献。对此，华鸿模不禁慨叹道：“呜呼，我先人之欲成此祠也，几费审度，几费经营。迄今三迁乃定，从此先灵可案，先人之志可慰。”⑤

① ［宋］牟巘：《义学记》，［宋］范仲淹：《范文正公集·褒贤祠记》卷二，四部丛刊初编本。

② 王卫平：《救济与劝善：“慈善”本义的历史考察》，《光明日报》2019年5月6日。

③ ［明］顾清：《无锡华氏义庄记》，《东江家藏集》卷二十一《北游稿》，文渊阁四库全书本。

④ 《圣谕广训》，《景印文渊阁四库全书》第717册，（台北）商务印书馆1986年影印本，第594页。

⑤ 《始建三省公祠记》，《华氏新义庄事略》卷末，光绪辛丑年（1901年）存裕堂刻本，第18页。

三省公祠除了春秋祭祀功能外，还增添了新的教育功能。华氏各房族中子弟及异姓子弟，在祠堂第三进中讲学，以品学兼优之士数人为主讲、辅讲，每月分期讲解。课堂上允许生徒质疑，以功课之优劣，以定赏罚之等差，宗祠学堂开办一二年后，就有成效①。

宗祠主要通过对祖先的祭祀和缅怀而发挥慎终追远、凝聚人心、推行教化的作用。华氏义庄除纷纷建置宗祠族庙外，还积极编修族谱。族谱主要记载本族世代、分支及列祖名讳。一个族姓的繁衍情况及彼此之间的关系，通过族谱可以一目了然，如此也便于开展宗族祭祀活动。华氏对于编修族谱，相当重视。华氏各义庄中甚至有修谱部门，每年收集、记载本庄家族的婚姻、生育、职业、丧葬等情况，对历代子孙详细记载名号、婚配、始卒年月日及个人历史，修辑入家谱，以便后裔祭祀，追述考查。

宗族对其内部的管理，其实质可以用顾炎武说的“教化权”和魏源说的“自教养”来概括。诚如冯尔康先生所说：“宗族进行的祭祖、修谱、登记人口活动，令族人的宗族意识根深蒂固，大大增强了宗族的凝聚力，从而使得宗族有了施行教化权、自教养的牢固的意识前提，令族人可以接受。宗族活动中，挚爱国君为主题的宣讲，崇拜祖宗为内容的祭祀，钳制和处置族人各种行为的族约宗规，都是在进行教化，也无一不是在行施教化权。至于宗族义产的救助，不就是自行养育吗！然而亦是贯彻教化精神，寓奖惩于周济之中，不率教的子弟，不但不能领救济物品、丧葬费用、上义塾领膏火费，还要受到惩戒，所以赡养也是控制族人的一种手段。宗族自教养，就是在其内部行施教化权。”② 对祖先的尊崇，通过一代代人的文字整理，口耳相传，使先祖的功德善行深入人心，进而规范自己的现世生活。

需要指出的是，华氏义庄重视祠堂祭祀和祖先崇拜，一方面的确起着敬宗睦族、凝聚人心的教化功能；另一方面则折射了族人务实功利的祈祷求福心理。正如费孝通先生所说：“我们对鬼神很实际，供奉他们为的是风调雨顺，为的是免灾消祸。”③

---

① 《三省公建祠记》，《华氏新义庄事略》卷末，光绪辛丑年（1901年）存裕堂刻本，第20页。

② 冯尔康：《简论清代宗族的“自治”性》，《华中师范大学学报》（人文社会科学版）2006年第1期。

③ 费孝通：《美国与美国人》，生活·读书·新知三联书店1985年版，第110页。

二、庄规庄约规范族人的道德

中国传统社会重视道德教化，希望通过道德榜样的示范与熏陶来营造出“民德归厚”的风气，从而维持社会秩序。作为传统社会治理的重要组成部分，义庄通过庄规庄约规范族人的道德，进而推进社会教化。

无锡华氏始祖华宝，以孝闻名于世，影响着后世华氏家风。“孝”堪为华氏家族理念之核心。出于理念维持及现实家庭生活的考虑，华氏各义庄创设后，都在义庄规约中明确规定以“孝子节妇”为首要帮助对象。华老义庄《续申条规十二则》规定：“义田为赡族之方，兼寓劝善之意，先于孝子节妇之穷困者，次及鳏寡孤独之无依者，分等造册。”[①]这里明确规定义庄赡族，以孝子节妇中的穷困者优先，次及鳏寡孤独无依靠者。所谓“节妇”，指丈夫去世后，坚守贞节绝不改嫁的女子。

一方面，就传统社会而言，孝子节妇通常被视为名门望族的标配。一个家族若是没有孝子和牌坊旌表，就不能称得上名门。在先祖的示范和后世的鼓励下，华氏族人中涌现出了一批批孝子节妇，为家族的延续和荣耀锦上添花。

另一方面，孝子节妇既是传统社会中道德观念的产物，也与社会经济关系联系在一起。对孝子节妇的鼓励，其中既有统治层面的考虑，也包含了对保障老人与婴幼儿生活的考虑。因为若子女不孝或是女子丧夫之后离开家庭，就会产生养老与育婴等一系列问题，故而从国家层面，以各种政策加以宣扬鼓励，并予以物质上的帮助。

再者，就孝子节妇而言，能长年坚持尽孝和贞节，也需要具备一定的经济能力。

华氏义庄创设后，均以孝子节妇为首要赡养对象，正是基于以上考虑。

虽说孝子节妇并举，但在实际操作中，节妇常是义庄的首要援助对象。明清两代，节妇备受社会重视，地方士绅希望通过树立、宣传节妇，以推广教化，纯净风气。作为江南望族，华氏自然也不让他族，据道光十二年（1832 年）《华氏文献略》统计，自元末陈氏始，至清道光十年（1830 年）间，荡口华氏家族共有节妇665 人[②]。她们多数生活艰

① 《续申条规十二则》，《华氏义田事略》，同治四年（1865 年）诒谷堂刻本，第6 页。
② ［清］华嘉植：《华氏文献略》，道光十二年（1832 年）刻本。

难，而华氏义庄对她们的优先救助，则为她们缓解了物质生活方面的窘迫，鼓励了她们的节烈举动。

华氏义庄的庄规明确规定：孝子节妇之穷困者外，鳏寡孤独之无依者也是义庄重点救助的对象。鳏寡孤独俗称为“四穷”，华老义庄规定：凡本支四穷，每月每人给白米1斗，三口之家一年得米3石6斗。依老斗衡量，每石合371市斤。当时每月还发放菜金，一般足够开支。由于义庄的补贴，即使失业、守寡、残疾不能工作者，一般日子也能过得下去，甚至还能稍有积余。此外，逢年过节，华老义庄额外也有补贴。

华新义庄赡养族人的标准，也多模仿华老义庄。华新义庄规定，所有四穷及废疾，五服之内每月给米2斗。五服之外的近亲，每月给米1斗5升，定以200人。通族四穷及废疾，凡在老义庄领取每月1斗米者，可再到华新义庄领取5升，以为补助，其额定以500名为率。凡领取月米者，去世后缴票者即给钱3两，五服之内的族人额外再给3两，以补贴丧葬费用，如果隐匿不缴，查出后即行注销，不给葬费。

对于鳏寡孤独等救济对象的资格条件，华氏义庄也有明确的规定。华老、华新义庄都规定：只有年过五六旬，没有伴侣，没有子嗣的老人，方准入册；无父之子，年满3岁，方才准许入册，至20岁，能自己独立生活后，则不给月米；寡妇及残疾之人，不限条件，只要是华氏族人即可。华新义庄还规定，月米每月初五发放，不得预支，路远或残疾者，允许按照季度领取。过继入族或出继外姓者、改嫁者、有赌博酗酒无赖等恶习者均不得领取月米。凡领取月米者，日后如果生活改善，应将米票缴出，转给候补之人。否则，一旦查出，即注销米票，并追缴冒领之米①。

对于族中无财力娶妻者，华老义庄也积极伸出援手，赞助婚资。赞助的条件是“数代单传，无力婚娶”，经过查明，确系华氏族人者，以银3两赞助。对于婚后丧妻，无力续娶者，如果查明确系数代单传，且无子嗣，而原先结婚时未得义庄补助者，“即补给钱文，令其速娶”。华新义庄也沿用了这一举措。

华氏义庄对族人的救济标准依照服亲关系远近，予以不同补助。除本地族人外，远地族人也曾受过华氏义庄的救助。民国时期，远在苏州、常州等地的族人，每年凭票可来义庄领取补助。即使家庭生活能维

① 袁灿兴：《无锡华氏义庄：中国传统慈善事业的个案研究》，合肥工业大学出版社2017年版，第110页。

持，但只需具有鳏寡孤独条件，即可获得帮助（男孩成年后不给，寡妇照给）[1]。

社会秩序的维系，家庭关系的和睦，有赖一系列内在理念的支撑，如忠义孝悌等。义庄的存在，能予孝子节妇、鳏寡孤独者以帮助，就物质层面而言，使其日常生活得以维持，社会风气得以优化；更重要的是，它在潜移默化中灌注和强化了节孝和救助弱势群体的理念，从而推进了社会教化的实施，维护了社会秩序的稳定。

三、义塾助学涵化族人的精神

创办义学是义庄一贯的传统。对于宗族而言，欲求未来长远发展，就必须重视子弟教育，以提升道德或求取功名。早在范仲淹创办义庄之始，就积极置屋聘师，创办义学，教育宗族子弟，“为其宗族者，宅于斯，学于斯”[2]。通过提高家族成员的文化素质，进而提高家族的政治地位和社会影响。范氏义庄创办后，为各地所效法。以义庄为基础，设置义学，成为后世较为普遍的做法。

明清两代，无锡华氏族人在科举上取得突破者较多，这与华氏良好的家风，以及对文教的重视分不开。明代华氏创办的系列义庄，是否曾开办义塾，未有详细文献记载。但明代华氏族人，多有从事义塾者。如华靖，字彦谋，“有给子弟之俊秀义塾之诲”[3]；成化年间的华佑，字文吉，号东洋，“设义塾，训里中子弟”[4]。

清乾隆年间，华进思捐置田亩，创办义庄，另捐出义田50亩，每月十二日，组织华氏族中童生在义庄内进行会课。会课时，晨至夕归，各自拈题，加以训练，会课时的一日三餐，由义庄供给，每桌6人。会课时，请地方上的贤达评定优劣，对优秀者加以奖励。会课所需要的费用，另外捐出义田50亩，附入义庄之内。“其逐期经费多寡，在租息内开销，不宜太俭，亦勿过丰，庶垂永久”[5]。

光绪初年，华鸿模扩展华新义庄，在其内举办义塾，取名“怀芬书

---

① 《无锡县荡口镇义庄田情况调查》，《江苏省农村调查·华东农村经济资料》第1分册，1952年印行，第262页。

② ［宋］牟巘：《义学记》，参见［宋］范仲淹：《范文正公集·褒贤祠记》卷二，四部丛刊初编本。

③ 《华彦谋传》，《华氏传芳集》卷四，乾隆七年（1742年）刻本，第9页。

④ 《东洋府君宗谱传》，《华氏传芳集》卷四，乾隆七年（1742年）刻本，第45页。

⑤ 《续申条规十二则》，《华氏义田事略》，同治四年（1865年）诒谷堂刻本，第6页。

屋”，成为华氏子弟学习之所。义塾延请品行端方之师主持，并积极鼓励就读者，规定凡乾若公以下子孙有无力读书者，都可以进入义塾。如果家远，来往不便，在他处就读者，每节给束脩500文，读完四书者给700文，能作文者给1000文。怀芬书屋创办后，华存宽进一步扩大书屋规模，兼收地方上外族子弟，免费入学，更名为“耕余书塾”。书塾由华新义庄提供资金，聘请宿学名儒，定期讲解书题，批阅圈注，命题完篇，为科举考试做准备。

怀芬书屋之外，华氏义庄还特意创办了怀芬文社，积极培养地方士人，以求在科举上有所建树。怀芬文社设在荡口镇旺儿桥华氏祠堂内。遇到乡试或院试之年，该社集中要应试的考生，选择良师加以训练，以期取得突破。“邻邑课者纷至，多至数十百人”①。

除此之外，华氏义庄还捐建了华氏私立果育学堂、鹅湖初等小学等新式学堂。1905年，华鸿模创办华氏私立果育学堂，以华新义庄设在无锡酱油浜的兴成栈部分收入以及义学田租收入，作为办学经费，学生免费入学。果育学堂学制分初、高两等，各为4年，由华鸿模担任校长。在创办之初，果育学堂有学生52人、教师8人，分4个教室授课。至1913年1月，学生增加到了79人。学堂师资力量雄厚，聘请毕业于日本东京大学的顾建伯教授数理化，日本庆应大学毕业的华倩朔担任唱歌、图画教师，南洋公学毕业的钱伯圭担任体操教师，此外还有顾子重、华山、冯光烈和瞿姓先生教授国文、历史、地理等课程②。果育学堂师资雄厚，学风严谨，教学质量在当时首屈一指。1909年，第一届毕业生华声之、华绎之等8人，连同连跳三级、提前一年毕业的钱穆共9人，报考常州府中学堂，全部被录取。

1911年，华鸿模去世。1912年8月，华绎之将果育学堂改名为私立果育高等小学校。至1913年8月，受新式教育的影响，同时为了纪念先祖华鸿模，学校又更名为华氏私立鸿模高等小学校。更名后的鸿模小学，学制4年，学生遍及江阴、常熟、吴县及无锡地区，“学生日益发达，成绩日益进步”③。学校经费充足，为学生免除了学杂费，优秀毕业生进入高中就读时，学校还承担其学杂费用。此外，华氏子弟出国留学

① [清] 姚清祺：《华氏怀芬文社记》，《华氏新义庄事略》卷下，光绪辛丑年（1901年）存裕堂刻本，第21页。

② 黄振源：《果育学堂和鸿模高等小学》，《无锡县文史资料》第6辑，无锡县政协文史资料研究委员会1988年印，第38页。

③ 《童子军野外实习》，《申报》1920年6月3日。

的全部费用，外姓优秀学生的出国留学费用，经华氏义庄庄主华绎之同意，也如数发给[①]。

1917年，华绎之特意从华新义庄中拨出款项，兴建“鸿模藏书楼”，藏书万余卷，供学校师生阅读。鸿模小学培养了一大批人才，如国学大师钱穆，物理学家钱伟长、钱临照，音乐家王莘，气象学家吕炯，农学家冯焕文、诸宝楚，实业家华洪涛等。

华鸿模率先改私塾为学堂，华绎之又将学堂改办为新式小学，在全国遥遥领先。1916年，江苏官方为昆山、吴县等地方上捐置义庄者，申请褒奖。内务部在回函中借机提出了在义庄内创办新式学堂的意见，称中国传统社会“向不知注重教育，各义庄规则亦大抵有养无教，盖以救恤为主，而于教育一端，无能为根本之计画。即偶置私塾，往往教法不良，收效甚鲜，驯至依赖性成，习为游惰，转失爱人以德之本意”；“现在科举久废，倘能将此项积款改建学校，按照中小学课程分别办理，如此则本支子姓有所裁成”[②]。在这个层面上，足见华氏义庄率先开展新式中小学教育在全国的引领作用。

义庄予族人以米钱粮，是对族人的物质救济，而兴办庄塾、书院，开展助学活动，则不仅是对族人精神之塑造，而且惠及地方人士。清代华氏所办义塾，对于提高华氏文化水准，普及教育起到了重要作用。据统计，明清两代华氏出了37名进士，荡口华氏更是出了诸多文化名人。另外值得一提的是，华氏义庄还顺应时代潮流，创办华氏私立果育学堂和鹅湖女子学校等新式学堂，开风气之先，培养了包括钱穆、钱伟长等在内的一大批人才，在无锡文化教育史上书写了闪光的一笔。

四、义庄教化与社会治理

义庄创设之后，将义田收入主要用于祭祀祖先、赈济族人、创办义塾等事项。义庄的这些活动，从物质上赈济了族人，从精神上起到了教化作用，有利于凝聚宗族向心力，推进宗族向善并获得良性发展。义庄以养人，义学以教人，“养”和“教”是义庄的两大功能，诚如钱穆所言：“义庄始于北宋之范仲淹，一千年来，其风遍全国。此亦尚通财之

① 黄振源：《果育学堂和鸿模高等小学》，《无锡县文史资料》第6辑，无锡县政协文史资料研究委员会1988年印，第40页。

② 朱启钤：《内务部通咨各省捐建义庄请注重教育按》，《政府公报》1916年第106期，第26页。

一例。而通财不仅为济贫，又兼以宏教。曰养曰教，皆社会自为主持。而其他一切自治，亦皆由此一意义推扩而来。”① 在这个意义上，可以说华氏义庄的社会教化功能也决定了义庄辅助社会治理的特点。

家产处置是传统社会中宗族面临的一个重要问题，也是一个棘手的难题。而华氏家族之中，对于家产划分却较少产生纠纷，这与义庄在其间扮演的重要角色密不可分。创办义庄，捐置义田，既可避开分割家产所出现的纠纷，更有利于维持宗族凝聚力。义庄创办之后，义田原则上禁止买卖，于内，在后代子孙中避免了财产争夺，照顾了贫弱族人，为子弟提供了教育机会，通过各类宗族活动凝聚了族人；于外，由于义庄的存在，使宗族有了归属，族人得到凝聚，面对外族、豪强时，族人有了依靠，更避免了土地兼并，家产流失，族人冲突②。

除救济族人外，华氏义庄也积极从事社会救济事业。华老、华新义庄都规定，义庄收入的50% ~70%用于族内救济款项，30% ~50%用作社会救济款。遇到荒年时，义庄拨给租户一些种子费用，青黄不接时借给春耕费用，遇蝗虫灾害时发给救济款。华新义庄义田佃农，如果每年按时缴纳租米者，至每年五月插秧时给予佃农白米 1 斗，作为补贴。灾荒之年，若有逃荒人群过境，在指定的地方由义庄出资供给三餐住宿，帮助灾民过境。为应对灾年，华新义庄规定，庄中“必备二年之蓄，以防水旱歉”③。对于族外的贫困人群，华氏义庄也积极施以援手。生病时施舍药品，年关时发给冬季寒衣和年夜饭米。每年冬月，华老、华新义庄都施发棉衣 100 件。对因为路远不能领到棉衣者，则发给白布，聊作安慰。

义庄的存在，是教化的象征，也是皇帝“圣治”的标志。义庄通过义田获得稳定的经费支持，从而维系其活动和规约的常态化。就义庄的实际功效而言，其已成为地方政权的延伸与补充，它既弥补了官方在社会治理上的不足，又能敦亲睦族，使穷困弱势群体获得生存发展的机会，于各方都是获利的。在主观上，义庄建立了以宗族为范围的族权统治；在客观上，对官方而言，起到了集中政治权力的效果。诚如著名学者周谷城先生所指出的：义庄“于天然的血统关系中，利用尊祖的情

① 胡晓明：《文化江南札记 · 天平山》，浙江摄影出版社 1998 年版，第 179—180 页。

② 袁灿兴：《无锡华氏义庄：中国传统慈善事业的个案研究》，合肥工业大学出版社 2017 年版，第 144 页。

③ 《规条十二则》，《华氏新义庄事略》卷上，光绪辛丑年（1901 年）存裕堂刻本，第 10—11 页。

绪，培植敬宗的习惯。倘续祖之宗，被诸庶支所敬，则是无形之中，收了统治的效用；这于建立社会秩序，何等重要！”①

“盗贼多为饥寒所迫故耳，使族人以时赈济，必不至于此”②。华氏义庄设立后，为生活无着的族人提供日常帮助，使其能维持基本的生活。同时为宗族子弟提供普遍受教育机会，予族人以教化熏陶，鼓励其向上，从而减少了社会犯罪，纯净了社会风气。此外，华氏义庄还为宗族祠堂、祖墓提供经常性的开支，以维持宗族团结兴盛。概言之，华氏义庄是积极通过祠堂祭祀凝聚家族的力量、庄规庄约规范族人的道德、义塾助学涵化族人的精神。义庄的这些活动对族人、晚辈起着强大的精神示范作用。这种精神示范的力量比外界强加的秩序更为可靠、凝固和持久，可以有效地缓解社会矛盾，稳定社会秩序。从这个意义上来说，华氏义庄既荷载了社会教化的功能，也是一种有效的社会治理手段。

（作者单位：苏州幼儿师范高等专科学校）

① 周谷城：《中国通史》上卷，上海人民出版社1981年版，第72页。
② （桐城）《桐陂赵氏宗谱》卷首《家约》。

罗生特与中国抗战救护

商东惠

抗日战争时期，奥地利著名的妇产科和泌尿科专家罗生特来到中国。1941—1945 年，罗生特辗转苏鲁各抗日根据地，救治了不计其数的伤病之人，其中不乏中共高级将领。在抗日根据地，罗生特还组织创办了医院和卫生学校，培养了大批战时医务人才，为中国抗战救护工作的开展做出了重要贡献。

一、罗生特其人及赴华背景

罗生特，原名雅各布·罗森费尔德，1903 年出生于奥匈帝国境内的加利西亚首府莱姆贝格。罗生特的家庭属于犹太裔，父亲米哈伊尔·罗森菲尔德是卡尔·路德维希第七骑兵团的下级军官，母亲蕾吉娜·沃尔曼是一位犹太商人的女儿。“罗生特”的名字是新四军军医处长沈其震根据其译音为他起的中国名字。

在抗日根据地，罗生特幽默的性格和善良的品性使他极受欢迎，这与其母亲蕾吉娜的言传身教密不可分。蕾吉娜品性善良，“任何人有困难，她都有求必应。村子里的穷苦人，过路的流浪行乞者，都能从她那里得到肉、面粉、糖、面包和钱。她甚至提着装满食物的篮子亲自登门走到缺衣少食的人家和病人家里，关心和照料他们”①。在母亲的影响之下，罗生特成长为一个富于同情心的人，并于 1922 年考入著名的维也纳大学医学系，1928 年获得综合医学博士学位。根据格尔德·卡明斯基的考证，罗生特在鲁道夫基金会医院的实习鉴定各项均为优秀，他的首

① ［奥］格尔德·卡明斯基：《中国的大时代——罗生特在华手记》（杜文棠等校译），中国社会科学出版社 2003 年版，第 4、5 页。

任上司也对他多加褒奖之语[1]。由此可见，罗生特杰出的医学才能早在青年时期即已崭露头角。

1933 年，希特勒上台，奥地利的反犹声浪日渐强烈。1938 年 3 月 12 日，纳粹德国军队开进奥地利。由于犹太人和社会民主党党员的双重身份，罗生特先后两次被捕并被投入集中营，受尽摧残。但他始终没有屈服，甚至还因为在集中营救人被踢伤肾脏、踢断肋骨。一年后，由于缺乏罗生特参加共产党的证据，以及集中营人满为患等原因，罗生特被释放并限期离开奥地利。短暂思索之后，罗生特与难友威廉·戴克选择了中国上海。

1939 年夏，罗生特抵达上海。在“百分之九十的流亡者找不到工作”的情况下，他凭借着精湛的医术在上海稳定了下来。“按照这里当地标准，我挣的多极了，合每月 1000 元上海现洋”[2]。但是，罗生特没有就此沉溺于上海的安逸生活。1941 年 3 月，他加入了新四军，投身于中国抗战的洪流之中。放弃稳定生活而成为常涉险境的战地医生，罗生特的这一选择具有诸多原因。

首先，中奥两国在第二次世界大战期间具有类似的遭遇。“中国人民的敌人是日本帝国主义，奥地利的敌人是纳粹德国，所以，反对法西斯统治，争取民族解放和自由的斗争，把我和中国人民的命运紧紧地连在了一起”[3]。中奥两国在第二次世界大战中的相似遭遇，是罗生特加入中国抗战的关键因素。由于出生在一个犹太人家庭，1938 年，罗生特先后两次遭到的逮捕，在集中营的一年时间里，罗生特受尽纳粹的虐待。在《仇恨的郁积》一文中，他将集中营喻为“民族的牢狱”，“它把任何反对法西斯的人都关在里面。它在里面为自己培养着成千上万的掘墓人”[4]。正是这种对法西斯的仇恨，凝聚成罗生特反法西斯的坚定信仰，成为其日后投身中国抗战的重要精神力量。

其次，上海局势不稳，日本法西斯的威胁近在咫尺。“1937 年 11 月

---

① 参见［奥］格尔德·卡明斯基：《中国的大时代——罗生特在华手记》（杜文棠等校译），中国社会科学出版社 2003 年版，第 8 页。

② 转引自［奥］格尔德·卡明斯基：《中国的大时代——罗生特在华手记》（杜文棠等校译），中国社会科学出版社 2003 年版，第 218 页。

③ 转引自［奥］格尔德·卡明斯基：《中国的大时代——罗生特在华手记》（杜文棠等校译），中国社会科学出版社 2003 年版，第 186 页。

④ 转引自［奥］罗生特：《仇恨的郁积》，中共临沂地委党史资料征集委员会、中共莒南县委编：《罗生特在中国》，山东人民出版社 1992 年版，第 327 页。

12 日，中国守军全线撤离上海，日本帝国主义侵略军开始大举进驻”[①]。除了苏州河以南的英美公共租界和法租界的小部分地块外，上海的绝大部分市区及整个周边地区都被日本占领。在这一时期，由于日本尚未向英美宣战和公共租界、法租界在中日战争中的“中立”态度，租界以及上海的部分城区成了战火中的“孤岛”。但是，日本人的威胁时刻存在，罗生特曾对妹妹提道：“他再也不愿落到被法西斯任意处置的境地。”集中营的悲惨生活给他留下了难以磨灭的印记，这种印记成就了罗生特反法西斯的坚定信念。

最后，德共党员汉斯·希伯提供了接触中共的机会。汉斯·希伯原是一名德共党员，“在上海，希伯为美国的《太平洋事务》杂志工作，并在自己身边聚集起一批会讲德语的马克思主义者”。罗生特与希伯是老乡，他在到达上海后不久就参加了希伯领导的学习小组。小组中的人每周聚会一次，讨论政治问题。“议题多围绕中国革命的性质、主旨，以及中国社会发展停滞不前的问题和魏特夫的理论”[②]。这无疑给罗生特提供了一个了解中国的途径。此外，希伯与中共关系密切，1941 年初，新四军卫生部部长沈其震来到上海，就住在希伯家中。在马克思主义学习小组组织活动时，沈其震常参与其中，罗生特因此与其相识。

基于以上三点，皖南事变发生后，罗生特向沈其震提出“加入新四军”的要求。一番辩论[③]过后，沈其震接纳了这位奥地利医生。

二、“妇女病人的救星”

1941 年 3 月，怀着反法西斯的坚定信念，罗生特来到江苏盐城的新四军军部，担任新四军卫生部顾问。由于表现突出，1942 年春，经陈毅、钱俊瑞介绍，罗生特加入中国共产党，成为一名中共特别党员。1943 年 9 月下旬，应中共山东分局的邀请，罗生特辗转来到山东，为山东抗日根据地领导人罗荣桓治疗肾病。其间，他担任了山东军区卫生部顾问。在整个抗战时期，罗生特辗转江苏、山东各地，为根据地军民治疗各类疾病。在维也纳大学医学院读书期间，罗生特主攻泌尿科和妇产

---

① 齐卫平、朱敏彦、何继良：《上海抗日战争史丛书：抗战时期的上海文化》，上海人民出版社 2015 年版，第 58 页。

② ［奥］格尔德·卡明斯基：《中国的大时代——罗生特在华手记》（杜文棠等校译），中国社会科学出版社 2003 年版，第 39、40 页。

③ 参见［奥］格尔德·卡明斯基：《罗生特传》（李传松等译），旅游教育出版社 1995 年版，第 41、42 页。

科方向。来到中国后，由于根据地医疗卫生水平低下、医务人员匮乏，罗生特成为一名什么病都可以治疗的“万金油大夫”，并以精湛的医术和高尚的医德赢得了根据地军民的赞誉。

作为妇产科专家，罗生特在维也纳大学医学院接受了6年的正规培训，掌握了先进的现代化医疗技术，这些对于改善军中妇女同志的身体状况起到了重要作用。同时，罗生特受母亲的影响，性格温和，理解并尊重女性。这两点因素，使其在医治女性患者的过程中，不仅有助于消除医患之间的隔阂，也易于获得病人的信任，保证了治疗顺利进行。

抗战时期，战争环境恶劣，随军女同志或受妇科疾病的困扰，或受怀孕生子的拖累，在面对敌人频繁的“扫荡”和“清乡”时需要经常转移，致使一些孕妇、产妇因活动不便而惨遭杀害。即便顺利生产，也有许多孩子因传染病而夭折。因此，由于缺少保健措施，许多女同志在怀孕后选择终止妊娠。但受限于根据地的医疗条件，这种情况的处理并不尽如人意。1941年3月，罗生特到达江苏盐城新四军军部，在了解根据地女同志的情况后，很快建立起做人工流产手术的门诊。由于医术高超、为人亲切，罗生特“妇科专家”“刮宫专家”的名声不胫而走，“有的根据地也派人来学习人工流产手术，并仿制了有关的医疗器械带回去，开展此种手术”[①]，客观上保护了广大女同志的身体健康。

在人工流产手术之外，罗生特还极力主张已婚已育的男性进行绝育手术，对于抵制绝育的同志则劝其采取避孕措施，他是军中最早提倡计划生育的医师。在当时封闭落后的乡村地区，“男性绝育手术”的提法无异于“平地惊雷”，“避孕措施”更鲜为人知。这些先进的医学概念，极大地解放了根据地军民的思想，减轻了妇女的身体负担。

罗生特十分敬重中国的女性，对根据地的妇女同志尤为如此。“这些中国妇女，同男人一样经受了战争和内战的磨难，是真正的革命巾帼英雄，值得为她们建造一座丰碑”[②]。这种态度同样体现在手术过程中。从做第一例妇科检查和施行第一例人工流产手术起，他就制定了“身边至少一名女助手在场”的原则，并且不对未婚女同志进行妇科检查（患“石女症”等特殊病症者除外）。罗生特说，“我知道，中国，尤其是在中共领导下的军队里，男女之间的关系是非常严肃的。我能理解中国同

① 黄瑶、张慧新：《一个大写的人——罗生特在中国》，解放军出版社1992年版，第36页。

② 转引自［奥］格尔德·卡明斯基：《中国的大时代——罗生特在华手记》（杜文棠等校译），中国社会科学出版社2003年版，第100页。

志的风俗习惯和高尚情操”[1]。他了解共产党军队的规定，更身体力行地维护这些原则。由于这种尊重、负责的态度，罗生特深得根据地妇女的信任和爱戴。“（新四军时）每年的3月8日我都有幸被选进妇女委员会”[2]。一名外国男医生，竟然能够被选进妇女委员会，可见根据地妇女对罗生特的“厚爱”。罗荣桓的妻子林月琴也曾感慨道：“罗生特的到来，山东军区的女同志可获得了‘解放’，我们女同志特别感谢他！”[3]

抗战时期，妇女“既是抗战动员、支持抗战宣传和战时生产的积极分子，也是抗战期间性暴力和经济困难时期的受害者，还是作为生存策略策划者和家庭与社区的生存事务管理者”[4]。罗生特作为“妇女病人的救星”，在妇女解放方面做出了贡献，推动了抗日根据地妇女工作的开展。

三、“万金油大夫”

在抗日根据地，由于缺乏训练有素的医务人员，专科医生远不能满足根据地军民的需求，因此急需大量“万金油大夫”。“万金油”，即旧时的一种清凉油，可用于治疗各种皮肤疾病。“万金油大夫”，指对能够治疗各种疾病的医生的戏称。应战地救护之需，罗生特在妇产科和泌尿科医生之外，又多了一个“万金油大夫”的标签。相较于其他医生，罗生特“万金油大夫”的称号更具个人特征，而这些特征也在其从事医疗救护的过程中得以彰显。

首先，无私奉献，始终坚持伤员至上的原则。这一点，从一些战斗的记录中可以得到反映。1941年7月，日军南埔旅团纠集2万余日伪军，在盐阜地区进行“扫荡”，新四军与之展开激烈的战斗。已撤至安全地带的罗生特，不顾周围人的阻拦，坚持回到前线救治伤员，“我不是客人，我是一名白衣战士”[5]。抵达新四军不过4个月的时间，罗生特已然把新四军的抗日事业当作自己的事业。在这个层面，伤员不仅是罗生特的患者，更是亲密的战友。在阜宁东沟战斗中，罗生特随同新四军直属医院日夜兼程奔赴前线。在抵达包扎所后，他顾不上休息就投入手

① 转引自王相连、孙建宏：《罗生特》，中共党史出版社2005年版，第27页。

② 转引自［奥］格尔德·卡明斯基：《中国的大时代——罗生特在华手记》（杜文棠等校译），中国社会科学出版社2003年版，第100页。

③ 转引自王相连、孙建宏：《罗生特》，中共党史出版社2005年版，第26页。

④ 李丹柯：《口述史与重庆妇女抗战》，《中华女子学院学报》2013年第5期。

⑤ 转引自王相连、孙建宏：《罗生特》，中共党史出版社2005年版，第36页。

术，“困极了，就叫助手用毛巾蘸冷水在头上敷一敷，一直坚持到为最后一个伤员做完手术”。手术一结束，他又赶去看望伤员。“为了将士们少流血，我们就得多做点工作”[①]。在复杂的战争环境下，罗生特不顾自身安危，一心救治前线伤员，反映出医者仁心的品质和无私奉献的精神。

其次，对待战地军民，一视同仁。初至新四军时，罗生特的患者主要是一些军中干部。其后由于治病有方，名声在群众中渐渐传播开来，许多百姓乘船或用小推车把伤病患者送来，请求罗生特为其治疗。与新四军的将士相比，四方而来的老乡在卫生方面更为欠缺。在听诊时，罗生特不用听诊器而是直接将耳朵贴近患者身体，这一习惯在治疗当地百姓时曾带给他不少困难。面对一些百姓长满疥疮的肮脏皮肤，他偶尔也得克制自己，在他人毫无觉察的情况下完成听诊[②]。显然，在罗生特面前，无论普通战士、部队将领还是地方群众，都没有区别。在新四军第四师时，考虑到罗生特的身体，师长彭雪枫曾指示卫生部长叶果，对其看病的范围、地点、时间做出规定。但罗生特仍旧照常工作，甚至亲自上门为病人看病。“医生不能坐在家里等病人，应当主动去找病人、发现病人”[③]。正如罗生特在来新四军前同沈其震的辩论中所言，“没有人得病，那我学医还有什么用?”即使在异国的广大土地上，罗生特仍旧没有忘记自己治病救人的初心，并用一生的时间来践行。

再次，对待工作，精益求精。一般的“万金油大夫”虽能治疗各种疾病，但往往效果一般。罗生特却截然不同。对于自身的医疗技术，他一直精益求精，敢于挑战自己。1944 年，山东省参议会一位患乳腺癌的女议员前来找罗生特诊治。在当时的条件下，进行乳腺癌根治手术需要冒极大的风险。但罗生特为了挽救病人的性命，毫不畏惧。他与山东军区卫生部长黄农数次召开预备会，对术前准备、术后护理与治疗皆提出具体要求。最终在两人的密切配合下，顺利完成了这次手术。

除精湛的医术外，罗生特的性格还十分幽默，这使得他与军中多位高级将领建立了亲密的友谊。即便在数年以后，万毅、曾炳华等人仍在

① 转引自王相连、孙建宏：《罗生特》，中共党史出版社 2005 年版，第 36 页。

② ［奥］格尔德·卡明斯基：《罗生特传》（李传松等译），旅游教育出版社 1995 年版，第 51 页。

③ 黄瑶、张慧新：《一个大写的人——罗生特在中国》，解放军出版社 1992 年版，第 58 页。

怀念这位国际主义战士[①]。在罗生特的众多患者朋友中，尤以罗荣桓为代表，两人在长久的相处中，结下了深厚的友谊。罗生特曾在回忆录中写道，“他（罗荣桓）的友情，让我感到最大的荣幸和满足。我把他当作履行革命职责的楷模”[②]。1943 年初，在敌后艰苦的斗争环境下，山东军区司令员兼政治委员、八路军一一五师代师长兼政治委员罗荣桓积劳成疾，患了严重的肾病，尿血不止，随军医生也查不出病因。经陈毅建议，中央军委同意由罗生特为罗荣桓治病，两人自此相识。其后不久，山东战局发生变化，罗荣桓无心静养[③]。由于山东的抗日斗争工作既尖锐又复杂，罗荣桓病情再次加重。9 月下旬，罗生特与精通德语的新四军第七师卫生部长黄农先后抵达山东。罗生特被任命为山东军区卫生部顾问，主要工作是治疗罗荣桓的肾病。从 1943 年 9 月至 1946 年 7 月罗荣桓赴苏时止，在近 3 年的时间里，罗生特一直跟随在罗荣桓身边。作为山东抗日根据地的主要领导，罗荣桓的安危关系到整个根据地工作的开展，正是得益于罗生特的精心诊治，他才能够一直坚持工作在领导岗位上。

作为一位医术高超的“万金油大夫”，罗生特在抗日战争期间治愈了无数疑难杂症。但他的贡献远不止于此，在战地医务人员的培养方面，他同样竭尽所能，亲力亲为。

四、“医护人才的培育者”

为应对战争救护需要，罗生特因地制宜，在新四军和八路军中采取了不同的人才培养方法。

其一，在新四军军部建设卫生学校，亲自授课。1941 年 3 月，罗生特到达苏北盐城新四军新军部。此时距皖南事变的发生不过两个月，正是新四军百废待兴之际。针对根据地缺少医疗人才的困难局面，罗生特向新四军代军长陈毅提出建议，将原卫生训练班充实扩建。6 月，新四军华中卫生学校成立，第一期招收学员 162 名。“罗生特亲自担任教员，

① 万毅：《回忆和罗生特相处的日子》；曾炳华：《罗大夫给了我第二次生命》，中共临沂地委党史资料征集委员会、中共莒南县委编：《罗生特在中国》，山东人民出版社 1992 年版。

② 转引自［奥］格尔德·卡明斯基：《中国的大时代——罗生特在华手记》（杜文棠等校译），中国社会科学出版社 2003 年版，第 102 页。

③ 黄瑶、张慧新：《一个大写的人——罗生特在中国》，解放军出版社 1992 年版，第 54、55 页。

向学员讲授妇科、泌尿科及战地救护等医学理论知识”①。除罗生特外，还有一些已毕业的护士和数名医生担任卫校教员。

华中卫生学校的学制为1年制，教学计划分为3个阶段。第一阶段为期2个月，着重于思想和体能培训。其中70%的时间用于政治课，30%用于军事训练，另外也会教一些化学和统一的药房管理必需的英语基础知识。第二阶段为期8个月，着重于医学专业培训，教学内容包括解剖学、生理学、护理学、药理学、内科学和外科学。第三阶段是为期2个月的实践培训，学生在野战医院进行见习。卫校学生毕业后还要在部队所属的医院继续学习几个月，最长的1年，之后就被派往前线，进行卫生教育和救治伤员的工作。

从学制来看，新四军华中卫生学校为1年制，培训时间很短。从培训内容来看，将医学专业的理论与实践相结合，同时重视学员的思想状况和身体素质，加入了政治教导和军事训练类课程。在1年的课程之外，还设置了数月的见习期。可以看出，整个课程的设置较为科学合理。虽然医务人员的培养周期短，但恰恰适应了前线的需要，能够在短时间内培育一批合格的医务人员。

其二，在山东军区莒南县陈家老窝村建立医院和卫生学校。1943年9月，罗生特到达山东。受敌人疯狂“扫荡”和经济封锁的影响，山东军区长期处于缺医少药的状态。罗生特到达山东之后，经常与黄农、谷广善等一起研究如何抓好山东军区的医疗卫生工作，他们自力更生筹建了制药厂和医院，自主生产一些常用药品，有效改善了当地医药缺乏的状况。此外，相较于新四军，山东军区医务工作者更缺少职业培训，卫生设备也更差。经罗生特提议，山东军区卫生部建立了一所医院和一所卫生学校，医校结合，培养医务人员。

该医院占地60多亩，有近百间房屋，可以同时接纳600位病人。内部设有内科、外科、妇科、手术室、化验室等，是山东抗日根据地一所较为正规的战时医院，为附近军民提供了极大的便利，许多人慕名前来看病求医。

相较于华中卫生学校，山东军区建设的卫生学校具备了稳定的上课场所，不需要随运动战到处转移。卫生学校规模也比较大，可同时容纳200名学员。学校由向进担任校长，罗生特与黄农等医学专家负责开展教学工作。在教学过程中，罗生特既重理论，也重实际。在教授学员进

① 李光：《怀念恩师罗生特》，中共临沂地委党史资料征集委员会、中共莒南县委编：《罗生特在中国》，山东人民出版社1992年版，第61页。

行临床实习时，他常从皮肤的消毒切开、止血包扎、缝合创口等基本技术做起，手把手教学，直至学生熟练掌握外科手术的基本技术和基本理论为止。此外，罗生特在讲课时强调因地制宜，就地取材。譬如在讲解骨折固定问题时，他就向学员强调，一切从实际出发，夹板并非一定是木制的，要充分利用身边的物品，有什么材料用什么材料，树枝、枪把、伞把、高粱秆都可以成为制作夹板的材料。显然，罗生特在教学中也颇有天赋，是一位非常负责的教师。

有研究者指出："医院与卫生学校密切合作，利用医院的设施开展临床教学，利用医院的专家指导临床实践，极大提升了部队卫生人才培养的质量和效率，是抗战版的'（医）院（学）校合作'。"① 尽管这所医院和卫生学校延续时间不长，但仍不失为抗战时期医卫工作的一次有益尝试。

除教学外，罗生特还多次到莒南县的桑庄、西辛庄、上峪子等村庄，给卫生部直属所的医务工作者举办学术讲座。讲座内容包括"生殖系统疾病""战地救护""外科手术""临床护理"等，吸引了上至部长政委、下至普通护理员前来听讲。同时，罗生特还在山东军区卫生部创办的卫生刊物上发表了一些论文，使军区同志学到不少医疗知识②。在罗生特的推动下，各类医学教育活动有序开展，现代医学的教育模式在抗日根据地初露端倪。

综上所述，1941—1945 年，罗生特先后辗转江苏、山东的抗日根据地，凭借精湛的医术救治了无数军民，也因此获得了诸如"妇女病人的救星""万金油大夫"的美名。在治病救人之外，他还积极推动根据地医务人才的培养工作，组织建设卫生学校，帮助完善医务规章制度，既为抗战救护事业培养了优秀的医务人员，也有力地弘扬了国际人道主义精神。中国的敌后抗战救护事业正是因为有着众多白求恩、罗生特式外国友人的参与而发展壮大，抗战的胜利也少不了他们的一份贡献。

（作者系苏州大学社会学院研究生）

① 高树记：《罗生特在战时医院和部队卫校建设中的贡献研究》，《世纪桥》2018 年第 12 期。

② 王相连、孙建宏：《罗生特》，中共党史出版社 2005 年版，第 77 页。

日本赤十字社医院早期建设考察

洪 怡

日本红十字组织称为赤十字社，在其前身博爱社时期，就已经创立了专属于自己的第一家医院。发展至今，日本赤十字社专属的医院已经有了91家，成为现今日本赤十字社开展各项事业的强大后盾和培养专门人才的基地①。本文拟对日本赤十字社医院早期建设问题进行考察。

一、赤十字本社医院的始创

日本赤十字社的滥觞为明治十年（1877年）的西南战争——明治维新期间平定鹿儿岛士族反政府叛乱的一次著名战役，交战双方伤亡之惨重，给了当时身为元老院议官的佐野常民和大给恒以很大的触动。二人向政府提案，希望建立无分敌我、救治伤患的自费团体。该项提案很快落实，当年就组建了博爱社，并投入到伤员的救治当中。博爱社即日本赤十字社的前身。为救治伤员，博爱社只能临时从日本军部借调人手，旋在日本皇室和军部的大力支持下，博爱社开始筹建自己的专属医院②。

值得注意的是，博爱社在初创之际就得到了以明治天皇为首的皇室成员的鼎力支持，皇室的嘉彰亲王（后改名为彰仁）直接出任了博爱社的总长，两位发起人佐野常民和大给恒出任副总长③。明治十九年（1886年），博爱社设立博爱社医院，即赤十字本社医院的前身。当年医院即告竣工，以明治皇后为首的诸多皇室成员出席了盛大的开院仪

① 日本赤十字社官网发布《日本赤十字社现势》，2019年4月1日。

② 日本赤十字社编：《日本赤十字社史稿》第一编第四章第一节《博爱社的创业及扩张》，1911年编印，第89—147页。

③ ［日］栗原芳：《日本赤十字社沿革史》第二章《博爱社的起源》，1903年编印，第13—15页。

式，以实际行动表达日本皇室对博爱社活动的肯定①。同年，博爱社加入了《日内瓦公约》，改名为日本赤十字社，博爱社医院也在翌年改名为“日本赤十字社医院”②。

明治二十一年（1888 年），为了应付求治者众多的局面，日本赤十字社希望能对医院进行改建和扩大。在改建过程中，日本皇室给予了巨大的物质帮助。明治皇后捐助了 8 万元的建筑费，后又追捐了 2 万元。而此次工程的建筑费和医院物品购置费合计为 10 万元，可以说全部出自皇室的腰包。建筑用地也是从皇室的所有地中无偿拨给赤十字社使用的，共计 11100 余坪。明治三十一年（1898 年），明治皇后每年拿出 500 元作为赤十字医院患者的医疗补助金使用，日本宫内省也从明治三十二年（1899 年）起追加了 4500 元的补助金，每年提供 5000 元给赤十字社医院③。日本皇室对赤十字本社医院建设的支援，为其长久发展奠定了基础。

除皇室外，日本军部也对日本赤十字本社医院的发展提供了物质和技术上的帮助。最早向日本博爱社提出医院建设建议的人，就是日本陆军部的军医总监桥本纲常。他在欧洲出差时，考察了欧洲各国的红十字组织，并于明治十八年（1885 年）回国后向博爱社提出了考察报告。翌年 5 月 6 日，桥本军医总监以博爱社社员的身份提交了博爱社医院设立的建议书及博爱社维持计划书，并获得了通过④。

医院建设之始，以博爱社当时的力量无法独立实施，于是便向陆军部寻求帮助。医院的建筑用地获得了陆军大臣的批准，最先使用的是位于东京麴町区饭田丁目三十一番地的陆军用地 1830 余坪。其后，在医院建设前的调查中，发现建筑用地还是过于狭隘。于是，又将陆军省隔壁炮兵工厂所有的 1360 坪土地也一并借给了博爱社⑤。

除了医院硬件的建设外，日本陆军部还为赤十字本社医院提供了人才上的支援。比如最早提案建设医院的桥本纲常，后来就出任了医院院

① 《日本赤十字社史稿》第二编第九章第一节《博爱社病院的开始》，1911 年编印，第 848—849 页。

② 《日本赤十字社史稿》第二编第九章第二节《日本赤十字社病院的扩张》，1911 年编印，第 852 页。

③ 《日本赤十字社史稿》第二编第九章第二节《日本赤十字社病院的扩张》，1911 年编印，第 852—857 页。

④ 《日本赤十字社史稿》第二编第九章第一节《博爱社病院的开始》，1911 年编印，第 843—845 页。

⑤ 《日本赤十字社史稿》第二编第九章第一节《博爱社病院的开始》，1911 年编印，第 845—846 页。

长一职。从日本赤十字本社医院的人员构成来看，其医疗人员的主体由日本陆军的军医所构成，为其提供医疗专业方面的技术支持和人才培养。在赤十字本社医院开始运作的数年间，一直受到了日本陆军的保护。明治四十年（1907 年），已经成为独立法人的日本赤十字社在条例中也明文规定了其受陆军大臣和海军大臣的监督[①]。

日本赤十字本社医院建立之后，各地赤十字社支部也开始着手建设地方的赤十字医院。与本社医院不同的是，地方支部无法如本社一样寻求皇室和军部的支持，而全靠其自身力量又显得捉襟见肘，因此支部医院的建设于是转向了寻求地方政府（或自治团体）帮助的道路。

二、地方支部医院的建立

日本赤十字社早在明治三十二年（1899 年）就有过设立地方支部医院的愿望。明治三十四年（1901 年），以支部长河岛滋贺为带头人，向日本赤十字本社提交了各地支部长共同署名的建议书，要求建设支部医院。而当时日本赤十字社的方针是，计划到明治三十六年（1903 年）时，预定存储资金要达到 1500 万元，同时要求各地支部也要完成一定的资金积累。因为有这项存储金计划在，所以赤十字本社很难再抽出手去建设支部医院。因此，日本赤十字社在面对地方支部的要求时，给出的回答是“如果地方支部在执行方针之外尚有余力的话，建设支部医院也未为不可”[②]，含蓄地希望地方支部能够自力更生。次年 7 月，日本赤十字社发布了一份《日本赤十字社支部病院设立准则》，确定了地方支部设立医院的条件要求，特别是针对支部财力的要求。例如，其第一条中的第二点要求，支部所在地区人口的 2% 以上为赤十字社社员，且一年的社员年费实收额应在 5 万元以上，等等。

准则发布后，第一个申请设立医院的是三重县支部，并于明治三十七年（1904 年）设山田医院。三重县支部之前就有建设医院的意图，并与宇治山田町地方政府进行了协商，而作为附属于支部医院建设方针的内容，首先要建设的是“看护妇养成所”，培养护士人才。明治三十一年（1898 年），三重县支部已经向日本赤十字本社申请费用补助，并

① 《日本赤十字社史稿》第二编第九章第一节《博爱社病院的开始》，1911 年编印，第 865 页。

② 《日本赤十字社史稿》第二编第九章第二节《日本赤十字社病院的扩张》，1911 年编印，第 874—875 页。

购买了与宇治山田町接壤的4000坪土地，用来建造看护妇养成所。而医院建造用地则由宇治山田町政府无偿贷与三重县支部使用。医院建设费用总计48628元，其中日本赤十字本社补助9270元，三重县支部投入资金15249元，剩余的24109元均由宇治山田町地方政府捐赠①。

继三重县支部之后，长野县、滋贺县支部也都相继设立了医院，且其医院的设立过程也与三重县支部一样，得到了地方政府的极大支持。长野县支部医院建设费用共计75711元，其中有22500元为长野县政府捐赠，并得到了当地民众18211元的捐款支持。滋贺县支部的情况也与此类似②。到大正十一年（1922年），日本全国共建立了21所赤十字社支部医院③。在此过程中，除了支部自身的投入外，更多的是来自于地方政府（或自治团体）和当地民众的无偿捐赠帮助。

虽然日本皇室、军部、地方政府（或自治团体）在日本赤十字医院的设立与建设过程中起到了很大的作用，但赤十字医院想要更为长远的发展，还是需从自身着手。医院事业的拓展、持久经营的方法、人才的培育等等，都是赤十字社医院自建立起就需要面对的问题。

三、日本赤十字社医院的长远经营

日本赤十字社医院在皇室、军部、地方政府（或自治团体）的扶持下建立起来了，但是维持和发展还要从自身做起。

首先，日本赤十字社医院不断拓展自己的业务领域。在日本赤十字社医院建立之初，就在其制定的《日本赤十字社病院规则》第一条中对自身业务进行了定位，“平时培养救护员，战时收容陆海军患者”④。除此之外，医院还进行天灾时的救护和接受、治疗贫民患者与一般患者，但这些内容并没有被明确地写入首条之中。随着日本赤十字社的不断发展，在明治四十二年（1909年）发表的《日本赤十字社病院设立主旨》中，其业务定位被改为“除对战时伤者、病者的救护外，也对天灾时的

① 《日本赤十字社史稿》第二编第九章第三节《支部医院及国外委员部医院的开设》，1911年编印，第881—882页。

② 《日本赤十字社史稿》第二编第九章第三节《支部医院及国外委员部医院的开设》，1911年编印，第883—885页。

③ 详细医院名单情况，参见《日本赤十字社史续稿》下卷第四编第三章第一节《诊疗事业》，第660—694页。

④ 《日本赤十字社史稿》第二编第九章第二节《日本赤十字社病院的扩张》，1911年编印，第859页。

伤者、病者进行救护，平时则为救护员的培养”[①]。可见，天灾救援已经成为日本赤十字社医院的重要业务内容。此外，自大正三年（1914 年）起，又增加了结核病扑灭、健康促进、疾病预防等内容[②]。

其次，持久经营管理方法的探索。在日本赤十字社医院设立的条件中，就有对维持运营储备资金的要求。而在投入运营之后，日本赤十字社医院的收入也呈现多元化，不单纯依靠官方拨款。如本社医院的收入来源有皇室的恩赐金、本社的补助金、资金运营所产生的收入、收治患者的收入、捐款等；支部医院的收入则为本社的补助金、资金运营所产生的收入、收治患者的收入、捐款等[③]。在这些收入的基础上，日本赤十字社又制定了《日本赤十字社病院特别会计规则》和《日本赤十字社病院特别会计细则》，对医院经费的构成、预算、决算等内容都做了周密的规定。特别是设立了“维持资金”，且由维持资金所产生的利息等收入都被充作医院的经费[④]，这就为赤十字社医院的长久运营提供了经济基础。

再次，日本赤十字社在人才培养上倾注了大量精力。相比管理层和医生，医院内的护理人员需求要远大于前两者。所以明治二十年（1887年），在日本赤十字社内成立了“笃志看妇会”，招募看护人员，同时编纂教材，对看护人员进行教育。各医院也将看护妇的培养视为医院的重要业务。在地方支部医院设立之前，往往先行成立看护妇养成所，使得医院在建成后可以于很短时间内投入使用。在医生的培养上，日本赤十字社则设立了留学制度。明治三十九年（1906 年），日本确定了海外留学生规则，目的在于希望促进本国医学的进步，以赶上欧洲先进国家。在此之前，日本赤十字社已经分别于明治三十一年（1898 年）和三十四年（1901 年）两度派遣留学生前往德国学习。在制定具体规则后，留学生派遣实现了制度化，规定必须在赤十字社医院工作 2 年以上者方有留学资格，且学成后需要在赤十字社医院服务 10 年以上[⑤]，由此避免了人才的流失。

---

① 《日本赤十字社史续稿》下卷第四编第三章第一节《诊疗事业》，第 626 页。

② 《日本赤十字社史续稿》下卷第四编第三章第一节《诊疗事业》，第 624 页。

③ 《现行日本赤十字社例规类集：加除式》第九章《会计》，第 695 页。

④ 《现行日本赤十字社例规类集：加除式》第九章《会计》，第 697 页。

⑤ 《日本赤十字社史稿》第二编第九章第二节《日本赤十字社病院的扩张》，1911 年编印，第 866—867 页。

结 论

日本赤十字社医院在业务领域、经营管理、人才培育等方面的具体举措还有许多，这些努力都使得在赤十字社医院这一硬件建设的同时，能够获得与之相匹配的软件，从而在人道领域能最大限度地发挥其自身的作用。同时，从日本赤十字社医院的早期建设中，也可以看到上至日本皇室，下至地方政府（或自治团体）对其有力的支持，使得赤十字社医院能够迅速建立且长久的发展经营下去，成为日本赤十字社业务开展的重要机构，同时也为日本赤十字社培养了医疗方面的专业人才，增强了日本赤十字社自身的实力。

（作者系苏州大学社会学院研究生）

学术评论

学术评论

一部探求红十字运动本源的力作

——简评《晚清时期中国红十字运动研究》

郎元智

红十字会是一个国际性慈善组织。它发端于1859年的索尔费里诺战役，由亨利·杜南所创。1904年日俄战争爆发，为了救助饱受战灾的东北难胞，中国红十字会由此创立。百余年来，中国红十字会抱牺牲志愿，本博爱襟怀，救死扶伤，扶危济困，谱写出一曲曲人道赞歌，在中国近代史上留下了闪光的足迹。苏州大学池子华教授所著的《晚清时期中国红十字运动研究》，日前已由科学出版社出版发行。该书系统梳理了晚清时期中国红十字运动的发展历程，集前沿性、国际性、可持续性和现实性为一体，它的出版有助于深化中国红十字运动的历史研究，对拓宽中国近代社会史的研究领域，丰富中国近代史的研究内容，都具有重要的学术价值。

一

《晚清时期中国红十字运动研究》一书为国家社会科学基金后期资助项目的最终成果。该书以时间为经，以事件为纬，内容丰富，推陈出新。全书共8章30节，30余万言。

第一章《红十字运动的启蒙》，主要论述了红十字运动的起源问题，晚清时期红十字是如何传入中国的，《申报》等大众媒体在此期间所起到的推动作用，孙中山、孙淦及外国人士在中国红十字运动启蒙阶段所起的作用。

第二章《最初的尝试：陆树藩及其中国救济善会》，主要论述了陆树藩及其创立中国救济善会的尝试，中国救济善会与中国红十字运动之间的联系，中国救济善会在"庚子之变"中所进行的救济活动及其社会影响。

第三章《“发轫于俄日之战”——中国红十字会的成立》，主要论述了东三省红十字普济善会的成立和所进行的救援活动，沈敦和、施则敬和李提摩太创办上海万国红十字会的过程与影响，回答了中国红十字会为什么首先诞生于上海而不是其他城市的问题。

第四章《上海万国红十字会日俄战灾救援》，主要论述了上海万国红十字会具体的规章制度、组织形式和工作方法，以及在日俄战争期间所开展的救援活动。上海万国红十字会的成立标志着中国红十字会的诞生。

第五章《上海万国红会终结与中国红十字会“自立”》，主要论述了日俄战争后上海万国红十字会功成身退、中国红十字会开始走上自立自主之路的历史进程，并对于这一时期各种社会力量间的较量博弈进行了深入的研究探讨，对于中国红十字会几次易名的原因进行了深入分析，以及对中国红十字会首任会长等带有争议的问题进行了考证辨析。

第六章《“大彰于武汉之师”——辛亥战时的救护行动》，主要论述了辛亥革命爆发后中国红十字会的动向，对京会、沪会的相互博弈进行了分析，并对中国红十字会在辛亥革命期间所进行的救护活动及其所蕴含的历史意义进行了详细的论述。

第七章《中国赤十字会的辛亥救援》，主要论述了张竹君发起成立中国赤十字会及其在辛亥革命期间的战事救护活动。

第八章《清王朝覆灭与中国红十字会的转型》，主要论述了中华民国成立后，中国红十字会正式“立案”、首次派遣代表参加国际红十字大会、召开首届会员大会以及统一大会的历史。通过这一系列的活动，中国红十字会完成了自身的转型。

该书力图以社会史为基本切入视角，在掌握丰富翔实的史料的基础上，厘清晚清时期中国红十字运动发展、演进的历史轨迹，以及红十字事业诸方面的拓展，从而把“历时性”研究与“共时性”研究结合起来，立体展现了红十字会与晚清社会的互动关系。晚清时期作为中国红十字运动发展沿革的第一个历史阶段，是中国红十字运动由孕育、萌芽、创立、初步发展到转型的关键时期，这段历史对中国红十字运动整体的发展演进至关重要，是中国红十字运动发展史上绝对不能忽略的重要环节。因此，对晚清时期的中国红十字运动展开专题研究，不仅对全面研究中国红十字运动史至关重要，而且对晚清时期中国社会史其他领域的研究也裨益良多。

二

作为一部系统研究晚清时期中国红十字运动的学术著作，《晚清时期中国红十字运动研究》有其独到之处，主要表现在以下几个方面。

首先，论点客观公正，内容全面系统。晚清时期的中国社会多灾多难，中国红十字运动就是在这样的社会背景下逐步发展起来的。因此，要充分展示这段历史，不仅要厘清中国红十字运动发展的本源，即红十字是如何传入中国的、时人是如何了解和接受的、中国红十字运动是如何兴起的等，而且还要对中国红十字运动发展初期的全过程进行系统的梳理，其中既包括中国红十字运动发展的高潮，还包括中国红十字运动发展的低谷，这对于我们全方位、多层次、多角度地认识晚清时期中国红十字运动的历史至关重要。

《晚清时期中国红十字运动研究》在这方面的处理非常得当，如对孙中山、孙淦在中国红十字运动启蒙时期的作用，陆树藩及“皕宋楼”事件，盛宣怀的大清情结，京会沪会的“正统”之争等问题的分析和评价，都能做到客观公正，不偏不倚。此外，该书对晚清时期中国红十字运动发展沿革的全过程进行了全方位、多层次、多角度的论述分析，指出了其发展过程中的高潮与低谷，将中国红十字运动在历史上发展变化的全过程与博爱恤兵、救死扶伤、扶危济困的红十字精神相结合，这样就使得晚清时期中国红十字运动的形象更加丰满鲜活，一个个历史上的红会人物也都跃然纸上。

其次，史料翔实，考证准确。《晚清时期中国红十字运动研究》在史料的收集、挖掘、整理与利用方面也是值得称道的。该书使用的史料涵盖了档案、史料集、地方史志、报纸、期刊、古今著述、外文文献等诸多种类，范围广泛，丰富翔实。其中既有公开出版的史料，也有中国红十字会内部交流使用的内部资料，更有不易获得的时人家谱、家书，弥足珍贵。

丰富翔实的史料使得该书能够对许多问题进行深入探究，订正讹误，廓清迷雾，正本清源。例如，对中国红十字会首任会长等带有争议性问题的考证辨析；对张德彝赴瑞士签押《日内瓦公约》的时间考订为1904年6月29日，而非1906年7月6日；1912年代表中国参加华盛顿第九次国际红十字大会的应为“容揆”而非“荣揆”等。上述这些以往史料中存在的讹误，作者进行了订正，而诸如此类的考证，书中比比皆是，不胜枚举，这使得该书显得尤为严谨、扎实、厚重。

再次，方法多样，超越自我。《晚清时期中国红十字运动研究》以社会史学的基本研究方法为主，同时综合运用文化学、传播学等相关学科的研究方法，对晚清时期中国红十字运动的传入、萌芽、初创和初步发展的全过程，以多学科、多元化、全方位、多角度的方式爬梳透视，进行分析研究，方法多样，视野开阔，彰显了作者深厚的学术功力。作者着力探讨红十字会与晚清社会的互动关系，并聚焦考察以上海为龙头的长三角地区对红十字会组织运作方式、运行机制的影响，以及对官方与民间、红十字会与其他民间慈善组织的关系进行了透视，从而将整体性宏观研究与区域性微观研究有机结合，做到了有广度、有深度、有力度地再现红十字运动波澜壮阔的场面和人道主义魅力。这种探讨，凝结了作者在红十字运动研究领域 20 年的深刻思考和领悟，其所体现的思想魅力更值得学术界重视。

作者及其团队长期研究红十字运动，成果颇丰，但学界现有的一些著作对晚清时期中国红十字运动的许多问题尚未涉及或浅尝辄止。《晚清时期中国红十字运动研究》的出版弥补了以往研究中的缺憾，同时拓宽了新的研究视野，实现了新的超越，如对晚清时期中国红十字会体制机制变迁的宏观研究，对庚子之变、日俄战争、辛亥革命等历次战争救护活动的详细考察，对“营口模式”广设分会的原因分析，对中国赤十字会等在战争期间救伤瘗亡活动的论述评价等。该书对于此类问题进入深入细致的研究探讨，没有拘泥于以往的传统观点，大胆突破藩篱，提出自己的新观点、新认识，视角独特，新论迭出，从而超越了自我，实现了突破。

三

《晚清时期中国红十字运动研究》的出版不仅具有突出的学术价值，而且更具有很强的现实意义。

首先，该书是一部专门研究晚清时期中国红十字运动的著作，在厘清中国红十字运动早期历史的基础上，对于人们了解认识这段历史大有裨益。正本清源是开展红十字工作的先决条件，在实际工作中，人们对于中国红十字运动的历史，尤其是晚清时期中国红十字运动的历史知之甚少，因此，急需开展对于这段历史的研究工作和对群众的普及教育工作。该书将学术研究与成果普及完美地融为一体，不仅具有深厚的学理性，而且具有很强的可读性，既是一部研究者的必备书，又是一部爱好者的选读书。

其次，中国红十字运动有着光辉灿烂的历史，中国红十字会是近代以来最为悠久的社会团体，被誉为“百年老店”，是一块最好的金字招牌。怎样讲好红十字故事，传播好红十字声音，是红十字运动研究者义不容辞的责任。该书以丰富、翔实的史料，将晚清时期中国红十字运动波澜壮阔的历史栩栩如生地讲述出来，在讲好红十字故事方面树立了好榜样。

再次，在中国历史上，民间慈善团体在社会救助和社会保障方面往往起到很大的作用，成为社会发展的润滑剂和稳定器，中国红十字会更是其中的翘楚。然而，在过去的社会发展过程中，政府和社会对于民间慈善团体的作用重视不够，支持的力度不足。该书则从社会史的角度出发，论述了红十字会与晚清政府和社会之间的互动关系，揭示了其中蕴藏的规律，可以为当下处理政府、社会与民间慈善团体之间的关系提供借鉴。

该书还有许多值得称道的地方，但也存在一些不足。例如，该书主要探讨的是中国红十字运动的整体历史，但对地方各级红十字分会的论述就显得较为薄弱；对中国红十字会总会与各地方分会之间的相互关系，彼此之间的分工与合作，没有做更进一步的深入研究；对中国红十字会与中国早期卫生事业发展的内在关联也揭示得不够细致；对于中国红十字会与其他慈善团体之间的关系，还有待于进一步深化研究；对一些史实仍需进一步考证，如书中所载，1909 年为兴办总医院，中国红十字会在上海所购土地的亩数和辛亥革命期间留日医药学界红十字团的人数等均尚待考证。此外，书中的一些外国人名，由于红十字会文献中没有英文原文，所以无法在书中呈现，显得不够整齐划一。

但瑕不掩瑜，从总体上说，该书是一部系统研究晚清时期中国红十字运动的精品力作，其所具有的学术创新性和现实指导性值得瞩目。该书凝聚了作者 20 年来在红十字运动研究领域的思考，它的出版不仅具有正本清源、廓清历史、弥补相关研究领域的不足、推进中国近代社会史研究深入发展的作用，更为当今中国红十字运动的发展提供了反思与借鉴。

（作者系苏州大学社会学院博士生、辽宁社会科学院副研究员）

区域红十字运动研究的新探索

——评《近代江西红十字运动研究（1911—1949）》

郎元智

20 世纪 80 年代以来，中国社会史研究发展迅猛，经过众多学者的不懈努力，取得了颇为丰硕的研究成果。其中，红十字运动研究备受关注，逐渐成为一个新兴的研究领域，但总体来说，这一时期红十字运动的研究成果大多集中于全国视阈下的中国红十字运动史，或者中国红十字会总会的历史。进入 21 世纪，区域社会史研究逐渐升温。伴随着“中层理论”“新史学”“新社会史”等概念的提出，中国社会史的研究热点开始向区域研究转变。红十字运动的区域研究也随之成为热点，并涌现了一批区域红十字运动研究的成果①。近 10 年来，在苏州大学池子华教授的带领下，区域红十字运动研究的视阈逐渐扩展到全国，除上海和江苏之外，河南、安徽、江西、山东、贵州、湖南等地的红十字运动研究也取得了较为丰硕的成果②。区域红十字运动研究有助于从整体上丰富红十字运动研究的内容，对全国范围的宏观研究能起到十分重要的

---

① 这一时期的研究成果主要集中于对上海和江苏地区的红十字运动研究。例如，池子华、郝如一等：《近代江苏红十字运动（1904—1949）》，安徽人民出版社 2007 年版；徐国普：《辉煌十五年（1950—1965）》，安徽人民出版社 2009 年版；杨红星：《挫折后的振起（1966—2004）》，安徽人民出版社 2009 年版；马强、池子华主编：《红十字在上海，1904—1949》，东方出版中心 2014 年版等。

② 这一时期的研究成果很多，例如，崔家田：《全面抗战时期河南红十字运动的历史经验——以〈会务通讯〉为中心》，《河南师范大学学报》（哲学社会科学版）2010 年第 5 期；崔家田：《近代河南红十字运动探源》，《郑州大学学报》（哲学社会科学版）2014 年第 3 期；张智清：《安徽红十字运动研究（1911—1949）》，苏州大学 2012 年硕士学位论文；傅亮：《江西红十字运动研究（1911—1949）》，苏州大学 2012 年硕士学位论文；呙盼盼：《近代山东红十字运动研究（1904—1949）》，苏州大学 2012 年硕士学位论文；方娅、池子华主编：《江西红十字运动百年回眸》，合肥工业大学出版社 2013 年版；罗志雄、戴斌武：《贵州红十字运动研究（1916—2013）》，合肥工业大学出版社 2015 年版；曾桂林：《红十字会与人道救助：以近代湖南为中心》，湖南师范大学出版社 2017 年版等。

推动作用。

傅亮博士所著《近代江西红十字运动研究（1911—1949）》（以下简称《近代江西》）一书，是在他的硕士学位论文基础上，经过多年不断的修改增订而成，并于2018年12月由合肥工业大学出版社出版发行。该书的出版有助于深化红十字运动的区域研究，对拓宽红十字运动的研究视野和研究内容，都具有一定的学术价值。

一

《近代江西》一书打破了传统史学论著以时间为顺序的写作方法，改为以专题为切入点进行深入论述的写作方法，内容丰富，推陈出新。全书共4章20余万言。

第一章《江西红十字运动的开端》，主要论述了近代江西红十字运动的起源问题。从近代江西红十字运动的背景入手，明确了近代江西红十字运动开端的标志，着重分析了南昌和九江分会的成立时间、建会基础和发展过程，并对近代江西红十字运动开端的历史意义进行探讨。

第二章《江西红十字会的组织建设》，主要论述了近代江西红十字会的组织建设问题。从分会组织的扩展、资金的募集及短缺、会员的招募、会长选任及奖惩等方面，全面展现了近代江西红十字运动的历史发展进程。

第三章《江西红十字会的人道活动》，主要论述了近代江西红十字会的人道救助活动。从近代江西红十字会积极投身历次战地救护、灾害救济和医疗服务的活动入手，重点描述了近代江西红十字会的业务活动。

第四章《“国家与社会”视阈下的江西红十字会》，主要将近代江西红十字会置于“国家与社会”的视阈之下，重点阐述了其与地方政府之间的关系变化，并厘清了其中蕴藏的历史原因。

该书力图通过近代江西红十字会这一研究对象，全面展现近代地方红十字运动在组织建设、战地救护、灾害救济和医疗服务等方面“博爱人群”的风采，并从“国家与社会”的角度，分析了地方红十字会与政府间彼此关系的博弈变化。这些对于丰富地方红十字运动研究有着较高的学术价值，对于中国红十字运动整体历史的研究能起到一定的推动作用，对于今天江西的红十字运动和慈善事业的发展也有着重要的现实意义。

二

作为第一部系统研究江西近代红十字运动的学术著作，《近代江西》有其特有的创新之处，主要表现在以下几个方面。

首先，研究视阈的新探索。区域红十字运动研究不仅是中国红十字运动研究的新热点，而且是中国近代区域社会史研究的新领域。21世纪以来，中国近代社会史研究不断升温，研究成果也较为丰硕，“除了此前已有的城市史、区域史、历史人类学、社会文化史等继续深化扩展之外，还有一些新的分支陆续开拓并初成规模，如灾荒史、疾病史、卫生史、生态史、日常生活史、社区生活史、个人生活史、身体史、家族史、口述史、影像史、电影史等，研究领域呈现日益多元化、精细化的发展态势”①。区域红十字运动史正是这种“日益多元化、精细化”研究的代表，它是综合了区域史、疾病史、卫生史、慈善史、日常生活史等诸多研究方向的一个新兴研究领域。这个研究领域为中国近代社会史研究开辟了新的天地，而《近代江西》一书正是对这个研究领域的学术贡献。

此外，目前关于区域红十字运动研究的成果，大多集中于对特定区域内红十字运动的起源、发展过程、组织形态、经费来源和主要业务等几个方面问题的论述，较少有对地方红十字会与总会之间的关系、地方红十字会与地方政府之间的关系、地方红十字会与其他慈善团体之间的关系等问题的分析。《近代江西》一书专设章节对江西红十字会与地方政府之间的关系做了较深入的阐释，这是全书的一大亮点。如：“江西红十字运动从发轫起，就离不开官府的支持，尤其是在经费及战地救护上，红会得到了官府强有力庇护，这是江西红十字运动发展的重要基础。官府对于红会的庇护自然会产生一些正面的促进作用，但是任何事物都具有两面性，这种庇护也容易使红会失去政治中立性”②。作者的这一论断，不仅准确揭示了近代江西红十字运动与江西地方政府之间的相互关系，而且还指出了此种关系对江西红十字会所处政治立场的具体影响，这对于我们全方位、多层次、多角度地认识近代江西红十字运动的历史有很大的帮助。

① 孙颖、李长莉：《改革开放40年来的中国近代社会史研究：反省与寻求突破》，《广东社会科学》2018年第6期。

② 傅亮：《近代江西红十字运动研究（1911—1949）》，合肥工业大学出版社2018年版，第93页。

其次，研究资料的新拓展。《近代江西》在史料的收集、挖掘、整理与利用方面也是值得称道的。该书使用的史料涵盖了档案、史料集、地方史志、年鉴、报纸、杂志、古今著述等诸多种类，范围广泛，丰富翔实，其中既有公开出版的史料，也有中国红十字会内部交流使用的内部资料。作者更将较为不易获得的珍贵史料单独辑录，以附录的形式附于书后，方便其他研究者参阅使用。

丰富翔实的史料使得该书能够对许多问题进行深入细致的探究，如对南昌分会和九江分会成立时间的考证辨析，对江西省内各个红十字分会分布情况的调查，对经费收支的分类统计，对抗战时期南昌分会诊治病人和病种的统计汇总等。诸如此类的考证和统计，书中多见，这使得该书显得尤为严谨、扎实、厚重。

再次，研究方法的新应用。“中国社会史研究不断走向深化，理论能力进一步提高的表现，也是多学科相互借鉴、相互影响的结果，与社会学、人类学、民俗学交叉渗透以及口述史学的兴起、田野调查的风行都有密切关联，对提升和深化社会史研究尤其是区域社会史研究相当有意义”①。《近代江西》以历史学的研究方法为基本方法，同时综合运用社会学、经济学、统计学等相关学科的研究方法，对近代江西红十字运动的起源、组织形式、经费收支和主要业务活动等问题爬梳透视，以多学科、多元化、全方位、多角度的方式加以分析，彰显了作者较为深厚的学术功力。其中，对于“国家与社会”关系理论的灵活运用最为令人称道。作者并没有机械式地套用哈贝马斯的“公共社会”理论，而是灵活地从政治立场的角度解析了红十字会和“国家与社会”之间的关系这一问题，展现了作者对既有理论不保守不迷信的学术理念和开拓创新的学术精神。

三

《近代江西》的出版，不仅具有一定的学术价值，而且具有现实意义。

一方面，该书是第一部专门研究近代江西红十字运动的专著，对于人们了解、认识江西红十字运动的早期历史有非常大的帮助。在实际工作中，人们对于中国红十字运动的历史往往了解不够，因此，急需开展地方红十字运动的理论研究工作和对红十字运动知识的普及工作。该书将学术研究与普及教育较好地融为一体，是一部耐读的学术专著。

① 行龙：《二十年中国近代社会史研究之反思》，《近代史研究》2006 年第 1 期。

另一方面，近代中国战乱不断，人民生活困苦。中国红十字会作为一个民间社团组织，一经成立即秉着“人道、博爱、奉献”的红十字精神，在不同的历史阶段“拯黎民出水火，救兵士于战戈”。而自1911年辛亥革命开始，至今100余年间，江西红十字会作为中国红十字运动中的一支重要力量，一直肩负着扶危济困的历史任务，不断开展战地救护、难民救济、疫病防治、灾害救援等慈善活动。前事不忘，后事之师，通过对江西近代红十字运动的研究探讨，总结历史经验与教训，可以为今天江西红十字运动的发展提供更好的历史借鉴。

当然，《近代江西》也存在一些不足之处。

首先，近代中国红十字会总会与江西红十字会之间的相互关系仍需着重研究。中国红十字会总会是全国性的红十字组织，江西红十字会作为其下的分会组织，有其自身的属性定位，与总会之间也存在着相应的分工合作，因此它们彼此之间的关系等问题都值得认真研究。

其次，近代江西红十字会与其他地方红十字会相比有哪些特点也值得关注。与其他地方分会相比，近代江西红十字会有其自身的特点，且这些特点在组织形态、人员构成、经费收支等方面有所反映，并对江西红十字会的主要业务活动产生了一定的影响，因此对不同地区红十字运动展开比较研究，归纳出各自的地方特色是值得学界关注的问题。

再次，近代江西红十字会与其他慈善团体之间的相互关系研究还有待于进一步深化。近代江西红十字会作为江西众多慈善团体之一，与其他慈善团体之间有着分工与合作，在重大历史事件中的活动也有着异同，这些问题都有待于进一步探索。

最后，近代江西红十字会的人物群体还需要进一步研究。红会人物是红十字运动的主体，如能将对红会人物的研究融入区域红十字运动史的研究中，这样就可以更好地理解红十字会的运行状况。

以上几点均是在未来的研究中应予以关注之处，如果将这些问题研究透彻，将有利于全面揭示区域红十字运动的方方面面，有利于丰富我们对中国红十字运动的整体认知。

虽然存在一些不足之处，但瑕不掩瑜，《近代江西》一书仍可称得上是一部系统研究江西近代红十字运动的精品力作，其所具有的学术创新性和现实指向性是颇有意义的。该书的出版，不仅填补了区域红十字运动研究领域的空白，推进了中国红十字运动研究的深化，而且更为当下如何更好地推动地方红十字运动的开展，提供了良好的历史借鉴。

（作者系苏州大学社会学院博士生、辽宁社会科学院副研究员）

《中国红十字运动史料选编（第九辑）》简评

钟鑫鑫

由池子华、刘思瀚主编的《中国红十字运动史料选编（第九辑）》［以下简称《选编（九）》］是红十字运动研究中心推出的大型资料汇编系列中的第九辑，2018 年由合肥工业大学出版社出版发行，收录了 1941—1942 年间红十字运动相关资料。在这一时期，抗日战争进入相持阶段，中国红十字会的人道救护水平也在不断提高，各项工作稳步开展，在伤病救助、医疗卫生、征募会员、资金筹募等方面均取得了突破。

一、基本内容

《选编（九）》辑录了 1941—1942 年间大量红十字运动资料，依其内容分为“会务讯息、工作报告、会议记录、统计图表、人道文苑、公牍选载、杂俎、会员征信”共 8 个专题，每个专题又以时间为序。各专题主要内容概述如下：

“会务讯息”专题的篇幅约占全书的五分之一，所含内容丰富，主要包括中国红十字会的战地救护、时疫防治、临时救济、分会工作报告、救护队改组、医疗机构建设、红会宣传等工作。例如《民国三十年度的“中国红十字周”》这条资料，详细记载了 1941 年中国红十字会在红十字周期间的宣传活动，如制作救护工作模型图表、开通专题广播、举行游艺会、印发特刊等，通过红十字周的形式，中国红十字会进行了广泛的社会动员，大力发展会员、募集资金，以支持抗战救护工作的开展。

“工作报告”部分虽然所占比重不多，但内容翔实，主要是这两年间的红十字会务报告，包含年度会务检讨、救护总队部工作述要、各救护分队工作报告、各单位工作报告、俘虏收容所记录、医防工作概要、红十字周活动报告等。总的来说，这部分的内容涉及这一时期红会工作的方方面面，但以战地救护、抢险救灾等内容为主。

“会议记录”专题主要记载了1941年的6次常务会议、联席会议、重庆空袭救护谈话等。其中，常务会议主要记载了红十字会的日常事务安排，如建造办公室、人员选派、经费筹募等。

“统计图表”主要记载了全国各地红十字分会接受的馈赠药品数目、工作人员统计、红十字会员数、捐款数报告表、补助经费表、人事变动表、分会诊病统计等。

“人道文苑”多是与红十字有关的短文，内容主要有：(1)红十字常识，主要介绍红十字的起源与历史沿革、战时动态、红会精神。(2)红十字会务，如救侨护侨、预防治疗、战地救护、分会发展等。(3)红十字宣传活动，包括参观红十字医院、红十字周宣传活动等，如《到图云关去参观红十字周》。(4)红十字漫谈，对红十字人物的追忆介绍、红十字未来展望、个人的感想等。

“公牍选载”部分主要收集了美国红十字会对中国红十字会的医药器材的援助批文。其中有一篇公文，记载的是对滥用红十字标识的取缔。

“杂俎”内容简短，包含会务通讯发刊词、创刊赘言、红会工作人员集团结婚消息、纪念哀悼文章等。

“会员征信录”约占整本书的三分之一，主要记录第一届、第二届红十字周期间，各征求队、地方分会、社会各界人士征录会员的名单及所募集的资金数目。

二、特点及价值

《选编（九）》的特点及价值，主要体现在以下几个方面：

其一，体例清晰，记载翔实。《选编（九）》在内容编排上基本是按照时间的顺序进行辑录的，并且在整体时间上也是延续了《选编（八）》的内容。回顾《中国红十字运动史料选编》系列书籍，从体例的发展和延续的角度上来看，虽每辑书的体例安排因受到当时红十字运动发展重心变动的影响而有不同外，总体的专题分类则更为细致化、精确化。《选编（九）》在延续了原有的“工作报告”“会务讯息”等专题后，将第八辑中的“人物传记”“文苑”两个专题合并为“人道文苑”，并且该部分还增加了诸如《输血者与红十字会》《红十字会如何监视俘虏待遇》等包含国际人道主义部分的内容，可见在体例与内容上既有延续，又有新的拓展。同时，《选编（九）》收录的虽然只是1941—1942年间的红十字会历史资料，在时间跨度上与已出版的8本史料选编相比是较短的，但此时正值中国抗日战争最困难阶段，为满足战场救护、灾难救助的需要，红会在伤兵救护、医疗卫生、组织建设、资金筹募等方面做了大量的工作，这就使得本书收集的史料所涉及的时间虽不过短短2年，但是整本书的字数却达到了35万之多，其内容详细程度可见一斑。

其二，史料丰富，利用率强。《选编（九）》借助上海晚清民国数据库、大成老旧数据库等网络资源搜集资料，同时还在民国书刊中爬梳剔抉，辑录中国红十字运动相关史料，其中除了中国红十字会的自办刊物《会务通讯》《救护通讯》之外，还包括《政府公报》《西南公路》《卫生导报》《中华护士报》《沙漠画报》《中和月刊》《现代青年》《广东卫生》《立言画刊》等众多民国报刊。这些报刊种类多样，既有红十字会的官方刊物、学术类刊物，也有绘画类普通刊物，利用起来十分的便利。

其三，专题突出，价值颇高。《选编（九）》中“会务讯息”“工作报告”“会员征信”3个专题占据全书三分之二的篇幅，可以看出中国红十字会在这两年间的发展与壮大，从侧面也反映出当时抗日战争的激烈程度。在已出版的《中国红十字运动史料选编》系列图书中，关于会员征募运动的内容收录并不多，本书辑录了中国红十字会第一、二届红十字周期间为宣传红会、扩充会员、筹募资金而开展的各项活动，其中《本届红十字周会员已达两万余人》（第一届红十字周）、《第二届红十字周征求纪念会员十万人》两篇，记载了这两年间红十字会就发展了12万会员。这也是本书较其他几辑的特色之处，对于我们研究这一时期中国红十字会的会员问题颇有参考价值。

三、不足之处

当然，《选编（九）》在内容和体例上仍然有不足之处。

一是本书史料以报纸杂志为主，史料来源略显单一。虽然包含的报刊多达十几种，但在来源范围上仍较狭窄，缺少如手札、信件、个人日记等资料。

二是本书专题部分记录的事件，在编排上还可以改进。以“会务讯息”部分为例，虽然按时间顺序进行辑录，但是在内容的编排上可以更有条理些，如涉及红十字会的业务就包括战地救护、医院建设、防疫接种、理事会议、赈济难民、救护分队、人员调动等方面，这些内容较为庞杂，读者在查阅利用资料的时候需要来回翻找，多有不便。倘若按照时间的顺序以“会务讯息—人事调动（分会选举、职员调动）”这样的方式编排，进行更为细致的划分，则读者利用起来就比较直接便捷。此外，一些文章的归类是否十分准确也可以商榷，如《湘北前线之本会医疗工作》《各地分会工作述评（一）》这两篇，在内容上与“工作报告”中录入的文章更为相似。

尽管本书有一些瑕疵，但它的出版对于加强中国红十字会的资料建设，深化对红十字运动的研究，无疑具有重要意义。

（作者系苏州大学社会学院研究生）

《中国红十字运动史料选编·湖南专辑（第十辑）》简评

李晶晶

中国红十字会诞生于1904年，迄今已有110余年的历史，其间几经风雨与坎坷，红会的规模不断发展壮大，现已成为当代中国最具有影响力的社会救助团体之一。学术界开展对红十字运动的系统研究已有20年，在理论探讨和史料发掘整理等方面，均取得了丰硕的成果。为深化红十字运动研究，充实红十字文献史料宝库，苏州大学红十字运动研究中心近年来陆续组织出版了多部资料汇编，特别是《中国红十字运动史料选编》已出版十余辑，渐成系列，而每一部史料集都有其特色和可称道之处。

2018年12月，由曾桂林、池子华主编的《中国红十字运动史料选编·湖南专辑（第十辑）》（以下称《湖南专辑》），由合肥工业大学出版社出版发行。该专辑专注于近代湖南地区的红十字运动，编纂者不辞劳苦，多方搜集档案、报刊、日记诸种文献史料，对其中有关中国红十字运动的第一手资料进行整理，辑录出红十字运动在湖南兴起、发展的相关史料，为红十字运动研究文献宝库添砖加瓦。

一、内容概要

《湖南专辑》全书共48万言，主要内容包括“综合、专题、函件、杂俎”4个部分。

“综合”部分，涉及内容较广，大致有5个方面：其一，包括中国红十字会湖南分会章程、湖南分会附设的长沙镇妇孺救济会设立分所章程、湖南分会捐启、历年大事记、产款管理、各分会工作纪略、分会一览表等基本史料，使读者能够大致对中国红十字会湖南分会有一定的了解。其二，收录有凌盛仪的日记及长沙《大公报》记者的日记，皆为珍稀文献，从中可略见军阀张敬尧主政湖南期间蹂躏湘中、湘北情形，并可窥探红十字组织在湖南的运行及对湖南民众的救济工作。其三，涉及抗战期间总会救护委员会的报告、各医疗队配属表，以及各医疗队新旧番号、负责人及驻地服务机关对照表等，展现出总会救护委员会在湖南的救济活动。其四，收录有湖南鼠疫防治史料，包括常德发生鼠疫及防治经过、疫情简报等，使读者能够详细了解鼠疫发生、防治的全过程，以及当时的公共医疗卫生情况。其五，涉及抗战时期湘北战役发生前后战地部队医务卫生工作，全面揭示了当时红十字会在战争前线的战场救护工作。

“专题”部分，所占篇幅颇多，资料主要来源于《湖南官报》《长沙日报》《（长沙）大公报》《申报》《中国红十字会月刊》《中国红十字会湖南分会资料》《中国红十字会会务通讯》《救护通讯》等报纸杂志。收录内容按类型编排，可分为以下几类：其一，各界对湖南地区红十字会的捐赠，包括长沙红十字会 78 次收捐告启的完整记录、各地募捐红十字会款、各捐户数目、救济捐款报告等，从中可以看出，对当时湖南各地红十字会的收捐、支出情况有很详细的记录。其二，中国红十字会总会对湖南地区的施赈情况，包括平时的赈济以及在战争时期的兵灾救护，如在各镇乡设立妇孺救济所、给难民散发棉衣、赈济火灾、急募兵灾救护经费、派湘赈干事亲自督赈并报告赈灾情况等。其三，湖南地区各红十字分会的救济动态，涉及衡阳、湘潭、岳阳、益阳、常德地区，史料内容包括各分会成立时间、完整的会员名册、赈务近况、时疫医院简章规则等。其四，抗战时期，中国红十字会救护总队部在湖南地区的救护动态，包括救护设施、材料供应、运输动态以及业务视导等内容。另外，该专题部分还包括有中外慈善人士对湖南地区的捐赠救助资料，如熊希龄、湘绅与侨湘外人及美国煤油大王代表等的捐赠，充分显示了中外人士的博爱之情。

“函电”部分，收录了关于湖南各地红十字分会与总会、政府之间的往来电文、公函，政府的谕令、批示、公文等，内容涉及湖南各红十字分会请赈、请求政府补助保护、救护报告、施救情况，以及政府的批示和总会对湖南地方分会的指导等，在一定程度上揭示出湖南的红十字组织与社会各界的往来关系。如《宁乡分会出发救护掩埋队请保护》一文，记载了宁乡分会在湘战时的掩埋活动即受到战地部队的保护等，为我们进一步认识当时湖南各地红十字分会与总会、政府之间的关系提供了史料依据。

“杂俎”部分，内容较为宽泛，主要收录有《湘灾纪略》中记载的湖南兵灾与红十字救助情况、一些对湖南红会有突出贡献的人物的传记、碑刻及诗文等，多维度地为读者呈现出近代湖南地区红十字运动的不同面相，形象生动，通俗易懂。

二、特色鲜明

《湖南专辑》一书不仅内容厚重翔实，而且特色鲜明。具体言之，主要体现在如下三个方面：

第一，资料翔实，收罗宏富。为了全面展现近代湖南地区的红十字运动整体情况，本书编者不辞劳苦，多次前往湖南图书馆、长沙市档案馆、岳阳市档案馆、贵州省档案馆等公藏机构，广泛搜罗各馆所藏有关湖南地区的红十字会文献及档案资料；同时还不畏繁难，一头扎进故纸堆，海底捞针、大浪淘沙般地从湖南当地出版的报纸，如《湖南官报》《长沙日报》《（长沙）大公报》中钩沉爬梳出有关湖南红十字运动的第一手资料。此外，编者对国内京沪等地报刊中所登载的涉及湖南红十字运动的资料等也不轻易放过，如《申报》以及中国红十字会总会自办的《中国红十字会月刊》《中国红十字会会务通讯》《救护通讯》等，均在其视域之内，逐一翻检。总之，资料收录来源范围广，时间跨度大，上起 1904 年红十字运动在湖南的兴起，下至 1949 年中华人民共和国成立。面对纷繁的史料，编者不避繁难地爬梳剔抉，摘录其重要内容，力求囊括无余，最终辑录出中国红十字运动在湖南兴起、发展的相关史料，为读者呈现出湖南红十字运动的整体概貌，给人以厚重扎实之感。

第二，编排有序，详略得当。从整体看，该书将所收录的资料分为“综合”“专题”“函电”“杂俎”4 个不同的专题，且按原文抄录，对于原文献中明显与湖南无关的内容则有所删节。由于资料繁杂，为方便整理查询，4 个专题中的资料以时间为序，按照资料类型分类汇编。如第二部分“专题”中辑录的资料主要来源于湖南及各地出版的报纸和期刊，编者在编排史料时，其编排架构，在保持纵向时间轴的同时，又兼顾横向专题的汇总整理。这样既能体现从 1904 年到 1949 年湖南红十字运动兴起、发展的整体过程，也能够从不同层面突出湖南红十字运动的重点所在；读者既可按照时间顺序，了解其发展情形，又可搜寻相应专题，对某些具体问题如长沙红十字支会的收捐情况、中国红十字会救护总队部动态等进行深入探讨。

第三，内容全面，遵循学术规范。该书作为《中国红十字运动史料选编》系列中的湖南专辑，收录资料的内容全面、系统，不仅辑录有中国红十字会湖南（长沙）分会的救助活动，也辑录了中国红十字会总会对湖南地区的指导救助情况；既包括湖南各地红十字分会的立会章程、会员名单、收捐告白等基本组织建设情况，也涵盖平时救灾、战时救护、救疫、募捐经费等基本活动；不仅通过湖南各地红十字分会与总会的往来函电，揭示其来往情况，也通过函电反映红会与政府之间的关系，同时辑录湖南红会部分相关人物的传记。全书资料类型多样，内容几乎涵盖湖南红十字运动的方方面面，从不同层面全面展现了红十字运动在湖南地区兴起、发展的历史轨迹。为保持资料的完整性，该书还对其他书籍已收录的少量重要史料仍酌予收录或节选。另外，在保证内容翔实、全面的同时，该书遵循严谨的学术规范，书中每一条资料都注明出处，照录原文时会按照原意对史料进行分段并按现行规范加上标点符号，对明显错字加以纠正，对衍字、少字和无法辨识的字都用相应符号标出，以尊重史料的完整性。

三、价值突出

作为集体智慧的结晶，该书具有丰富的内容和鲜明的特色，特别是以下几点更值得称道和关注。

第一，史料价值高，有助于推动湖南地区红十字运动的研究，拓宽其研究视角。史料是学术研究的基本前提和基础，如前所述，该书为湖南专辑，作者通过爬梳整理繁杂的史料，依序收录了从 1904 年中国红十字会诞生到 1949 年期间与湖南红十字运动相关的一手史料，且资料来源广泛，所辑内容全面完整，从不同角度，全方位、多层次地再现了湖南红会的历史及红十字运动在湖南地区的发展过程，从而为湖南地区红十字运动的研究提供了丰富的史料基础。此外，该书以专题形式编录史料，也可为读者提供认识湖南地区红十字运动的新途径，拓宽其研究视角，进一步推动研究向前发展。如书中辑录有长沙红十字支会 1904—1905 年的 78 次收捐告白，可通过文本解读分析当时长沙民众捐款情况及长沙红十字支会的运行情况，以此填补现有认知之阙。再如，书中辑录有大量有关湖南地区疫情发生、防治的史料，基于此可对湖南红会救疫活动进行专题研究，了解不同疫情的防治办法，从而对其救疫活动有更加全面的认识。另外，书中收录有部分人物传记和碑刻，也可为研究提供新视角。

第二，史料涉及面广，有助于深化对中国红十字运动的整体研究。该书辑录史料以近代湖南为主，与近代湖南红十字运动有关的史料基本都被收录，其内容既包括湖南各地区红十字分会的救助活动，也包含中国红十字会总会对湖南地区红会的指导和湘赈救援工作。虽为区域性史料汇编，但在推动地方红十字运动研究的同时，该书同样也有助于深化对中国红十字运动的整体研究。如该书的第三部分“函电”中，有大量湖南各地红十字分会与总会、政府、其他组织之间的往来电文，内容涉及请赈、索款、救灾、报告、批示、致谢等。从这些史料中，一方面可以看到湖南各地红十字分会平时和战时的救济救灾活动，以及总会对其的指导情况；另一方面也可从中窥探到红会、政府以及其他社会组织之间的关系。如《商请普救湘地伤兵之函稿》中商帮协会向总会致电表示，湖南红十字分会在1917年护法战争的战地救护中，专注重北军，对南军伤者不施以援手，望总会函致驻湘会员应一视同仁。后湖南红十字会复函表示，救护北军是已与其将领接洽，伤兵送院医治，但南军方面未有接洽电信，也未有伤兵送院医治，并未有偏袒北军之举。通过此函，我们可以大致了解当时战地救护的基本情形及各有关方面之间相互关系的一个侧面；而关于地方分会与总会之间的联系，从这个角度看，亦有助于进一步深化中国红十字运动的整体研究。

第三，以史为鉴，有助于为当今红十字事业发展提供经验。书中辑录了湖南红十字会开展各项工作的相关资料，包括其组织机构、章程规则、经费收支、会员招募、选举程序等多方面内容，这些都可为当今中国红十字会开展工作，进行改革和发展所借鉴。在卫生防疫工作方面，书中部分内容如《湘北战地部队医务卫生工作一年来之回顾与前瞻》，详细记录了军队防疫工作方式、环境卫生治理措施、护理工作方法、个人卫生视察教育等，涉及军队医务卫生的方方面面，其医务卫生治理的原则和办法，都可为今日红十字医疗卫生事业提供合理思路和良好经验。总之，我们通过史料记载，以史为鉴，可以吸取良好经验，谋求当今红十字事业更好的发展。

综上所述，《湖南专辑》收录的资料内容丰富，具有鲜明的特色和价值，但也存在一些值得商榷的地方。例如，编者将收录资料分专题编录，时间跨度长达40多年，虽在各专题中依据资料来源类型和时间进行排列，但在目录中并未突显时间，对读者查阅信息会造成一些不便。因此，如果目录中也体现出时序性，以时间段分门别类辑录史料，使其条理更加清晰，则可大大方便读者查阅。另外，该书收录有关湖南红十字运动的相关史料，为完整展现其发展全貌，仍酌予收录或节选了已出版图书中的若干重要史料，因此这些重复收录的史料除标明原始出处外，也应标注重复收录的出处，注明资料收录书名等。总体而言，瑕不掩瑜，《湖南专辑》的出版，为读者展现出红十字运动在湖南兴起发展的历史轨迹，既丰富了湖南红十字运动研究的史料积累，拓宽了研究视角，又进一步推动了红十字运动研究的深入。同时，书中所辑录的史料还可为当今红十字事业发展提供有益的历史借鉴。

综上所述，该书的出版是“红十字文化丛书”又一汇聚众人心血的新作，相信随着资料的不断整理和发掘，红十字运动研究领域会产生出更多更丰硕的研究成果。

（作者系湖南师范大学历史文化学院硕士生）

《中国红十字运动史料选编·湖北专辑（第十一辑）》简评

钟鑫鑫

《中国红十字运动史料选编》是苏州大学红十字运动研究中心推出的大型资料集，是红十字运动研究中的资料宝库。由宋悦明、池子华主编的《中国红十字运动史料选编·湖北专辑（第十一辑）》（以下简称《湖北专辑》），是该系列丛书的第十一辑，2019年6月由合肥工业大学出版社出版发行。

《湖北专辑》是红十字运动研究资料系列图书中又一本以地方红十字运动为主的资料辑。1911年10月武昌起义，湖北风云突变，辛亥之役中士兵死伤甚多，处在水深火热中的民众亟待救援，中国红十字会、中国赤十字会以及日本赤十字社救护队纷纷前往武汉前线救死扶伤。这场人道行动中，湖北地方红十字运动开始兴起，并且在民国时期得到迅速的发展，成为中国红十字运动中的一支重要力量。本书收录了1900—1949年间有关湖北省红十字运动的历史资料，内容涉及湖北各地红十字会所进行的战时救护、灾难救助等各项人道救济事业。本文拟对该书的内容、特点与价值作简要评述。

一、内容概况

《湖北专辑》辑录的资料依据内容分为“会务讯息、工作报告、公牍选载、人道文苑、人物传记、杂俎”6个专题，每个专题中的资料均按照时间先后的顺序排布，并且在每条资料后均注明了资料来源，十分详细。各专题主要内容简要概述如下：

“会务讯息”是《湖北专辑》的主要部分，由于收录的资料时间范围广，因此占据整本书一半以上的篇幅。编者将1900—1949年间涉及湖北红十字会在战争救护及灾难救助中所有能收集到的资料整理录入，这些资料来源既有中国红十字会总会编印的资料，也有湖北省各地分会发出的资讯。在内容上包括战地救护、施棺掩埋、时疫防治、灾害救济、筹资赈济、分会改组、分会电报、分会近讯、分会成绩、红十字会纪事、摘录各报有关红会新闻、中国红十字会新闻、国际红会援助及交往等事务，在地域上涉及武昌、汉口、大冶、樊城、潜江、宜都、沙市、宜昌、蕲水、蕲春、郧县、武穴、钟祥、襄阳、鄂城、天门、光化、孝感、黄陂、江陵、应山、麻城、通城、黄冈、枣阳、当阳、老河口等分会的讯息。

“工作报告”记录了湖北各红十字分会的工作情况，主要是救灾、救护、医疗等会务的工作报告，在资料来源上首先是节录有关湖北红会的工作报告、中国红十字会工作报告、中华医学会会务报告、救护总队部业务概况、战地工作报告等，如《中国北京红十字协会幼幼会第一次报告》《救护总队部业务通报》等，都提及湖北红十字会在其中开展的活动；其次是专门的湖北地方红会工作报告，包括战地救护报告、赈灾报告、分会改选职员等，如《汉口红会之救护报告》《襄阳分会改选》《宜都分会继续冬赈之报告》等。

“公牍选载”主要是涉及湖北红会的电文、公告、批文、公函、训令等，以辛亥革命、鄂省水灾救援、抗日战争救护等内容居多。

“人道文苑”主要有祝词颂词、吟词、赈灾乞文、放赈谣等几种类型，其中祝贺吟诵红会的词文、悲叹世道的吟词居多，如《中国红十字会月刊一周年祝词》《分会颂词》《苦兵吟》等。

“人物传记”收录了《女慈善家（红十字会之功臣）》《峨利生医博士传》《刘少玉先生传》《潜江分会会长旷世伟从父旷先生传》4 篇短文，每篇短文均介绍了传主用各自方式进行的人道善举。

“杂俎”是本书的最后一个专题，其收录的资料在内容上较为庞杂，有见闻录、杂谈、演说词、募捐公示、红会电文、红会事务表等。

二、特点及价值

本书的特点及价值主要体现在以下几个方面。

第一，资料来源广泛，形式多样。《湖北专辑》作为一本地方红会的专题资料辑，时间跨度大，资料来源广泛，既有中国红十字会发行的期刊及纪念册，如《人道指南》《中国红十字会月刊》《红十字月刊》《中国红十字会杂志》《中国红十字会会务通讯》《中国红十字会二十周年纪念册》《中国红十字会上海国际委员会救济月刊》《救护通讯》等；又有公报，如《临时政府公报》《政府公报》《交通公报》《财政旬刊》《湖北省政府公报》等；也包括一些地方报纸，如《无锡新报》《锡报》《电声（上海）》，以及当时影响较大的报纸《申报》《大公报》《新闻报》《新华日报》《民立报》《兴华》等；此外还有部分其他期刊，如《上海医事周刊》《水灾中武汉警备特刊》《诸胜堂月刊》《正信》《救灾会刊》《中华医学杂志》《振务月刊》《圣教杂志》等，凡30种。这其中，《中国红十字会月刊》《红十字月刊》《申报》《大公报》《新闻报》是资料的主要来源。

第二，内容全面翔实，研究价值高。《湖北专辑》收录的是湖北红十字运动的资料，在具体内容上，不仅详细收录了有关湖北各地红十字会相关规章、电文、会绩、新闻、图表等重点资料，还重视搜集青年夏令营、难民问题、颂词吟歌等反映当时社会背景的生动史料。比如，《第五十团童军服务报告》《青年夏令营》反映了湖北红会的青年会员运动，《苦兵吟》《苦匪吟》反映了北洋军阀时期湖北民众深受战乱匪患之害的困境，还有反映难民生活情况的《汉红会开办难民产妇病院》《难民收容所设教室授课》等。同时，《湖北专辑》还收录了日记《东方的南丁格尔》、诗词《分会颂词（节录）》、传记《刘少玉先生传》等特色鲜明的文章。通过这些资料我们可以窥探当时中国社会的真实面相，也突出了救济难民为红会的重要事务，因此对于开展相关研究具有较高的史料价值。

第三，体例编排合理，专题突出。《湖北专辑》中资料的编排基本上遵循了时间顺序，以时间为线、史事为点的排列方法，遵循了历史发展的内在逻辑，勾勒出湖北红会兴起、发展、演变的过程，历史感较强，也便于使用者阅读及查找。在专题上来看，其专题设置也明显延续了之前出版的各辑资料选编的体例，将所收录的资料分门别类予以归纳，特色突出，脉络清晰。

三、不足之处

尽管《湖北专辑》在内容上、编排上有其特色，但仍然有些许不足之处。如部分史料的归类就有可斟酌之处，“工作报告”中的《救护总队部业务概况》《襄阳分会改选职员》《饬队防治脑膜炎》等，就内容上来看归“会务讯息”或更妥。“公牍选载”中的《中国赤十字会临时章程》《汉口分会会员大会组织暂行规则》，“杂俎”部分中的《全国红十字会统计》《组织：分会一览表（节录)》《中华民国红十字会总会所属分会一览表（节录)》等类资料和“会务讯息”中的表格，若单独增加“统计文表”专题，会显得更为细致。

总体来说，《湖北专辑》史料价值大，对于推进湖北及中国红十字运动的研究大有裨益。

（作者系苏州大学社会学院研究生）

《中国红十字运动史料选编（第十二辑）》评介

商东惠

任何历史研究工作的深入开展，都离不开史料的挖掘与整理。有鉴于此，红十字运动研究中心推出了大型资料汇编《中国红十字运动史料选编》。自2014年《中国红十字运动史料选编（第一辑）》面世迄今，已出版了10余辑，内容包罗中国红十字运动发展之万象。本书是这一系列中的第十二辑，池子华、刘思翰担任主编，2019年9月由合肥工业大学出版社出版发行。

一、内容概况

作为红十字运动史料整理的新成果，《中国红十字运动史料选编（第十二辑）》［以下简称《选编（十二）》］在时间跨度上起自1942年，迄至1944年3月，在内容上以《中国红十字会会务通讯》（以下简称《会务通讯》）为主，辑录该刊自第13期至第26期的资料精华。《选编（十二）》全书35万余言，根据资料内容分为“会务简讯、工作报告、统计表格、人道文苑、杂俎”5个专题。

“会务简讯”的内容可分三类：一为红十字会的战时工作，主要包括分会的组织建设、救护工作的开展、救护物资的筹集；二为红十字会的平时工作，包括红会医疗机构的建设、总会对各地分会的业务视察、各分会灾害救济工作的开展等；三为红十字会日常工作纪要，收录了1942年10月至1943年12月间的纪事，其中内容多可与其他部分简讯相映照。

“工作报告”在书中所占篇幅约为三分之一。依据辑录的内容，主要包括两个方面：一为总会、分会及其隶属的各医疗救护机构的工作报告；二为红会成员的参与救护记录。其中，以救护总队部业务报告数量最多，约30余篇，其内容涉及救护设施、防疫概况、材料供应、运输动态诸方面，救护总队部工作之情状一览无余。

“统计表格”部分，既有医院、诊所各科室医治病患人数之统计，又有会费收支、药品消耗之详绪。具体包括总会组织系统、会员人数变迁统计，红十字周期间会员征募情况、药品统计，分会诊病人数统计及分会事业调查与会计统计等。抗战时期，随着红十字会业务的扩大，支出愈发浩繁，从上述统计中即可见一斑。

“人道文苑”收录数篇时人所著红十字会相关短文，其内容主要有：(1) 宣传红十字周，弘扬红十字精神。沥陈红十字会“博爱恤兵”之工作，鼓励同胞积极参与红十字事业。(2) 红十字会战后工作安排，如《中国红十字会战后工作意见》《战后救护工作之趋向》《红十字会的复员工作》等，反映出时人对抗战胜利的信心和对战后工作的谋划。(3) 红十字会人物小传，包括《红十字会创始人南丁格尔女士小传》《前固始分会会长曾介孚先生传》等篇。

“杂俎”部分内容较为单薄，仅有4篇文章，内容包括重庆分会筹建历史的个人回忆录、对日军袭击红十字救护船只暴行的斥责、对红十字会监事穆藕初的追悼以及时人对红十字的联想等。

二、特色简析

《选编（十二）》所辑录的资料，时间跨度虽然不长，但内容丰富，而且时代特征显著。

首先，资料翔实，编排有序。《选编（十二）》中的资料主要辑录于《会务通讯》，编者依照其具体内容划为5个专题，并按照时间顺序进行排布。

《会务通讯》是抗战时期中国红十字会的机关刊物，由刘云舫先生主编。1941年1月在重庆创刊，1945年8月停刊，共出34期。主要栏目包括：会务纪要、法令转载、公文摘录、医药新闻、文艺、工作报告、分会消息、法规辑要、人事动态、会计工作报告、总会琐事纪要、分会诊病统计、队务通讯、特载、人物小志、会员征信录等，同时选登重要新闻图片，使该刊物图文并茂。作为研究抗战时期中国红十字运动的重要史料，《会务通讯》刊发了抗战时期红十字会方方面面的工作讯息，从分会建设到人员变动，从工作视察到战地救护，从卫生防疫到赈灾救济，皆有资料可查。《选编（十二）》辑录该刊自第13期至26期的资料，内容益显翔实。

《选编（十二)》在遵照原文的基础上，根据现行规范进行分段、添加标点符号，使原文更符合现代人的阅读习惯，大大减轻了读者阅读的难度。此外，编者还将《会务通讯》原有栏目进行筛选、合并、调整，根据具体内容进行了新的专题排布，从而使得全书体例更为整齐划一。

其次，时代特征明显。史料不是冰凉的，它载有特定时代的温度与印记。《选编（十二)》作为一部史料集，不仅呈现了中国红十字会在1943 年前后的工作开展情况，而且还勾画出一幅红十字运动的时代简图：

第一，救护总队在战时救护中作用显著。1943—1944 年，随着抗日战争由战略相持逐步进入战略反攻阶段，中国红十字会的人道救护活动也达到新的高度。在伤兵救护方面，以救护总队部为代表的红十字救护组织，深入各战区，或协助开展野战救护、兵站医院、军医训练、俘虏卫生等战时卫生勤务工作，或从事于民众疾病治疗、防疫注射诸事宜。1943 年 10 月，滇缅战事复起，救护总队随远征军入缅服务，其奉献牺牲，在史料中亦有体现，如《抚恤入缅救护殉职工友》等。

第二，红十字会经费支绌。《选编（十二)》中以“红十字周”为主题的宣传材料，数量颇为可观。1941 年 1 月 1 日，中国红十字会首届红十字周举办。自此开始，举办红十字周成为征求会员、募集资金的主要形式。全面抗战时期，中国红十字会共举办了 4 届红十字周，在《选编（十二)》中有所展现的就有第二、三、四届，相关资料涉及总会及各地分会筹办、开展红十字周之各端。频频举办红十字周，实际上反映了红十字会内部经费紧张的尴尬局面，在《蒋会长梦麟告全体同仁书》中，蒋梦麟会长对此解释道：“抗战以来，本会的一切经费与药物，都由海内外各界人士所捐助，而尤以英美邦人士及各地侨胞为多。可是太平洋战争爆发后，首先南洋各地的侨胞宣告断绝；继因滇缅路的梗阻，影响到外来物资的运输。以今日形势言，本会的仰赖外助力量，已不如一九四二年以前的优越。”在一些其他材料，如《三十二年告全体工作同仁书》《胡兼总队长于本年四月四日总队部举行国父纪念周讲词》《三届红十字周小言》中，亦不乏红十字会经费短缺的记录。

第三，中国红十字会工作重心逐渐由战时救护向社会化服务转移。1943—1944 年，随着抗日战争的持续，抗战胜利的局势渐趋明朗。时人对于抗战胜利的乐观情绪，在《战后救护工作之趋向》《红十字会的复员工作》等数篇材料中都有所体现。在此期间，各地重建分会的讯息盈于报端，医院、诊所的设立亦数见不鲜。开展社会化服务，成为这一时期红十字会在发展会员、强化组织建设之外的又一项重要工作。

此外，1942—1943 年的河南大灾荒事件在《选编（十二）》中亦有所体现。1942 年，河南大旱，发展至 1943 年，已成为一场波及全省的特大饥荒。处于抗日战争最前线的河南，外临强敌，内遇奇荒。《选编（十二）》收录的多篇简讯，如《泌阳分会吁请赈灾》《南阳分会成立灾童教养所》《莆田分会捐赈豫灾，监场训练班节食捐助》《固始分会赈灾三万元》等，皆对河南灾荒有所反映。若对河南灾荒救济情况进行研究，此类资料亦可资借鉴。

三、价值与不足

《选编（十二）》的出版，一方面丰富了红十字运动研究资料，另一方面也为普通读者了解 1943 年前后中国红十字会人道救护工作提供了一个平台。在抗日战争的最后时期，面对天灾人祸，中国红十字会总会、各分会及其附属医疗机构充分发挥"博爱"精神，救护伤兵灾民，从滇缅域外救护到河南灾荒救济，书写了红十字救护又一段波澜壮阔的历史。

当然，本书亦有些许不足之处。首先，资料来源较为单一。相较于在《选编（十二）》前出版的几本资料辑，本辑资料仅有 4 种刊物来源：《会务通讯》《德华月刊》《游艺画刊》及《云南省政府公报》，其中又以《会务通讯》为主。其次，书中仍存在疑误之处，譬如《第六大队成立征求队》一则中，先述"以总会定十月一日至十月十日举行第二届红十字周"，继而又云"十月十日起开始征募"，前后不一，疑为"十月一日起开始征募"之误。

总体而言，《选编（十二）》作为一部史料集，虽略有瑕疵，但其仍具有较高的史料价值，对于推进学术研究不无裨益。

（作者系苏州大学社会学院研究生）

确是一只最前进的号角

——写在《中国红十字运动史料选编·常州专辑（第十三辑）》之后

张　涛

2019 年 8 月，由江华、张涛主编的《中国红十字运动史料选编·常州专辑（第十三辑）》（以下简称《常州专辑》）正式出版，并列入“红十字文化丛书”，备受瞩目。

近年来，常州市红十字会高度重视红十字理论研究和会史研究工作：2010 年至今，坚持编印《常州红十字》季刊，刊发了大量研究性文章；2014 年恰逢常州市红十字会建会 100 周年，又出版了《常州红十字志》和《人道百年》两种图书；2018 年，常州市红十字会又举办了“盛宣怀与中国红十字事业学术研讨会”，并刊印《论文集》一部。

《常州专辑》作为这一传统的延续，将 1914 年至 1949 年间，各类报纸杂志上发表的有关常州红十字会的报道汇为一编，收集信息六七百条，超过 30 万字，涉及报刊文献资料达四五十种。同时还通过常州档案馆、红会前辈的后人等，收集到了一批珍贵的档案和照片，为那些泛黄的文字提供了有力的佐证和画面，有助于让读者感知那段战火纷飞的岁月。另外，该书还附录了研究民国时期常州红十字运动的专论 8 篇，这些文章系本人根据史料进行撰写的，可以视为一部小型的民国时期的“常州红十字志”。仔细阅读此书，感觉有 4 个方面的体会。

一、寻根之旅

红十字会与常州的渊源很深，尽管常州红十字会并非全国最早成立的红十字会，但自它成立之后，工作开展时间之长、工作之细、影响之大，在全国全省也是极为少见的。而且更为重要的是，盛宣怀、庄录、闻兰亭、苏克己等常州人在中国红十字运动史上的贡献，深刻影响着常州本地红十字事业的开展。

盛宣怀是官方任命的中国红十字会的首任会长，他早年就多次赈济灾民。1904 年，他参与了上海万国红十字会的组建工作，并积极支持日俄战争中的伤兵救护事宜。一直到 1916 年去世，盛宣怀始终关心支持中国红十字事业的发展。

庄录是盛宣怀的内侄，是银行的董事长，从 1921 年到 1929 年，他当了 8 年的中国红十字会理事长，最为人熟知的是 1923 年他带队赴日，参与日本大地震的灾后救援工作。

闻兰亭早在 20 世纪二三十年代就以慈善家闻名于上海，曾任中国红十字会常务理事，做了许多捐款捐物、抢救伤员的工作。

1937 年 8 月，红十字救护队长苏克己在上海罗店营救中国伞兵时，被日军残忍杀害，引起各国公愤，后被追认为烈士。

常州人敢为天下先的特点，以及兼济天下的情怀，与“人道为怀、慈善为本”的红十字精神相得益彰，完美融合。为了纪念这些先驱者和牺牲者，《常州专辑》特意把相关资料收入进来，以志怀念。

二、初心之旅

什么是红十字人的初心？1914 年，30 岁的王完白先生从受命筹备常州红十字会的那天起，就十年如一日地为红十字会而努力工作。在回顾个人在常州的成绩时，王先生深情地指出，创建中国红十字会常州分会，经过不懈努力，终于使之成为地方永久慈善机关，这是他一生难以忘怀的事情。

屠寄是常州红十字会的首任会长，曾做过县令，写过很多著作。在生命的最后一年，他抱病参加了红会的创建，并召集了一些会议，还部署了长江大水的防疫工作，可以说为了红会事业是死而后已了。第二任会长龚承祖先生，把自家的房子拿出来，设立伤病救护站。第三任会长伍琢初先生多次向总会求援，争取各项支持，临终前，他还捐款 5000 元为常州百姓修建一座平桥，方便商旅通行。

抗战初期，武进医院的医生被编为红十字医疗队，除部分撤到后方外，很多人因公牺牲。战后复会功臣吴逸樵先生、乡村服务站推动者杨迪群先生等，通过努力，让常州红会的工作一跃成为全国的楷模。

服务更多的困难群众，是红十字人的初心所在。常州红十字人的自我奉献、甘愿付出的精神，正是初心不改的写照，至今仍然激励着我们前行。

三、辉煌之旅

民国时期的常州红十字会曾经创造出非凡的业绩，得到了各方的认可。不论是县知事、各机关领导、本地乡绅，还是很多普通市民和学生，都在红十字会的感召下，积极参与常州的公益事业，努力地做着捐款捐物的工作，从不落后。在《常州专辑》里，我们可以看到大量的分会谨谢广告和征信记录、各类的募捐呼吁，以及关注儿童健康、举办儿童比赛，开设医院、注射疫苗，放映电影，征募会员，开展“一衣运动”和“一升运动”，广设城市营养站和乡村服务站等内容，红会为保护千千万万人的生命和健康做出了贡献。其中，抗战胜利后常州红会的征募成绩极为突出，征募会员数万人，经费上亿元（当时币值），位居全国县级分会之冠，获总会颁发的甲等奖状。而在短短的3年复员时间中，武进分会创造了中国红十字分会两个“最”，即创办了最多的儿童营养站、建立了最多的乡村服务站，成效显著，工作扎实，总会领导纷纷前来参观指导。为了开办医院，常州红会理事自行垫资，先看病，后收费，让红十字会在群众中有了很大的影响力。取得群众的支持和信任，这也是常州红会能够取得成功的关键因素。

四、宣传之旅

常州红十字会高度重视宣传工作，从《常州专辑》中就可以看出一代代红十字人是如何的敬业，如何的自觉进行红十字宣传。早期的文章多是由王完白先生自己撰写的，很多照片也都是他本人拍摄的。民国时期，常州的报纸业很发达，光是日报就有《武进报》《中山日报》《武进商报》《武进新闻》等很多种，每一次开展工作、召开会议，分会都会第一时间在本地报纸上进行报道，同时转报总会《红十字月刊》，并在《申报》《新闻报》等国内大报上进行宣传。所以往往同一事件、同一内容，会在好几种报纸上出现，这一点实在让后人钦佩。

最值得指出的是，1924年底，王完白先生赴上海调查第一次江浙战争的受灾状况，写下了两万多字的《战地见闻录》，将战争的残酷、人性的灭绝，苦难的人们、绝望的气氛都描写得淋漓尽致，堪称一部“中国版的《索尔费里诺回忆录》”。

抗战结束后，为了尽快恢复地方红十字会工作，吴逸樵等人依托武进商会的资源，把包括刘国钧、刘靖基等大商人都吸收进红会理事会，广泛发动会员，开展征募活动，分会筹资能力大大加强，无怪乎中国红十字会的陈蕙君处长发出这样的感慨："个人觉得该分会不仅本身拓具了现代化的规模，并已将红十字会的性质与任务及工作精神，深深印入当地官商及一般人民的脑中，所以深得当地人士协助，乐于捐输，乐于与红十字会合作，确是一只最前进的号角。"

总之，《常州专辑》是一部比较成功的地方红十字运动史料汇编，它的出版为其他地区的红十字运动史料汇编工作提供了范例。

（作者单位：常州市红十字会）

做一位有责任与担当的思想者

——《仁爱之境》序

池子华

两年前，在苏州大学的进修班上，我第一次见到了宋玫。那时，我担任任课老师，讲授“中国红十字会法制化进程与当代思考”。其实在此之前，我就曾多次在《中国红十字报》上看到她的文章。文章中所体现的独到见解、深邃思想，使我印象深刻。在苏州大学相识并面对面交流后，我们颇有一见如故的感觉。她告诉我，从事红十字工作很有意义，也想发挥自己写作的爱好，想用随笔、散文等文体来传播红十字文化，对此我表示赞赏。然而令我意外的是，仅仅一年后，她就将设想兑付。当我收到她的《仁爱之境》电子书稿时，真是又惊又喜，敬佩有加。

《仁爱之境》即将付梓，作为第一读者的我，除了向作者表示衷心祝贺外，也谈几点随感。

平心而论，《仁爱之境》称不上皇皇巨著，但能给人一种不一样的感觉，用一个流行词来表达，那就是“小清新”。

一是格调清新。传播红十字文化的载体多元，形式多样，讲故事就是一种很好的方式。正如作者在自序中所说：“把我在红十字会所亲历的人和事记录下来，用随笔的形式，用充满现实感的叙事方法，讲述这些善的故事，让公众了解一个真实、透明的红十字会。”翻开本书，一个个“小”故事呈现在读者面前，有血有肉，鲜活灵动，亲切暖人又令人震撼，使人真心感受到人道力量之“大”。令人耳目一新的立意，总能让人眼睛一亮。这就是本书的魅力。

二是笔法清新。故事“讲”得如何，关键在于如何“讲”。真实、感人、生动，几大要素融于一体，才能引人入胜。本书做到了这一点。这本书讲好了故事，给人的感受也好，诸如《素昧平生也有深情厚爱》《凡人壮举》《最后的麻风村》《指尖上的希望》等，或记叙，或抒意，或言情，娓娓道来，文风朴实，文笔流畅优美，文字清新活泼，通过行云流水般的叙事，展现人间大爱的可贵，字里行间得见作者飞扬的文采和驾驭文字的深厚功底。相信读者和我一样，会在享受美文的同时受到感染，回味无穷。

三是见解清新。作为红十字人，如何破解事业发展中的难题，如何在实践中实现新的超越，作者上下求索，对一些热点问题进行“冷思考”，也提出了独到见解，如《不能让善行成为社会稀缺资源》《网络救助的法律边界》《当公益救援成为时尚的生活方式》《我们需要怎样的公益生态》等文就是如此，虽系理论文章，但保持同样的“小清新”风格，可读性强，也闪耀着思想者的理性光芒。文中提出一系列见解，如“探讨网络救助的法律边界，既要立足于法律这个根本，又不能缺乏必要的文化关照；既要保护爱心不受到伤害，又要考虑如何更有利于求助者，这样有利于形成网络普遍遵守的公序良俗，让更多的求助者享受到阳光和爱”；“公益活动无论是出于何种目的，都不要带任何偏见和成见，它能为我们打开不同的窗户，窥见人类最真实、最复杂、最幽深的存在。公益行为和公益组织的参差多态，才能产生最好的公益环境”；“社会救助价值取向和行为方式，决定着社会救助生态的建立。同样，生态的好坏也会影响社会救助的参与面和可持续性”。这些观点不仅令人耳目一新，而且发人深省，耐人寻味。正因为如此，本书具有了重要的理论价值，对促进红十字事业发展有着不可忽视的实践意义。

作为红十字文化研究的新成果，《仁爱之境》的亮点有很多，这里不一一列举。

理论来源于实践，又是实践的指南针，相互激荡，相得益彰。这些年，宋玫边实践，边探索，发表了不少有价值的文章，堪称业界思想者，令人欣慰。不过，放眼全国，业界的思想者屈指可数，实在少得可怜。希望本书的出版，能够唤起更多的同人参与到理论研究与文化传播的队伍中，同时希望呼吁已久的全国红十字运动研究会早日挂牌成立，把“散兵游勇”凝聚起来，形成合力，这样我们才会更自信，才能更好地彰显人道的光辉，使社会不断臻于“仁爱之境”。

诚如作者所言，“有参与才有责任，有责任才有担当”。《仁爱之境》其实正是作者有责任、有担当的体现。做一位有责任与担当的思想者，诚属难能可贵。祝愿宋玫同志再接再厉，不断取得新的研究成果。

是为序。

2019 年 5 月

（作者系苏州大学教授、博士生导师，红十字运动研究中心主任）

罗生特研究综述

商东惠

罗生特（1903—1952，原名雅各布·罗森费尔德）是抗日战争时期来华的一名犹太裔奥地利医生。1941—1949 年，他先后辗转江苏、山东、东北多地，为中国人民的战地救护事业做出了重要贡献，被陈毅誉为“活着的白求恩”。但在相当长的时间里，罗生特鲜被提及。1992 年，我国首部罗生特主题资料汇编《罗生特在中国》问世。此后 10 多年内，陆续有数本著作出版发行，相关文章也常见诸报端。不过就总体而言，罗生特研究仍处在初步发展阶段，不足之处十分明显。本文即尝试对目前的研究状况做一简单梳理，以期对促进这一问题的研究有所裨益，不当之处敬请方家指正。

一

1952 年，罗生特在探亲途中因病于特拉维夫逝世，其后数十年一直默默无闻。进入 20 世纪 90 年代，关于罗生特的相关研究，逐渐引起中国学界关注，并取得了一定成果。迄今为止，共有 6 部相关著作问世。

《罗生特在中国》[①] 是最早出版的一部罗生特主题资料汇编。该书主体部分由 28 篇熟悉罗生特的老同志所写的回忆文章、4 篇已在书刊上发表过的综合材料、10 篇罗生特的遗作和战争年代报刊上关于罗生特的报道构成，书后附有罗生特年谱，较为全面地反映了罗生特在中国期间的言行风范，是资料建设方面的一部拓荒之作。

黄瑶、张惠新的《一个大写的人——罗生特在中国》[②]，通过大量生

① 中共临沂地委党史资料征集委员会、中共莒南县委：《罗生特在中国》，山东人民出版社 1992 年版。

② 黄瑶、张惠新：《一个大写的人——罗生特在中国》，解放军出版社 1992 年版。

动的故事，塑造了罗生特国际主义战士的光辉形象，是国内出版最早的一部罗生特传记。在该书的基础上，还出版了专门面向青少年群体的《罗生特的故事》①。相较前者，该书在结构和内容上都更符合青少年的阅读习惯，重点突出了罗生特与陈毅、罗荣桓、万毅等我军高级将领的交往。

格尔德·卡明斯基是国外最早研究罗生特的学者，其所著《罗生特传》② 细致地考察了罗生特的生平经历，资料翔实，行文严谨。在书中的《罗森费尔德神话》一章中，作者简要梳理了中奥两国在罗生特研究方面做出的努力，探究了中国方面“罗森费尔德神话”的产生与发展，并认为这与中国“正名”的历史传统关系匪浅。这一观点对于辩证看待中奥两国的罗生特研究颇具启发意义。此外，书中还收录了罗生特初抵上海时写给妹妹施苔菲的一批信件，不仅有助于进一步了解罗生特思想的发展变化，弥补已有资料的不足，而且也为研究20世纪30年代末流亡上海的犹太人历史提供了珍贵的参考材料。

《中国的大时代——罗生特在华手记》（又名《罗生特与中国》）③是格尔德·卡明斯基教授的又一力作。该书以罗生特的手记为主体，分新四军时期、山东时期和解放战争时期三个时期展开，真实地反映了罗生特生前在华行医和参加革命活动的情况，是研究罗生特的重要一手资料。同时，手记对当时中国农村的风俗习惯、对共产党领导下的军队也多有描述。在手记的基础上，作者还补充了详细的注解与分析评论，为读者进一步认识、理解罗生特提供了途径。

2005年，在中国人民抗日战争胜利60周年之际，王相连、孙建宏的《罗生特》④ 一书问世，该书是继《一个大写的人——罗生特在中国》《罗生特的故事》《罗生特传》之后的又一部人物传记作品。相较于前述诸书，该书着重讲述了罗生特在山东抗日根据地的工作，重点考察了罗生特在山东时期的生平事迹。在写作方式上，该书仍旧延续了叙事史的风格，通俗易懂。

① 黄瑶、张惠新：《罗生特的故事》，河北少年儿童出版社1996年版。

② ［奥］格尔德·卡明斯基：《罗生特传》（李传松等译），旅游教育出版社1995年版。

③ ［奥］格尔德·卡明斯基：《中国的大时代——罗生特在华手记》（杜文棠等校译），中国社会科学出版社2003年版。

④ 王相连、孙建宏：《罗生特》，中共党史出版社2005年版。

二

以1992年《罗生特在中国》一书的出版为界，相关研究文章开始大量发表。据笔者不完全统计，在1952年至1992年的40年中，目前可查到的仅有5篇文章①和3篇综合材料②公开发表；而自1992年至今，相关文章已达40余篇。

1983年11月29日，王军在《沈阳日报》上发表了《一纵队的首任卫生部长——回忆白求恩式的国际共产主义战士》一文，是目前可以看到的最早的一篇追忆罗生特的文章。其后邸文、黎风、王庭岳、李磊等人也相继撰文。在1993年罗生特诞辰90周年之际，随着黄瑶、张惠新等旧日战友的大力宣传及山东莒南县一系列纪念活动的开展，罗生特才引起广大公众的关注，相关文章陆续出现在各类报纸杂志上。但就总体而言，2017年之前公开发表的文章都具有一个共同的特征，即以罗生特的生平事迹为关注的焦点，文章的叙事风格明显。在这一时期，罗生特国际主义战士的形象基本形成，但涉及其生平的一些时间节点的考证至今还未有统一结论。由此可见，相关研究还是“浮于事迹”，亟待进一步突破。

2017年4月，山东医专成立了罗生特研究中心，成为罗生特研究的一个重要的转折点，表明罗生特研究开始向纵深发展：

王光荣的《罗生特医学人文精神及时代价值》③，初步从医学人文角度探讨了罗生特精神的内涵，并对其时代价值进行了分析。高树记的

① 这5篇文章分别为王军：《一纵队的首任卫生部长——回忆白求恩式的国际共产主义战士》，《沈阳日报》1983年11月29日；邸文：《白求恩式的国际主义战士罗生特医生》，《外国史知识》1984年第1期；黎风、光磊：《迟到的纪念：追记奥地利医生罗生特》，《健康报》1988年1月30日；王庭岳、傅义桂：《国际主义战士——罗生特》，《国际共运史研究》1988年7月1日；中共莒南县委、莒南县人民政府：《中奥人民友谊的伟大使者——追记中共特别党员、奥地利医生罗生特》，《大众日报》1991年1月10日。

② 3篇综合材料分别为《医学博士雅各布·罗森弗尔德》，参见［奥］格尔德·卡明斯基：《奥中友谊史》（钟松青、骆剑双译），世界知识出版社1986年版，第270页；《罗生特》，参见冯彩章、李葆定：《红医将领》，科学技术出版社1991年版，第617页；李磊：《军中的外国大夫——罗生特》，参见石文光、伏斟：《新四军卫生工作史》，人民军医出版社1991年版，第426页。

③ 王光荣：《罗生特医学人文精神及时代价值》，《山东省医学伦理学学会第十一届学术年会暨第四届理事会第五次会议论文集》，2018年编印。

《罗生特在战时医院和部队卫校建设中的贡献研究》[①]，细致考察了罗生特在华中新四军卫生学校、山东军区卫生学校及莒南陈家老窝中心医院建设过程中做出的贡献，从红十字精神、工匠精神、革命精神、人文关怀等4个角度概括了罗生特为抗日军民及后人留下的宝贵精神遗产，认为“罗生特身体力行建立良好医患关系的模范言行对当代医学教育和医德医风建设有着重要的启示”。在《纪念傅莱和罗生特在新时代医学教育中的现实意义》[②]一文中，高树记、刘欣追述了抗战时期援华的傅莱、罗生特两位奥地利医生的感人事迹，并从弘扬国际人道主义精神、树立和践行人类命运共同体理念、增强医学生的人文情怀等方面，阐释了纪念傅莱和罗生特在新时代医学教育中的现实意义。

上述3篇文章，基本代表了当前罗生特研究不断拓展的3个方向：罗生特与抗日根据地的卫生建设、罗生特研究的现实价值、罗生特精神内涵，这些对于未来的研究颇具启发意义。

三

自1992年以来，罗生特研究的热度不断升高，但目前已出版的文章书籍，大多是叙述性、通俗性的回忆录或人物传记，尚无一本成熟的研究性著述问世。从学术研究的角度看，整个研究仍处于起步和发展阶段，不足之处值得我们注意与深思。

首先，资料考订与运用不充分。一方面，从已出版的著述和公开发表的文章来看，涉及罗生特生平的一些时间节点，如考入维也纳大学的时间、初抵上海的时间等尚无统一说法，有待进一步考订；另一方面，尽管一些重要的资料已公开出版，但截至目前，大部分研究者对资料的使用仍表现为简单的“拿来主义”，并未对资料进行进一步的分析探究。

其次，研究深度与广度不够。就目前公开发表的数十篇文章来看，无论数量，还是质量，都不尽如人意。尽管已经有学者开始重视罗生特研究，但重视程度还不够。一如《罗生特在中国》一书的后记中所言，给罗生特出书的目的是“把他帮助中国人民革命的感人事迹宣传出去，以促进精神文明建设和增进中奥人民友谊”，“使其国际主义精神放射出

① 高树记：《罗生特在战时医院和部队卫校建设中的贡献研究》，《世纪桥》2018年第12期，第36—37页。

② 高树记、刘欣：《纪念傅莱和罗生特在新时代医学教育中的现实意义》，《中国卫生产业》2018年第32期，第132—134页。

更加灿烂的光芒”。因此早期发表的期刊文章，其意图也是更多地集中在宣传层面，研究方式也以叙事为主。但是，随着研究的深入，以及罗生特人物形象的不断“成熟”，研究的视角也应从罗生特“面前”转移至“背后”，不断拓宽研究领域，例如，罗生特与抗战救护工作的开展、罗生特精神的时代价值、罗生特精神的内涵等研究就颇有学术价值，而罗生特思想的形成与发展、罗生特对抗战的宣传等方面的研究也有待进一步展开。

综上所述，罗生特研究还存在不少问题，正因为如此，这一课题的研究才更值得挖掘和期待。20 世纪 90 年代以来，随着纪念活动的增多，罗生特的“影响力”日益增强，近两年来，一些学术性文章陆续发表，不失为罗生特研究的一个可喜趋势。期待有更多研究性文章发表，以形成更加浓厚的学术氛围，从而将罗生特研究推向新的阶段。

（作者系苏州大学社会学院研究生）

集思广益　共谋发展

——红十字国际学院首期青年骨干培训班课业综述[①]

池子华

2019年10月31日，由中国红十字会总会主办、红十字国际学院承办的全国红十字会系统首期青年骨干培训班在苏州大学正式开班。全国人大常委会副委员长、红十字会与红新月会国际联合会副主席、中国红十字会会长陈竺用英文以“对我国红十字会工作的若干思考”为题为学员讲授第一堂课，来自全国红十字会系统的70余名青年骨干，以及红十字国际学院专家咨询委员会成员、苏州市红十字会干部、苏州大学学生共180余人听课。陈竺在课上介绍了国际红十字运动和中国红十字会的发展历史，回顾了近年来我国红十字事业的改革发展成就，分析了当前国际红十字运动的发展态势和中国红十字会在国际红十字运动中的新机遇、新使命、新挑战，擘画了新时代中国特色红十字事业的发展蓝图。首期培训班为期5天，孙硕鹏、于福龙、王汝鹏、任浩、刘选国、郑庚、池子华、苏婉娴以及红十字国际组织白良、彭玉美等国（境）内外人道公益领域的专家将先后为学员授课。课程涵盖中国红十字会“十一大”精神宣讲、国际形势、人道外交、“一带一路”、红十字运动发展、人道资源动员等内容。其间，青年骨干围绕着红十字国际学院未来发展、“一带一路”以及红十字事业发展中的焦点问题，进行思考，通过课业的方式表达出自己的识见，不少见解颇有价值。现摘要综述如次。

一、关于红十字国际学院建设

田熠：红十字国际学院的定位之一是培养中国暨国际红十字会与红

① 本文为2018—2019名城名校融合发展战略项目阶段性成果。

新月会人道主义专业人才，其中一个项目为1～2周的短期培训班，适用于已在红会系统有一定工作经验的在职人员。由于目的是提升员工在专业领域的技能，建议以专业领域或职能进行分类，每期专注在一个领域，如筹资专题、灾害预防专题、人力资源专题等。此外，国际学院处于初创阶段，前期可以先行开展短期培训班，授课对象为中国红十字会系统的在职员工。如何打造有实际效果的"中国红十字会系统短期专题培训班"，并最终实现提升中国红十字会员工专业能力的目标，可以从投入（Inputs）、活动（Activities）、产出（Outputs）、短期目标（Outcomes）和长期影响（Goals）等5个方面建构项目逻辑模型（Logic Model），以实现培训效益的最大化。"中国国际公务员能力建设项目"与红十字国际学院的培训目标和针对人群有很多相似之处，可以参照借鉴。

李建华：红十字国际学院围绕建立"红十字运动专业"，一应畅通信息共享渠道，积极取得红十字国际委员会和红十字会与红新月会国际联合会的认可和帮助，与国际上各红十字运动研究中心等建立国际红十字运动信息和数据共享机制，同时建立红十字运动信息共享平台，将红十字运动信息向我国红十字会系统基层，乃至向红十字会系统外开放，为基层红十字工作人员或系统外热心人士研究红十字运动理论提供信息基础。二应建立我国红十字会系统社会调查联动机制，结合红十字国际学院的理论研究需求，确定我国红十字会系统社会调查项目，并组织相关人员积极参与社区入户社会调查，确保社会调查结果符合红十字国际学院关于红十字运动理论研究的实际需求。三应推动建立我国红十字运动论坛，通过论坛将零散和碎片化的红十字理论研究进行整理收集，吸引红十字会系统内外具有一定红十字理论基础和学术研究能力的有识之士参与，凝聚研究队伍。

夏晓雯：红十字国际学院在建设过程中应注意：一是短期目标与长期目标相结合。短期目标主要为解决学院的生存问题，即资金和资质问题；长期目标主要解决发展问题，即师资团队和品牌建设。二是系统内收费培训解决生存问题，广泛动员社会资源，根据国内红十字会系统培训需求，可采取高级研修班、中短期培训班定制办班、委托办班等购买服务形式。在课题研究方面，可以尝试各级红十字会认领的形式，谁提出，谁认领，在增强针对性的同时，减轻财政负担。也可以考虑学科共建，设立分中心，与有条件的省级红十字会、地方大学及研究机构，共同建设某个专业或课题。三是以需求为导向，设计课程体系。在研修班和培训班的课程设计和配套服务方面，充分考虑购买服务方，即各级红十字会的需求。在学历教育设计上，逐步打通与人事体系的衔接通道，取得相关国际认证培训资格，建立国际资格认证培训体系，如救护师资国际认证、灾害评估师国际认证等，增强品牌含金量与公信力。四是充分利用互联网技术，推进 IMPACT 课程汉化及初级红十字业务工作课程体系网络化，降低初级培训成本，集中力量提高专业化课程质量，推进专项课题等理论研究。五是拓宽办学视野，将公益领域纳入学科体系，争取发挥更大的引领和示范作用。

黄九霞：对红十字国际学院的建设，建议：一、加强顶层设计，为各级红十字会争取更多政策支持。总会可通过文件或制度等形式，将红十字会系统干部职工的继续教育纳入各级红会文化建设和绩效考核体系，同时鼓励各级红会将干部职工的继续教育成本纳入财政预算中。二、加大筹资力度，为学院运作提供稳定的资金保障。建立各类奖学金制度，鼓励各级红会专职干部积极参加培训和教育。三、广招人才，建立雄厚的师资库，并加强与 IFRC 和 ICRC 以及各国红会的交流与合作，动员他们选派一些有实战经验的师资加入师资库。四、广泛动员人才资源投入到教材的研发和编写中，科学合理设计教学计划。五、开拓和创新培训与教育模式，采用更多现场教学的模式，与基层红会和其他国家红会合作，将一些培训和教育课程搬到基层或实地开展教学。六、提供学习交流和实践机会，同时有目的地选拔和培养红十字会系统优秀的师资队伍，加入国际学院师资库。七、服务更多人群，建立包括应急管理、灾难医学、急救医学、老年医学、社区发展、社会工作等在内的综合性人道学科体系，提供多层次、多样化的人道行动方案，在满足广大红十字会专（兼）职工作者综合性培养规划的基础上，面向会员、志愿者以及社会公众开展人道主义教育和社会工作技能培训。八、完善监督、考核和反馈制度，加强培训前、后的考核，以及培训和教育过程的监督，确保不浪费教育资源。

罗凌：红十字国际学院的成立给广大志愿者带来了巨大的成长空间和发展机遇。为强化志愿者队伍建设，一、建议红十字国际学院提供更多学习机会给优秀志愿者，再由他们把先进的理论和指导思想带到队伍中去，促进红十字事业的长远发展。二、鉴于红十字国际学院作为红十字运动人才培养和国际交流的中心，拥有大量国内外专家资源、各种专业的课程资源，因此应长期为志愿者赋能。三、希望红十字国际学院能创造中国志愿者与港澳台以及国际志愿者的交流和学习机会，学习操作层面的课程，提升中国志愿者的专业能力，为今后走出国门参与国际红十字运动，提升大国形象储备人才。

张园：加强标准化、流程化、信息化建设非常必要。作为“红十字新鲜人”，在工作体验中，多处于一种老人带新人、经验式的工作方式中，新入职的员工只能学习一些条款条例，对于实际的工作，没有一个标准的流程可供参考，只能花很多时间在实际操作过程中逐渐积累经验。基于此，建议红十字国际学院可研究一套具有中国红十字会特色的SOP（Standard Operation Procedure），即工作人员工作准则，将我们的工作按照种类予以规范与说明，以达到操作的一致性与标准性。使所有的工作人员按照统一的标准与流程执行，有规则可循，以提高效率，减少沟通成本，让红十字会系统像一台精准的机器一样运转。

张健：建议：一是每一至两年对参加过培训的人员按照班次进行多次轮训，使之在不断地学习提高中更新知识结构，增长工作技能；二是通过总会指导全国红十字会系统工作人员开展专业外语的培训，为扩大交流合作打牢语言基础；三是尽快完善学科体系，积极开展专项培训，在应急救护、备灾救灾、干细胞和遗体器官捐献、人道资源动员等方面形成专业特色，并开展学历教育；四是延长骨干培训的时间，短期班从一个月起步，以便成系统地对各个工作领域进行学习提高；五是摒弃“填鸭式”教学方式，多以小组为单位进行理论学习、问题分析和经验分享。

吕静楠：在授课形式方面，建议可以参照“YABC · 青春善言行”的方式，非常灵活地运用各种教学方法和活动方法，达到学员注意力全程在线、交流互动充分到位、思考空间足够、实践应用场景丰富的教学目的。在课程设置方面，可以向各省市发放调查问卷，来调查大家期待的培训内容，分成“期待点”，然后在全国红十字会匹配成功经验，将其成功经验结合理论编辑成实用的“工具包”，既能在课上讲授，也能把经验复制到其他学员的工作中。比如说香港红十字会的品牌项目“小红星奖励计划——家中英雄”，在其工具包中有许多细节，项目策划、每一年的活动计划、活动执行的流程等都在工具包中进行分享，这样就能结合他们的成功经验，因地制宜，复制到红十字会的工作中了。

李双娥：红十字国际学院设在苏州，这是独特的天时、地利、人和的安排结果，是这个百年校园应有的殊荣和担当。然而红十字会的工作者、志愿者等相关人员遍布全国各地，考虑种种交通、食宿成本，建议学院与各省大专院校合作，积极争取高校及其教师的支持，建立红十字国际学院的分支机构，同步开展相应的主题教学，面向省内各级红十字会工作人员，传播红十字文化和业务知识。如此，则成本降低、覆盖面扩大、影响力扩大，并可以让更多的红十字人从中受益。

杨一：培训的主干围绕红十字展开，需要当作商品一样包装增值，甚至可以作为专业服务咨询产品换取我们需要的资源。这就要求有一个整体设计：普遍的通识培训突出“博”，解决红十字的由来和理念普及问题，这是基础；骨干提高培训突出“专”，解决学习提高问题，以探索人道法和青春善言行项目为支撑，这是重点；专题研修突出“深”，解决理解人道、博爱、奉献精神深度问题，结合社会需求开展志愿服务和捐款捐献，反哺社会，这是难点；技能培训突出“用”，解决学以致用问题，重点是以身心安全为核心的急救培训和防灾避险安全教育，这是目的。同时，针对继续教育中的成人教育群体，应开发红十字系列在线学习课程，以适应“互联网+教育”需求，从而运用现代信息技术改进培养方式方法，推进红十字主题专业教学资源库的建设和应用，建立共建共享的资源平台。

薛昀：对红十字国际学院的教育培训，有两条建议：一是入学高标准，课程严要求。细致化分培训班类型，针对不同的班提出不同的入学要求，使学员能够精准受益。培训班采用课堂小测与结业考试相结合的方式，对每一次的培训高标准、严要求，让每一次的培训从报名到过程到结业都“混”不过去，也在无形中提高了培训结业证的含金量。二是课堂的形式更丰富，把“坐下来、走出去”相结合，增加师生互动、学员互动的环节，可以先从课堂授课方面入手，尝试不局限于灌输式教学，增加头脑风暴、分组讨论和作业、小课题研究等方式，调动学生的积极性，或可达到更好的教学效果。

董颖育：建议一、按照红十字会系统目前的组织建构，组织省级、市级、县区级红十字会工作人员进行轮训，根据每一级红十字会不同的工作范畴和发展方向，组织不同的师资有的放矢地进行培训；二、每次学习应结合中国国情，研究在新时期新的政治生态环境下，如何发挥红十字事业在自身领域里发挥自己的优势和特长，做好党和政府在人道工作领域的得力助手，为党和人民做出更大的贡献等问题；三、学习和传播国际红十字运动基本知识和国际人道法，可以通过红十字国际学院进行各级红十字会的师资培训；四、学院的培训工作不能以培训结束为终结，要在学院和学员之间搭建起纽带，向各届学员传达学院对于红十字事业发展的前沿研究成果。在每一期培训的学员中选出工作经验丰富、理论水平高的红十字工作者作为培训学习群的管理联络员，负责联络红十字国际学院的工作人员，及时更新师资课件或者优秀论文，对各级红十字会的工作进行指导。

何家本：关于学院师资，专门研究人道相关工作的专家学者并不多。人道工作涉及法学、社会学、心理学、医学、市场营销等诸多学科，只要运作适当，广发英雄帖，会有大批富有挑战精神的专家学者相聚于红十字旗帜下的，这些学者一旦加入，可以有事半功倍的效果。也可以招募国际上颇有建树的学者，红十字国际学院理应有国际视野。关于学院经费筹措，除了联合发起人这一条路径之外，还是要集中力量对“金主”进行公关，国有企业、知名人士都可以作为公关对象。“主攻”这些对象的好处是，可以提升红十字国际学院的影响力。学院因“大咖”而名声远播，“大咖”因学院提升社会形象，真真切切实现双赢。为着红十字国际学院的长远发展，必须集中火力“拿下”几家有全球影响力的“金主”。面对红十字国际学院这样的潜力股，只要方法得当，不遗余力，总会有具有战略眼光的企业家愿意与我们携手。

侯晓俊：充分发挥红十字国际学院研究交流咨询功能，踏实做好红十字运动与红十字工作的理论研究。一是认真研究党的建设创新理论与红十字运动基本规律的关系问题，深刻阐释党对红十字事业领导的重要性与必要性，解决好红十字会“我是谁、为了谁、依靠谁”的问题。二是认真研究“人道、博爱、奉献”的红十字精神与中华民族优秀传统文化的关系问题，丰富和扩展社会主义核心价值体系。三是认真研究红十字会体制机制如何更好适应新时代要求，更加贴近基层、贴近群众、贴近人道需求。

王斌：建议在课程设置上进行基层调研，摸清广大基层红十字工作者最欠缺和最渴望的提升需求，以期通过培训解决基层干部存在的共性短板；将各省市的优秀案例、项目工作开展情况纳入课程进行学习、研讨和推广，同时有助于理论的总结和研究；加强基础知识特别是基本能力的训练和培养，将课程及教学活动做成模块，学员可根据自身需求，按不同深浅、时长定制化学习，彰显开放性；引进国外优秀人道服务等红十字相关工作项目案例，从具体项目案例中汲取经验，开阔思维，交流讨论；将新人“入职第一课”放在国际学院；将新媒体宣传制作、网络技术等新技术应用和了解纳入培训体系，突出应用层面能力的实训。

党琪：国际学院建设方面，针对不同群体，培训要有所侧重，此次的青年骨干培训班，更多的不是学术理论培训，而是通过实用的课程，给予红十字青年干部更多启发和经过验证的方法论，让大家能够更好地在工作中解决问题与突破瓶颈，从而更好地发展红十字事业。像香港红十字会的筹资模式介绍就让我们很受启发。除此以外，除了在课前发放老师的课件内容进行预习外，还可以进行课前作业，让每一个参加培训学员针对所要学的课程将所在地方开展此类工作的方法和案例写成简短文字，在课程介绍前发在学习群里，大家可以于最短时间内，在彼此借鉴经验的同时，讨论推选出其中较好的推广方式的利弊，那么在以后工作中，就能扬长避短。

孔伟珉：一、课程设计可以更为丰富，如以加强语言表达、社会资源动员、活动实践等为主题，切实提高学员的素质和能力，以更好地服务大局。二、课程安排可以更具针对性，全国各省市发展情况不同，面临的工作挑战和需求有一定的差异性。针对同类型同需求的、临近地区的人员集中培训，可能会有更好的效果，也更能形成区域联动效应，突出不同地区的不同特色和优势。三、培训如能成为一种连续性、常态化方式，则能更好地起到提升队伍素质的作用。四、培训方式可以增加网络授课和远程教学，以充分发挥网络的便捷度和学员碎片时间的利用，同时类似公务员的年度学时要求，形成红十字会系统的选课和课时要求，切实提高全员的素质。

王羿：国际学院培训对象首先应当着眼于红会系统骨干，作为红十字人分享与交流的平台，开展红会领导与干部初任培训，对标参考国际商学院非营利课程设置，以工作实务为主，开展非营利组织领导力、理（监）事会实务、非营利组织营销（人道资源动员）、红十字相关法规政策导论、志愿者招募与管理、非营利组织财务管理、公益伦理、红十字项目运营实务（VCA 评估、基线调查方法）等模块教学。这些课程很难通过一两周短期培训的形式完成，单纯意义上的业务培训无法纳入干部教育工作计划。而按照《干部教育培训工作条例》，省部级、厅局级、县处级党政领导干部每 5 年应当参加党校、行政学院、干部学院或者经厅局级以上单位组织（人事）部门认可的其他培训机构累计 3 个月以上的培训。一般干部为 90 课时/年。所以，建议红十字国际学院先行取得组织部干部教育部门的认可，加挂红十字干部学院或类似牌子，并对相关的干部教育培训进行备案。同时，结合《学习贯彻习近平新时代中国特色社会主义思想课程体系和教学大纲（试行）》有关要求，设计制作一批红十字特色课程，并在党员干部现代远程教育等在线教育平台上实现投放。这样，不仅各地红会干部在学院取得的学时能够计入当年干部教育学时之中，而且学院干部培训也能通过各地红会干部教育经费的投入，实现良性发展。

邓卓斌：国际红十字学院要对应两个范畴，即专职人员培育和公民教育。为应对这两个范畴，建议：一、办公室、行动基地与学院并存。二、要有全球视野和高度。不单为了本地培育人才，让人才走出去；也要向外地吸引人才，让人才走进来。这样就要有诱因让外国的人也来，来的不限于师资，更要有学生。人才自然流动，才有健康发展。红十字运动本身就是一个超越种族、国界的运动。三、人道的知识、技术、价值并重，如果没有对生命价值的理解，人道工作不可能进行。四、持续、普及教育，成为一个推动人道精神纳入公民教育体系的研究中心。

聂娜：对国际红十字学院的发展规划提出若干设想与建议：利用“互联网+”，建立智慧学院；利用“互联网+”，推行学员终身学习机制；学习方式线上学习为主，线下学习为辅；建立学员反馈制度，不断完善平台，实现平台升级迭代；建立 VR 虚拟人道法教室；根据不同岗位的学员、不同国家的学员、不同年龄阶段的学员的需要，开设不同的课程；学院联合国内外各高等院校，选拔优秀讲师、教授作为国际红十字学院的教师，负责研发专业标准化课程；编写出版红十字特色教材，如《红十字制服史研究》《红十字人物传记》《世界各国红十字发展史》《中国红十字各省份志》《红十字中英文常用词典》《红十字应急管理与备灾救灾》《红十字护理学》《各国红十字风俗文化介绍》等。

二、关于“一带一路”国际合作交流

王蔚然：红十字参与“一带一路”建设是打造中国特色红十字事业的重要举措，是红十字会作为党和政府人道领域的助手的内在要求，是红十字会开展民间外交的重要渠道，是作为国际红十字运动重要成员、履行国际人道主义义务的应有之义。中国红十字会编制的《中国红十字事业“十三五”发展规划》中，提出“红十字与‘一带一路’同行”战略。未来 5 年，中国红十字会将紧紧围绕国家“一带一路”建设的总体要求，加强与各国红十字会在应对气候变化、人口老龄化等方面的互利合作，支持发展中国家开展非紧急阶段人道发展项目，积极开展防灾减灾、社区发展、卫生健康等人道救助和服务项目，使红十字人道外交成为“一带一路”民心相通的重要力量。

张健：交流对话是加强合作、增进互信的基础。在走出去的同时，我们更需要做的是接轨，在加强与周边国家红会沟通交流的基础上，结合当地民众实际需求，共同设计开发本土化程度高、可持续性强的人道救助项目，造福当地百姓。这样不仅播撒了友谊，也收获了丰硕的果实。比如进一步加强备灾救灾体系建设，要分领域、分专业招募具备参与国际救援能力的志愿者，开展经常性应急救援实战演练活动，不断锤炼队伍，提高救援能力，确保开展国际救援时招之即来，来之能战。未来随着“红十字与‘一带一路’同行”战略的不断深化，中国特色红十字事业将作为一个独具一格的品牌为国际红十字事业贡献自己的力量，而我们红十字人也将在这个伟大的时代洪流中，奉献力量，实现自我价值。

王雅琼：红十字会作为党和政府在人道领域的助手和民间外交的重要渠道，参与“一带一路”建设，是依法履职、深化红十字人道外交和对外交流的使命所在，是全面实施“红十字与‘一带一路’同行”战略构想的重要举措。内蒙古是“一带一路”重要节点地区，在“一带一路”建设中具有独特的地位和作用。虽然在“天使之旅——‘一带一路’大病患儿人道救助计划蒙古国行动”“‘一带一路·光明行’蒙古国行动”中取得了突出成绩，但仍然存在不少困难和挑战。一是受国际关系与国际形势的影响，赴蒙古国开展眼疾筛查经常遇到医疗团队和医疗设备无法正常通关的窘境，医疗团队也面临行医资质办理周期长、流程复杂的困扰，给医疗救助带来许多不便，希望总会能够从高层予以推动；二是受红十字会职能职责客观局限的影响，在组织公益活动中部门协调不畅的现象时有发生，比如协调外办、国安部门周期比较长，效率受了影响，效果打了折扣；三是内蒙古对外交流合作的发力点目前主要集中在蒙古国，希望在总会的带领下能够同其他“一带一路”周边国家在更多领域开展更广泛合作。

邵敬懿：参与到“一带一路”的建设事业当中来，是红十字事业能够得到发展的一个重要契机。搭上这班“快速列车”，不仅更加坚定了红会作为政府助手的作用，得到政府的支持和认可，同时也是我们中国红十字会传播人道事业的重要途径，“一带一路”倡议必将为人道事业发展带来新机遇。中国红十字基金会于 2017 年 2 月成立的“丝路博爱基金”，专门资助“一带一路”倡议背景下的红十字人道主义对外援助项目，在沿线国家的人道救助、应急救护、灾害救援及社区防灾减灾等方面发挥了重要作用，为相关国家深陷困境的无辜百姓送去关爱。巴基斯坦、阿富汗、蒙古等，很多例子已经能够证明传承人道主义精神，推进民心相通的人道之路、博爱之路正在修建中。关键是我们要讲好“故事”，动员更多的人道资源参与进来。

徐婧：红十字会参与“一带一路”建设，一方面要“走进来”，红十字国际委员会和红十字会与红新月会国际联合会应该多多走进来，了解中国，帮助中国深入开展红十字运动。还有，随着“一带一路”建设，中国的“国际人口”逐渐增多，外国友人组织的志愿活动、红十字服务需求等也都是红十字会参与“一带一路”建设的新需求。另一方面要“走出去”。“一带一路”建设不仅仅是经济的长廊，更是人类共同命运的连接，处于和平世界的我们，有意愿有勇气将这样的希望随着“一带一路”播撒到这条世界人民的爱心长廊中，去连通不同的世界，去改变不幸的命运。

赵景春：“一带一路”，落实在“五通”（政策沟通、道路联通、贸易畅通、货币流通、民心相通），重在民心相通。红十字组织有能力做民心相通的先行者和践行者。以宁夏为例，作为省级红十字组织，宁夏红十字会在战略支点的打造中应大有作为。其中，中阿博览会就是宁夏红十字组织搭建的与阿拉伯国家红十字组织沟通交流的广阔舞台，我们应紧紧抓住这个对外交流的大平台，积极对接协调，举办中阿博览会红十字博爱论坛，邀请国外红十字组织参与交流，既让对方了解中国，了解宁夏，也让国外红十字组织了解中国红十字事业现状，了解宁夏人道事业的发展。在各国保护本国传统文化、防范文化渗透意识日益增强的今天，我国对外援助也可以通过红十字组织之间的合作展开，这样既展示了形象，也增加了国与国基层民众之间的信任与好感，为“一带一路”建设打下良好的民意基础。

林永霞：“一带一路”周边各个国家，情况复杂，资源禀赋各不相同，红十字会参与“一带一路”建设，更要细化研究、分类施策，落实好重点领域和关键环节的工作，特别要突出抓好培育发展红十字新亮点，形成示范带动效应。首先应梳理完善红十字会参与建设“一带一路”项目清单，推动符合条件的重大项目纳入国家优先推进项目清单，利用各种优势，做推介和对接工作。其次是加快重大合作项目建设，比如推动红十字元素项目的建设尽快落地见效，防止规划建设大而全、大而空的项目，从而失去特色和优势。最后是加强红十字会对外服务体系和风险防范建设。针对“一带一路”沿线国家多，政策、法律法规、文化风俗各异等现实因素，红十字人要积极与各部门沟通，加强协作，不断完善风险防范机制，为在外服务的红十字人提供良好的平台服务、保险服务、信息服务、海外权益保护服务等。

杨清：省级红会开展对外交流工作，的确面临着很多挑战。首先是在行政手续和财务手续等方面面临着限制，在需要尽快开展对外交流、尽快实施境外人道援助项目时，出入境手续办理程序的复杂性和财政经费的削减则常常导致了时间的拖延、参与人数的限制，因而无法开展有效的交流合作。其次，参与国际合作项目少。一方面是由于筹资手段较为单一，无法为在境外开展的人道援助项目提供强有力的支持；另一方面，基层工作人员和志愿者参与联合会、国际委员会项目的机会较少，无法通过与其他国家以及联合会、国际委员会工作人员的交流互鉴开拓工作思路、创新工作方式。最后，对外项目实施过程中缺乏有效的督导和监理。在境外实施项目时，基本以拨付现金为主，工作人员无法亲赴当地在项目实施过程中做好有效的督导工作，或缺乏可靠的第三方评估，从而对工作质量和效果缺少约束力。

孔伟珉：关于各地分会参与“一带一路”工作，建议总会是否可将相关国家及项目需求制作成可选式菜单提供给各地分会，以便各地分会在制定中长期工作规划和年度工作计划时能更为精确地进行资源筹集和工作准备，从而能更积极、更精准高效地参与这项重要工作。外援工作直接关系到外事工作，目前地方外事管理越发规范和严格，对出访任务申报及人员、经费额度都有明确规定，众多基层工作人员没有机会通过因公方式办理出访，参与国家战略就更无从谈起。外事接待也受到“三公”经费规定限制，存在诸多不便。如果各地分会在外事工作中能获得相关政策支持，将对各级红会工作人员参与“一带一路”工作提供一定保障。

曾炬：边疆民族地区人道事业是中国特色社会主义红十字事业的重要组成部分，是践行“一带一路”倡议的重要场域。边疆民族地区既处于多国边境，又是“一带一路”所涉主要省份的重要组成部分。这些地方的红十字会尤应在当地党委和政府的领导下，以及在中国红十字会总会的指导下，勇担人道外交的神圣使命，将其作为重要工作领域，紧密结合“三救三献”核心业务和相关国家人道需求，选准载体和切入点，在“一带一路”的伟大战略实践中当好“先遣队”和“排头兵”，切实发挥好自身的比较优势，为其他地区乃至全国红十字会提供有价值的人道外交经验和可资借鉴的人道外交样本。

孙永春：如何在“一带一路”建设的伟大进程中更多地彰显红十字

力量，建议从以下几个方面着手：首先要建立与“一带一路”沿线国家的对话交流机制，夯实人道外交的基础。其次要落实好“红十字与‘一带一路’同行”构想，这是全国红十字会系统的共同责任，必须发挥中国红十字会总会、各省级红十字会两方面作用。第三，要加强专业化团队建设，夯实人道外交开展的人才基础。全国各级红十字会在人才培养上，需完善相关培养机制，一方面要注重引进具有多种语言能力的人才，另外一方面要注重全国红十字会系统青年骨干的培训，发挥好红十字国际学院作用。在加大培训力度的同时，要加强实践，积极参加总会实施的一系列对外援助活动，如选派到红十字国际委员会、红十字会与红新月会国际联合会总部及各个区域性办事处跟班学习，以加强人道外交工作人才储备，努力打造一支专业化强、具有国际视野的红十字人道外交人才队伍。

谷彬：为配合国家“一带一路”建设，中国红十字会总会提出“红十字与‘一带一路’同行”战略，并于2017年2月成立中国红十字基金会丝路博爱基金，致力于提升“一带一路”沿线人道服务供给。自丝路博爱基金成立以来，其人道足迹已遍布26个国家，为促进民心相通、推动构建人类命运共同体做出了重要贡献。但在管理体制、国际援助人才队伍、项目驱动力与执行诸方面都还存在困境与挑战，因此加强对这些困境的分析和破题，在不断完善自身体制和队伍建设、提升相关领域工作人员能力的同时，提升整体治理水平。只有这样，丝路博爱基金才能走得更远。

三、关于新时代中国特色红十字事业

殷涛：新时代背景下，中国特色红十字事业得到党中央高度认可和评价。中国红十字事业也将由慢车道驶入快速通道，尤其是在救灾领域，中国红十字会与国家应急部签订战略合作协议，这意味着红十字民间救援队将发挥越来越重要的作用。但红十字民间救援队因其特殊性，目前尚存在发展困境：一是法律地位和身份承认方面面临困难；二是救援责任难以得到划定；三是投保机制的缺陷；四是资金方面的困难；五是人员综合素质方面的不足；六是救援人员的出勤问题；七是组织化程度不足；八是民间社会组织公信力的下降；九是众多社会组织缺乏统一协调；十是民间救援队组织缺乏可持续发展性；十一是民间救援组织对政府的依赖性过强；十二是对于民间救援组织的监管和评价体系有待完善；十三是对民间组织的宣传力度不足；十四是政府资金补贴无法下发，如此等等。如何发挥各级红十字会作用，规范和管理好民间救援队，将会成为新形势下救援队发展的新课题。

胡静升：新时代中国特色红十字事业发展，应从4个方面发力：一是找准工作落脚点，关键是要牢固树立以人民为中心的导向；二是把握履职着力点，关键是要充分发挥人道领域助手作用；三是寻求创新突破点，关键是要坚持不懈地增强人道资源动员能力；四是把握改革着力点，关键是要坚定不移地走中国特色红十字事业发展道路。

肖彩霞：站在新的历史起点上，中国红十字组织作为党和政府人道领域联系群众的桥梁和纽带，如何发挥作用、提高影响力？一是要找准历史定位，抓住机遇促进红十字事业健康发展；二是要把全面深化改革落到实处，扩大红十字会的影响力；三是要扩大中国红十字会在国际社会上的话语权。

黄刚议：新时代中国特色红十字事业是党的事业的重要组成部分，必须保持政治性、先进性和群众性，红十字会面临的机遇与挑战并存，任重而道远。新时代红十字事业发展需关注以下几个方面的问题：强化舆论的正向引导作用，不断提升组织公信力；强化基层组织建设，实现组织的有效运作；强化红十字青少年的工作，培养后备力量；强化人才队伍培养，增强人道工作能力。

陶慧慧：用习近平新时代中国特色社会主义思想统领红十字事业发展。党的十八大以来，习近平总书记多次就红十字事业做出重要指示批示，这些指示批示是习近平新时代中国特色社会主义思想的重要组成部分，是发展中国特色红十字事业的根本遵循和行动指南。红十字人应深刻领会、准确把握其精神实质和实践要求，紧紧围绕各级党委政府的重点工作，增强责任意识，扎实推进改革，加强自身建设，牢固树立以人民为中心的发展思想，广泛凝聚社会力量，拓展服务领域，多为群众办好事、解难事，不断增强影响力、感召力，以永不懈怠的精神状态和一往无前的奋斗姿态，更加积极主动地投身中国特色红十字事业。

陈晨：红十字事业新的时代已经到来。新时代有新蓝图、新目标、新任务、新要求、新使命，实现这一切，需要坚决维护以习近平同志为核心的党中央的权威，毫不动摇地以习近平新时代中国特色社会主义思想为指导。中国红十字事业是中国特色社会主义事业的重要组成部分，站在了新的发展起点上，须按照“新时代要有新气象，更要有新作为”的要求，认清新形势，明确新任务，聚焦新目标，奋发有为，以更好地实现红十字事业新时代目标任务。

官颖：红十字组织作为党联系群众的桥梁纽带和政府在人道领域的助手，要积极适应新时代的发展要求，持续提升人道资源动员能力，增强“三救三献”工作实力，在新时代的伟大事业中，创造新的业绩。为此建议从以下几个方面努力：一是健全基层组织，真正服务困难群众；二是坚持以人为本，立足民生需求；三是参与社会治理，发挥组织优势；四是践行人道理念，传播精神文化。

常莹：一是按照《中华人民共和国红十字会法》和有关法规政策，理顺管理体制，健全组织机构，是新时代发展红十字事业的组织保障，是开展工作的基本条件。二是需要有足够的经费支持，特别是要增加红会在开展救灾和救助工作中所发生的费用。三是对红会兴办与其宗旨相符的社会福利事业要给予扶持。四是要动员社会力量，大力倡导人人关心人道主义事业、全社会共同支持红十字事业发展的好风尚，不断开创红十字事业的新局面。

史琳：一是认清定位，找准方向，切实做一些群众需要、政府支持的工作；二是加强人才培养，不断提高专业化水平；三是加强国际交流，基层红会也应努力参与；四是加强创新性研究，走出一条不同于政府部门而又符合法规的工作路子。此外，创办实体以增强自身实力，也是值得探索的。

陈大玲：21 世纪中国特色社会主义红十字事业，应大力发展实业。红十字会经营的实体本身就是最好的口碑宣传和形象代言。放眼世界，力量比较强大的国家红会都有自主产权的实业，比如德国、日本等国家红十字会经营医院、养老院、幼儿园、护理学校、救济站或者血站等实体产业。这些实业既提供公共服务，同时也产生收益，为红十字会开展人道服务提供有力的经济支持。更重要的是，这些具有公益性质的实体，是红十字会面向社会宣传及进行人道资源动员的重要载体。红十字会经营的实体，还是红十字志愿服务的最好平台和基地，像福利院、慈幼院、护理院、医院这样的实体是红十字会动员志愿者参与服务、实现志愿者价值的最佳平台。这些地方集中了大量需要帮助的人，志愿者在这里可以高效率地直接服务他们，体验直接帮助他人、服务社会的满足感和成就感。

杨广宁：作为红十字会在 21 世纪承担的新的重大历史任务，党和政府对红十字会依法开展遗体和器官捐献工作给予了高度的认可和大力的支持。目前在遗体（组织）、角膜捐献工作的管理中存在的问题主要有：部分遗体（组织）接收单位缺乏开展工作必要的基本条件，且不能很好地遵循家属的意愿；遗体（组织）、角膜的流向在监管上有难度，且在捐献涉及的费用收取上无统一规定；接收单位普遍忽视红十字精神宣传，组织开展捐献工作尚无足够依据等。捐献器官的获取单位和移植医院在管理中存在的问题主要有：红十字会在器官获取工作中的权责不明确，现有捐献体系尚有个别问题较突出，器官获取单位和移植医院对红十字精神宣传不够等。因此，全面完善制度和标准化建设，推动遗体器官捐献工作高质量发展，是今后努力的重点。

赵虎林：始终坚持党的领导，深化改革、增强组织活力，为中国特色红十字事业提供必要的力量支撑；注重红十字理论研究，把人道理念与中华民族优秀传统文化有机融合，为中国特色红十字事业提供有力的智力支撑；加强红十字队伍建设，进一步汇集和造就一批红十字事业发展的青年骨干，为中国特色红十字事业提供坚实的人才支撑；聚集主责主业，广泛团结动员人道资源力量，为中国特色红十字事业发展提供持久的人道资源支撑。

符静：在新时代，红十字救援队建设亟待加强。目前，中国红十字救援队设置为 7 大类，但是实际工作中除了国家级救援队以外，各省和市县级救援队基本都是赈济救援队，存在种类单一、人数较少、设备陈旧落后、救援过程中人身安全保障缺乏、搜救类队伍很多存在一队人马两块牌子的现象、专业技能培训不足、灾害救援时除赈济救援队以外缺少其他红十字救援队的位置等突出问题。因此建议：一、除继续保持赈济救援队优势外，用专业的国际后勤保障知识体系，建立保障救援队（如营地建设、餐车、供水、医疗等），取消部分已经不适应现代救援体系的救援队种类，如通信救援队等。二、把救援和普通志愿服务区分开来。因救援工作本身有较高的安全风险，需要大量时间和经费进行救援学习培训及技能考核，建议全国统一设立救援服务津贴，政府购买服务，以利于救援队可持续性的发展。三、建议由总会牵头，尽快与保险公司签订合作协议，为救援队员购买真正保障力度大的保险，以解除队员和地方红会的后顾之忧。四、救援队培训大纲于 2017 年出台，但没有出版统一的教材，另外建议尽快统一技能和装备标准，统一发证，进行标准化培训，持证上岗。五、加强红十字会专职人员在专业机构进行系统的救援技能专业培训，让懂行的人管理专业的队伍。六、加强红十字医疗救援队建设，在各地建设有实力的医院实体，使红十字会的战地救护技能真正有用武之地，做到有为、有位。

四、资源动员、文化传播及其他

华文漪：红十字青少年是推动红十字事业发展的一支重要力量，有效引导青少年投身红十字运动，弘扬“人道、博爱、奉献”的红十字精神是新时代红十字工作不可忽视的部分。红十字文化传播应当从小抓起，从小启迪。目前，红十字青少年工作主要在中学和高校开展。幼儿园、小学阶段，红十字会的具体工作开展较少。那么，如何在这两个阶段做好红十字文化启蒙？香港红十字会的针对 3 ~6 岁儿童开展的“小红星奖励计划”颇具启发意义。我们可以尝试与教育部门沟通，联合策划适合儿童的人道项目，鼓励引导他们参加相关的活动与体验，从小培养他们的人道精神，为红十字文化传播奠定坚实的基础。如何建设一支政治素质高、服务能力强的红十字青年骨干队伍，推进新时代红十字青少年工作持续健康发展，也是红十字工作应该深入研究的课题。为此，一是壮大人道法师资队伍，提升师资专业化能力，扩大人道法课程的普及范围；二是扶持大学生社会实践项目品牌，让他们在力所能及的志愿服务中感受人道的力量，如借助大学生骨干训练营、青春善言行等培训平台，培养传播红十字文化和理念，引导、带动更多的青年投身于红十字运动中。

王斌：我国红十字事业进入高速发展时期，但也存在一些现实的问题，比如各省、各地区红十字事业发展不平衡的问题，这其中有组织建设、动员能力、求助实力以及发展思维理念等多方面的具体问题。另外，绝大多数发达省份红十字事业发展好于一般省份，东南沿海地区好于多数内陆地区，这与地理、经济、历史、文化等多方面因素有关。类似于我国的脱贫攻坚战，扶贫的需求往往和人道服务的需求同时存在于中西部，特别是集中连片的深度贫困地区。因此，建议总会加大对贫困地区特别是革命老区在资源项目、人才培养、政策方面的支持力度，在具体问题的解决上给予具体的指导和帮助，从顶层设计开始，为基层红会开展工作、解决问题打通途径，提供依据，同时构建东部发达省份与内陆欠发达省份对口帮扶机制，推动红十字事业发展与国家区域发展战略同频共振。

赵国强：根据《中国红十字事业发展规划纲要（2020—2024 年）》的要求，联系“三献”工作实际，今后一段时期的救助工作，应围绕精心培育“红十字爱心相髓”品牌，以实现造血干细胞捐献者资料库有效库容 350 万人份为目标，建设世界一流骨髓库。同时，精心培育“红十字生命接力”品牌，健全人体器官捐献工作机制，推动完善遗体和人体器官捐献政策法规。在遗体（角膜）和器官捐献工作方面，要进一步确立遗体（角膜）捐献工作的管理体制和工作机制，大力推进各地组织库的建立，优化遗体（角膜）捐献的接受流程和遗体（角膜）使用的规范要求，建立多渠道的遗体（角膜）处理途径，加强遗体（角膜）和器官捐献的社会宣传度，建立完善的志愿服务经费保障体系。在造血干细胞捐献工作方面，要做到：加强顶层设计，致力于建设世界一流骨髓库；提质见效，提升“两献”核心业务工作；改进合作模式，形成一库多用良性机制；以人为本，建立人才队伍保障机制。

邹馥铭：筹资工作是做好红十字人道救助的主要保障。首先，要建立长效性的筹资机制。一是在尊重法律和红十字会宗旨的前提下，探索与企业合作的市场化运作模式，不断丰富筹资方式；二是因地制宜地设计和实施符合当地实际的公益项目，与爱心企业建立稳定的合作关系，发展固定捐款人，建立筹资人网络；三是积极挖掘新的筹资资源、拓宽筹资渠道、创新筹资方式，寻求全方位、立体化、科学性的筹资模式。其次，加强队伍建设。一是重视建立专门的筹资机构，负责筹资工作的研究、策划和组织实施，实现筹资工作的专业化、规范化；二是通过举办培训班或内外交流等形式，逐步增强红会干部的筹资意识，提高红会干部的社会活动能力；三是发掘一批具有现代公益意识、具有较强策划能力和一定专业知识的红十字人员，组建相对稳定的红十字劝募团队；四是充分调动红十字志愿者的积极性，聘请一批有人脉、乐于奉献、热心公益的人士，通过劝募业务培训，成为红十字志愿劝募员。再次，注重品牌建设。充分利用红十字会的品牌公信力和美誉度，精心策划一批能吸引社会爱心力量参与的并且可以持续发展的品牌项目，依托品牌项目开展社会募捐，吸引和发挥社会知名人士在筹资宣传中的名人效应，以品牌和项目推进红十字会筹资工作向纵深发展。

姬虎：人道资源动员是红十字事业发展的根本驱动力。政府资源、社会资源、人力资源、财务资源、技术资源、数据资源，如此等等，都是作为 NGO 或群团组织需要竭力动员、挖掘的，为此，红十字会要着力提高人道资源动员能力，其中以筹资为中心，不断加强和打造人道服务队伍，这一点至关重要。

（作者系红十字运动研究中心主任，苏州大学社会学院教授、博士生导师）

珍稀史料

中国红十字会总会驻松第一重伤医院始末

汤章城

1937年7月7日，抗日战争全面爆发，中国人民同仇敌忾，奋勇抗击日本侵略者。月余，上海就陷入了残酷的战局，淞沪战场及其周边地区大量的伤兵和伤民需要及时救治。根据形势变化的需要，中国红十字会总会在上海地区不断调整战地救护的策略和组织。1937年10月17日，《申报》登载了一份中国红十字会致谢公告："查第十一救护医院系上海机械国货工厂联合会、上海南京路商界联合会合组之共同救护委员会所主办，参加本会合作开办以来，成绩卓然。现将该院移驻松江，改名为中国红十字会总会驻松第一重伤医院，乃请原任院长汤蠡舟医师①，及全体工作人员继续任事，现已布置就绪，正式开幕。所有前第十一救护医院器械药品及余款一万五千元，并承全数慨捐本会，指允本会驻松第一重伤医院之用，具见热心善举，无任钦佩，用特登报致谢，以扬仁风。"由此可知，中国红十字会总会驻松第一重伤医院的前身是当时上海的第十一救护医院，而第十一救护医院又从何而来？有何作为？为何要变？

《中国红十字会月刊》1938年第42期登载了《中国红十字会总会上海市救护委员会报告》，据该《报告》统计，1937年8月13日淞沪抗战开始以后，红会在上海前后设有21所救护医院、16所特约医院，如红十字会第一医院、第三医院、东南医院等；参与救护的其他团体或私人主办的医院有14所，如后方第一医院、第二医院、佛教救护医院等；合计51所，其中第十一救护医院就是红会21所救护医院中的

① 汤蠡舟（1896—1957），上海三林人，1924年毕业于日本千叶医科大学，1926年应邀在上海创办东南医学院。1937—1946年，汤蠡舟参加中国红十字会救护总队部。1949年底，他响应号召率东南医学院（现安徽医科大学）内迁安徽；1952年，任安徽省卫生厅副厅长，安徽医学院副院长；1957年10月，因病去世。

一所。

《中国红十字会月刊》1939 年第 45 期登载了《中国红十字会总会上海市救护委员会报告（续）》[以下简称《报告（续）》]，对各救护医院做了个别报告，这就为我们提供了了解中国红十字会第十一救护医院来龙去脉的机会。《报告（续）》中写道：

筹备经过：本院由南京路商界联合会及上海机械国货工厂联合会举办，院址原设于大华路维也纳舞厅，后以特区当局限制伤兵入境，乃告结束。自全国抗战发动以后，物色富有经验之医师，确非易事，经许冠群先生向中国红十字会上海市救护委员会数度接洽，非惟医师由该会指派，而器械药品亦由该会供给，至于院址，亦经篑延芳先生设法，始借得陈占熊先生所经营之维也纳舞厅，各项进行，尚称顺利。

组织系统：本院组织，系遵照红十字会救护委员会之章则，并参酌本院实际情形而定。本院另设院务委员会，由委员六十五人组织之，并互推常务委员七人，组织常务委员会。在委员会之下，设院长，副院长各一人，下分医务，事务两大部，各设主任一人。除药师，护士及服务员外，医师计分五组，每组有主任医师，事务方面，因工作繁杂，故分科较多，每科有一科主任，至于本院工作人员，连工役在内，完全系义务职，此种热忱，颇堪告慰。

收治统计：本院于二十六年八月二十二日，开始收容伤兵和伤民，至九月二十八日办理结束，计三十八天，但以环境关系，本院奉命结束，故事实上已于九月二十二日停止收容，兹列表如下（略）。概括而言，医院拥有病床二百一十张；前后进院伤兵四百三十六人，伤民四十人，合计四百七十六人；其中出院伤兵四百一十五人，伤民三十八人；死亡伤兵二十一人，伤民二人。伤兵出院，可分两种，一种伤势减轻，转送内地医院疗养，一种完全痊愈，分别归队。至于伤民，则由家属或亲友领回，以上出院手续，均经通知救护委员会办理。

《报告（续）》中还列出了医院主要工作人员名单：第十一救护医院院长汤蠡舟，副院长顾南群和程守中，医务主任陈价人，事务主任程守中，特约医师徐逸民、陈邦典等 17 人，驻院医师王冀恢、洪抡元等 24 人，助理医师 5 人，药剂师 3 人，药剂生 2 人，护士长 4 人，毕业护士 14 人，护士 24 人，服务员 37 人；事务部分设总务科、人事科、登记科、文书科、会计科、审核科、卫生科、交通科、纠察科等，计 47 人。

1937 年 9 月 28 日以后，由于特区当局限制伤兵入境（估计是因为当时上海租界的英美法等国还没有向日本宣战，并租界外又有传染病流行等原因），故按照中国红十字会上海市救护委员会安排，第十一救护医院在做出了重要贡献后，迫不得已撤出了租界，移驻上海西南面的松江，并改称驻松第一重伤医院，继续进行伤兵和伤民的救治工作。

居住美国的堂兄汤维德（大伯的儿子）生前曾回忆起在第一重伤医院的经历：

我与胞兄维平随四叔父（汤蠡舟）入红十字会第一重伤医院，任前方将士伤残救护医疗工作。叔父蠡舟任院长，院设松江县省立松江中学校内。敌人狂轰滥炸，每当深夜，伤患抵院，其呼疼号哭之声惨不忍睹。常见叔父于灯光灰暗中，低徊病榻，不觉其臭，也不嫌其脏，只听其细声轻询各患伤势，重者即手术治疗，轻者经抚慰包扎后，次日晨即行转送后方养息。无奈前方战事失利，不越月而医院后撤，由松江而震泽、景德镇、武汉、长沙、衡阳、宜昌，直到重庆、贵阳。叔父大人无时无地不以救护伤残和贫病民众为己任，置己身家庭于度外，是婶母大人许雅南自沪转辗，抵江西吉安，与夫来会，再至陪都重庆。

第一重伤医院撤出松江以后，是如何一路西撤至汉口，并结束其使命的？一直没有完整的史料来回答此疑问。直到 2019 年上半年，贵州省档案馆工作人员在中国红十字会救护总队部遗留下来的 3000 余份档案中，如同大海捞针一般，居然发现了 1937 年 12 月 19 日，汤蠡舟以“中国红十字会总会驻松第一重伤医院”院长身份，经由中国红十字会汉口办事处，向总会递交的一份《第一重伤医院由松江西撤至汉口报告》[1]，描述了这一路危险、曲折和艰辛的历程。82 年后的今天，这份弥足珍贵的档案终于重见天日，使后人得以清楚地知晓这一西迁的具体过程。该《报告》中写道：

钧鉴：属院于十月杪由松江移动后，经过浙皖赣约于本月二十五日全部抵汉，其中经过情形谨为钧会约略陈述之。离松之时，适值敌军大举犯松，元日交通梗阻，运输万分困难，院中所有药品材料一切器具星夜分批赶运，至十一月八日始获全部安抵震泽，当借定徐施二祠开始筹备，一面协助□塘医院，每日医治重伤官兵，八十余名满，拟继续布

① 《第一重伤医院由松江西撤至汉口报告》原件现存贵州省档案馆，感谢档案馆韩雯女士提供了该报告的复制件。

置。讵甫及就绪而敌军已向苏嘉路进攻，平望日形危急，敌机又来属院空中叠次侦察，十一日晚竟在院墙外施放照明弹，不得已十二日乘船离震泽，翌日到吴兴，而吴兴各军医院正奉令后退，次序纷乱。十四日离吴兴经泗安，二十二日到达宣城。抵宣之日，又值广德吃紧，乃利用江南铁路开抵歙县，复用本会汽车分批装运人员物件，经祁门而至景德（镇）。本月五日乘船离景德（镇），原拟开抵南昌待命，不料船达吴城水浅不能直达南昌，而湖口复将封港，势将全院人员物件封在鄱阳湖境内，不易进展。不得已，仍用原船通过湖口进长江，经九江而达汉口待命。总之，此行经过苏浙皖赣鄂五省，计程三四千里。值此军事倥偬之际，交通工具极感困难，复以大批船舶路上叠受敌机威胁，所以辗转移动费时几达二月之久。幸而所有贵重器械、重要药品以及被褥床铺一切用具等件，均能安全运达，虽有损耗，为数极微。至于服务人员因离松之日局势万分危险，卡车只有一辆，以致最后押船人担架队长许德友及担架夫周阿四二名临时失踪，几经探询迄无下落外，其余全体人员均告平安。所有属院离松来汉一切经过情形理合陈请。

从该《报告》中可以看到，计程三四千里，历时两个月时间，经由苏浙皖赣鄂5省，搭乘过汽车、火车、船舶等多种交通工具。概要的路线是：松江→震泽→吴兴→泗安→宣城→歙县→祁门→景德镇→吴城→湖口→九江→汉口。

中国红十字会总会第一重伤医院参加西迁的全体人员到达武汉后，他们将何去何从？可以从如下的报道中略知一二。1937 年 12 月 15 日《大公报》报道："中国红十字会总会秘书长庞京周，自日前由港抵汉后，即着手调整该会机构。盖自上海沦陷后，沪总会已不易指挥其全部事业，而该会前在苏州、杭州、松江、昆山、南京、保定、芜湖等处设立之医院，以局势关系，所有医护人员现均集中西安、南昌、汉口待命，总计不下七百人。兹为适应环境及继续实施救护工作起见，不得不彻底改编，经会同该会救护委员会代总干事林可胜教授详筹办理。"后从《关于公布中国红十字会总会救护委员会各医疗队各路大队长、副大队长、队长、副队长及队员名单的公告》（护字公告第83号）中可以看到，汤蠡舟担任了中路西线第十四队队长，队员中就包含有原驻松第一重伤医院的洪抡元、董振舜等多人，他们也是上海私立东南医学院毕业数年的医师。从此，驻松第一重伤医院结束了其历史使命，他们加入了中国红十字会总会救护总队部的救护队伍，辗转我国东南和西南战区，继续投身抗日战争一线的战地救护工作。

此后，中国红十字会总会救护委员会转为救护总队部，原驻松第一重伤医院院长汤蠡舟相继担任第三大队大队长、中国红十字会总会第三处（医务处）处长。1942 年 9 月，汤蠡舟以救护总队部副总队长身份从林可胜手中接过救护总队部的日常工作；抗战胜利后，他以中国红十字会总会副秘书长身份兼任总队长，直至 1946 年 5 月救护总队部奉命解散。

（作者汤章城系汤蠡舟之子，中国科学院上海分院退休职工）

驰骋战场　救死扶伤

——纪念新运第 6 医疗队成立 80 周年

梅运滇[①]

2019 年 12 月是新运第 6 医疗队（以下简称“新运 6 队”）成立 80 周年的日子，当时的队长是我的父亲梅国桢。时光流逝，当年参加医疗队的上海医护人员均已作古。从 1939 年 12 月到 1945 年 8 月抗战胜利医疗队解散，医疗队存在了近 6 年时间。抗战期间，上海不单有参加淞沪抗战的英勇将士们，还有大批医疗救护人员组队勇赴前线。国难当头，他们誓死不做亡国奴，放弃了安逸的生活，勇敢奉献、不怕牺牲、挽救生命、传播文明的伟绩着实令人敬佩，但却又鲜为人知。作为他们的后代，我们引以为傲。为此，我们努力搜集有关资料，特别是父亲亲笔撰写的自传，可以帮助我们还原当年的历史事实，的确很震撼。这样，我们才能初步描绘出新运 6 队在近 6 年的时间里的行踪轨迹和他们所从事的伟大事业的概况，希望能将他们的事迹留在中国的历史中。

一、组队

1937 年 7 月 7 日，卢沟桥事变爆发，中华民族进入全面抗战时期。为了帮助中国人民抗战，印度国大党派出了包括柯棣华医生在内的医疗队到武汉，加拿大和美国共产党派出以白求恩为首的医疗队到延安，而包括国际纵队 19 名医生在内的 31 名外籍医生参加了中国红十字会总会救护总队组织的医疗队，还有英国公谊救护队、外国的教会组织如内地

① 衷心感谢最后一任中国红十字会救护总队总队长汤蠡舟之子、中国科学院上海分院原院长汤章城先生对撰写此文的帮助。衷心感谢上海市第九人民医院原副院长周礼明教授提供的宝贵文史资料。特别感谢妹妹梅运丽教授提供的父亲梅国桢在几十年前撰写的两份“自传”。衷心感谢我的丈夫刘涤教授，正是他的鼓励、帮助以及亲力亲为地努力查考、书写，才有了这篇改后更详尽的文章。

会派遣的医生等，都不远万里来到中国帮助抗战，更激发了中国人民的抗战热情。

上海各界的爱国人士也不甘落后，纷纷行动起来，有钱出钱，有力出力，上海医务委员会应运而生。委员会的主委是夏少平博士（加拿大铝业联合会的远东总经理），委员有陆梅僧经理（上海广告公司）、倪葆春教授（圣约翰大学医疗系教导主任）、朱友渔主教（中华圣公会）、余新安（中央银行职员）等人。他们负责筹募捐款，征聘医师、护士志愿赴内地工作，并先后派出5个医疗队：第1队到河南渑池，后过黄河到太行山工作。第2队到湖北，第3队到湖南，第4队到湖北后转去云南，第5队到重庆。1939年10月，他们预组第6医疗队，人员的薪金和往返旅费，由上海的华商纱厂老板按各自的纱锭数捐款，但找不到队长。此时，父亲刚从南昌敌占区回到上海。他有两种选择：一是赴美与美国妻儿团聚；二是留在国内为抗战出力。在与医务委员会几次接触后，父亲毅然决定接受队长职务。经过协商，确定了组队的几个原则：(1) 自愿参加，入队后可以自愿退职，不强留，来路不问，去路不究。(2) 录用标准：身体健全，正式医务人员，敢上前方，单独救护，不论党派、信仰、政治观点，一视同仁。(3) 薪金：护士每月2~4美元，医生每月6~20美元，可全部或部分在上海和内地领取。(4) 集体宿舍，大锅饭，供制服。(5) 工作对象，伤兵为主，市民为辅。

1939年12月，由父亲选定队员，在上海正式组成第6队即“纱厂队”。队中的3名医生是：队长梅国桢，副队长徐肇彤（法国毕业的天主堂医生）、刘惠霖医生；9名护士：陈秀瑾（护士长）、王淑真、赵国粹、邵达贞、吴雪贞、张彩云、吕玉英、周记彝、胡云；秘书兼会计陶庸佛（中华基督教抚育工儿院的老师）；事务员王文林。

二、征途

（一）江西

“纱厂队”成立不久，父亲即带领医疗队和药品器材从上海出发，在宁波等待了约一周时间后，启程前往江西吉安。

医疗队在吉安迎来了他们在内地的第一个春节，“纱厂队”也改名为“新运第6医疗队”，由重庆新运医务委员会代上海执行职权，其主委由中国红十字会总会秘书长潘小萼博士兼任，委员还有重庆的张蔼贞

新运医疗第 6 队队员在看去江西吉安的轮船时刻表，右四是母亲王淑真

及后来由上海转内地的朱友渔、倪葆春、余新恩等人。这个组织隶属于新生活运动促进总会，总负责人是黄仁霖。当时，黄仁霖是新生活运动促进总会总干事、励志社总干事、军事委员会中将、伤兵慰问组组长、战地服务团团长，又是主办盟军在各空军基地招待所总负责人。由于他兼职太多，很少有时间过问医疗队的事情，故具体事情都由潘小萼负责，但主要问题仍需要请示黄仁霖。

1940 年，新运第 6 医疗队全体队员合影

第一排右一是父亲梅国桢、右五是母亲王淑真

新运6队在吉安军政部第14后方医院建立了4个病房，有80张病床、1个手术室和1个化验室，并开始收治伤病员，所需药品、器材和敷料全部由中国红十字会救护总队第三大队大队长汤蠡舟按月和需要拨发。实际上，当时的第14后方医院就是个收容所，并无积极的治疗，在医疗队到来后，情况才有好转。除了一般性的治疗以外，医疗队还大力开展灭虱和防疥疮的工作。在红十字会的帮助下，医院建造了灭虱站和浴室，解决了传染病广泛转播的问题。为了增强伤病员的体质，又增设了营养室，供给豆浆作为特别营养。根据1941年1月份新运6队的工作报告：提供特别营养餐达3433份，供应豆浆2770份，数量可谓巨大。他们还因陋就简，使用木材和竹子制成托马氏夹板用于骨折伤员的治疗，得到来队检查工作的红十字总会救护总队总队长林可胜博士和苏联专家的称赞。而国民党却怀疑父亲是共产党，派人暗中盯梢，更有长官亲口询问他是不是共产党？他们的理由是：一个留美医学博士，能这样身先士卒，不怕苦累，成天和伤病员、老百姓和流亡学生在一起，很是可疑。父亲回答：我是一个基督徒，只治疗病人，从不过问政治。

1940年底，由于战事需要，应赣县伤兵管理处的要求，新运6队到达赣县，为赣南的5个后方医院成立重伤医院。由于当时正是冬季，不单缺医少药，还缺少伤员御寒的冬衣被，同时还需招募新的医护人员以加强医护力量。父亲在去上海述职请示时，得到了夏少平博士的全力支持。夏说："要钱有钱，要布有布，要人你找，我们也找。成立多少分队，工作如何进行，你决定。我们没有框框，但最好取得潘主委的同意。"实际上，父亲事前已征得潘小萼的同意，这样工作就容易开展了。

1941年初，由于返回江西吉安的陆路交通常被日寇炸断，父亲带着在上海招募的人员经水路到香港并停留了数日。在港期间，父亲接收了伯特利教会利用马来西亚华侨捐款，专为新运6队购买的药品和医疗器材共计30件，准备从沙渔涌运往江西。父亲还在保卫中国同盟召开的会议上做了5分钟的发言，报告了前方医疗队的救护情况，呼吁爱国民众为抗战出力。随后，第二批招募的5位队员和30件医疗器材，在宋美龄及驻港新运医务委员会张蔼贞女士的帮助下，乘坐飞机和父亲一起返回内地，这是他们第一次坐飞机啊！第二批招募的人员有英籍骨科医生贝李松，4位中国医护人员高生道、方步云、金昌怀和李文儒，共计5位。其中，英国著名骨科专家贝李松大夫是内地会（一个国际教会组织）派遣的医生，也是红十字救护总队林可胜总队长"借"给父亲的，

“借期”1年，他的薪资由红十字总会救护总队发放。父亲抵达吉安后，上海医务委员会又陆续从上海送来了第3、第4批人员，他们是：沈天爵、朱志峰、徐如冕3位医生，许燕卿、吕淑芝、谭英兰、李可珍、梅国尊、周淑琛、丁翠珍、丁惠英、周某、涂某等10位护士，还有3位神职人员；上海两个妇女俭德小组交给父亲的由她们募捐的几百元捐款也一并带来，让父亲按照需要自由使用。此时，医疗队已有20多人。大家先是住在白鹭洲的“伤兵之友社”，后来盖了一间草房作为宿舍，一间礼堂用作全队祷告、唱歌演出用。一天，黄仁霖来到白鹭洲，视察医疗队和重伤医院，并教大家唱《旗正飘飘》等抗战歌曲，起到了鼓舞人心的作用。

1941年4月，上高战役开始后，日军出动了6.5万人，几十架飞机，以坦克为前导，分三路对以上高为主战场的中国第19集团军和江西保安队近10万将士发动了猛烈的进攻。主阵地三易其手，大批伤病员被送到重伤病院。新运6队的医生护士们，在父亲的指挥下，有条不紊地开展救护工作。战争无比惨烈，父亲亲临前线抢救伤员。经过26个日夜，我军终于取得了最终的胜利，击毙日军6000余人，击伤万余人。但是，中国军队也付出了相当惨烈的代价，伤亡2万余人。医疗队的工作艰苦异常，危险繁重，但他们挺住了。贝大夫的“借期”满了以后回到香港，他在回忆录中说：“我被借到新运第6医疗队，参加了中国一次重要的抗战活动，我的伤员们都很勇敢，他们中的一些人因我没有能力去救治而死，但我永远怀念他们。”

1941年夏季，新运6队分出第8队，队长胡成，有6名医生、8名护士，准备在塔下寺建立条件较好的重伤医院。父亲跟随他们来到了赣州。到达那天恰好是7月7日，抗战爆发4周年的日子，于是大家正装拍了一张“全家福”。之后，一部分人留在医院医治伤病员，另一部分人深入附近的保育院、学校和难民所送医送药，此项工作得到了时任赣县专员的蒋经国的大力支持和高度赞扬，他还专门请父亲和两位护士到家里吃饭。

由于这年底陈纳德将军组织的“中国空军美国志愿援华航空队”，即著名的“飞虎队”要在昆明建队，潘小萼欲调新运6队去昆明，服务美军。正在前线巡回的父亲赶回队部，进行医疗队的改编，从新运6队中又分出7、9两个队。具体部署是：第7队留守吉安，队长沈天爵；第8队留守赣县，队长胡成；第9队，由队长苗秀成带领，派往广东曲江。此时的新运6队已经化整为零。

1941 年，新运第 8 医疗队全体队员合影
第二排左一是父亲梅国桢，第一排右三是母亲王淑真

长沙会战后，伤员拥集于湖南，新运第 6 队奉命准备经由湖南邵阳转去昆明。由于他们在吉安工作时，积极参与伤病员的救护，精湛的技术、细心的照顾，赢得上下一致的赞扬。在离开的那天，伤病员们组成欢送队，跛的跛、瘸的瘸，整队送行，爆竹由医院直放到汽车站。他们的代表说：“你们离开我们到湖南、云南前线去了，那里有需要，我们也留不住你们。这几面锦旗上有我们的名字，代表我们同你们一同去。你们日日夜夜辛辛苦苦地在我们身旁工作，问长问短，敌机轰炸时也在，我们忘不了……”他讲不下去了，哭了起来，大家都忍不住流下热泪。父亲说：“弟兄们，谢谢，回去养好身体吧！这样的离别我们也忘不了，胜利后我们再会吧！”战时真诚、难得的医患情，感天动地！

在吉安时，新运 6 队的日常工作，除了救护抗战受伤的军民，开展灭虱和治疗疥疮，为重伤员制作豆浆和特别营养餐（从上海募捐的钱用完了以后，由吉安市青年会组织的“伤兵之友”也参加进来，继续进行这两项工作）之外，根据《战地红十字》一书不完全的记录，新运 6 队还在当地举办了各种活动，如元旦慰劳、春节申贺、球赛救护、七七纪念、伤员聚会活动、识字扫盲等。特别是医疗队还参加了吉安青年会举办的运动会。在运动会上，医疗队的一位女护士取得了 4 项第一名，而曾是剑桥大学长跑第一名的贝大夫只跑了最后一名。

虽然医疗队的工作繁重，条件艰苦，待遇低，但他们每一个人都是积极向上、努力奋斗、朝气蓬勃的爱国青年，这样的精神状态是事业成功的基础。

（二）湖南

1941 年 9 月，第二次长沙会战后，湖南涌进了大量的伤员，尤以收治于邵阳者为多。10 月底，新运 6 队奉命在赴云南途中抵达邵阳，队员们在军政部第 41 后方医院协助抢救伤员，由院方划拨病房 2 间、病床 100 张用于救治工作。凡系重伤，按照 X 光透视、检验血液、实施手术、换药敷药程序进行诊治。伤员中，不少是多次负伤，因此医疗队特别注重精神慰劳；如伤员骨折，即赶制骨折架床 10 张；见伤员以洗面盆盛饭，为伤员取饭便利，即购买瓷瓦钵 1000 个分赠；病室中还设置茶缸，且复教歌咏，代写书信；更会同院方举行同乐大会，到场者 700 人，游艺后，分赠果点。由于医疗队自身财力有限，他们还向各方募集，有当局拨款，也有学校、报社、机关团体的捐献，很快就筹集到所需资金和实物。军民感情融洽，队员们鼓励伤员抗战情绪，收获甚巨。医疗队还约当地教会派员来院，坐于伤员榻旁，促膝谈心，亦使伤员精神得慰不少。顺利完成任务后，11 月，新运 6 队由邵阳出发，准备领命赴云南昆明。分别时，伤员们痛哭流涕，鸣炮相送，并赠送锦旗一面，上绣“惠我仁术”。

（三）贵州

在前往昆明的途中，父亲先期到达贵阳图云关红十字会总会救护总队部，见到了总队长林可胜博士，林任命父亲为救护总队名誉大队长，并拨给新运 6 队 X 光机 1 台、显微镜 1 架以及手术箱、消毒器、药品、敷料等共 10 大件。父亲还接受了时任医务主任荣独山的任命，成为外科指导员，并与国际红十字会协商，新运 6 队接收了公谊救护队的 3 位英美籍的医生，其中保德医生和布福医生被派去吉安第 7 队，楼寇克医生去赣县第 8 队协助工作，他们还为医疗队带来了价值国币 1 亿元的医具药品。

（四）云南

父亲于 1941 年 12 月 2 日抵达昆明，而以苗秀城为代理队长的全体人员，27 日从邵阳出发，当日抵达衡阳，然后取道广西、贵州进入云南，29日整队人员在昆明汇合。

由于父亲在重庆时了解到，新运6队到昆明的目的是为美军“飞虎队”服务，父亲为此提出异议，认为“飞虎队有自己的医护人员，我们从上海到内地是专门为受伤的中国军人服务的”。在与重庆方面商量后，得到的结果是：新运医务委员会决定将新运6队派驻在云南驿，成立一个小型医院为当地军民服务，隶属于军事委员会战地服务团和新运医务委员会。

在昆明停留时，新运6队还参与救助了在永平飞行中失事的美籍志愿空军飞行员的工作，并去美军志愿空军医务处帮助配制敷料和进行消毒，并设立了医疗所为当地的职员和工友看病。

12月底，新运6队全体队员分两批到达云南驿。利用在昆明领取的3万元建设费，他们在已搬走的航校筹建空军医院，有病床30张。除已在湘赣购置的医疗器材外，医疗队还从楚雄定制了病床和桌椅，并由航委会第5修理厂派工代制病室木器用具，空军军官学校初级班派工安装电灯。医疗队自行雇工粉刷墙壁，将手术室铺成水泥地，建筑卫生厕所，砌设垃圾焚化炉，设置滤水器，请院方派看护兵辟地种花。病室衣被、窗帘、洗诊衣、开刀巾等共计大小200件，均由医疗队护士利用美国红十字会供给的布料缝成。新运6队的医疗对象包括军人、公务人员和民众。在军人中，医疗队曾诊治过英国军事顾问团的斯寇克思上校、航校美籍教官等人；公务人员主要是机关职员、工友及交通人员；民众则从各村扶老携幼前来看病，自婴儿至89岁老人，每日门诊百人以上。

云南驿地处穷乡僻壤，乡民们没有医学常识，新运6队还派人去多地为当地民众看病。他们两人一组，分赴各村，深入民家，讲解卫生常识，并做种痘和防疫注射工作。由于他们的热心负责，看好了乡民的身体疾病，有了威信，乡民们也愿听从医疗队的劝告，妇女放脚，小孩接受教育。为了设立“新运义务学校”，队员们一方面访问镇长、保长及当地绅士，动员失学儿童前来就学；一方面承各机关协助，借得校舍和操场。在新生活运动促进委员会成立8周年纪念日，学校开始报名，有学生1036名，更有其他学校学生56名前来借读。新年到了，乡民们带着他们的孩子，手里拎着各种礼物来到医疗队拜年，小诊所立即变成了一个欢乐的大家庭。

（五）缅甸

1942年2月，中国陆军第5军、第6军、第66军组成中国远征军，赴缅抗日。蒋中正夫妇访问印度归来时在昆明停留期间，父亲曾随黄仁霖、潘小萼二人去晋见。在得到蒋的同意后，新运 6 队成为最早随军出国的救护医疗队。3 月 8 日入缅，5 月 9 日返抵云南驿空军医院原住所，前后 2 月有余。

3 月 8 日，父亲和第 5 军军医处长曾济仁搭乘潘小萼秘书长拨给医疗队的一部救护车，由昆明出发去缅甸。途经云南驿时，派王淑真和胡云两位护士随同出发，一同到达保山。此时得知，我军与敌军已经接火，而当时医疗队员和大部分医疗器材还在云南驿空军医院，父亲立即致电命医疗队前移。3 月 21 日，父亲抵达瓢贝，军长杜聿明接见，为工作方便，任命父亲为“上校医药顾问”，新运 6 队在军部野战医院协同工作。其时，东瓜战事紧张，伤员运至火车站，由医疗队医护人员敷伤换药，有时医疗队更亲至前线实行急救。3 月 24 日，在云南驿的医疗队人员和器材乘中缅运输总局下庄站的卡车前行至畹町，遭遇大火，转车抵达腊戍。在公谊救护队的帮助下，于 4 月 4 日经眉苗抵达瓢贝。此时，东瓜前线依然紧张，新运 6 队急需医护人员和医药器材，而部分医护人员仍未到达。这时，公谊救护队和斯基阿衣医生领导的移动医疗队已到前方，开展救护工作。为商议增加新运 6 队队员来缅工作，父亲返回昆明接洽。工作结束后，正好新运 6 队的吴雪贞和许燕卿 2 位护士刚结束了在渝培训抵达昆明，于是父亲与她们一起乘卡车自昆明至瓢贝，让她们留在此地工作，父亲又借得卡车一部星夜入缅。

在瓢贝，由卫生列车运来的伤员，医疗队为他们换药并将他们转运至军部野战医院。经过治疗的伤兵，则运至后方疗养。平蛮离火线 5 英里处，浓树成荫，伤员由担架运此休息，形成露天收容所。新运 6 队救护车前往接运，伤员见女护士深入前线，十分感动，纷纷以战利品相送，表示感谢。而离瓢贝约 1 英里的野战医院，收容量经常达到 300 人，半数是重伤。新运 6 队到达后，立即行医看病，警报声中照常工作。当瓢贝被炸时，伤员不能再安居院中，而改为黎明换药。日出时，X 光机及重要器材运至乡村疏散，傍晚运回，开始工作。此时，手术室中，汽灯照耀，一片明亮。X 光室外，发动机响起。伤员躺在担架上，排队等着手术。父亲虽眼睛受伤，仍然坚持手术。每晚手术病人 4 ~ 8 人，X 光透视病人 10 人以上，队员们还经常通宵工作。第 164 兵站医院距曼德勒不远，新运 6 队曾派护士 3 人前往换药。由于天气炎热，伤员伤口已经化脓溃烂，有蛆者达 90% 。清除伤口乃当务之急，护士们工作数日，取得了一定成效，减轻了伤员的痛苦。她们检查伤员的伤情，发现三分之一为肉搏伤，其余为炸弹伤和炮片伤，可见东瓜战事之惨烈。

4月21日，同古激战后，英军在未通知友军的情况下，自行撤退。新运6队随第5军野战医院转移至知模，连夜将负伤官兵329名送上卫生火车，一直坚持到瓢贝野战医院空无一人，队员们方才离开。第二天清晨，日机就对瓢贝展开了狂轰滥炸，队员们躲过了一劫。

新运6队后撤经过曼德勒时，该城已被轰炸破坏成一座死城，尸体陈露，臭味刺鼻，野狗哀号。途经此地，无处可得饮食，队员们只得忍饥挨饿；到达知模时，听说由他们亲手送上火车的伤员，在他希遭到了日机轰炸，心中十分悲痛。此时又有大批伤病员送来，急需安置。作为队长的父亲出面与缅英当局交涉，当局被迫答应让难民住进了皇宫。重伤员随医疗队住在学校或公立医院，轻伤员随第180后方医院住在戏院里，他们并从英军撤退后准备烧毁的仓库中运出大量的食品供给伤员和民众食用。在把所有伤员交给第180后方医院后，新运6队准备再去眉苗接运伤员时，又遭日机轰炸。爆炸弹、燃烧弹纷纷落下，新运6队所住之处不及60方丈，中弹8枚。救护车中弹，满身创伤，不能长途行驶。日机飞走后，队员们赶去伤兵医院，这里已成一片瓦砾。他们立刻尽力抢救伤员，完毕后，队员们又奔向市区继续救治。他们给300多名民众做了包扎，又在医院里救治了60多人，重伤不治的有6人。队里的女护士们还集体收养了一个母亲已被炸死的小女孩，为她取名为知模，带回国内抚养。

52天的战斗以我军的失败告终，新运6队是边工作边撤退，并曾在知模见到救护总队林可胜总队长和卫生署副署长，将药品和粮食移交给第180后方医院。4月26日，医疗队来到腊戍，在公谊救护队的帮助下修好救护车。后在科克设立伤员换药站，每日换药者300人，重伤者还给与特别营养。新运6队本想返缅，但畹町已沦为战区，只得折回保山。

在此期间，父亲由于工作需要，曾与美军史迪威将军有过接触。史迪威对父亲和他的医疗队的工作留下了深刻的印象，以后新运6队经常从美军那里得到一些最新药物，如血清、青霉素等。后来，史迪威在印度训练新兵时，还曾邀请父亲去那里工作，但父亲没去。

（六）云南

1942年5月，日军由缅甸侵入云南，4、5两日，保山全城被炸。

新运6队利用保山新运服务所筹得的捐款10万元，建立了伤员收容所。其中第1所已由其他队负责，新运6队住保山，便在板桥开设第2所，收容量是300人，实际就诊者常超过500人。大轰炸后，所有驻保山的机关全部撤退，医疗队在板桥的工作则照常进行，但保山不能再居住了，只能东撤。撤退路上，车群、人群如潮涌，经常出现阻塞。医疗队沿途实施急救，经常有守军来队包扎。经过2天2夜，全队于5月9日才回到云南驿。同来者还有英国皇家空军伤员2人，由父亲亲自开车将他们送至昆明，之后又于12日午夜赶回云南驿，再领队员重上前线。

由于我第71军及时向前推进，并炸毁了怒江上的唯一通路——惠通桥，终于在怒江边守住了天险。该军的军医处处长和医院院长希望新运6队留下和他们一道工作，医疗队因此以保山为中心开展工作。待时局稍稳定后，霍乱和疟疾又肆虐起来。当时，沿着上山的小路，回国的侨胞们拥到滇缅公路上，每辆车总是载满乘客。而每个车站里死于霍乱的乘客人数亦在不断增加，在下关一站每天就有几十具尸体，只好靠挖地窖掩埋。为防止霍乱流行，新运6队全体出动，展开防治工作，静脉注射液用完了，就用盐开水皮下注射，他们让乘客上车时必须检查是否注射过防疫针，凡没有针眼的乘客必须打针。在滇缅公路当局的支持下，新运6队化整为零，人手不够时，幸有驻喜洲的广州协和神学院学生9人，伯特利教会的沙涌源和王家鹤2人，内地会的美、加籍宣教士坤和穆尔2人加入，共计32人，在路上分设防疫注射站。除在保山留一部分人正常工作外，其余的队员全部下去。保山由王淑真负责，瓦窑由徐兴彤负责，永平由吴雪贞负责，下关由许燕卿负责，云南驿由陈秀瑾负责，楚雄由胡云负责，每一个站大约有3~5个人。她们日夜工作，车到即检查和打针，车走就休息。这样不停地工作了3个月，霍乱疫情终被控制下来了。防疟疾同样也是一项重要的工作，医疗队在各地进行检查时，发现驻怒江边的400多名守卫士兵血检时全部为阳性，便及时对脾大又发烧的士兵发给奎宁诊治，直至好转。待疫情稳定后，医疗队将人员集中在云南驿、下关和保山，继续开展医疗救护工作。父亲不幸于这一时期也感染了疟疾，但一直带病工作，直到抗战胜利后，在英国伦敦进修时，方才医治痊愈。

在保山野战医院，院务由院方主持，医疗工作则由红十字会第192、422队，公谊救护队及新运6队通力合作，第11集团军宋希濂将军任命父亲为“少将军医顾问”，并任医院的医务主任。各医疗单位融成一片，除经常性的工作外，每星期还有学术座谈会、病室大检查。住院伤病官兵经常有200多人，其来源有陆军、空军及美陆军航空队等，必要时亦收治民众。各队同住一院，不分彼此，除医疗方面相互配合外，生活方面尤有兴趣。晚饭后，各国工作人员围坐一起，折叠纱布，此唱彼和，谈笑风生。更有中英语教学以及观书阅报、拍球下棋，充分显示了国际大家庭的氛围。中秋夜，先有茶话会，同事间交流友谊，十分开心；还组织慰劳团，将所有捐款购得月饼馈赠给所有伤员，欢乐气氛弥漫整个医院。新运6队还兼办伤友总社第451服务队，队长许燕卿和各位义务队员，开展特别营养，供给开水，为伤兵洗衣和辅导识字班等工作，并与红十字会环境卫生指导员一起办灭虱站和伤兵沐浴站。此外，军部在此还办有卫生人员训练班，以提高军队卫生人员的业务水平。

在永平兵站医院，医疗队兼办伤友总社第450服务队，吴雪贞兼任队长。他们照顾伤员，每日分发豆浆一次，供给开水60加仑，每日吃特别营养者40人，吃普通营养者每月一次普遍分发每人猪肉4两。中秋佳节，永平县伤友社赠给伤员肥猪一头，月饼每人2个，法币10元，且有歌咏及精神讲话。

在云南驿空军医院，由医师朱志峰领导的医疗队，利用航校搬离后的医务所开展医疗工作，美陆军航空队、航空站、高射炮队、修机厂、驻军、中航公司、招待所等部门人员中的患病者，多来此看病。附近民众亦扶老携幼来此看病。两个半月，就有诊病者3485人次。

1943年春，新运6队继续扩大队务。在重庆和昆明召集医护人员，新聘医师徐如冕、汤兆熊，护士丁翠珍、丁桂珍。由军医署昆明办事处和美国红十字会调拨了大量的药品和辅料，其中半数归医疗队使用。又从卫生署和新运妇女指导委员会得到药品和白布、裹伤包、绷带、三角巾、军毯等物品。2、3月间，滇西战事紧张，新运6队在中国红十字会救护总队部领了9种药料后，偕美国记者3人转往保山，赴怒江前线工作。除了在怒江之滨和高黎贡山之麓开展巡回医疗外，又在保山野战医院、永平兵站医院和云南驿空军医院为伤员服务。

此时，第6军预2师和36师先后渡过怒江进入腾冲，配合民众开展游击战。新运6队也随军悄然渡过怒江，翻越高黎贡山，来到腾冲县的界头等地，成立巡回医院，协助野战医院救助伤员。队员们说，我们巡回到哪里，哪里就成为医院。他们在某团部用饭桌做了两个手术台，同时进行手术，为21个伤兵做了手术。新运6队又来到由一位土司领导的游击队中，发现队伍中患疟疾的战士很多，立即对他们进行治疗。医疗队还两次翻越高黎贡山，渡过怒江，来到漕涧，在某师部开展救护工作。在由旺某师部，医疗队停留了5天。上午在军中治病疗伤，下午到乡村出诊，还叫军医一道出诊，以提高他们的医学技能。在发生天花的农村，队员们支起帐篷，给乡民们接种牛痘，几天内就接种了754位乡民。晚上，医疗队还利用父亲从美国带来的放映机为老百姓放映幻灯片，普及卫生常识，观看的军民有7000多人次。在蒲缥，医疗队协助野战医院及时巡视各团营，上午就诊于军中，下午远赴乡村出诊。在一个多月时间内，他们在怒江两岸奔走了1200多公里，诊病2823例，施行手术363次，检验402次，种痘6008人。在穷乡僻壤、条件极端艰苦的少数民族地区，医疗队的医护人员送医送药，宣传文明，普及医学常识。在检查中，他们发现肺痨患者占全体人员的10%之多，便申请拨款50万，在保山野战医院筹建了某军肺痨病医院。疟疾猖狂，防治是当务之急，沙眼、溃疡病人则转移至保山野战医院治疗。在这些工作中，父亲虽然感到很累，但他却认为这是“一个有意思的过程”。因为他们除了检查日本人去过的地方以外，还利用来自美国的药品救活了空军医院的一位飞行员，也利用磺胺吡啶挽救了许多人的生命，在空军医院附近建立了一所新医院，还提出了建立移动医院的设想。回到昆明后不久，父亲就和第71军军医、2位护士和4位美中记者，在萨尔温江前线组织了第一个流动医院。

萨尔温前线流动医院准备出发前，右一为父亲梅国桢，前右四为母亲王淑真

在保山某军野战医院，经常收治伤员200人。3月，因公谊救护队撤退，新运6队人员多调集于此，新队员也陆续来到。所治伤病，战时外科有枪伤、炸伤、骨折、复杂骨折后骨膜炎；普通外科多溃疡、脓肿、疥疮、眼病、盲肠炎、疝气、淋病、痔疮等；内科多为营养不良（脚气、夜盲）、肺痨、肾炎、疟疾、痢疾、肺炎、黑热病等。每月平均计算，实施手术60次、敷料1650次、化验220次。门诊军民兼治，每日约40号。医疗队还至保山城区的沙贝街、马王屯、航空站、滇缅公路局修理所等处，并会同院方至诸葛营、板桥等处，前后共计种痘3000余人。新运6队还为军队训练看护兵，并送昆明惠滇医院和美国空军医院实习。

此外，扩充伤友服务也是新运6队的一项重要的工作。除原有的驻永平的第450服务队和驻保山的第451服务队外，更得到新运妇女指导委员会调派的2队，由鄂来滇缅区工作。

永平兵站医院的医疗工作与院方协同实施，因第4队调来，新运6队的工作于1943年4月结束。

回国后，因为新运6队艰苦卓绝的医疗救护工作，不怕牺牲和在伤病员中的极好口碑，第5军、第70军和第11集团军在两个星期内均授予父亲“少将军医顾问”头衔，既为工作方便，也含有对他工作的承认和褒奖。

1943年10月21日，父亲和母亲在云南驿结婚，开始了他们近60年的离多聚少、坎坷曲折的夫妻生活。

三、解散

1944年底，美军上校威廉领导下的3个野战医院开到保山、由旺和蒲缥，和新运6队的工作地点有重叠。当时，父亲在由旺，队副朱志峰在保山、徐如冕在蒲缥。美军医院收不到伤病员，认为是中国医疗队在中间搞鬼，告状到重庆，要求新运6队撤出，由美军医院接管。为什么会造成美军的误解呢？第一，语言不通，造成美国医护人员和中国伤病员交流困难，中国士兵都说中国护士小姐好，有感情，不愿让美国人看病。第二，美军医院曾给一名中国伤员截肢，由于治疗的理念不同，使其他中国伤员害怕了，也不肯转去美军医院。第三，美国医生没有见过中国的沙眼、哑瘴等地方病，曾请中国医生会诊示范，也造成了一定的假象，让受伤的中国士兵以为美国医生技术差。后来，新生活运动促进总会决定将新运6队调离云南到成都后方，给美军医院留下了工作空间。为此，父亲愤而辞职。1944年8月离开了新运6队，参加英国军队继续抗战。新运6队由汤兆熊医生接任队长。一年后抗战胜利，医疗队就地解散，新运6队也走完了近6年的历程，结束了她的历史使命。

四、结语

新运6队是一支由新生活运动促进委员会和军事委员会战地服务团领导的上海民众志愿组成的战地医疗救护队。

1939年12月，新运6队在上海成立；1940年2月，经宁波到达吉安；1941年7月到赣州，9月在邵阳，12月经昆明到云南驿；1942年3月到缅甸，6月返回云南，在保山、瓦窑、永平、下关、云南驿、楚雄工作；1945年8月解散。由于新运6队工作量大、流动性强、人员分散、环境险恶，很难准确统计出他们的工作量。感谢贵阳市档案馆《战地红十字》一书的编者，从他们提供的资料中，我们可以粗略地统计出新运6队在1941年的不完整的工作量：新进病人177人，出院病人1215人，死亡5人；月末留诊量520人，住院总日数15717日；手术347人，外科123人，内科71人，体检170人，附带治疗妇产科、结核病、肾病3人，门诊1003人；敷料25790次，X光534人，检验745人，防疫注射5340次，特别营养11518份。由此可见，这是中国抗战时期的一支英勇的医疗救护队。

新运6队从成立到解散，历时近6年时间，不仅救治军队、地方伤病员，而且对各地的传染病和地方病进行防治。他们还开展新生活教育运动，提倡妇女放脚、帮助儿童识字、普及卫生知识、创办学校、帮助落后地区人民建立文明生活。这是中国抗战时期的一支文明宣传队。

新运6队是一个温暖友爱的大家庭，成员都是志向相同的热血青年。他们的报酬极低，工作繁重，甚至时有生命危险。虽然开始各人有自己的目的，但不愿做亡国奴的共同信念，使他们都愿意用自己的一技之长服务民众。近6年的朝夕相处，成就了6对恩爱夫妻：我的父母亲（梅国桢和王淑真），陶庸拂和陈秀谨，刘光辉和张宏英，高生道和黄欢笑，沈天爵和周记彝。父亲是队长，还曾做过队里一名护士徐兴彤的家长，见证了自己学生和红十字会一位医生的战时爱情。他们在以后的60

余年里，都坚守初心，互爱永恒。这是中国抗战时期的一支忠贞爱情队。

据父亲的自传，新运6队先后有各类人员50余人。经过我们再三查阅有关资料，已经确定其中的49人，此外还有无名氏若干人，如广州神学院的学生9人。

已查明的人员名单如下：

医生：梅国桢（队长，伯特利教会）、朱志峰（副队长）、徐肇彤（副队长）、沈天爵（后新运7队队长）、胡成（后新运8队队长）、苗秀成（后新运9队队长）、刘惠霖、于礼谦、汤兆熊、汤斌贤、张葆琛、徐如冕、余龙生，以及贝李松（英国），共计14名。

护士：陈琇瑾、王淑真、赵国粹、邵达贞、徐兴彤（伯特利护校）、吴雪贞（伯特利护校）、张彩云（伯特利护校）、周记彝、胡云、许燕卿、吕淑兰、谭英兰、李可珍（伯特利护校）、梅国尊（伯特利护校）、周淑琛（伯特利护校）、丁翠珍（伯特利护校）、丁桂珍（伯特利护校）、丁惠英、周某、涂某、吕玉英（伯特利护校），共计21人。

技师：高生道、方步云、李文儒、金昌怀，共计4人。

行政人员：秘书兼会计陶庸坲，事务员王文林，驾驶员刘光辉、卢雄，共计4人。

神职人员：伯特利教会李文儒、陈伯雄、王家鹤、沙涌源，内地会美、加籍宣教士坤、穆尔，共计6人。

经过近6年的残酷战火、艰苦生活和伤痛疾病的考验，他们都活了下来！① 战后再次聚会重逢，给他们带来无限的欢愉。而更让他们感到骄傲的是，在国家最需要的时候，无愧我心，他们站了出来。热爱祖国，不做亡国奴的神圣使命感，使他们一直坚持到底，这是中国抗战时期的一支天助幸（新）运医疗队。后人有诗称赞：

新运六队史记载，艰苦抗战为国家。
美好青春天赐我，历史功勋磨不灭。
江西贵州云南行，出生入死救伤员。
随军入缅五二天，血肉横飞天地泣。
险路恶水高黎贡，相互扶持渡难关。
霍乱疟疾地方病，打针吃药命保全。

① 而据汤章城先生统计，图云关救护总队共有47人殉职，67人积劳病故。

炮弹子弹满天飞，不知何时中头彩。
年轻活力劲喷发，改天换地献青春。
上天庇佑近六年，救死扶伤无数人。
使命责任为动力，回忆表述传下来。
八十年后问青天，为何庇佑第六队？

（作者系梅国桢先生的女儿）

杂文随笔

在学习张富清英雄事迹中永葆初心

涂文涛

史称“川湖肘腋，滇黔咽喉”的湖北恩施土家族苗族自治州来凤县，地处鄂西南边陲。扎根该县60余年的原西北野战军359旅718团2营6连战士张富清，其传奇人生与英雄故事经媒体连续报道后，在全社会引发强烈反响。

习近平总书记做出重要指示强调，老英雄张富清60多年深藏功名，一辈子坚守初心、不改本色，事迹感人。在部队，他保家卫国；到地方，他为民造福。他用自己的朴实纯粹、淡泊名利书写了精彩人生，是广大部队官兵和退役军人学习的榜样。要积极弘扬奉献精神，凝聚起万众一心奋斗新时代的强大力量。

张富清传奇人生就是一本厚重的红色教科书

英雄，是社会的精神元气。崇尚英雄、学习英雄、关爱英雄，是一种民族气质。习近平总书记对张富清先进事迹的重要指示，高度概括了老英雄张富清的事迹，体现了对人民英雄的崇高敬意和深切关怀；深刻揭示了老英雄展现出的崇高品质，为广大部队官兵、退役军人和党员干部树立了时代榜样。

一个已过鲐背之年的老人，一个深藏功名的战斗英雄，一个练就了钢筋铁骨的共产党员，一个退伍不褪色的退役军人，一个忘我工作、公私分明的老干部。多重身份、多道光环下的老英雄，浑身上下折射出熠熠闪光的精神品质。

一辈子的“突击队员”。突击队员，是张富清的“老本行”。24岁参军的张富清，历次战斗都是冲锋在前担任突击队员。1954年，组织告知已是连职军官的他，湖北省恩施地区条件艰苦，急需干部支援。本可凭军功留在大城市的他又一次担任起“突击队员”，带着结婚不久的妻子赶赴鄂西深山。暮年的他气概不减，88 岁时左腿截肢，凭着一名“突击队员”的坚毅，术后一周就忍痛下床锻炼。

两种态度待公私。一碗苞谷饭、一碟黄豆合渣、一盘炒青菜，素淡的饮食，朴素的生活，张富清知足感恩。从县粮食局到乡镇领导，再到外贸局、建行，30 多年工作时间里，他常常顾不上“小家”。

三年困难时期，全面精简机构人员，他首先动员被招录为供销社公职人员的妻子“下岗”。1960 年初夏，收到陕西汉中老家发来的两封电报，一次是母亲病危，一次是母亲过世。正主持一项重要培训的他，原本想等工作告一段落再回去探望，没想到错失了见母亲最后一面，成为他永久的遗憾。

三枚奖章映丹心。他把三枚奖章一直压在箱底。第一枚是西北军政委员会颁发的“人民功臣”军功章；第二枚是“解放西北纪念章”；第三枚奖章正中是红色五角星和天安门，稻穗和长枪交叉，意味着保卫祖国。60 多年过去了，岁月爬上了他的脸庞，染白了他的两鬓。虽然年代久远，但三枚奖章依旧闪光。他在日记中写道：勋章箱底压，子女犹未白。整天一脸笑，只知是老兵。

四次选择彰显党性修养。1948 年，曾被国民党军队抓去充当了两年多杂役的他在瓦子街战役中被“解放”，放弃领遣散费的他主动要求加入解放军；入伍 4 个多月，作战英勇的他加入中国共产党；1954 年 12 月，从文化速成学校毕业后有多种选择，他却去了鄂西山区最偏远、最困难的来凤县；1965 年，从来凤县原三胡区调往原卯洞公社，他主动请缨分管条件最苦的高洞片区。人生诸多岔路口，他选择了跟党走。

五个岗位背后的为民情怀。县粮食局、三胡区、卯洞公社、外贸局、县建行，是张富清转业后的 5 个主要工作单位。新中国 70 年发展历程，他是参与者、建设者。离休后的他过着简朴的生活。经过战火的洗礼、时代的淬炼，信念之光却愈发明亮。

张富清的党性修养、为民情怀、突击队角色、公私分明及淡泊纯粹，浓缩成一本斑驳厚重的红色教科书。

张富清永葆初心的 4 个维度

张富清把“信念如山、对党忠诚；朴实纯粹、淡泊名利；克勤克俭、敬业奉献；忠于职守、不改本色”4 个维度的精神融入骨髓与血脉。他用穿越不同时代的奋斗与奉献，为人们更好地了解中国共产党人永葆初心和先进性提供了一个鲜活可信的形象，也为即将走过百年的马克思主义政党永葆蓬勃生机和旺盛活力书写下一个生动注脚。

他信念如山、对党忠诚践初心。“天下至德，莫大于忠。”忠诚不是写在纸面上的信誓旦旦，而是毕生践行的不世之业。张富清把崇高信念、对党忠诚视为内心的“宪法”，矢志不渝去坚守。他的忠诚源自于他秉持的“党指到哪里，我就走到哪里，打到哪里”的家国大义，展现于他践行的“要完成任务，领导自己要过硬，执行政策才能坚决，动员别人才好做工作”的政治品格，升华于他树立的“工作上离休了，在思想政治上不能离休”的高远追求。他用行动追寻价值，不是要做给谁看，而是践行入党初心，自觉做共产主义远大理想和中国特色社会主义共同理想的坚定信仰者和忠实实践者，自然沉静，充满力量。

他朴实纯粹、淡泊名利展初心。淡泊明志，宁静致远，从古到今，知易行难。张富清朴实纯粹、淡泊名利，言行一致、知行合一。尘封功绩，不以耀眼的功劳簿示人，把耀眼的奖章“捂”得黯然失色，把卓著的功勋深藏心底，到艰苦、困难的地区为党工作，为人民做事，无怨无悔，从不向组织伸手。粗茶淡饭、朴素生活，日常工作、柴米油盐中立起的人格品质，展现了党员初心和操守风骨，透着成色十足的坦荡与明亮。

他克勤克俭、敬业奉献守初心。衣带渐宽终不悔，为伊消得人憔悴。张富清动员妻子从供销社离职，减轻国家负担；“我没有本事为儿女找出路，我也不会给他们找工作”，他把嘉言懿行注入了一个家庭。粮食局、三胡区、卯洞公社、外贸局、建设银行，不论身处什么单位、什么岗位，他始终以奋斗为通行证，把心思用在干事业上，致力当好人民的勤务员。斑驳的房屋内墙，龟裂的木门和窗框，坑坑洼洼的木质茶几，仿佛在无声地述说着一个共产党员于风雨兼程中坚守初心的巍峨形象。

他忠于职守、不改本色传初心。职守，人之大义也。张富清从战争时代当英雄到和平年代当劳动者，从军人到基层干部再到退休，从青年、中年到老年，每个角色都精彩。60 多年峥嵘岁月里他传承初心，不改本色，风雨不摧，安如磐石。不论岁月如何变幻，一个共产党员、退役军人的品质，未曾摇移，从不褪色，在时代的深处画出了一道感动人、鼓舞人的精神风景线。他的事迹深刻回答了“小我”与“大我”的人生考题，清晰地标刻出“入党为什么、当干部做什么、为后人留下什么”的价值路径，唱响了一曲精神之歌的主旋律。他的名字与无数闪亮的名字一起被载入英雄花名册，他用自身清晰的“样子”和“形象”，让人们看到了世界上最大的政党的“样子”和“形象”。

红十字人要从英雄事迹中汲取精神养分

征程万里，初心如磐。新时代、新红会、新使命，“百年老店、初创阶段”的红十字事业仍然需要无数红十字人凝聚在人道的旗帜下，初心不改。在这样的时空纵深里阅读张富清的故事，学习他的英雄事迹，就是要学习他对党忠诚、不忘初心的革命本色；不畏艰险、不怕牺牲的战斗精神；胸怀大局、矢志奉献的优良作风；淡泊名利、廉洁齐家的高尚情操；艰苦奋斗、乐观向上的人生态度。从光芒闪耀的英雄足印中，寻找砥砺奋进、人道为民的精神力量源泉。

汲取理想信念的养分。理想信念是灯塔。红十字工作者有了坚定的理想信念，站位就高了，心胸就开阔了，就能坚持正确政治方向，做到“风雨不动安如山”。作为党和政府联系群众的桥梁和纽带，红十字会要增强“四个意识”、坚定“四个自信”、坚决做到“两个维护”。广大红十字人高擎人道之旗、胸怀人道初心、凝聚人道之梦、弘扬人道精神、传颂人道之光，让理想信念之火，为干事创业注入不竭的精神动力。

汲取矢志奋斗的养分。习近平总书记在纪念五四运动100周年大会上的讲话中指出，中国社会发展，中华民族振兴，中国人民幸福，必须依靠自己的英勇奋斗来实现，没有人会恩赐给我们一个光明的中国。人民群众是红十字事业的出卷人。时代的考题，需要红十字人用智慧与汗水、奋斗与实干去作答。新时代红十字会如何发挥好党和政府联系群众的桥梁和纽带作用？如何适应新形势新任务，围绕中心服务大局开展人道工作？能不能在增强责任意识，推进改革创新，努力为国奉献、为民造福上取得更加显著的成绩？能不能在重大灾害救援、保护生命健康、促进人类和平进步方面发挥更大作用？人到半山、船至中流，接续奋斗，永远奋斗，才能一步一个脚印把红十字事业推向前进。

汲取无私奉献的养分。正是靠着千千万万如张富清一样的共产党人无私奉献的伟大情怀和崇高精神，中国特色社会主义事业才得以爬坡过坎、蒸蒸日上，不断开辟新的境界。红十字人要把党的初心、党的使命铭刻于心，把人民放在心中最高位置，虚心向群众学习，真心对群众负责，热心为群众服务，诚心接受群众监督。紧盯群众所急、党政所需、红会所能，聚焦民生领域，立足“三救三献”，开展更多惠及困难群众、弱势群体的人道服务，为党、为国家、为人民做更多好事、善事，让人民群众有更多的获得感、幸福感、安全感。

汲取精神密码的养分。张富清以他永不褪色的奋斗足迹，践行了一名共产党人坚定的信仰，对党的无限忠诚、对人民的深厚感情，其本色人生也映照出一个百年大党不断战胜困难险阻、不断创造发展奇迹的精神密码。

这种精神密码，蕴含着回答了中国共产党为什么“能”、马克思主义为什么“行”、中国特色社会主义为什么“好”的深刻答案。红十字人要当好张富清精神的传承者、践行者，在人道实践中多接一接烫手山芋，多当几回热锅上的蚂蚁，练出大心脏、宽肩膀，多坐一坐冷板凳，多熬一熬“长明灯”，心系群众、甘于奉献，以更大的政治担当和更赤诚的初心，书写火热的人道诗篇。

（作者系湖北省红十字会组织宣传部二级调研员）

图书在版编目(CIP)数据

红十字运动研究.2020年卷/池子华等主编.—合肥:合肥工业大学出版社,2020.9

(红十字文化丛书)

ISBN 978-7-5650-4983-5

Ⅰ.①红… Ⅱ.①池… Ⅲ.①红十字会—研究 Ⅳ.①C913.7

中国版本图书馆CIP数据核字(2020)第186939号

《红十字运动研究》2020年卷

池子华 王正春 宋双印 陈海高 主编

责任编辑	章 建
出版发行	合肥工业大学出版社
地 址	(230009)合肥市屯溪路193号
网 址	www.hfutpress.com.cn
电 话	总 编 室:0551-62903038
	市场营销中心:0551-62903198
开 本	710毫米×1010毫米 1/16
印 张	23.5
字 数	390千字
版 次	2020年9月第1版
印 次	2020年9月第1次印刷
印 刷	安徽联众印刷有限公司
书 号	ISBN 978-7-5650-4983-5
定 价	78.00元